대자대비하신 하느님

Choan-Seng Song
THE COMPASSIONATE GOD
ⓒOrbis Books, Maryknoll, NY 1982
Translated by Deok-Ju Lee
ⓒ Benedict Press, Waegwan, Korea 1985

대자대비하신 하느님
1985 초판/1997 3쇄
옮긴이: 이덕주/펴낸이: 김구인

ⓒ 분도출판사(등록: 1962년 5월 7일·라15호)
718-800 경북 칠곡군 왜관읍 왜관리 134의 1
편집부: (0545) 971-0629
영업부: 〈본사〉 (0545) 971-0628 FAX. 972-6515
〈서울〉 (02) 266-3605 FAX. 271-3605
우편대체 계좌: 700013-31-0542795
국민은행 계좌: 608-01-0117-906

ISBN 89-419-8506-4 04230
ISBN 89-419-9751-8 (세트)
값 6,500원

아시아 신학 Ⅱ

大慈大悲하신 하느님

宋泉盛 지음
李德周 옮김

분도출판사

차 례

머리말 9

서설 13
    뾰족코에서 넓적코로 15
    전위(轉位)의 의미 18
        1. 전위란 시간과 공간 속의 이동을 뜻한다 18
        2. 전위란 의사소통이다 21
        3. 전위란 성육신이다 24
    흑인 그리스도인들의 검은 하느님 27
    여성 속의 하느님 형상 30
    중심주의(中心主義): 전위의 걸림돌 32

제 1 부
분열 ─ 확산

제 1 장 여러 민족, 여러 언어 37
    바벨탑의 재해석 38
    바벨탑은 구속사(救贖史)에 의문을 제기한다 40
    직선(直線) 하느님과 직선신학 42
    거짓 파라독스와 참 파라독스 45
    분열과 확산 속의 이스라엘 46
        1. 뿌리뽑힌 아브라함 47
        2. 이동하시는 하느님 49
        3. 출애굽: 결정적 분열과 확산 50
        4. 계약과 이스라엘의 정치신학 51
        5. 뿌리뽑혀 흩어지는 이스라엘 55
    대변자 없는 신학 59

제 2 장 모든 민족의 하느님 62
    다니엘서에 나타난 묵시적 역사 63
    안티오쿠스 에피파네스의 공포정치 65
    제2 이사야서에 나타난 이방민족들의 하느님 67
    신명기적 역사신학의 한계 69
    고난받는 종의 신학 71
    동방으로부터 온 사람 74
    처음부터 마지막을 밝히시는 하느님 76
    핑계를 대지 않는 하느님 78
    처음과 나중이신 하느님 82
    이스라엘과 세계사 사이의 이방민족 86
    하느님은 고레스를 사랑하신다 90

제 3 장 넓혀진 역사관 94
    위기와 인간의 응답 94
    느부갓네살— 하느님의 종 97
    세계사 속에 선포된 하느님의 권세 102
    온 땅을 채울 나라 107
    역사에 대한 하느님의 주권 110

제 2 부
대 붕 괴

제 4 장 마지막에서의 시작 121
    기대했던 메시아의 죽음 121
    어둠 속에 갇힌 예수 125
    둘로 찢어진 휘장 128

제 5 장 십자가에서 부활로 134
    부활— 결정적 깨달음 135
    빈 무덤 136
    그리스도가 사셨다! 140
      1. 랍보니! 140

  2. 너희는 참으로 어리석구나! 141
  3. 나의 주님, 나의 하느님! 142
  4. 주님이시다! 143

제 6 장   고난받는 메시아 147
 고압(高壓)의 하느님 148
 금관(金冠)의 예수 150
 고난받는 메시아 152
 의인으로 인정받은 세리 157
 죄인들의 구원자 160
 그리스도 안의 성찬례 164
 생명과 사랑의 식탁 167

제 7 장   유대인, 그리스도인 및 외인 171
 논쟁의 핵심인 이방인 171
 중심주의 잔재 176
 혈통적 사랑 178
 중심주의에 사로잡힌 신앙 182
 그리스도 안에 외인은 없다 183

제 3 부
전위(轉位)

제 8 장   천명(天命) 193
 하늘이 백성을 사랑하시다 194
 천명(天命) 197
 하늘의 사명 206

제 9 장   중국에 들어온 불교 213
 고(苦) — 존재의 표징 214
 명제(明帝)의 꿈 223
 중국의 그리스도교 226
 중국의 불교 229

불교의 변용(變容) 230
　　격의(格義) — 외연(外延)의 방법 234
　　카르마(業)의 사슬을 풀기 위하여 237

제10장　태평천국 그리스도교의 비극 250
　　생생한 역사 체험 251
　　홍 수전(洪秀全)의 환상 253
　　천하를 진동시킨 책 259
　　광적인 극단주의 264
　　유교 아성을 무너뜨리다 271
　　제임스 레그 — 광야에 외치는 소리 272
　　태평천국의 종말 273
　　평화대신 칼을 들다 275

제11장　5대 현대화 계획 279
　　"모 택동 주석은 썩은 달걀이다." 281
　　이념의 독재 284
　　민주주의 벽(壁) 288
　　5대 현대화 계획 292
　　대통령의 죽음 301
　　만약 내일… 306

제12장　사랑의 사귐 311
　　보장이 아니고 약속이다 313
　　무정한 고통 315
　　세계 열방에 보이는 하느님의 시범 320
　　마른 뼈 골짜기 325
　　사랑의 사귐 328

주(註) 337

머 리 말

　　장자(莊子, B.C. 399—295년경), 그는 분명 중국 사상사에 있어 흥미를 끄는 사상가이다. 그는 도(道)에 대해 수수께끼 같은 가르침을 편 노자(老子)에게서 깊은 영향을 받고 있음에도 노자를 초월하여 나름대로 자연 신비주의 세계를 구축하고 있다. 그의 이름을 제목으로 삼은 책《장자》에는 그와 혜자(惠子, B.C. 380—305년경) 사이의 대화가 수록되어 있다. 혜자는 명가(名家)에 속한 사상가로 논리적 사고를 주창하던 자였다. 둘이 호수(濠水) 다리 위를 거닐고 있었다.

　　장자가 "저 작은 고기들이 놀고 있는 것을 보라. 저것이 고기들의 낙(樂)이다" 하였다.

　　이에 혜자가 "그대는 고기가 아닌데 어찌 고기의 낙을 아는가?" 하였다.

　　다시 장자는 "그대는 내가 아닌데 어떻게 내가 모르는 줄 아는가?" 하자.

　　혜자는 "나는 그대가 아니니 그대의 아는 것을 내가 모른다면 그대도 역시 고기가 아니니 고기의 낙을 모를 것이 아닌가?" 하였다.

　　장자는 "처음 문제로 돌아가자, 그대는 '내가 어떻게 고기의 낙을 아는가?' 하고 물었다. 그대의 묻는 말은 곧 내가 아는 것을 그대가 안 것이다. 나는 이것을 물 위에서 알았다."*

　어떻게 알 수 있는가? 이것이 위 대화의 주제이다. 사람인 장자가 어떻게 전혀 다른 피조물인 고기의 낙을 알 수 있는가? 이는 장자 자신의 마음 상태의 투사(投射)가 아닌가? 혜자의 질문은 이것이다. "그대는 고기가 아니다. 어떻게 고기의 낙을 알 수 있겠는가?"

　　그러나 혜자의 질문에 장자도 지지 않는다. "그대는 내가 아니다. 어떻게 내가 고기의 낙을 알 수 없다는 것을 알 수 있는가?"고 반문한다. 혜자가 장자에게 적용했던 논리를 거꾸로 장자가 혜자에게 적용해서 공격하고 있다. 혜자는 장자에게 자신의 감정을 고기에게 투사하지 말라고 주장하고 있으나 혜자 역시 자신의 감정을 장자에게 투사하고 있는 셈이 아닌가? 그러나 장자의 반론으로 혜자는 더욱 강하게 자기 고집을 내세우게 되었다. 그는 자신이 장자가 아니라는 사실은 인정하면서도 보다 강경한 어조로 "그대가 고기의 낙을 알 수 없다는 사실엔 변함이 없다!"고 주장하고 있다. 이쯤 되자 더 이상 논쟁할 필요를 느끼지 않은 장자는 "물 위에서 알았다"고 말을 맺고 있다. 이는 혜자에게와 자신에게 동시에 한 말이었다.

장자와 혜자 사이의 의견 차이는 너무도 뚜렷하다. 장자는 일상적 자연만물에도 자신의 속마음을 전할 수 있다. 그는 살아 있는 자연세계에 동질감을 뚜렷이 느끼고 있다. 그와 고기 사이엔 장벽이 없다. 그는 사물을 자신의 입장에서 볼 수 있을 뿐 아니라 다른 피조물의 입장에서도 볼 수 있다. 그는 자신과 모든 우주가 하나의 공동운명체임을 가슴속 깊이 느끼고 있다.

이같은 장자와 혜자 사이에 오고 간 심오한 대화는 그리스도교 신학에 중요한 의미를 제시해 주고 있다. 장자와 혜자는 두 종류의 신학 형태 — 전위(轉位, transpositional)와 부동(不動, nontranspositional) — 를 보여 주고 있다. 혜자식의 신학에 의하면 어떤 특정인에 의해 경험되고 해석되어진 삶이나 신앙은 다른 사람의 삶이나 신앙에는 적용될 수 없다는 결론이 나온다. 혜자가 주장했던 대로 인간과 고기 사이엔 하등 공통된 요소가 없으므로 인간의 감정이 물고기에 전달될 수 없는 것이다. 이와 마찬가지로 그리스도교 역시 나름대로 독특한 문화적, 종교적 영역을 가지고 있기에 이와 다른 종교나 문화에는 적용할 수 없다고 한다. 그리스도교면 그리스도교일 뿐 힌두교나 불교가 될 수 없다. 인간 영혼의 차원에서 이루어지는 의사 소통이 이들 사이에서는 불가능하다. 그리스도교 신학은 거개가 이와같이 혜자식의 부동신학이었다.

그러나 이와 다른 신학 형태도 있다. 장자식의 신학이다. 전위가 가능한 신학이다. 장자가 자신을 고기의 입장에 놓고 고기의 심적 상태를 느낄 수 있듯 전위신학에서는 문화・종교・역사라는 장벽을 넘어 지금까지와는 전혀 다른 새로운 방법과 사고(思考)를 통해 창조 속의 하느님을 만날 수 있게 된다. 장자의 경우, 그는 자신이 포함된 넓은 창조세계와 그 속에 있는 다른 피조물들에 대한 확실한 인식이 이루어지기 전에는 자신을 불완전한 존재로 보았던 것이다. 신학 역시 전혀 다른 상황 속에 던져졌을 때, 당황하면서도 그 속에서 온 우주를 창조하신 하느님의 놀라운 세계를 발견할 수 있지 않을까?

이러한 신학에는 우리와 낯익은 일상생활 영역 밖에서 전개되는 인간 영혼의 깊은 심연 속에서부터 우러나는 온갖 변화에 창조적으로 대처할 수 있는 예민한 감수성이 필요하다. 이 신학은 또한 우리에게 처음에는 우리 종교의식과 생소한 모습으로 접근하는 세계에 대해서도 넓은 마음과 정신으로 이를 포용하라고 요청하고 있다. 각양각색의 종교와 문화, 게다가 국가와 민족에 따라 각기 다른 신앙적 유산을 안고 있으며 이것에 희망을 걸어 보기도 해보았으며 실망도 해보았던 광활한 대륙 아시아에서 이루어져야 할 신학이 바로 이런 것이 아니겠느냐 하는 질문을 던지고 있다. 이 책에서 다루려는 것이 곧 이러한 질문에 대한 소박하지만 나름대로 열심을 다한 응답이다.

이 책을 쓰면서 고락을 함께 나눈 이들에게 감사드린다. 특히 세계교회협의회(WCC) 산하 타종교·비그리스도교인과의 대화 실무위원회 위원장을 역임하였고 현재는 인도 방갈로에 은퇴하여 있는 스탠리 사마타(Stanley Samartha) 박사와 제네바 에큐메니칼 센터 도서관장 안스 반 데어 벤트(Ans van der Bent) 박사에게 감사드린다. 이분들은 내 원고를 읽고 비판과 조언을 아끼지 않았다. 아시아를 선교학적인 관심 대상으로서가 아니라 신학적인 관심 대상으로 보고 있는 이들 사려깊은 동역자들의 도움을 얻을 수 있었던 것이 얼마나 감사한 일인지 모른다.

또한 응 종휘(Ng Chiong-Hui) 박사에게도 심심한 감사를 표한다. 그는 아시아 신학교육에 있어 가장 뛰어난 선각자 중의 한 분이시다. 아시아에서 신학을 하는 우리와 같은 2대(代) 3대 신학자들은 그분의 지칠 줄 모르는 학문탐구와 신학적 다변화(多變化) 작업을 눈여겨 배울 필요가 있다. 이분 역시 내 원고를 읽고 여러 가지 중요한 조언을 해 주셨다.

윌리엄 제어만(William E. Jerman)에게 특히 심심한 감사를 표한다. 그는 원고를 훌륭하게 편집하며 손질해 주었다. 그는 개인적으로 제3세계 신학에 관심을 가지고 있을 뿐 아니라 뛰어난 편집기술을 겸하고 있어 그의 도움으로 영어라는 낯선 언어매체를 통해서도 우리 동양의 신학자들이 자신의 개념과 상징과 의미를 전달할 수 있었음은 하느님의 크신 은총이라 하지 않을 수 없다.

나의 아내 메이만(Mei-Man)과 딸 쥬핑(Ju-Ping), 쥬잉(Ju-Ying)에게도 진심으로 고마움을 느끼고 있다. 이들은 내 "신학의" 동지이자 교사이며 동급생들이다. 이처럼 특수한 신학 및 신앙 학교에서 그들은 신학교과서 안에서 찾아볼 수 없었던 하느님과 이 세상 안에서의 신비적 삶의 체험을 가능케 해 주었다. 내가 물려받은 아시아적인 유산과 함께 이들에게서 얻은 체험에 의해 신학은 기필코 전위적(轉位的)인 것이어야 한다는 결론에 도달하게 되었다. 전위의 신학은 바로 이같은 사랑의 강력하고도 신비한 힘에 자신을 맡기려는 노력의 소산이다. 바로 이러한 사랑의 힘에 의해 자

12

비하신 하느님은 가정과 인간 공동체를 창조하시고 구속하시고 재창조하신다.

서 설

칼리 신전에서 힌두교 사제로 있던 스리 라마크리슈나(Sri Ramakrishna, 1836—1886)는 닥신에스와르에 있는 자두 낫 말리크(Jadu Nath Malik) 저택 옥외 정자에서 그리스도의 환상을 보았다. 그는 그곳에 걸려 있던 여러 그림들 중에 성모가 아기 예수를 안은 그림이 있었는데 그것을 보던 중 깊은 황홀경에 빠지게 되었다. 이야기는 이렇게 계속된다.

"그의 마음 속엔 그리스도와 그리스도교 교회에 대한 관심으로 가득 찼다. 교회 안에서 그리스도교인들이 예수 성화 앞에서 향과 촛불을 켜 바치며 지성으로 예배하는 모습들이 환상으로 보였다."

이러한 환상은 사흘 동안 계속되었다.

나흘째 되던 날, 그는 판자바티 거리를 걷고 있었다. 그런데 건너편에서 전혀 생소하게 느껴지는 한 사람이 심각한 표정으로 그에게 눈길을 고정시킨 채 다가오는 것을 보았다. 그 사람이 외국 출신임을 한눈에 알 수 있었다. 그는 눈이 크고 아름다웠으며 콧등이 상당히 낮았음에도 전혀 얼굴 전체 조화에 어색함이 없었다. 스리 라마크리슈나는 그가 누구일까 호기심을 가진 채 끌려가고 있었다. 점점 그 인물이 다가왔다. 그때 그의 마음 가장 깊은 곳에서부터 다음과 같은 음성이 들렸다. "바로 그리스도이다. 그는 자기 심장의 피를 다 쏟아 인류를 구원하였고 그 일로 엄청난 고통을 당하였다. 그는 바로 사랑의 화신(化身), 완벽한 요긴(Yogin) 예수이다!"[1]

힌두교 사제로서는 경험하기 어려운 환상이었다. 그럼에도 스리 라마크리슈나는 그리스도교로 개종하지는 않았다. 스와미 니킬라난다(Swami Nikhilananda)는 그에 대해 "마지막 숨이 넘어갈 때까지 그는 그리스도가 하느님의 화신이라는 것을 믿고 있었다. 그러나 그에게 있어 그리스도만이 유일한 신의 화신은 아니었다. 예를 들면 부처나 크리슈나 같은 이들도 신의 화신이었다."[2]

종교진리를 탐구하는 스리 라마크리슈나에게 있어 그리스도만이 그를 독점하지 못했다. 그러나 전혀 생소한 환상을 통해 그는 지금까지 추구해 온 종교적 진리탐구에 또 다른 영역을 발견하게 되었다. 그리스도는 그의 가슴과 마음 속에 들어갔고 부처와 크리슈나와 같은 위치에 서게 되었다.

이 이야기에서 가장 주의해야 할 점은 그가 본 환상이 즉시 사라지지 않았다는 점이다. 오히려 그 환상은 후에 대낮에 거리에서 생소한 인물로 만나지는 것으로 발전하였다. 그는 즉시 그 생소한 인물이 자기 종족이 아님을 알았다. 그러나 이상하게도 그는 그 낯선 인물의 코에 눈길이 끌렸다. 그것은 넓적했다. 코에 대한 언급이 크게 강조되지는 않았으므로 그냥 지나칠 수도 있었다. 그러나 그것은 중요한 의미를 지니고 있었음이 드러났다. 수년 후에 자기 제자들과 함께 이야기를 나누는 중에 넓적한 코를 가진 낯선 그 인물에 대한 지워지지 않는 인상이 되살아났다.

한참 지난 후, 그는 영어를 할 수 있는 제자들과 함께 그리스도에 대해 토론하고 있었다. "그래, 너희들은 성서를 읽었지. 성서가 어떻게 그리스도의 모습을 묘사하고 있는가 설명을 하라. 그는 어떻게 생겼는가?" "우리는 그것에 대한 분명한 해답을 성서 어디에서도 찾아볼 수 없었읍니다. 그러나 예수는 유대인으로 태어났으니 그는 아마도 눈이 크고 코가 오똑한 그런 수려한 얼굴을 하고 있었을 것이 틀림없었읍니다." 스리 라마크리슈나는 제자들의 설명에 대해 "그러나 내가 본 바로는 그의 코는 꽤나 넓적했다. 그 이유를 아는 사람이 있는가?"고 물었다. 제자들은 당시에는 스승의 이 말에 별로 관심을 두지 않았다. 다만 스리 라마크리슈나가 죽은 후에야 그들은 현재 남아 있는 그리스도의 형상에 대한 기록들이 세 종류가 있는데 그 중 하나는 분명 예수를 넓적한 코를 가진 인물로 묘사하고 있음을 알았다.[3]

스리 라마크리슈나에게 나타난 그리스도는 전혀 생소한 인물이었다. 그러나 그 생소함 속에도 약간이나마 친근하게 느낄 수 있는 요소가 있었다. 그의 낮은 코였다. 코는 사람의 얼굴에서 제일 먼저 드러나는 부분이다. 코의 생김새로 대략 그 사람의 인물됨이 특징지어진다. 코는 단지 사람의 얼굴 윤곽만을 형성하는 것으로 그치지 않고 그 사람의 생각과 감정까지도 파악할 수 있게 해 준다. 우리 얼굴 한가운데 있는 코는 이야기하는 코이다.

스리 라마크리슈나가 거리에서 마주친 낯선 그 인물의 낮은 코를 잊지 못했다는 사실을 주목할 만하다. 그의 제자들은 그리스도교 성서에는 예수의 육체적 특징에 대한 언급은 찾아볼 수 없다고 전하였다. 그러나 그들은 예수가 유대인 혈통이므로 오똑한 코를 가졌을 것이라고 증언하였다. 그러나 스리 라마크리슈나는 동의할 수 없었다.

그는 약간은 의아해하는 표정으로 "그런데 내가 본 바로는 그의 코는 꽤나 넓적했다"고 진술하였다. 그리스도 환상을 본 후 수년 동안 그의 마음 속에 어떠한 변화가 일어났는가 파악할 길은 없다. 아마도 그는 그가 만난 낯선 인물에 대한 의미를 파악하지 못해 적이 불안해했을 것이다.

이 이야기 속에서 가장 우리의 흥미를 끄는 부분은 그가 넓적코를 한 그리스도를 만났다는 사실이다. 그리스도가 왜 그에게 나타날 때 셈족이나 앵글로 색슨 또는 인도-유럽 민족처럼 오똑한 코로 나타나지 않았을까? 그 이유가 궁금하다. "넓적코"는 어쨌든 아시아 민족, 특히 몽고족의 후예들의 특성을 나타내는 것으로 넓적코를 하고 나타난 그리스도의 환상이 스리 라마크리슈나를 상당히 당혹스럽게 만들었음을 충분히 이해할 수 있다. 아마도 그런 이유에서 그는 오랜 시간이 지난 후에도 그 이야기를 또다시 끄집어낸 것이 아닐까?

그가 미처 깨닫지는 못했을지도 모르나 그리스도는 아시아인의 모습으로 나타나 그의 가슴 속으로 파고들기 시작했던 것이리라. 비록 그리스도교에로의 "개종"은 이루어지지 못했지만 그리스도는 분명 그의 마음 속에 부처나 크리슈나와 같은 아바타라(Avatara, 신의 화신)와 함께 아바타라의 하나로 자리를 차지하였다. 힌두교 사제로서 그가 취할 수 있었던 최고의 행위였다. 그렇다고 그리스도가 이처럼 상식에 어긋난 방법을 통해 힌두교도의 마음을 사로잡았다는 사실을 과소 평가해서는 안된다. 스리 라마크리슈나의 경험을 통해 우리는 넓적코 그리스도가 종족과 종교와 문화의 장벽들을 극복하였음을 알 수 있다.

뾰족코에서 넓적코로

뾰족코 그리스도에서 넓적코 그리스도에로의 전환— 이것이 약간 엉뚱한 소리로 들릴지 모르겠으나 이것이야말로 (바울로의 말을 빌린다면) 예수 그리스도는 "어떤 사람(남자와 여자)을 대하든지 그들처럼 된다"(1고린 9, 22)는 진리를 확인시켜 주고 있다. 19세기 동안 그리스도는 뾰족코를 한 구세주로 뾰족코를 한 사람들을 구원하여 왔다. 그리고 뾰족코 외에 그가 가지고 있었던 셈족으로서의 특징들은 점점 유럽인들의 특징들로 대체되어 왔다. 미국에서 활약중인 흑인 신학자 게이로드 윌모어(Gayraud Wilmore)가 이를 날카롭게 지적하고 있다.

서양 미술사를 보면 그리스도 묘사에 있어 시간이 흐를수록 백인화(白人化)되어 왔으며 점차 그는 셈족의 특성을 잃고 아리안족으로 채색되어 왔다. 검어야 할 그의 머리가 갈색으로 변했고 역시 검어야 할 눈동자마저 푸른색으로 변했다. 하느님의 현현(顯現)은 어떻게 해서든지 검은 색을 피하도록 강조되어 왔다… 백인 유럽인들이 다른 민족들을 만나게 되면서부터 색깔에 있어 그리스도를 아리안족으로 만드는 일에 박차를 가하기 시작했다.[5]

약 2천년 동안을 내려오면서 이같은 그리스도의 "점진적인 백인화" 작업은 방해없이 추진되어 왔다. 서양에서뿐 아니라 다른 나라들에서도 그리스도에 관한 한 백인중심의 해석은 당연한 것으로 받아들여져 왔다.

셈족 출생의 그리스도가 서양인의 몸으로 성육화(成肉化)되어 탄생되는 것은 거의 완벽하게 끝난 듯하다. 너무도 완벽하게 되었기 때문에 이제는 그가 다른 피부 색깔로 성육화되는 것이 신성을 모독하는 것으로 여겨질 정도가 되었다. 그럼에도 질문은 끊임없이 제기되고 있다. 우뚝 솟은 뾰족코를 가진 채 나타나는 그리스도를 만났을 때 넓적코를 한 아시아나 아프리카 사람들은 진정으로 그리스도를 뼛속깊이 만나 영접할 수 있을까? 안된다. 그리스도교 신앙은 진리를 말하는 것이다. 그 진리란 그리스도는 뾰족코라는 것일진대 넓적코 그리스도는 있을 수 없으며 하물며 넓적코 신학이란 말도 안 된다. 더이상 이야기를 전개시켜선 안 된다. 그리스도의 코에 대한 이야기는 이것으로 끝내야 한다.

그럼에도 예수의 코가 넓적하다는 데서 오는 인간적인 호기심은 사라질 수가 없다. 무언가 딱 부러지게 말로 표현을 할 수는 없지만 뾰족코 그리스도는 이같은 본능적인 호기심을 억제하고 있다. 그 동안에도 사려깊은 많은 아시아의 그리스도인들 가슴 속에는 예수의 코에 대한 이같은 내적 갈등이 무르익어 왔다. 이같은 사실은 아시아의 그리스도교 미술에서 보다 분명하게 드러나고 있다. 리처드 테일러(Richard W. Taylor)는 현대 인도에서 활약중인 가장 뛰어난 미술가로 파니커(K.C.S. Paniker)를 언급하고 있다. "파니커가 그린 예수 그림을 보면 그가 라마크리슈나의 이야기에 상당히 영향을 받고 있음을 느낄 수 있다 … 넓적코가 도대체 어떤 모양인지는 분명히 알 수는 없지만 파니커가 그린 예수의 코는 그가 그린 다른 그림들에서 보이는 다른 인물들의 코와는 다르긴 한데 내게는 넓적코로는 보이지 않고 단지 셈족들의 코처럼 보인다."[6] 분명히 파니커는 스리 라마크리슈나가 말한 넓적코 그리스도에게 깊은 감명을 받았다. 그러나 그가 뾰족코 그리스도에게서 받은 영향이 너무도 강해 넓적코 그리스도가 그의 캔버스에 그려지지 못했던 것이다.

예수의 코에 대한 아시아인들의 이같은 내적 갈등은 태국의 화가 트완 두차니(Twan Duchanee)가 그린 「창조」라는 작품 속에서도 나타나고 있다.[7] 이 그림에서 아담과 이브를 포함한 대부분의 인물들은 뾰족코를 하고 있으며 기타 다른 육체적 특성들도 거의 서양적이다. 그런데 흥미롭게도 그림 중에는 태국 의상을 한 5명 정도의 여인들이 등장하고 있는데 그들의 코는 약간 둥근 형태로 넓적코의 인상을 풍기고 있다. 나는 화가가 의도적으로 이렇게 표현했으리라고는 보지 않는다. 내 생각으로는 화가가 태국 의상을 한 이 여인들을 그려나갈 때 코 부분에 와서는 본능적으로 뾰족코가 아닌 둥근코로 그렸다고 본다. 한 그림 속에 이처럼 뾰족코와 넓적코가 한데 어울려져 그려졌다는 것이 의미가 깊다. 바로 여기에 넓적코 문화와 뾰족코 문화 사이의 갈등이 비록 억제된 형태로나마 표출되고 있음이 분명하다.

이같은 갈등을 극복하려면 상당한 의지력과 꺾일 줄 모르는 창의력이 있어야 할 것이다. 이같은 의지력과 창의력이 이제 서서히 그리스도교를 주제로 하여 만들어진 아시아 미술가들의 작품에서 보여지고 있다. 예를 들면 필리핀의 화가 갈로 오캄포(Galo Ocampo)가 그린 「푸른색의 마돈나」 같은 그림이다.[8] 이 작품의 아름다움은 전혀 허세부림이 없으면서도 단순함에서부터 우러나오는 작품의 풍부함에 있다. 성모 마리아와 아기 예수 머리 위에 있는 후광을 제외하면 이 작품이 종교적인 것이라고 단정할 만한 요소가 거의 없다. 그럼에도 이 작품은 단순하면서도 친숙한 느낌의 마구간을 통해 구세주의 탄생을 한눈에 느끼게 해 준다. 실제로 이 작품은 성육신의 교리— 하느님께서 그리스도가 되어 우리 안에 거하신다는 사실을 담고 있다. 게다가 성모와 아기 예수는 완전한 아시아인으로 코가 뾰족한 듯하면서도 넓적하게 그려져 있다. 뾰족코 그리스도로부터 넓적코 그리스도에로의 전환을 엿볼 수 있다.

인도네시아의 화가 웅군 페르마디(Unggun Permadi)의 작품 「마돈나」에서도 같은 느낌을 느끼게 된다.[9] 이 작품에서는 후광마저도 사라진다. 작가의 창의성을 돋보이게 하는 것은 그림의 배경을 평범한 옹기들로 장식했다는 점이다. 이 옹기들이 마돈나와 아기 예수를 평범한 생활 속의 사람들에게 연결시키고 있다. 이와 같은 그림 속에선 금빛 찬란한 후광은 어색할 뿐이다.

아시아의 미술 작품들에서는 하느님이 그리스도의 모습으로 보다 알아보기 쉬운 형태로 오고 있음을 볼 수 있다. 아시아 미술인들은 예술적으로나 신학적으로 뛰어난 창의력을 지니고 있음을 보여주고 있다. 그들은 지금까지 서양화가들에 의해 정형화(正形化)되다시피 한 그리스도교 미술의 개념과 형태에 구속받지 않고 있음을 여러 가지 예를 통해 증명하고 있다. 그들은 나름대로 아시아에서 그리스도교 미술의 규범과 내용을 설정하였다. 말씀은 (사람의) 몸이 되었다. 2천년 전 베들레헴에만 국한되는 것이 아니라 지금 아시아에서도 이루어지고 있다. 그렇다고 그리스도교 신앙의 유산을 부인하는 것은 물론 아니다. 다만 아시아의 예술 작품들을 통해서 성육신에 대한 경험이 종전과는 다른 형태와 표현으로 나타날 수 있다는 뜻이다. 앞으로의 시대에는 그리스도를 통한 성육신의 능력과 은총이 서양으로부터 아시아에로 옮겨지는 과정을 반영하는 작품들이 아시아에서 더욱 많이 그려지게 될 것을 기대한다.

전위(轉位)의 의미

지금까지 "전위"란 단어가 수없이 쓰여 왔다. 따라서 전위란 단어의 의미를 규명하는 것이 이 글을 이해하는 데 핵심이 될 것이다. 지금 우리가 신학적인 노력을 기울이는 것은 역사, 예수 그리스도, 공동체 등 여러 방면에서 이루어져야 할 "전위신학"(transpositional theology)인 것이다. 그렇다면 전위의 의미는 무엇인가? 어떤 의미로 이 단어를 사용하는가? 이 단어가 신학적 관심과 어떻게 연결지어질 수 있는가?

이제부터 이 질문에 답해 보기로 하자 "전위"란 단어의 사전적인 의미를 먼저 알아본 뒤 그 단어가 신학적으로 성육신이란 명제를 어떻게 수용할 수 있는가 살펴보기로 한다. 흥미로운 추적이 될 것이다. 누가 알랴? 요한 묵시록을 쓴 저자의 말을 빌리자면 "모든 것을 새롭게 만드는"(묵시 21, 5) 하느님을 만나게 될지.

1. 전위란 시간과 공간 속의 이동을 뜻한다

웹스터사전 제3판은 "전위"란 단어에 여러 가지 뜻이 있음을 기록하고 있다. 그중에서 우리의 관심과 연결되는 몇 가지 설명을 골라보았다.[10]

우선 첫째로 전위란 일정한 시간이나 장소로부터 다른 시간이나 장소로 옮겨지는 것을 의미한다. 이것은 변경(shift) 또는 이동(removal)과 같은 뜻이다. "그의 주거지가 시내 중심가에서 교외로 옮겨졌다"와 같은 문장에서 사용된다. 여기에서 전위란 공간에서의 변동을 의미한다. 시간에서의 변동은 다음과 같은 문장에서 사용될 수 있을 것이다. 19세기에 행해졌던 "칼 마르크스의 사회와 경제에 대한 분석은 20세기에 있어서 사회주의 혁명의 이론과 실제로 옮겨졌다." 시간에서의 변동이 분명히 드러난다. 그러나 이같은 변동이 연대기적인 의미로만 국한되지 않음을 주의해야 한다. 보다 중요한 것은 인간의 삶과 세계에 대한 이해를 변화시키는 개념이나 신앙에 대해서도 이 단어가 쓰여질 수 있다는 점이다.

이같은 전위의 사전적 의미가 신학적으로 무슨 의미를 내포하고 있는가? 그렇다. 하느님의 섭리에 따라 신앙과 함께 성서의 세계는 팔레스타인에서 그리스·로마 세계로, 다시 유럽과 서양 세계로 점차 이동되었다. 이같은 이동과정에 있어 주동적인 역할을 한 인물이 바로 성 바울로이다.

예수의 직계 제자들은 이와 같은 전위에 대해 긴 안목을 갖지 못하였다. 예수의 승천 바로 직전까지도 그들은 (루가의 사도행전에 의하면) 하느님의 나라는 신앙이 예루살렘으로부터 바깥 세계로 이동하지 않고서도 실현될 것으로 믿고 있었다. 그들은 조급한 심정과 어느 정도 확신을 가지고 예수께 물었다. "주님, 주님께서 이스라엘 왕국을 다시 세워 주실 때가 바로 지금입니까?" 아직까지도 정치적인 통치가 그들의 주요 관심사였다. 예수는 즉시 그들의 이러한 기대가 잘못된 것임을 지적하며 먼저 신앙의 이동이 있어야 할 것임을 지적하였다. "…너희는 예루살렘과 온 유다와 사마리아뿐만 아니라 땅끝에 이르기까지 어디에서나 나의 증인이 될 것이다"(사도 1, 6-8).

이같은 선교의 사명을 띠고 복음을 전한 인물이 바로 바울로였다. 그는 비록 현재 우리가 생각하는 의미로 세상 끝까지 이르지는 못했으나 당시 정치·종교·문화 세계를 장악하고 있던 그리스 세계와 로마 제국에까지 복음을 전하였다. 그를 통해 그리스도에 대한 신앙이 성서의 땅으로부터 서방 세계에로의 전위가 이루어졌으며 오랜 시간 동안 서양 문화는 복음 정신에 깊이 영향을 받아 발전하였다.

이같은 신앙의 전위가 서양 세계로부터 소위 말하는 제3세계에로도 이루어졌는가? 그렇다. 지난 2세기 동안 이루어진 서방 교회의 선교 확장 역사가 바로 이같은 전위를 증명하고 있다. 어느 면에서 이것은 대단히 성공적인 전위였다. 여기에서 잠시 미래 세계의 그리스도교 인구 변동의 추이를 과거 성장률을 근거로 조명해 보자.

스위스의 로마 가톨릭 선교학자 발베르트 뷜만(Walbert Bühlmann)에 의하면 "지금까지 2천년 동안 서양 세계를 중심으로 이루어졌던 그리스도 교회가 이제 멀지 않은 장래에 그 중심지가 제3세계로 옮아질 것이며 이미 우리는 그 변화 과정 속에 있는 것이다. 제3세계의 신자들은 계속 늘어날 것이다."[11] 그의 예언은 세계 그리스도교인 통계표에 근거한 것이다.

세계 그리스도교인 통계표

년도 지역	1900년	1965년	2000년
유럽·북아메리카	3억9천2백만명 (85%)	6억3천7백만명 (63%)	7억9천6백만명 (42%)
아시아·아프리카 오세아니아·남아메 리카	6천7백만명 (15%)	3억7천만명 (37%)	11억7천8백만명 (58%)

(괄호 안은 백분비)

1900년에는 전세계 그리스도교 인구의 15%만이 제3세계에 분포되어 있었다. 반면 유럽과 북아메리카 지역이 85%를 차지하고 있었다. 그러나 2000년에 이르면 사태가 달라질 것이다. 58%가 제3세계에, 42%가 유럽과 북아메리카 지역에 있게 될 것이다.

이같은 전망에 대해 유럽이나 북아메리카에 있는 그리스도교인들은 심각한 문제에 봉착하게 된다. 자신들 나라에 있어 그리스도교의 미래는 어떻게 될 것인가? 특히 복음에 대해 냉담한 반응을 보이고 있는 나라들에서 어떻게 하여야 복음의 능력을 회복시킬 수 있을까? 이제 멀지 않아 숫적으로 크게 우세를 보일 제3세계의 그리스도교인들과 어떤 관계를 맺어 나가야 할 것인가?

물론 숫자나 비율에 너무 얽매여서는 안될 것이다. 그렇지만 숫적인 힘은 중요하다. 절대로 과소 평가할 것이 아니다. 그러나 그렇다고 해서 그리스도 신앙의 제3세계에의 유입이 2단계 혹은 3단계 과정을 거쳐서 이루어졌음을 잊어서는 안된다. 한 단계를 거쳐 이루어지는 전위가 지금이라도 일어나야만 한다.

이스라엘에서 제3세계에로의 여행 — 우리가 여기서 말하고 있는 바대로라면 — 이스라엘에서 아시아에로의 이동이 계속적으로 이루어져야 할 필요가 있다. 하나의 예로 성지에서 아시아로 올 때 끊는 비행기표는 염가이긴 하나 도중에 항로를 변경할 수 없는 그런 표였다. 여행비는 2등 정도로 낮출 수 있었다. 그러나 제일 곤란했던 것은 도중에 경유지를 변경할 수 없다는 점이었다. 그 경로는 서양에 있는 항공회사에서 일방적으로 결정하였다. 물론 이같이 2등 요금의 여행이 무조건 나쁘다는 것은 아니다. 도중에 보고 배울 것도 많은 것도 사실이다. 도중에 고딕식 교회나 성당에 들러 흰 예복을 입고 화려한 대관을 쓴 채 양떼를 인도하는 목자들의 인상을 풍기는 인상적인 사람들도 만날 수 있다. 때론 으스스한 수도원이나 바실리카에서 검은 옷을 입고 길게 수염을 내려드린 약간 섬뜩한 느낌을 주는 인물들도 만날 수 있다. 우리는 때로 여행 동료들 가운데 아리스토텔레스나 칸트 혹은 그리스도교 성서에 대해 안팎을 훤히 아는 것과 같은 학식이 풍부한 사람들도 운좋게 만나기도 한다. 전체적으로 볼 때 이것은 값진 여행이다. 그러나 너무 오래 걸리고 또 도중에 기착하는 곳이 너무 많다. 짜릿하고 신기한 면이 있기는 하면서도 때론 실망과 피곤에 쓰러질 순간도 있다. 우리는 지금까지 전통과 학문이 풍부한 (서양) 교회들을 따라잡으려고 무던히 애를 써 왔다. 이 배움의 과정에는 끝이 없는 것 같았다. 언제나 이 서양 그리스도교를 배우는 학교를 졸업하게 될지 가늠조차 할 수 없었다. 이같은 신학수업 과정 속에는 공자(孔子)의 문집 같은 것은 천정 다락 먼지 속에 파묻힌 채 버려져 있었다. 우리는 중국의 전통적 가정이 지니고 있는 인간 심성의 공포와 비애를 담은 《홍루몽》(紅樓夢)과 같은 아름다운 작품에 대해선 손조차 대지 못하고 있다. 우리는 하느님의 구원을 설명함에 있어 우리 자신의 문화적 유산은 아무런 도움도 줄 수 없다는 식의 위험한 생각을 갖기까지 되었다.

그런데 이스라엘에서부터 아시아로 보다 직접 날아올 수 있는 길이 열려야겠다고 요구하는 소리가 들려지기 시작했다. 중간 기착지를 더 줄이고 또 경유지도 임의로 선택할 수 있는 노선이 요구되었다. 그같은 여행이 이루어지기 위해서는 우리는 우리 대신 표를 구입해 주는 대리인을 세워서는 안되었다. 우리가 직접 여행사에 가서 여행사 사무원과 항로를 협의해야 했다. 그리고 제일 중요한 사항으로 비행기표가 도중이라도 항로를 변경할 수 있는 것으로 계약하는 일이었다. 1단계 과정을 통한 신앙의 전위는 이같이 변경이 가능한 비행기표를 통해 이루어진다. 전위신학의 주요 목적은 바로 이와같은 비행기표를 들고 이스라엘에서부터 아시아로 자유로운 여행을 가능케 하기 위한 것이다. 하느님께서는 아시아의 나라와 민족들에게 그들이 멸망하더라도 그냥 버려두시는 그런 분이 아니라는 데서 이러한 신학의 방법론은 근거를 얻게 된다.

2. 전위란 의사소통이다

전위에 대한 다른 의미는 다른 언어, 자세 혹은 표현방법으로 옮긴다는 것과 관련이 있다. 이 경우에 가장 적합한 단어를 꼽자면 번역(통역)을 들 수 있다. 국제회의에 참석해 보면 각 나라 다른 말들이 난장판을 이루어 놀라기도 하고 당황하기도 하는데 이때에야말로 통역이 얼마나 중요한 가를 절실히 깨닫게 된다. 통역 없이는 정보를 교환할 수도 없고 의견을 밝힐 수도 없다. 통역 없이는 의사소통은 중단될 수밖에 없다. 간단히 말해 통역이란 언어들 사이의 전위인 것이다. 시공간(時空間)을 흐르는 언어에 있어서 전위를 말할 때 그것을 의사소통(communication)이라고 한다. 의사소통으로서의 전위는 의사소통을 할 수 있는 방법들을 동원해 자신의 생각과 신념과 뜻을 전달하고자 하는 인간의 기본적인 행위인 것이다.

우리 일상생활에서 이러한 전위의 행동은 참으로 중요한 부분을 차지하고 있다! 얼마나 이것을 잘하느냐 못하느냐에 따라 인간관계의 성패는 좌우된다. 삶이란 말과 사인과 제스처 또는 신체 각 부분을 동원한 의사 표시들로 이루어지기 때문이다. 이 모든 행위를 통해 우리 속에 있는 생각과 신념들이 밝혀지기도 하며 숨겨지기도 한다. 이것은 의사소통이 이루어지고 있는 문화적 환경이 변경될 때 더욱 절실하게 느껴진다. 전위가 없이는 아주 사소한 제스처를 통해서도 엉뚱한 오해를 낳을 수 있다.

예를 들어 인도에서는 긍정이나 찬성의 표시를 할 때 머리를 좌우로 흔들어 표현한다. 그러나 반대로 다른 모든 나라들에서는 머리를 흔드는 것은 부정이나 거부의 뜻으로 받아들여지고 있다. 인도에 갔을 때엔 이것을 꼭 명심해야 한다. 찬성과 반대의 표현이 전혀 다른 문화세계 속으로 전위되어 있다는 사실을 꼭 명심하여야 한다. 또 다른 예를 들면, 아시아에서는 보통 사람을 부를 때 손바닥이 아래로 향하게 하고 흔들어 부른다. 서양에서는 그 반대로 한다. 손바닥을 위로 향하게 하고 손가락을 자기 쪽으로 까딱이며 부른다. 이와같이 서로 상반되는 표현의 예는 수없이 많다. 이들에 대해 세심한 주의를 기울일 때 훌륭한 의사소통이 이루어질 수 있는 것이다.

그러므로 모든 면에 있어 사람들 사이의 의사소통에는 전제조건으로 문화와 문화 사이의 또는 사람과 사람 사이의 전위가 요구되고 있다. 그런데 안타깝게도 우리 사이의 의사소통을 의미있게 만드는 이러한 요소들이 종종 무시되거나 일방적으로 파괴되는 경우가 있다. 예를 들어 전제주의 국가에서는 통치자의 힘과 권위가 의사소통의 내용과 방법까지를 결정하는 경우가 허다하다. 위로부터 아래로 이르는 일방적인 의사전달이다. 모든 의사전달 매체는 통치하는 정부나 그 정책의 이데올로기를 보존하고 선전하는 데만 쓰일 뿐이다. 통치를 위한 권위는 전제주의로 바뀌게 되고 백성들의 생활과 생각까지도 통제하게 된다.

권위에 대한 반항은 곧 전제주의에 대한 항거이다. 그것은 곧 부패한 권력력이 아닌 참된 진리 위에, 폭력이 아닌 사랑에, 강압이 아닌 권유 위에 세워지는 참된 사회-정치 구조를 찾기 위한 몸부림인 것이다. 이것이야말로 전제주의적 횡포에 대항하여 싸우는 민주주의적 힘으로 이루어지는 혁명인 것이다. 이같은 혁명은 전제주의가 안고 있는 근본적인 취약점을 폭로시키며, 진리에 직면했을 때 바로 설 수 없는 권력은 든든한 기반을 얻지 못하고 사랑과 정의로 확인받은 권력은 권위를 인정받게 된다. 전제주의가 당하는 위기는 주체성과 신용의 위기인 것이다.

신학 역시 이같은 권위 문제에서 제외되지는 않는다. 오랫동안 신학만큼은 의사소통의 세계에서 예외적인 특권을 누려 왔다. 신학자들은 자신들이 내세우는 신학적 명제를 권위화시키는 데 크게 방해받을 것이 없었다. 권위화시킨다는 것 자체가 불신앙의 표로 간주되었다. 그것은 마치 의심 많은 토마와 다를 바 없는 죄악으로 간주되었다.

물론 이같은 주장에도 일리는 있다. 신학이란 신앙을 다루는 것이기 때문에, 그리고 신앙이란 논쟁의 대상이라기보다는 결단의 내용이기 때문에 구태여 인간의 이성에 의해 보증받을 필요는 없다. 캔터베리 대주교였던 유명한 안셀름(Anselm, 1033—1109년경)처럼 "나는 믿기 위해 이해를 구하지 않으며 오히려 이해를 얻기 위해 믿는다." 신앙은 하느님을 구함에 있어 없어서는 안될 기반인 것이다. 그럼에도 이 기반에 대한 의심을 제기하는 데서 문제가 생기게 된다. 신학자들은 여기에서 당황하게 된다.

현대 서구 신학계에서 신앙을 전제로 해서 이루어진 신학적 명제들에 대해 의문을 제기한 인물이 바로 디트리히 본훼퍼(Dietrich Bonhoeffer)이다. 그는 테겔 감옥에 갇혀 있으면서 다음과 같은 글을 썼다.

    그럼에도 우리는 하느님이 있지 않는 세계 속에 살아야만 한다는 사실을 솔직하게 인정할 수밖에 없다. 이것이야말로 우리가 깨달아야 할 것이다. 바로 하느님 앞에서 말이다! 하느님 자신도 우리가 그것을 깨닫기를 강요하고 있다. 하느님은 우리가 그가 없이도 우리 삶을 영위해 나갈 수 있는 사람들로 살아야 한다는 사실을 깨닫게 하려 한다. 우리와 함께 계신 하느님은 우리를 버리시는 하느님이다(마르 15, 34). 우리로 하여금 하느님이란 전제조건 없이 이 세상을 살도록 요구하시는 그 하느님 앞에 우리는 끊임없이 서야만 한다. 하느님 앞에서 하느님과 함께 하느님 없이 살아가야 한다. 하느님은 십자가에 달려 이 세상에서는 자신을 버리셨다. 그는 세상에서 약하고 힘이 없다. 이것이야말로 그분이 우리와 함께 하시며, 우리를 도우시는 길, 유일하고도 값진 길인 것이다.[12]

"하느님 앞에서 그리고 하느님과 함께 하느님 없이 살아야 한다."— 이같은 본훼퍼의 말은 논리가 맞지 않은 것처럼 들린다. 도대체 무슨 뜻인가? 우리는 그가 하느님의 약하고 무기력함에 강조하고 있음을 주목해야 한다. 그는 믿는 자를 구원하시고 믿지 않은 자들을 추방시키려고 언제나 기다리고 계시는 그런 강하고 능력 많으신 분으로 하느님을 믿는 신앙에 대해 의문을 제기하는 듯하다. 이같이 하느님의 세심한 구원의 손길이 쉬이 미칠 것 같지 않는 옥중에 갇혀 있는 본훼퍼로서는 하느님은 약하고 무력하기만 하였다. 이 하느님이 십자가의 하느님이었다. 여기에서 신앙의 언어들이 변해져야 하는 이유가 있다. 신학적 논쟁은 다른 형태로 바뀌어져야 하며 복음의 전달도 다른 의사표현 방식을 통해 이루어져야만 한다.

이제 우리는 신학의 전위란 단순히 형식적이거나 말로서만 이루어져서는 안됨을 알 수 있다. 거기에는 교회가 전달해야 할 메시지의 본질을 다루는 것이어야 한다. 색다른 주제도 취급해야 하고 새로이 제기되는 질문들에 답해야 하며 다양한 방법론을 모색하는 진지한 신학적 토론이 이루어져야만 한다. 아시아에 있는 그리스도교인들에게는 이것이 신앙의 식민주의적 전위로 받아들여질 가능성도 있다. 그것은 성서적 신앙의 세계로부터 아시아의 문화와 종교 세계에로의 전위인 것이다.

3. 전위란 성육신(成肉身)이다

의사소통에 대한 의미를 추적하다 보니 어느덧 신앙의 핵심을 다루게 되었다. 그것이 성육신이다. 전위는 곧 성육신이다. 약간 모호하게 들릴지 모르겠다. 우리의 일상생활이나 지금까지 역사적으로 경험한 것과 거리가 멀어진 것처럼 보일지 모르겠다. 그러나 사실은 그렇지 않다. 다음에 소개하는 중국 현대사의 한 토막 이야기를 들으면 전위란 단어가 성육신의 형태를 취하여야 한다는 중요한 사실을 깨닫게 될 것이다.

중국역사의 변혁기에 중국의 문화 사상계에 격렬한 논쟁이 전개된 적이 있다. 그것은 중국학과 서양과학 또는 서양 민주주의 사이의 관계에 대한 전통주의자들과 개화주의자들 사이의 논쟁이었다. 전통주의자들이나 개화주의자들은 중국이 외세의 침략과 압제로부터 풀려나야 한다는 사실에는 함께 동의하고 있었다. 반(半)식민지와 같은 상태에서 벗어나 강하고 자주적인 국가를 이루어야 한다는 데 의견을 같이했다.

이 논쟁의 밑바닥에는 외세에 의해 중국이 처해 있는 비굴한 상황에 대한 애국심이 깔려 있었다. 전통주의자나 개화주의자들이 또한 의견의 일치를 보인 것은 어떤 형식으로든 서양학문이 중국을 다시 자립할 수 있게 만드는 데엔 도움을 줄 것이라는 것이었다.

그러나 중국학과 서양과학 내지는 서양기술 사이의 관계를 말하게 될 때엔 둘 사이에 의견이 날카롭게 대결하였다. 중국에 있어 사회·정치적 발전과 문화적 개혁을 가능케 한 1919년의 5·4운동 이전까지만 해도 중국 사상계는 장 지동(張之洞)의 사상이 지배적이었다. 그는 1918년 다음과 같은 유명한 말을 남겼다. "중국학을 기본 골격으로 하여 서양학을 실용성있게 이용하자."

다른 식으로는 풀기 어려운 문제를 적절하게 풀어나간 명답으로 보인다. 이 말의 배경에는 "과학기술을 배우는 것으로 그치지 말고 중국은 서양의 것을 본떠 나름대로 법률과 정치조직의 체계를 세워 나가야 한다"는 확신과 그럼에도 "중국의 철학과 윤리 및 전통사회의 기본적인 원칙들은 변해서는 안 된다"는 주장도 내포되어 있다.[13] 이와같이 전통적 중국과 기술적으로 발전된 서양의 두 세계를 조화시켜 최상의 효과를 얻으려는 노력들은 기적을 낳지는 못했다. 계속해서 중국은 내적인 갈등과 외세로부터 날이 갈수록 거센 압력을 받아야만 했다.

이같은 요인이 5·4운동을 전후로 하여 새로운 지성인들에 의해 주도되는 혁명으로 발전되었다. 이 "문화혁명"의 주창자들은 "서양의 과학기술, 법률과 정치제도를 도입해야 할 뿐만 아니라 중국의 철학, 윤리, 자연과학, 사회 원리와 제도까지도 서양의 것들에 비추어 재검토되어야 하며 그것들에 맞추어 재조직되어야 한다"고 주장하기에 이르렀다.[14] 중국의 서구화가 그들의 최종 목표였다. 그들의 생각으론 이렇게 하지 않고서는 도저히 중국이 서양 열강국들과 어깨를 나란히 할 수 없다고 느꼈다. 그들은 중국학에 대해 별관심을 두지 않았다. 중국학이란 케케묵은 중국 고전이나 배우는 것으로 중국을 다시 옛날의 상태로 끌고 갈 뿐이라고 생각했다.

이같이 중국 근대사의 중요한 기점에서 이루어진 중국학과 서양과학 및 민주주의에 대한 논쟁에 있어 잘못된 점은 없었는가? 무력하고 침체된 지경의 중국을 다시 일으켜 세우기 위해서는 서양학문이 중국으로 전위되어야 한다는 사실만큼은 널리 받아들여졌다. 그러나 그 전위가 어떻게 이루어져야 하느냐에 대한 문제는 심각하게 받아들이지 않았다. 서양학문을 받아들임에 있어 절대로 중국 전통의 본질만큼은 건드려서는 안된다는 사람이 있었던 반면에 중국학마저도 서양학문으로 대치되어야 한다고 주장하는 사람도 있었다.

양측 모두 오류를 범한 셈이다. 양측은 모두 두 개의 문화가 서로 "성육화"(成肉化)되지 않고서는 건전한 문화융합이 이루어질 수 없다는 사실을 깨닫지 못하였다. 단순한 모방이나 무비판적인 혼합으로 해결될 문제가 아니다. 외래문화가 본토문화 속으로 "성육화"되어야 제대로 되는 것이다. 형질(形質)의 변화가 문화에서도 이루어져야만 한다.

중국 근대사에서 있었던 이같은 문화 전위에 대한 논쟁이 지금 우리와 무슨 관계가 있는가? 분명히 있다고 본다. 복음이 성지로부터 다른 문화세계로 옮겨질 때엔 자신뿐 아니라 다른 세계까지도 변화시킨다. 복음은 상당히 강력한 힘을 갖고 있다. 복음은 인간사회의 제도를 변화시키고 새로운 가치를 창조할 뿐 아니라 사람들의 마음까지도 변화시킨다. 그렇지만 어떤 경우에도 변화를 용납하지 않을 만큼 그렇게 강력하지는 않다. 변화를 용납하지 않는 복음이란 오직 한 가지 상황에만 맞아 떨어진다. 모양이 직각이라면 원모양에는 맞출 수가 없다. 백색 안으로 들어갔다면 그것은 다시는 흑색이나 갈색이 될 수가 없다.

복음에 관해 생각할 때 신비한 것은 그 복음이 어떤 형태로든 어떤 색깔로든지 파고들어갈 수 있다는 사실이다. 더 나아가서 서양 양복에 어울린 것이라 할지라도 역시 인도의 사리나 일본의 기모노에도 조금도 어색함이 없이 어울린다. 복음의 이러한 가변성에 대해 바울로는 다음과 같이 표현하고 있다. "내가 어떤 사람을 대하든지 그들처럼 된 것은 어떻게 해서든지 그들 중에서 다만 몇 사람이라도 구원하려고 한 것입니다"(1고린 9,22). 유대인들에게는 유대인이 되었고 약한 이들에겐 약한 자가 되었다. 그가 만약 우리 시대에 살았더라면 다음과 같이 말했으리라. "버마인들에게는 내가 버마인같이 되었고 가난한 자들에겐 내가 가난한 자가 되었도다."

지금까지의 선교와 신학에서는 이와같은 복음의 놀라운 가변성을 과소평가해 왔다. 그러나 복음 — 하느님께서 사람을 사랑하시고 구원하신다는 기쁜 소식 — 을 오늘에 이르게 한 것은 바로 이 가변성 때문이다. 도대체 복음이 불변일 수 있겠는가? 복음의 핵심은 하느님이 세상으로 오셨다는 것이다. 하느님은 인간의 몸을 입고 예수 그리스도 안에 성육화되어 그를 통해 우리 모두 안에 계시다. 상당히 대담한 하느님임에 틀림없다. 우리 가운데 하나가 되어 하느님은 자신보다 못한 존재가 된다는 것을 그리고 십자가에 달린 예수가 느낀 하느님으로부터 버림받는 고통을 몸소 감수하고 있다. 그러나 하느님께서 감수하신 이 모험 때문에 우린 구원함을 받았고 세계는 희망과 미래를 가지게 되었다.

이와 비교해 볼 때 우리가 배워 온 선교와 신학은 너무도 소심하다. 우리는 우리와 신앙이 다른 이들이 모인 성전에 가면 혹시나 하느님의 모습을 잃어버릴까봐 두려워한다. 우리는 홍콩 거리를 홍수처럼 메우고 있는 인파들 속에 휩쓸리는 중에 행여나 하느님을 놓치지나 않을까 불안해한다. 이처럼 소심한 신앙을 가지고 어떻게 대담한 하느님을 섬길 수 있을까? 우리의 신학 선구자들은 닫는 데만 급급한데 어떻게 계속 열어 젖히고 있는 하느님의 선구자들을 따를 수 있을까? 우리 눈이 이미 고착된 하느님에 매여 있는데 어떻게 전위하신 하느님을 알아볼 수 있을까? 인간 존재와 세계를 심판하고 구원하시는 하느님은 인간의 삶 속으로 변하시며 이동하시며 육(肉)이 되는 하느님이시다. 전위의 하느님은 곧 성육신 하느님이다. 우리가 생각하는 전위신학을 인도하고 이끌어 나가는 것이 바로 이와같은 신앙이다.

흑인 그리스도인들의 검은 하느님

흑인신학도 전위신학의 한 예이다. 이 신학의 핵심은 흑색에 있다. 미국이나 아프리카에 있는 흑인 그리스도인들의 신앙체험의 핵심은 흑색에 있다. 1889년 아칸사스 주에 있는 라이츠빌에서 윌리엄 크리스천(William Christian)에 의해 창설된 살아 계신 하느님교회라는 교파의 교리문답 내용을 보면 놀라운 사실을 발견할 수 있다. 대체로 다음과 같은 문답으로 이루어지고 있다.

　문: 예수는 흑인종이었는가?
　답: 그렇습니다(마태 1장).
　문: 어떻게 아는가?
　답: 그가 아브라함과 다윗왕의 후예이기 때문입니다.
　문: 그것이 그리스도가 흑인 핏줄에서 났다는 충분한 증거가 되는가?
　답: 그렇습니다.
　문: 그 이유는?
　답: 다윗왕은 자신이 연기 속의 가죽부대가 되었다고 말하였습니다 (시편 119, 83).
　문: 욥의 피부는 어떤 색깔이었나?
　답: 검은 색이었습니다(욥 30, 30).
　문: 예레미야는?
　답: 그는 스스로 검다고 말했습니다(예레 8, 21).

문: 모세의 아내는 누구였는가?
답: 에디오피아(혹은 흑인) 여인이었읍니다(민수 12, 1).
문: 피부가 검다고 해서 그 색깔을 바꾸어야 할까?
답: 아닙니다(예레 13, 23).
문: 그 이유는?
답: 표범이 점박이이듯이 검은 것도 자연스러운 것이기 때문입니다
(예레 13, 23). [15]

너무 지나친 해석이 아닐까? 분명 그렇다. 그러나 흑인 그리스도교인들에게는 성서란 그들에게 전해지기 이전에 이미 흑인들의 책이었다고 확신하고 있다. 그들의 삶의 경험과 직접 관련이 없는 한 어떠한 율법으로도 그들을 구속할 수 없다. 그들은 검은 손으로 성서를 펴서 검은 눈으로 보고 검은 입으로 낭송하며 복음의 메시지가 그들의 검은 존재 속으로 파고 들어가야만 한다.

그러나 검다는 것 그것 자체만이 귀한 것인가? 흑인 역시 자신들의 검다는 것을 우상화하는 것이 아닌가? 그것이 아니라면 검다는 것이 복음과는 어떤 관계를 맺고 있는가? 미국에서 활약하는 또다른 흑인 신학자 제임스 콘(James Cone)은 다음과 같이 풀이하고 있다.

> 미국에서 검다는 의미는 피부 색깔과는 거의 관계가 없다. 검다는 말은 당신들의 마음, 당신들의 영혼, 당신들의 가슴 그리고 당신들의 몸이 박탈당한 상태에 있다는 뜻이다… 따라서 하느님과 연합한다는 것은 한 사람의 피부가 육체적으로 검다는 것과는 무관하다. 그것은 전적으로 당신들의 가슴과 영혼과 마음의 색깔에 관계된 문제이다. [16]

이것이야말로 문제의 핵심을 찌른 것이다. 흑인 신학자들은 검은 피부 색깔로부터 인간의 영혼 안으로 파고들어가려고 모색하고 있다. 그들에게 드러난 것은 박탈당한 자, 빈곤한 자, 압제당하는 자들의 가슴이다. 바로 여기에서 그들은 고통받는 하느님의 가슴에 접하게 된다.

흑인신학을 에큐메니칼 신학이라 부르는 이유가 여기에 있다. 고통은 흑인들만의 전유물이 아니다. 피부 색깔이야 어떻든 박탈당한 자, 빈곤한 자, 압제당하는 자들이 당하는 고통이 모두 적용된다. 그들은 자신들의 검은 피부를 통해 고통받고 있는 하느님을 만나게 된 것뿐이다. 그들에게는 다른 길이 없기 때문이다. 그러나 고통받는 하느님의 가슴에 접하게 되었을 때 그들은 각양각색 피부 색깔을 한 박탈당한 동족들을 발견하기에 이르렀다. 윌모어(Wilmore)와 같은 신학자는 흑인신학의 의미를 다음

과 같이 평가하고 있다.

    흑인신학이 가톨릭이나 프로테스탄트 신학이 아닌 흑인들의 신학으로 정착하여 그들로 하여금 압제와 인종주의로부터 해방되는 데 궁극적인 관심을 가지고 생각하고 느끼고 행동하게 하였다. 이같은 신학은 역사깊은 흑인교회의 저항운동에 뿌리를 내리고 있음에도 조직화된 교회의 범주를 초월하고 있다. 또한 일반적인 흑인단체, 비그리스도교적 흑인단체로 하여금 미국이나 아프리카 안에서의 흑인 체험의 가치와 의미를 말과 행동으로 표현해 낼 수 있도록 그 가능성을 열어 주었다.[17]

흑인신학이 현재 세계교회와의 관련성을 이해하려면 우선 먼저 이와같은 흑인신학의 에큐메니칼 운동의 가능성을 생각해야 할 것이다.

흑인신학은 두 가지 점에서 에큐메니칼 운동으로 볼 수 있다. 우선 교파적인 또는 신앙 교리적 장벽들을 초월하고 있다는 점에서 에큐메니칼 운동이라 할 수 있다. 이것은 가톨릭 신학도 프로테스탄트 신학도 아니다. 이것은 노예로 미국 안에 살고 있던 흑인 그리스도교인들의 체험에서부터 생겨난 것이기 때문에 흑인신학이다. 이같은 고통에 대한 뼈저린 체험에는 교파적인 또는 실존주의적인 구별이란 무의미한 것이 되고 만다.

또한 흑인신학은 에큐메니칼의 어원인 오이쿠메네(*oikoumene*: 세계)의 근본 정신을 반영하고 있다는 점에서 에큐메니칼 운동이랄 수 있다. 흑인신학은 지금까지 교회와 세계를 나누어 왔던 전통을 극복하였다. 윌모어의 표현을 빌자면 흑인신학은 "일반 흑인 단체 및 비그리스도교 단체까지도 미국이나 아프리카에서 이루어진 흑인들의 체험의 가치와 의미를 말로 또는 행동으로 표현할 수 있게까지 해 주었다."

이보다 더 에큐메니칼 운동을 훌륭하게 이룬 신학이 있으랴! 온 인류를 위하는 것처럼 꾸며 말하고 행동하는 신학은 아니다. 흑인들의 체험에 깊이 뿌리를 내리고 있으며 또 이에 충실하고 있다. 그럼에도 이같은 일을 통해 에큐메니칼 정신을 실천하고 있다. 이것은 흑인 그리스도인들에게만 들려지는 것이 아니라 교회 밖의 흑인들에게까지도 들려지는 소리인 것이다. 오히려 흑인공동체를 초월하여 전세계가 이 신학의 외침에 동요하고 있다.

여성 속의 하느님 형상

아직 다 이루어지지는 않았지만 여성신학 역시 에큐메니칼 신학의 하나로 등장하고 있다. 신앙교리가 다르다 해서 인간의 반쪽을 차지하고 있는 여성들의 관심이 좌절되지는 않는다. 이제 전세계는 이들 여성의 관심에 함께 촛점을 맞추고 있다. 지금까지 수세기 동안 지켜져 내려왔던 가부장(家夫長) 제도 및 남성중심의 사회구조 속에서 정착되어 온 여성상(女性像)에 대해 이제 세계 곳곳의 여성들은 새로운 여성 이해를 시도하려 하고 있다. 베네트(Anne McGrew Bennet)의 절규 "… 내 한 쪽을 잃었노라"(… A Part of Me is Missing)는 시를 통해 이같은 사실을 짐작할 수 있다.

"내"가 어디 있는가?
내 한 쪽이 없어졌네
낙태인지 유산인지
에덴의 때부터라오

그런데 무작정 경고 한 번 없이
계속해서 자꾸만 쉬지 않고
내 몸 깊이
내 영혼 깊이
파고드는 "하느님의 형상"인 사람
여인은
숨을 헐떡이며 헐떡이며
생명의 창조를 위해
해산을 위해 몸부림치며
그리고 산다   자유이다

떠밀리며 덮어 씌우는
수많은 단어들— 격앙된 소리
　너는 남자가 아니다
　너는 여자다
　남자의 쾌락을 위해
　남자의 안락을 위해 창조된
　너를 다스릴

사내아이를 낳기 위해 창조된
사내아이의 종이 될
계집아이를 낳기 위해 창조된

사내아이, 오, 사내아이
나의 아비, 남편, 오빠들, 아들들 당신들은 듣는가?
속으로부터 끓어오르는 이 외침을
　그대들은 남자 우뚝 서라
　강하라 힘있으라
　항복하지 말라 성공하라
　눈물을 보이지 말라
　머리이지 가슴이 아니다
　가슴은 약한 자를 위한 것
　전방지라 짓밟아라

울어라, 울어라 사랑하는 형상아
누가 우리를 하나라고 하리오?[18]

　이 외침이 들리는가! 이 호소가 들리는가! 그래도 남성들이 침묵을 지키고 있다면 "이 돌들로 소리치게 하리라"(루가 19, 40).
　새로운 여성의 형상을 찾으려는 고통의 이 절규는 아시아에서도 들려오기 시작하고 있다. 서양에서처럼 웅변적이고 강압적인 어휘로는 표현되지는 못하고 있지만 아시아 여성들에게서도 자기들 속에 있는 하느님의 형상을 찾기 위한 고뇌와 열망의 속마음을 담은 말들이 들려오고 있다. 한 예로 인도의 아그네스 로이열(Agnes Loyall)은 다음과 같이 말하고 있다.

　"아시아 여성은 압제와 무시로부터 해방되어야 한다. 하나 무엇보다 지금까지 자신들을 어머니, 아내, 가정주부로만 여기는 전통적인 형상으로부터 해방되어야 한다. 여성들은 이것보다 더 할 수 있다. 어느 직장 어느 현장에 가든지 남성들과 비교해 뒤지지 않는 자신을 가지고 능동적이며 생산적으로 사회에 공헌할 수 있다. 이같은 자신의 새로운 형상을 확신하고 최선을 다해 이러한 형상을 투사해 보도록 노력해야 할 것이다."[19]

　이것은 비단 아시아 여성들에게만 적용되는 말이 아니다. 여성보다는 아시아의 남성들에게 들려야 할 말이다. 아시아 여성의 새로운 형상은 아시아 여성과 아시아 남성 사이의 협력에 의해서 이루어져야 한다. 그리고 보다 중요한 것은 아시아 여성의 새로운 형상은 아시아 남성에 대해서도 새로운 형상이 그려질 수 있게 해 준다는 사실이다.

이런 말들을 들으면 동서양을 막론하고 마치 화산이 폭발하는 것 같은, 땅이 진동하고 지진이 일어나는 것 같은 느낌을 가지게 된다. 오늘 우리 — 남성과 여성 — 가 겪어야만 할 것은 하느님 안에서 남성과 여성이 모두 새로운 형상을 이루게 되기까지 겪어야 할 해산의 고통, 창조의 아픔인 것이다. 가장 격렬한 형태의 혁명이 이곳에서 이루어지고 있다. 여성은 단지 남성들의 소유물로 취급되는 세계는 분명 잘못된 세계이다. 이 잘못된 세계는 마땅히 올바른 세계로 고쳐져야 한다. 올바른 세계로의 변혁이 곧 혁명이다. 그것은 창조이다. 여성신학은 바로 이와같은 새로운 창조를 얻기 위한 노력인 것이다.

이같은 종류의 신학이 미치는 영향력은 상당하다. 하느님에 대한 관념을 예로 들어 보자. 전통적으로 신학에서 하느님은 머리끝부터 발끝까지 남성적이었다. 그와 같은 하느님은 남성적인 힘과 권위를 지닌 인격체였으며 심지어는 남성적 잔인성까지 떠어 왔다. 이와같은 남성적 하느님의 이름으로 교회와 사회에서 여성들의 지위를 낮추는 일에 신학이 공헌해 왔다. 교회는 여성에게 사제직을 수여하기를 거부하였고 남성들의 권력에 집중된 수직적 구조를 고집해 왔다.

이와같은 전통적 남성신학의 아성에 항거의 기수로 나타난 것이 여성신학이다. 여성신학은 남성적인 하느님 대신에 자애로운 사랑과 고통을 조용히 감수하는 하느님, 약한 중에서 강하며 부드러운 중에 굳세고 모든 아름다움을 포괄하면서 친근감 넘치는 그런 하느님을 우리에게 보여주기 시작한다. 과연 지금까지 있었던 남성 신학자들, 예를 들어 토마스 아퀴나스나 칼 바르트가 표현한 하느님이 이런 하느님일까? 나로선 동의할 수 없다. 남성적 하느님으로부터 여성의 사랑과 고통 속에 체험되는 하느님에로의 전위는 우리로 하여금 인간 공동체 안에 있는 하느님에 대한 개념을 바꾸게 만들 충분한 힘이 있다.

중심주의(中心主義): 전위의 걸림돌

이상과 같은 설명과 예를 통해 전위신학이 말하고자 하는 바를 분명히

하려고 하였다. 신학은 이미 그 발생지로부터 서양으로, 다시 세계 곳곳으로 전위되었다. 라틴 아메리카의 해방신학 역시 이같은 신학적 전위를 보여주는 좋은 예이다. 흑인신학이나 여성신학과 함께 해방신학은, 세계 각 교회와 신학계에 광범위한 영향력을 미치고 있다.

이제 아시아에 있는 우리 그리스도교인들에게 제기되는 문제가 있다. 아시아에 전위된 신학은 어떤 형태가 될 것인가? 더 나아가서 이처럼 전위된 신학이 다루어야 할 과제는 무엇인가 질문해야 한다. 가장 중심된 관심은 무엇이어야 할까? 이제 새롭게 맞이해야 할 아시아에서의 역사문화와 종교들과는 어떤 관계를 맺어야 할 것인가? 이 과정에 있어서 장애물은 무엇인가?

아시아에 있어 전위신학이란 중대한 과제를 수행함에 있어 방해가 되는 장애물의 하나는 지금까지 이스라엘 역사와 그리스도교 역사의 관점이 되었던 소위 중심주의(centrism)란 것이다.

신학이란 도로에서 이 중심주의라는 장애물을 치웠을 때에야 아시아에서의 신학이란 교통이 원활하게 이루어질 수 있을 것이다.

나의 생각으로는 우리 앞에 놓인 이 과제는 세 단계로 될 수 있다. 첫째 단계는 구약성서에 촛점을 맞추어 이스라엘을 자신의 중심주의에서부터 끄집어내 다른 국가들과의 관계 속으로 옮기는 일이다. 둘째 단계는 예수가 자기 백성들로 혈통-종교 중심주의에서 해방시키기 위해 투쟁한 모습을 살펴보는 일이다. 이 두 가지 단계를 마치면 자연스레 제3단계 일이 풀려질 것이다. 우리의 관심이 아시아의 민족과 국가들에게로 돌려지면서 유대-그리스도교 전통을 벗어나 광활한 세계 속에서 활동하시는 하느님에 대한 이해가 풀려나갈 것이다.

이 세 가지 단계가 결국 이 책의 골격을 이루고 있다. 제1부에서는 분열과 확산(disruption-dispersion)이란 관점에서 구약성서의 신앙을 조명할 것이다. 제2부에서는 예수의 제자들이 십자가와 부활이라는 전혀 상반된 경험을 통해 자신들의 스승에 대한 인식이 어떻게 변하였는가에 촛점을 맞출 것이다. 마지막으로 제3부에서는 전위라는 주제를 가지고 아시아에서 이루어진 역사적 체험들이 우리를 고뇌와 고통 속에 있는 하느님의 가슴에 접하도록 하게 된다는 사실을 살펴볼 것이다.

제 1 부

분열 — 확산

내 생각은 너희 생각과 같지 않다.
나의 길은 너희 길과 같지 않다.
야훼의 말씀이시다.
하늘이 땅에서 아득하듯
나의 길은 너희 길보다 높다.
나의 생각은 너희 생각보다 높다.
(이사 55, 8-9)

제 1 장

여러 민족, 여러 언어

"온 세상이 한 가지 말을 쓰고 있었다. 물론 낱말도 같았다." 창세기 11장은 바벨탑의 이야기를 이렇게 시작하고 있다. 옛날 이야기꾼으로서 고대세계의 원(原)역사를 이렇게 재치있게 마감지을 수 있는 슬기가 놀랍다. 창세기 11장까지의 광경은 평화와 질서— 우주를 창조하시고 혼돈의 온갖 세력을 정복하시는 하느님의 역사로 꾸며져 있다. 그런데 걷잡을 수 없는 나쁜 요인들이 생겨나기 시작하더니 우주세계의 비극적 사건들이 하나 둘 생겨나기 시작했다.

제일 먼저 온 것이 타락이었다. 이것은 창조의 세계를 송두리째 뒤흔들어 놓았다. 이것은 비단 명령 불복종이라는 아담과 하와의 타락으로 끝나는 것이 아니었다. 이것은 온 인류를 부패와 죽음이란 세력 아래 몰아넣은 타락이었다.

이후의 원역사는 창조질서를 무너뜨리려는 파괴행위를 어떻게든 막아보려는 안타까운 노력으로 꾸며졌다. 이러한 투쟁이 모두 성공으로 끝나지는 않았다. 아담과 하와가 사랑의 줄로 연결된 가정에서 느낄 수 있었던 평안과 위로는 형제끼리 흘린 피로 얼룩졌다. 질투와 분노로 카인은 자기의 친동생 아벨을 살해하였다. 카인의 살인행위의 극악무도함은 하느님의 질책 안에서도 엿볼 수 있다. "들리느냐! 네 아우의 피가 땅에서 나에게 울부짖고 있다"(창세 4, 10). 한 번 피를 흘리는 일이 있게 되자 그 후 인간 사회 안에서 피흘리는 일이 계속 일어나게 되었다. 라멕은 젊은이들에게 해를 입었다고 살인으로 복수하였다(창세 4, 23-24).

하느님께서 창조하신 세계에서 볼 수 있었던 선하심은 심각한 위기에 처하게 되었다. 창조의 운행은 이제 완전 파멸된 것 같아 보였다. 실제 모든 것이 소멸되었다. 그것은 홍수의 형태로 찾아와 온 우주를 물 속에 잠기게 하였으며 모든 것을 파괴할 듯 보였다. 새로운 시작이 있어야만 했다.

하느님이 노아와 체결한 계약은 창조와 인류의 새로운 역사가 시작되었음을 알려 주는 사건이었다. 계약을 통해 하느님은 다시는 인류를 멸망시키지 않겠으며 자연운행의 질서를 보호할 것을 약속하였다. 하느님은 선포하셨다. "사람은 어려서부터 악한 마음을 품게 마련, 다시는 사람때문에 땅을 저주하지 않으리라. 다시는 전처럼 모든 짐승을 없애 버리지 않으리라. 땅이 있는 한 뿌리는 때와 거두는 때, 추위와 더위, 여름과 겨울, 밤과 낮이 쉬지 않고 오리라"(창세 8, 21-22). 이같은 은혜로운 축복의 말씀을 들으면 이후로의 역사는 잘될 것처럼 보였다.

그러나 고대 이야기꾼은 원역사를 잘된 것으로 끝내지를 않는다. 신과 인간 사이의 사이좋은 곡조로 끝나지 않았다. 원역사는 인류 공동체의 분열과 확산을 야기시킨 바벨탑 이야기로 끝맺게 된다. 이후로의 역사도 절단(節斷)이 없는 연속 이야기로 진행될 것 같지 않았다.

바벨탑의 재해석

그리스도인들에게 탑은 항상 인간의 교만의 증표로 받아들여지고 있다. 한 예로 독일 신학자 게르하르트 폰 라드(Gerhard von Rad)는 "인류는 하나였고 언어도 동일했다는 사실"이 이 이야기의 전제조건이라고 말하고 있다. 그는 계속해서 "동족(同族)이란 사실은 그들이 자립해서 살 수 있다는 증거였고 탑은 자신들의 명성을 널리 알리려는 증거였다"고 하며 이는 "감추어진 거상(巨像)숭배 사상"이었다고 정의하였다.[1] 나아가서 폰 라드는 바벨탑 이야기는 "왜 이 세상에는 많고많은 나라와 언어들이 있는가 그 원인을 찾고" 또한 "바벨이란 이름의 뜻을 설명하려는" 기원적 내용을 담은 설화(說話)라고 정의하고 있다.[2] 이와같은 그의 해석은 올바른 것이라 할 수 있다. 하지만 우리는 이 이야기 속에 담긴 단절된 연속성이란 주제를 간과해서는 안될 것이다.

탑을 세우게 된 동기는 거상숭배 사상이라기보다는 오히려 공동체를 분열시키는 확산(dispersion)에 대한 두려움 때문이 아닐까 한다. 이 이야기의 주제가 될 수 있는 구절은 "우리의 이름을 날려"라는 구절보다는 그 뒤의 "사방으로 흩어지지 않도록 하자"는 구절이 될 것 같다(창세 11, 14). 흩어짐에 대한 공포는 곧 분열에 대한 공포이다.

어떤 식으로 해석하든 바벨탑은 확산에 대한 공포를 극복하려는 행위였다. 그것은 마치 사방에서 볼 수 있는 비(碑)와 같은 기능을 하였다. 그 기능은 고대로부터 현재까지도 사용되고 있다. 기념비는 연속성을 상징하는 것이다. 기념비를 세우는 목적은 시대가 바뀌더라도 인간의 기억 속에 계속 남아 있게 하려는 데 있다. 다가올 미래에까지 확대시키려는 것이다. 시간이라는 연속적 흐름 안에서 과거와 현재 및 미래를 서로 연결시키는 기억장치인 것이다. 기념비는 현재를 영원히 보존하려는 표상인 셈이다.
 그리고 물론 기념비에는 기억될 만한 인물의 이름이 새겨지게 마련이다. 중국 속담에 호랑이는 죽어서 가죽을 남기고 사람은 죽어서 이름을 남긴다는 말이 있다. 이름은 곧 인격(人格)이다. 이름은 인간의 됨됨이를 나타낸다. 죽은 뒤 이름을 지워버리는 것은, 곧 그 이름을 쓰던 사람을 지워버리는 것이다. 이런 이유로 해서 죽음은 두려운 것이다. 욥기에 있는 대로 사람은 죽음으로 "땅 위에는 그를 아는 자가 하나 없고 오가는 행인 중 그 누구도 그의 이름을 모르게 된다"(욥 18, 17). 죽음은 삶을 파괴하고 역사를 정지시킨다. 기념비는 이같은 죽음의 공포에 대항하려는 인간의 고육지책인 것이다.
 그러나 하느님은 흩어짐을 막고 연속성을 유지하려는 이같은 인간들의 노력을 분쇄하신다. 어느 시대를 막론하고 역사는 붕괴되고 사람들은 세계 곳곳으로 흩어져야만 한다. 창조작업을 모두 끝마친 후 하느님께서 하신 말씀은 "자식을 낳고 번성하여 온 땅에 퍼져서 땅을 정복하여라. 바다의 고기와 공중의 새와 땅 위를 돌아다니는 모든 짐승을 부려라!"(창세 1, 28)는 명령이었다. 탑을 세움은 "땅 위에 충만하라"는 하느님의 명령에 대한 거역이었다. 따라서 그 탑은 무너질 수밖에 없었다.
 세계에로의 확산을 하느님의 (인간의 교만에 대한) 심판이라기보다는 하느님의 명령이 실현되는 것으로 이해하는 성서주석가들은 극히 드물다. 셈족 혈통의 영국태생 드라이버(S. R. Driver)가 그 드문 주석가 중의 하나이다. 그는 바벨탑 이야기는 "인류가 각 나라로 흩어지고 언어들이 다양해졌다는 사실이 인류의 개발과 발전을 위해 하느님께서 마련한 은총의 계획의 하나였음을 보여주는 사건"이라고 주석하였다.[3] 대단히 흥미로운 사실은 원역사의 끝인 창세기 11장의 바벨탑은 원역사의 시작인 창세기 1장, 2장의 창조와 연결되고 있다는 것이다.
 여기서 우리가 이야기하려는 바는 바벨탑을 세우는 것이 단지 사람들이 힘을 모아 억지로 하늘나라를 정복해 보려는 시도였다고만 보지 말자는 것이다. 탑을 세우는 자들의 속마음은 교만이나 방자함이라기보다는 하나의 두려움—여러 민족으로 나뉘는 데 대한 두려움, 지금까지 유지해 왔던 유대관계와 안전상태의 상실에 대한 두려움이 앞섰다고 볼 수 있다. 여러 민족으로 흩어져 각색 언어들을 쓸 때에야 가능해질 하느님의 명령, 즉 온 땅에 충만하라는 은총의 계획을 회피하기 위해 사람들은 머리를 조아리고 궁리한 결과 "하나의 민족 — 하나의 언어"를 고수하기 위해 탑을 세울 묘안을 짜내기에 이르렀고 이것을 기정 사실화시켰다.

그러나 그들의 시도는 장벽에 부딪칠 수밖에 없었다. 그들은 각 민족을 이루고 서로 다른 언어를 사용할 수밖에 없었다. 이것이 하느님이 세우신 계획이었다. 탑의 붕괴는 "인류를 개발하고 발전시키려는" 하느님의 목적을 이루기 위해서는 불가피한 것이었다.

바벨탑은 구속사(救贖史)에 의문을 제기한다

이상과 같이 해석하게 될 때, 바벨탑 이야기는 전통적 신학에서 견지해 왔던 이스라엘 및 그리스도교 교회의 의미에 대해 의문을 제기하게 된다. 성서적으로나 신학적으로 이스라엘이나 교회가 하느님의 구속의 계획을 대변하는 연속적 역사의 주인공으로 당연시되어 왔다. 그 연속성이 강조되어 왔다.

이 연속성을 설명하기 위해 여러 가지 형태의 예증(例證)들이 제시되어 왔다. 가장 일반적인 예가 예언과 성취의 관계로 설명되었다. 하느님의 구원에 대하여 구약성서 속에서 예언되었던 것이 신약에 와서 성취되었다는 해석이다. 또 다른 예증은 계약의 개념을 빌어 이루어지기도 한다. 하느님께서 족장들과 맺었던 (그리고 족장들을 통해 이스라엘 전체와 맺었던 (옛) 계약은 (새) 계약을 통해 하느님이 교회 안의 그리스도인들과 새로운 관계를 형성하게 되었다고 설명한다. 설명이야 어떠했든 언제나 강조되고 있는 것은 하느님의 구원은 이스라엘로부터 그리스도교 교회로 연결되었다는 점이다.

이같은 해석에서도 바벨탑의 심리 같은 요인을 발견할 수 있지 않은가? 다른 것이 있다면 옛날 바벨탑 건설자들은 하늘만큼 높이 탑을 쌓음으로 공간 안에서 응결된 모습을 보이려 한 반면 그리스도교 신학자들은 이스라엘과 교회 사이의 통일성과 연속성을 시간 안에서 찾아 이스라엘과 교회를 하느님의 구속의 핵심으로 삼아 이를 종말 시간의 끝에까지 연장시키고 있을 뿐이다.

물론 이것은 구속사(Heilsgeschichte)의 개념에 비추어 정리한 신학적인 입장이다. 구속사의 관점에서 볼 때 세계역사는 그것이 구속사와 접목되어 그 영향권 안으로 수용된 후부터라야 하느님의 구원과 연결된다고 본다.

스위스의 신약 신학자 오스카 쿨만(Oscar Cullmann)은 《그리스도와 시간》(Christ and Time)[4]이란 유명한 저서에서 이와같은 하느님의 구원에 대한 해석을 조리있게 정리하고 있다. 그는 "구속역사"를 "가느다란" 선[5]으로 표현하고 있는데 그 선을 중심으로 옛 창조와 새 창조가 나뉘며 그 가운데엔 그리스도가 있어 "점진적인 후퇴와 점진적인 발전"의 원리로 작용하고 있다고 설명한다. 그는 나아가서 이러한 구속역사의 가느다란 선을 "그리스도 선"이라고 부른다. 왜냐하면 그리스도는 "창조의 중재자이며 하느님의 고난받는 종으로 이스라엘의 택하심을 완성시키신 분으로서의 그리스도, 현재에 이르러는 통치하시는 주로서 그리스도, 다시 오실 인자(人子)로서 모든 과정을 완성시키고 새로운 창조를 중재하실 분으로서 그리스도"이기 때문이다.[6]

이같은 구속사적 신학에는 그리스도교 교회 밖의 사람들이 가진 역사적 체험들과는 맞아떨어지지 않는 요소들이 있음을 알 수 있다. 쿨만도 그 사실을 알고 있었던 것 같다. 그는 자신의 구속사 관점을 "그리스도교 세계주의의 양면성"으로 표현하고 있다. 즉, 그가 말하는 구속역사는 "극도의 편협성과 극도의 세계주의"를 연출시켜 주는 것으로 설명하고 있다.[7] 그러나 그의 설명처럼 그렇게 분명하지는 않는 요소가 있다. 그의 신학체계는 "교회 안에서만 전개되는 좁은 의미의 구속역사와 세계역사 진행 사이에는 분명한 차이가 있다는 사실"을 강력하게 견지하고 있음을 알 수 있다.[8] 좁은 의미의 구속역사와 세계역사의 진행은 어떻게 상호 작용하게 될 것인가? 그들은 어떻게 관계를 맺을 수 있는가? 이 둘 사이에 상호 작용이 있을 수 있는가?

이같은 새로운 질문에 대해 쿨만이 답하고 있으나 신통치 않음을 알 수 있다. 그는 다음과 같이 말한다.

…전체 구속역사는 두 가지 흐름을 내포하고 있다. 하나는 다수(多數)로부터 하나로 향하는 흐름이다. 이것이 구약이다. 다른 흐름은 하나로부터 다수에로의 흐름이다. 이것이 신약이다. 그 한가운데에는 그리스도의 죽음과 부활이라는 획기적 사건이 있다… 이 두 흐름에 있어 공통점은 모두 선택과 대리(代理)란 원리에 의해 진행된다는 사실이다. 이 원리는 중앙점으로부터 전개되어 나온 것으로 현재의 발전과정에서도 결정적인 역할을 하고 있다. 그리스도의 몸을 대리하는 땅 위의 교회는 신약 안에서 온 인류의 구원과 나아가 모든 창조과정에 있어 중심역할을 하고 있다.[9]

쿨만의 관점에서 보면 이스라엘과 교회, 특히 교회의 선택과 대리가 온 인류를 위하는 것처럼 보인다. 이 두 개념이 그리스도교가 다른 신앙이나 종교들보다 뛰어난 것으로 주장할 수 있는 이론적 지주가 되어 왔다. 구속역사의 주역은 이스라엘과 교회이다. 다른 민족 다른 국가는 막 뒤로 사라진다. 그들은 이스라엘과 교회를 대변자로 내세워야만 한다. 왜냐하면 그들은 선택받지 못했기 때문이다. 구속역사의 선(線)은 직선이다. 구부러져서는 안된다. 이미 창세 전에 정해진 순서에 따라서 흘러가야만 한다.

직선(直線) 하느님과 직선신학

분명 이같은 종류의 직선신학은 바람직하지 못하다. 단적으로 말해 너무 논리적이다. 알파벳순에 있어 B는 꼭 A 뒤에 와야 하듯 직선신학에서는 하느님의 구원하시는 행위를 하나의 틀 속에 짜 맞추고 있다. 쿨만의 경우, "점진적 퇴보와 점진적 발전"이란 원리는 양보할 수 없는 것이다. 이같은 구원에 대한 논리적 질서에는 어떤 방해도 용납하지 않는다. 창조, 타락, 이스라엘의 선택, 예수 그리스도, 새 이스라엘과 마지막 구원의 성취로서 교회, 이같은 요소들이 순서대로 이어져야만 한다. 구원역사의 선은 구부러져서도, 절단되어서도 안된다.

그러나 이 세상에서 이루어지는 복잡하고도 어마어마한 하느님의 구속행위를 과연 하나의 직선으로 모두 설명할 수 있을까? 심각한 의문을 제기할 수밖에 없다. 직선은 단순화시킨다. 규칙에 맞지 않는 것은 절단해 버린다. 우리가 가진 꼬인 문제들도 쭉쭉 펴 버린다. 만나는 것들은 모두, 심지어 하느님이나 하느님께서 하신 일까지도 기하학적으로 처리해 버린다. 신학자들의 손에 들린 도구가 바로 이런 일들을 위한 것들이다. 직선이 과학이나 기술에 있어서는 가장 기초적이고 중요한 근본 단위임을 인정하지 않을 수 없다. 이것 없이는 고층빌딩이 세워질 수 없고 공간을 향한 인간의 도전은 중단될 수밖에 없다.

현대의 과학이나 기술문화는 모두 직선문화이다. 만약 이 직선이 제대로 구성되지 않고 또는 구부러지고 꼬이고 선회하게 된다면 무서운 결과가 생기게 될 것이다. 대도시는 폐허 더미가 될 것이다. 인간들의 생활 습관도 걷잡을 수 없이 변하게 될 것이다.

우리 생활이 살 만할 뿐 아니라 즐길 만하게 계속 유지되게 하기 위해서는 직선을 최우선의 것으로 모셔 두어야만 할 것이다. 좋든 싫든 우리는 모두 이와같은 직선문화의 후예들이다.

그러나 인간사를 다루시는 하느님의 역사와 같이 복잡한 사실을 다룰 때엔 과연 직선만으로 이 일을 다룰 수 있을지 의심을 가지게 된다. 실지로 하느님을 직선의 하느님으로 바꾸는 일이 하느님을 묘사하는 작업 가운데서 일어나고 있다. 예를 들어 사랑을 말할 때 사랑은 가장 단순하면서도 가장 강력한 힘을 가진 것으로 묘사되고 있다. 사랑으로 생명이 탄생되고 그 존재가 유지되며 양육되고 성장된다고 본다. 사랑은 말씀인데 그 말씀을 통하여 하느님이 우리에게, 우리가 하느님께 이르게 된다. "하느님은 사랑이시다"(1요한 4, 8).

사랑이 기하학적 개념이 아니라는 사실은 누구나 알고 있다. 그것은 자로 잴 수 없는 것이다. 저울에 달아 무게를 달 수 있는 것도 아니다. 그것은 하나의 선으로 쭉 그어버릴 수 있는 것도 아니다. 적어도 그것은 직선일 수는 없다. 사랑은 곡선이지 직선은 아니다. 사랑은 공간 속을 직선처럼 꿰뚫는 것이 아니라 공간을 채우며 그곳을 흠뻑 적신다. 사랑은 선이 아닌 원으로 작용한다. 분석이 아니라 종합이다. 심판이 아닌 포옹이다. 직선은 심판하고 책벌하고 추방하지만 사랑은 용서하고 쓰다듬고 포옹하고 용납한다. 하느님도 직선이 아니라 사랑이다. 구속사에서 말하는 직선의 신은 경직된 하느님으로 구원받을 자와 멸망받을 자를 이미 창세 전에 결정해버린 그런 하느님이다.

더우기 직선의 하느님은 단조롭고 무미건조한 분이어야만 한다. 전통적 신학에서 묘사된 하느님은 신학이란 보좌에 고개를 길게 늘어뜨리고 침울한 표정으로 앉아 계셨다. 그 보좌에 둘러선 천사나 성인들까지도 직선 하느님의 기분에 맞추어 침울하고 구슬픈 분위기에 젖어 있었다. 가톨릭 교회, 정교회 혹은 프로테스탄트교회를 막론하고 그리스도교 교회 안에서 웃는 하느님, 웃는 그리스도, 웃는 천사나 성인들의 모습을 그린 그림을 보기란 어렵다.

교회와 신학에서 웃음이 떠나간 지 이미 오래 되었다. 일단 교회 안에 발을 들여놓으면 우리 그리스도교인들은 웃음을 뒤에 감추어야만 한다. 교회 안에서 웃음을 잊은 지 오래다. 예배 도중에 웃는다는 것은 온당치 못한 일로 생각하고 있다. "호산나 높은 곳에!"라는 찬송을 부르면서도 우리 얼굴 표정은 근엄하고 침울하다. 우리는 높은 강대 위에서 우리를 노려보시는 직선의 하느님에 너무 세뇌되어 있다. 우리 맘 속에서 털끝만한 것이라도 잘못이 있나 그것을 찾으시려는 분으로 보고 있다. 그러나 웃음이 제외된 종교란 위험한 것이 되기 쉽다. 마술사의 사술과 같이 될 수 있다. 단호하게 이교도들을 말뚝에 묶고 불태워 죽일 수 있다. 이교도들과 신앙을 갖지 못한 자들을 징벌하기 위해 종교전쟁을 일으킬 수도 있다. 그러므로 우리는 다음과 같은 기도를 드려야 하지 않을까. "오, 하느님, 우리에게 웃음을 되돌려 주소서!"

웃음은 단조로운 생활을 윤기있게 만든다. 대화를 중단시킨다. 이야기를 방해한다. 짐처럼 느껴지는 생활 속에 여유를 갖게 한다. 지친 영혼에 활력소가 되는 새로운 삶의 리듬을 창조한다. 그렇기 때문에 이 세상에는

울 때가 있으면 웃을 때가 있고
애곡할 때가 있으면 춤출 때가 있다(전도 3, 4).

웃으시며 춤추시는 하느님— 이런 하느님이 그리스도교회 밖의 아시아나 아프리카인들이 믿는 하느님이다. 이 하느님은 그들과 함께 우실 뿐 아니라 함께 웃으신다. 이 하느님은 그들과 함께 애곡할 뿐 아니라 함께 춤을 추신다. 이 하느님께 예배를 드리면서 아프리카인들은 "북을 치고 악기를 연주하며 춤추고 즐긴다. 손뼉치며 춤추면서 부르는 찬송은 민중의 기쁨과 슬픔과 감사의 감정을 담고 있다."[10] 근엄한 회중들이 모여 드리는 그리스도교의 예배와 너무도 차이가 난다.

예배란 생명을 주기도 하고 거두어 가기도 하는 하느님께 드리는 축제이다. 축제엔 시끄러운 일들이 벌어져야 한다. 손뼉치고 노래하고 춤추는 일— 이같이 시끌벅적한 소란 속에서 깊은 황홀경 속에 들어가 하느님과 사람 사이의 교제가 이루어지게 된다. 고대 이스라엘에서 있었던 예배는 이와 같은 것이었음이 틀림없다. 시편 47편을 읽어 보자. "너희 만백성아, 손뼉을 쳐라. 기쁜 소리 드높이 하느님께 환호하여라"(시편 47, 1).

우리 그리스도인들도 하느님께 예배드리려 모였으면서 왜 손뼉치는 일을 중단하게 되었을까? 왜 춤추기를 꺼려하게 된 것일까? 웃는 것, 심지어는 미소짓는 것까지도 주저하게 된 이유는 무엇일까? 우리는 예배 전체가 하나의 통일성을 유지하는 데 최선을 다한다. 손뼉치는 것이나 춤추는 것이 그 통일성을 무너뜨린다고 생각하기 때문에 두려워한다. 처음부터 끝까지 예배는 마치 고요히 흐르는 맑은 물처럼 흘러야 하며 소란이나 웃음으로 그 흐름이 방해받아서는 안되었다. 우리는 이같은 일에 익숙해져 있으며 여기에 큰 비중을 두고 있다. 그리스도교 예배에서 감격이 사라진지 오래 되었기 때문이다. 예배 순서는 정해진 순서대로 착오없이 진행되어야 한다. 직선 하느님은 이같은 직선 예배를 통해 영광받으셔야만 한다. 이처럼 그리스도교의 교회, 역사, 생활, 예배에 이르기까지 직선이 관통하고 있다. 교회의 주요 과제는 이것이 잘 지켜지도록 감독하여 이미 창세 전에 마련된 시나리오가 구속사라는 직선 과정을 통해 착오없이 수행되도록 만드는 일이다.

거짓 파라독스와 참 파라독스

역사는 선의 흐름 이상의 것이다. 역사를 선으로 보는 관점은 과학적 사고(思考)의 산물이다. 과학적 인식에 근거한 역사 해석인 것이다. 과학적인 사고구조를 가진 현대인들은 과학적 논증이 미치지 못하는 신비스런 세계, 입증할 수 없는 현상 및 의식은 도저히 용납할 수 없다. 이같은 과학 및 기술 시대에 살고 있는 관계로 신학자들 역시 신학적 전제를 가지고 삶과 역사를 측정하려는 경향을 보여 왔다. 구속사라 불리는 연속적 선의 흐름에 맞아떨어지지 않는 요소들은 모두 변칙적인 것이며 심지어는 불경스런 것으로까지 몰아붙인다. 이와같은 전통적 신학 관점에서는 하느님께서는 이스라엘과 그리스도교 교회 밖의 민족의 역사와 삶 속에서도 활동하신다는 문제를 다룰 만한 역사신학이 나올 수가 없다.

그리스도교의 역사신학은 이처럼 서로 통할 수 없는 종류의 신학으로 변하여 왔다. 영국의 역사신학자 크리스토퍼 도우슨(Christopher Dawson)은 다음과 같이 말했다.

…그리스도교의 역사 관점을 그리스도교인이 아닌 사람들에게 설명하기란 대단히 어려운 일이며 불가능이라 할 수 있다. 왜냐하면 그리스도교 역사 관점을 이해하려면 우선 그리스도교 신앙을 받아들여야 하며 하느님의 계시에 대한 관념을 거부하는 자는 그리스도교 역사 관점도 거부하겠기 때문이다. 그리고 설혹 하느님의 계시라는 원리 ─ 인간의 이성을 초월한 종교적 진리의 현현(顯現) ─ 를 인정한다 할지라도 그리스도교가 안고 있는 거대한 파라독스를 이해하기란 심히 어려움을 알게 된다.[11]

도우슨이 지적한 대로라면 서로 다른 문화와 종교를 가진 민족 간의 이해라는 것은 환상일 뿐이다. 그리스도교 교회 밖의 사람들이 그리스도교 역사관을 이해하지 못하는데 그리스도교인이라고 힌두교나 불교의 역사관을 이해한다고 말할 수 있겠는가? 우리는 다만 침묵의 장벽 앞에서 한없이 무력한 자신의 모습을 발견할 수밖에 없다. 우리가 할 수 있는 일은 우리만의 독단 속에 침잠하거나 아니면 개종하는 일뿐이다.

도우슨은 또한 "그리스도교라는 거대한 파라독스"를 언급하면서 그리스도교 역사관이 다른 종교인들이 이해하지 못하는 이유를 설명하고 있다. 그러나 그가 말하는 파라독스가 진실된 것인지 아니면 거짓된 것인지에 대한 의심이 생긴다. 그가 그리스도교로 만들어진 파라독스라고 하는 것은 곧 서양교회가 개발해 낸 문화와 역사의 부산물인 것이다.

성육신이라는 궁극의 파라독스를 말할 때엔 문제가 달라진다. 성육신을 말할 때 그것은 하느님께서 예수 그리스도 안에 계시며 그를 통해 우리와 함께 계시고 우리의 짐을 지시며 우리에게 희망과 삶을 주신다는 뜻으로 받아들인다. 이것이 바로 세계 한가운데서 우리 인간들과 함께 삶과 역사라는 직조물(織組物)을 짜고 있는 하느님이란 파라독스이다. 이것이 우리가 믿는 신앙의 파라독스라면 어째서 다른 종교인들이 이것을 이해하지 못할까? 이에 대한 그리스도교의 해석이 그들의 삶 밑바닥을 건드리지 못하고 하느님께서 그들의 역사를 주관하고 계시다는 사실을 증명하지 못한다면 그들은 이해하지 못할 내용으로 남을 수밖에 없다. 바로 여기에 그리스도교 역사신학의 새로운 장이 열리게 된다. 우리는 성서적으로 신학적으로 이같은 시도를 개시하여야 한다.

문제의 핵심은 하느님께서는 모든 방향으로— 앞으로뿐 아니라 뒤로, 위로뿐 아니라 아래로, 안으로뿐 아니라 밖으로 때론 원으로 활동하시는 분이라는 것을 깨닫는 데 있는 것 같다. 하느님의 영과 인간의 영혼은 어느 특정한 방향으로만 국한되지 않는다. 어떤 방향이든 구애받지 않고 작용한다. 이같은 하느님-인간 사이의 상호 작용이 곧 역사이다. 신학이 꿈꾸는 것 이상의 사실들이 역사 속엔 무궁무진하다. 이같은 역사를 어떤 수로 파악할 수 있을까? 이스라엘의 역사를 약간 다른 각도에서 보게 되면 놀라운 해답을 얻을 수 있다.

분열과 확산 속의 이스라엘

이스라엘과 이방민족— 이것은 새로운 주제는 아니다. 그러나 이 둘 사이의 관계를 새로운 관점에서 고찰해 볼 필요성이 있다. 각 민족에겐 하나씩의 중심을 가지고 있다. 그것은 정치적인 것이며 군사적인 것이며 문화적인 것이고 신앙적인 것이 된다. 그러나 이 중심은 부동(不動)의 붙박이는 아니다. 그것은 마치 지진의 진앙(震央)과 같아 그 영향력을 동심원의 모양으로 점점 멀리 파급시킨다.

중세기에는 알렉산더 대왕에 의해 그리이스 문화가 넓게 그리고 멀리 퍼져나가 멀리는 인도 반도의 북서부에 있는 인두스 계곡에까지 미쳤다. 현대에는 서방세계의 군사적 정치적 힘들이 온 세계에 퍼지기 시작하여 제3세계 국가들의 문호를 개방하고 그들을 식민화하였다. 그리고 지난 2

세기 동안에 흩어지는 중국 이민들을 통해 중국인 특유의 민족문화가 동남아시아뿐 아니라 서양, 특히 북미에 뿌리를 내렸다. 국가들이 생겨나고 사라지면서 그 뒤에 남는 것은 민족들 간의 상호 접촉과 마찰, 새로운 관계 질서와 상호 작용의 창조 흔적들이다.

하느님의 계시와 이에 대한 인간들의 응답으로 산출되는 실로 놀라운 역사 현상을 묘사하기 위해선 특별한 기술이 필요하다. 해변가에 서 있다고 상상해 보자. 이제 눈앞에는 태양 아래 반짝이는 광대한 대양이 펼쳐져 있다. 저쪽 멀리 대양의 바닷물과 드높은 하늘이 수평선이라는 가느다란 선으로 맞닿고 있음을 보게 된다. 그 수평선은 마치 무한한 우주의 공간을 확정짓는 선 같아 보인다. 그리곤 바다 심연 깊은 곳에서부터 솟구친 파도를 보고 소리를 듣고 느낀다. 그 파도는 저 멀리 수평선에서부터 해안까지 길을 헤치며 몰려온다. 비통에 잠긴 신음소리같이, 때론 매혹적인 세레나데 같은 소리를 동반하고 마침내 파도는 육지를 정복한다. 그러나 파도는 몰려왔다간 이내 물러가고 뒤에 남은 바닷물은 해안가 모래 속으로 빨려들어가 그와 하나가 된다. 이처럼 반복되는 밀물과 썰물 사이에 파도와 모래는 순간순간 하나가 되었다가 서로 멀어지곤 한다. 좀더 자세히 살펴보면 밀려온 파도는 바닷가 모래 속으로 스며들고 바닷가 모래는 밀려가는 파도에 휩쓸려 대양 속으로 퍼져나간다. 모래 속의 파도, 파도 속의 모래— 파도와 모래는 서로 만나서 공존한다. 그리고 파도와 모래는 함께 신비롭고도 생동감 넘치는 우주의 한 부분을 형성하게 된다. 이스라엘과 이방민족— 이 둘은 서로 다르면서도 상호 의존적인 것으로 파도와 모래 같은 존재들이 아닐까?

1. 뿌리뽑힌 아브라함

이스라엘과 이방민족 사이의 관계에 대한 새로운 고찰을 시작함에 있어 창세기 12장에 나오는 아브라함의 소명 이야기로부터 살펴봄이 좋을 듯싶다. 지금 우리의 관심은 그 이야기가 갖고 있는 역사적 성격 문제가 아니다. 중요한 것은 이스라엘 민족은 아브라함을 최고의 조상으로 여기고 있다는 사실이다. 그로 인하여 이스라엘은 망각의 세계에서 탈출하였고 역사의 무대에 등장하였기 때문이다.

구전(口傳)의 형태든 기록의 형태든 이 이야기를 전하는 이야기꾼은 그들의 존경하는 조상이 부르심을 받을 때엔 극적인 긴장감이 충만했었다는 사실을 강조하고 있다. 그들의 믿는 바로는 메소포타미아 상류지방을 떠나 전혀 미지의 세계로 가는 아브라함의 행위는 크리스토퍼 컬럼버스 같은 탐

험가들이 가졌던 모험정신에 의한 것이 아니라 전적으로 하느님의 부르심에 대한 응답이었다. 거역할 수 없는 하느님의 영적인 충동에 이끌려 그는 위험하기 짝이 없는 여행을 감수하였던 것이다. 하느님께서 아브라함을 부르실 때 약속의 형태로 부르신 이유가 여기에 있다. "너로 큰 민족을 이루게 하겠다"(창세 12, 2).

이것이 자신들의 역사의 시작을 돌아보는 이스라엘의 신앙이었다. 아브라함의 소명 이야기가 글로 기록될 때는 이미 이스라엘 민족은 안정을 찾았고 다윗이나 솔로몬 같은 왕의 통치로 다른 민족이나 가나안 부족들 사이에서도 안정된 위치를 차지하고 있던 때였다. 조상의 집을 떠나는 아브라함의 여행과 같은 조그만 사건이 어떻게 해서 이처럼 거대한 왕국을 이루는 결과를 낳게 되었는가? 하느님께선 아브라함에게 하나의 약속을 하셨음에 틀림없고 이제 그 약속대로 이루어진 것으로 보았다.

나아가 그 약속은 히브리족이라는 작은 부족동맹이 강대한 민족들이 이미 자리잡고 있던 팔레스타인 땅에 파고들어가 확고하게 뿌리를 내릴 수 있도록 의지와 용기와 힘을 북돋아 줄 수 있는 그런 내용이어야 했다. 따라서 이 약속에는 "메시아적" 느낌이 있을 수밖에 없었다. 다시 말해 그들이 불가피하게 겪어야 할 가나안 민족과의 피비린내나는 투쟁을 합리화시키는 그런 "메시아적"인 약속이어야 했다. 고대 이스라엘 민족들이라면 이같은 "메시아적"인 약속이 아니더라도 어떤 식으로든 이와 비슷한 조건을 만들어낼 수 있는 자들임을 쉽게 인정할 수 있다.

아브라함의 소명 이야기는 이스라엘 역사 속의 성인전(聖人傳)의 성격을 갖고 있다고 볼 수도 있지만 이 이야기는 바벨탑의 경우에서와 마찬가지로 분열과 확산이라는 모형을 보여주는 예로 볼 수도 있다. 어떤 주석가는 다음과 같이 풀이한다. "하느님의 말씀은 모든 자연적인 뿌리들로부터 과감하게 떨어져 나갈 것을 명령하는 것으로 시작된다. 가장 일반적인 끈인 '땅'을 제일 먼저 언급했고 계속해서 점차 거리를 좁혀 부족이라는 끈, 즉 친척을 언급했고 이어서 가장 가까운 가족을 언급하였다. 하느님께서는 이 세 가지야말로 끊기 어려운 것임을 알고 계셨다. 아브라함은 미련없이 모든 것을 뒤에 남겨 두고 하느님의 인도하심을 믿고 길을 떠났다."[12] "뿌리뽑힘"(uprootedness)이야말로 하느님께서 민족과 나라들을 서로 융합시키는 방법의 하나인 것이다.

여기에서 아브라함의 소명과 바벨탑 이야기 사이의 공통점을 지적하고 넘어가야 할 것이다. 앞서 지적한 대로 바벨탑 건축이 붕괴되고 한 민족을 이루었던 사람들이 흩어져 여러 나라, 여러 언어를 형성하게 된 것은 바로 창조에 대한 하느님의 계획의 일환이었다. 아브라함에게 자기의 고향과 친척을 떠나라는 하느님의 부르심 역시 이같은 하느님의 계획의 일환인 것이다. 만약 그가 이 부르심에 응답하기를 거역하고 조상들의 땅에 뿌리를 내렸더라면 이스라엘이라는 새로운 민족은 생겨나지도 않았을 것이고 고대 근동지방의 역사도 크게 달라졌을 것이다. 그러나 무엇보다도 중요한 사실은 만약 아브라함이 자신의 운명을 고향이나 친척이라는 자연적인 환경 속에 맡겨 되는 대로 흘러가게 버려 두었더라면 하느님의 구속계획 안에 서로의 위치를 차지하려는 이스라엘과 이방민족들 간의 갈등은 그다지 흥미와 관심을 끌지는 못했을 것이라는 것이다. 그에게 있어 이것은 신앙의 모험이었고 그 모험이 없었더라면 창조와 구원에 대한 하느님의 계획은 크게 차질이 났을 것이다.

2. 이동하시는 하느님

위대한 역사는 분열과 확산의 아픔을 간직한 채 이런 식으로 시작되었다. 이것이 이스라엘과 이방민족을 포괄하는 역사를 신학적으로 이해하는 요점이다. 이 역사의 심장부에는 부수고 펴지는 힘으로서 하느님이 위치하고 있다. 그러나 하느님은 어느 한 곳에 머물러 든든한 성채 안에 거하면서 백성들을 지휘하는 그런 분은 아니다. 하느님은 백성들을 움직이고 이동하게 만들 뿐 아니라 하느님 자신이 움직이며 이동하신다. 움직이는 하느님, 이동하시는 하느님이다. 하느님은 어떤 점 하나에 고착되어 정착될 수 없다. 시편 139편은 바로 이 이동하시는 하느님에 대한 아름답고 웅장한 찬미이다.

하늘에 올라 가도 거기에 계시고
지하에 가서 자리깔고 누워도 거기에도 계시며,
새벽의 날개 붙잡고 동녘에 가도,
바다 끝 서쪽으로 가서 자리를 잡아 보아도
거기에서도 당신 손은 나를 인도하시고
그 오른손이 나를 꼭 붙드십니다(시편 139, 8-10).

더 말할 것 없이 이것이야말로 이동의 신학이 아닌가? 이주민의 선두에 하느님이 계시며 그가 이동하는 백성들의 인도자가 되신다. 하느님의 지시로 이동이 시작되었고 하느님의 지휘로 계속되고 있다. 이같이 이동하시는 하느님에 대한 신앙은 우리의 역사적 체험의 영역을 확장시켜 줄 수 있다. 우리 신앙의 영역을 전혀 다른 문화와 역사를 창출해 내는 다른 신앙에까지 확장시켜 준다. 민족과 나라를 움직이는 힘이 바로 하느님이기 때문이다. 여기에서 역동적(力動的) 하느님을 만나게 된다.
 후에 내려오면서 이동의 신학은 하느님의 법궤로 발전되었다. 이주하시는 하느님은 법궤의 형태로 바뀌었다. 법궤는 바로 움직이고 지속하고 전진하며 이주하시는 하느님을 나타낸 것이다. 민수기는 법궤의 이동을 다음과 같이 묘사하고 있다.

> 그들은 야훼의 산을 떠나 사흘길을 갔다. 야훼의 계약궤를 앞세우고 사흘길을 가면서 진을 칠 곳을 찾았다. 낮이 되어 진지를 떠나면 야훼의 구름이 언제나 그들 위를 덮어 주었다.
> 법궤가 떠날 때마다 모세가 외쳤다. "야훼여, 일어나십시오. 당신의 원수들을 쫓으십시오. 당신의 적수들을 면전에서 쫓으십시오."
> 법궤가 머무를 때마다 모세가 외쳤다. "야훼여, 돌아오십시오. 이스라엘 군대에 복을 내리십시오"(민수 10, 33-36).

하느님은 이같은 이스라엘 민족의 대이동을 지켜보는 구경꾼이 아니었다.
 그들 앞에서 행진하며 친히 "진을 칠 곳을 찾아" 나가셨다. 이처럼 하느님은 백성들의 거동에 친히 참여하고 계시다. 이동하시는 하느님은 이주하는 백성들 속으로 "성육화"된 것이다. 괴롭고 위험하기 짝이 없는 이주 생활을 지탱시켜 나갈 수 있도록 은총과 능력을 주시는 하느님이시다. 이같은 이유에서 하느님의 법궤는 희망의 법궤라 한다.

3. 출애굽: 결정적 분열과 확산

처음에는 바벨탑의 이야기에서 시작하여 조상(족장) 이야기에서 구체화 되었던 분열과 확산이라는 주제는 출애굽 사건에 이르러 완전히 그 모습을 드러내었다. 기근으로 가나안을 떠났던 족장들의 가족들에게 오랫동안 에집트는 병동(病棟)과 같은 구실을 해 왔다. 그러나 이들을 한때는 손님으로 환대하였던 에집트인들이 이들을 노예로 다루는 때가 도래하고야 말았다. 이같은 이스라엘과 에집트 사이의 사랑과 원한의 관계는 오랜 역사를 가진 것으로 오늘날에 이르기까지 유지되고 있다.
 에집트에서 학대받던 히브리 민족들로서는 출애굽은 오랜 노예상태로부터의 분열이며 홍해 건너편 땅으로 향한 확산이었다. 참혹한 재난과 죽음을 동반한 분열과 확산이었다. 그러나 이 사건은 히브리 민족 형성사(形成史)에 있어 결정적인 계기를 마련한 분기점이었다. 치열한 분열과 확산이란 사건을 겪으면서 노예였던 그들은 노예상태에서 벗어나 이제 다른 민족들과의 관계에서 이루어질 새 역사의 출발선에 서게 되었다. 그들의 첫번째 조상인 아브라함은 약속된 땅을 찾아 메소포타미아로 떠나 서쪽으로 옮겼다. 이제 그들은 역시 그 약속된 땅을 향하여 애굽을 떠나 북쪽으로 행진하였다.

요르단 강에 이르기까지 그들이 광야에서 체험해야만 했던 수많은 분열과 확산의 사건들! 40년이란 긴 세월 동안 희망과 좌절을 경험하며 방황하는 이 무리들은 자신들의 체험을 신앙화하기 시작했다. 그들이 겪은 성공과 실패, 승리와 패배들이 그들의 하느님 야훼의 뜻으로 받아들여지게 되었다.

4. 계약과 이스라엘의 정치신학

이들 신앙의 축은 물론 시나이 산에서 이루어진 계약이다. 시나이 산에서 모세에게 들려진 하느님의 말씀이 이를 분명히 해 준다.

> 너희는 내가 에집트인을 어떻게 다루었는지, 너희를 어떻게 독수리 날개에 태워 나에게로 데려 왔는지 보지 않았느냐? 이제 너희가 나의 말을 듣고 내가 세워 준 계약을 지킨다면, 너희야말로 뭇 민족 가운데서 내것이 되리라. 온 세계가 나의 것이 아니냐? 너희야말로 사제의 직책을 맡은 내 나라, 거룩한 내 백성이 되리라. 이것이 네가 이스라엘 자손에게 일러 줄 말이다(출애 19, 4-6).

자기들을 미워하는 민족과 나라들에 둘러싸여 하나의 통일된 국가를 이루어야 한다는 위험하고도 막중한 과업을 앞에 둔 부족들에게 시나이 계약은 흩어진 그들을 모아주는 구심점이 되었다. 이 계약은, 에집트를 떠난 후 도중에서 겪은 고난과 고통의 끝없는 여행으로 느슨해진 부족들 간의 단결을 새롭게 조이는 계기가 되었다.

앞서 언급한 이주의 신학은 이제 계약의 신학이라는 보다 명확한 형태로 발전하게 되었다. 자신들이 하느님의 택하심으로 다른 모든 민족들보다 특별한 민족이 되었다는 의식이 이제 서서히 그 윤곽을 드러내고 있다. "너희야말로 뭇 민족 가운데서 내 것이 되리라." 하느님께서 모세에게 들려주신 말씀이다. 이스라엘은 하느님의 "거룩한 민족"이 되어야만 했다. 이제 정치적인 조직체를 이루려고 하는 민족에게 하느님의 선택에 대한 신앙이 계약의 핵심을 이루고 있다.

그러나 바꾸어 생각하면 이스라엘 백성은 이 선택의 계약이라는 정치신학을 너무 지나치게 운용하였다. 선택의 계약이란 이름하에 그들은 다른 민족들에게는 폐쇄된 혈통적 종교적 공동체를 구축하였다. 하느님의 선택이 다른 민족들에 대한 지배원리가 되었지 다른 민족들에게도 역시 평등하게 내리는 하느님의 은총이 되지는 못했다.

앞으로 살펴볼 것이지만 예언자들이 바로 이와같은 편협되고 배타적인 선택의 신학에 도전하여 동포들로 하여금 하느님께서 세계역사라는 광범위한 영역 속에서 활동하신다는 사실을 깨닫도록 애쓴 인물들이다. 우리가 종족주의라고 부르는 것은 이같이 선택의 계약이라는 왜곡되고 잘못 전달된 신학에서 비롯된 바람직하지 못한 주장들인 것이다.

표면적으로는 하느님의 값없이 주신 은총으로서의 선택이라는 것과 남아프리카에서 성행되는 인종차별주의를 합리화시키는 선택 사이에는 아무런 관계가 없는 듯싶다. 그러나 은총을 주장으로 바꾸게 되면서 선택의 신학은 쉽게 인종차별의 신학으로 변질될 수 있는 것이다.

사회적 정치적 차별주의말고도 소위 신앙적 차별주의란 것도 있을 수 있다. 그것은 구원이란 문제에 대해 다른 신앙을 가진 자들을 구별해 낸다. 특히 그리스도교인들 사이에서는 구원의 문제를 논쟁의 핵심으로 삼으려는 경향이 있어 왔다. 어떤 그리스도교인들은 선택받은 자와 받지 못한 자, 구원받는 자와 받지 못한 자 사이에 너무도 분명한 선을 그어 놓고 있다. 물론 그들은 하느님의 구원의 역사(役事)는 그리스도교 공동체 안에서만 이루어져야 한다고 생각한다.

서양의 교회들에 의해 주도된 선교 확장 사업은 물론 이같은 구원에 대한 배타적 입장을 강력히 반영하여 왔다. 수십 년을 필리핀에서 활동한 바 있는 미국의 예수회 선교사 레일리(Michael Collins Reilly)는 "지난 수 세기 동안 활약했던 선교사들의 대부분은 교회 밖의 구원의 가능성에 대해선 지독하게도 부정적이었다. 잃은 영혼들에 대한 연민의 정으로 그들은 이방인들에게 그리스도를 소개하였고 수백만 영혼에게 세례를 베푸는 초인적인 업적을 과시하였다."[13]

하느님의 구원이 왜 이다지도 심각한 논쟁거리가 되어야만 했는지 그 원인을 파악하기가 어렵다. 근본적으로 구원이란 하느님께서 우리 인간 존재 및 인간 공동체 안에 있는 분열을 치료하는 것을 의미한다. 그것은 우리 개개인, 공동체, 민족을 건강하게 회복시키는 것을 의미한다. 하느님과 인간 사이의 화해는 하느님의 자유와 은총에 의한 주체적 행위라는 말이다. 하느님의 구원에 대해 이처럼 획일화된 체제만이 용납된다면 구원 전체의 의미는 상실되고 말 것이다.

구원 문제가 하느님의 손을 벗어나 종교 체제의 한 부분이 되면서부터 논쟁의 촛점이 되었다. 구원이 교황의 교세나 신학 정설(正說)로 사방이 둘러싸이게 될 때 그 구원의 힘은 사라지고 만다. 하느님의 구원이 이처럼 허약한 것이라면 그것으로 어떻게 "거칠은" 죄인들을 구할 수 있으랴? 이처럼 예민한 것이라면 어떻게 굳센 것을 다루며 이 세상을 뒤집을 수 있으랴? 스스로 설 수 있는 능력이 없으면서 영과 육에 고통을 받고 있는 자들을 고칠 능력이 있다고 말할 수 있겠는가? 사람들을 구원받은 자와 받지 못한 자, 사랑받는 자와 받지 못하는 자, 선택받은 자와 받지 못한 자로 종교적으로 뚜렷이 구별해 놓고서 어떻게 분열된 인간성의 통일을 이루는 근원적 힘이 이곳에서 나온다고 할 수 있겠는가?

구약성서의 예언자들은 이처럼 선택의 계약을 정치적 이념적 수단으로 유용하는 위험한 상태를 깨닫고 있었다는 사실이 중요하다. 독일의 구약신학자 발터 아이히로트(Walther Eichrodt)는 다음과 같이 지적하고 있다.

> 놀라운 현상은…이스라엘의 고전적인 예언자들이 이스라엘의 일반 종교현상을 신랄하게 비판하던 시기에는 계약이란 개념이 전혀 표면에 나타나지 않았다는 사실이다. 예레미야 이전의 예언자들은 하느님과 이스라엘 백성 간에 있었던 계약관계를 전혀 알지 못했다고 결론지어 버리는 것은 분명 지나친 속단이다. 호세아에 이르러서야 이스라엘 백성들이 파기한 계약(berit)에 대해 두 번 언급이 있을 뿐이다. 그러나 호세아에 있어서도 관심은 계약이란 개념이 아니었고 오히려 종교적 관계(하느님과 백성 사이의)를 설명하는 데는 다른 비유를 들어 설명하고 있음을 주목해야 한다.[14]

무슨 이유로 계약이란 개념을 사용하기를 꺼려했을까? 이스라엘 역사는 계약역사가 아닌가? 하느님과의 관계는 계약관계라는 특수한 관계로 규정지어지지 않는가? 바로 계약이란 단어로 이스라엘 민족은 구별되며 다른 모든 민족보다 뛰어난 민족으로 인정받지 않았는가? 그리고 그리스도교 신학에서는 계약의 개념을 그리스도교 교회에까지 확대・적용하여 그리스도교 교회의 역사를 새 계약의 역사로 해석하고 있지 않은가? 그래서 우리 그리스도인들— 새 계약에 의해 백성들로 선택된 우리들은 다른 사람들과 전혀 다른 존재들로 인정받고 있지 않은가? 교회나 성례전, 구원 또는 타종교 추종자들과의 관계 등을 해석함에 있어 계약이란 개념이 결정적인 역할을 담당하고 있지 않은가?

하지만 아이히로트가 지적한 대로 이스라엘의 종교를 비판하던 예언자들에게 계약이란 개념이 막후로 사라지게 된 근본 이유를 밝혀 볼 필요가 있다. 아모스, 호세아 또는 이사야 같은 예언자들은 선택이란 의미로 받아들여진 계약이란 개념이 이스라엘에겐 해를 끼치는 요소였음을 인식하고 있었던 것 같다. 백성들이 하느님의 자비를 요구하는 근거가 바로 계약임을 알았다. 하느님의 은총으로 얻어진 계약은 백성들의 권리로 변했다. 필요에 따라 하느님에게 특별한 사항을 요구할 때 제시하는 조건이 되었다. 그들은 계약이란 무기를 가지고 하느님까지도 좌지우지할 수 있다고 생각하였다. 그것 가지고 하느님을 등쳐먹을 수도 있다고 생각했다. 종교적인 소용에 따라 사용하게 되면서 계약은 하느님 사랑의 강력한 표현이 아니라 오히려 하느님의 취약점을 폭로시키는 요인이 되었다. 계약으로 그들은 하느님의 약점을 잡았다고 생각하였다.

이것이 계약신앙 또는 계약종교의 해독이다. 예언자들로서는 더 이상 이 선택계약이란 개념이 열방 속에 자존하려는 이스라엘 정치이념의 신학적 근거로 오용(誤用)되는 것을 보고만 있을 수 없었다. 뭔가 근본적인 변화가 있어야만 했다. 아모스로부터 선택이란 계약개념은 정의라는 개념으로 대치되었다. 호세아에 이르러 그것은 사랑으로 바뀌었다. 그리고 이사야에 이르러 체면차리는 종교행위보다는 하느님에 대한 신앙과 신뢰의 회복이 더욱 중요하다는 사실이 강조되기 시작했다.

사실 종교가 당하는 강한 유혹 중의 하나가 체면이다. 아마 우리 인간 존재 자체가 나면서부터 체면과 자기 과시에 매여 산다고 볼 수도 있다. 사랑이나 정의마저도 체면이나 자기 과시욕에 눌려 기를 펴지 못한다. 누구보다 예수는 종교적 과시의 위험을 잘 알고 있었다. 그는 종교적 과시에 혐오감을 느끼고 있었다. 그는 이를 종교적 위선보다 나을 것이 없다고 지적하였다. 그는 약간 빈정거리는 투로 "남에게 보이려고 회당이나 한길 모퉁이에 서서 기도하기를 좋아하는" 당시의 종교지도자들을 꼬집고 있다. 그는 이어서 제자들에게 올바로 기도하는 법을 가르치고 있다. "너는 기도할 때에 골방에 들어가 문을 닫고 보이지 않는 네 아버지께 기도하여라"(마태 6,5-6). 예수의 하느님은 공개석상이나 휘황찬란한 종교집회 같은 것을 꺼려하는 수줍어하시는 하느님처럼 보인다.

그런데 그리스도의 사랑과 자비를 표현하는 우리들의 종교, 우리들의 기도는 너무도 공개적이고 체면치레의 것으로 변하고 있다. 행동하려는 욕망, 우리 자신을 나타내려는 욕망, 남이 내 말을 듣게 하고픈 욕망 때문에 우리는 이웃들의 가슴 속에 있는 소리나지 않은 말들을 들을 수 없게 되었다. 우리 형제들의 고뇌에 찬 마음들을 조용히 읽을 수 없게 되었고 조용히 앉아서 세상과 인생의 의미를 진지하게 명상하는 다른 신앙의 소유자들과는 함께 앉아 있을 수 없을 만큼 조급하게 살고 있다. 그리스도인이라는 우리보다도 오히려 이들이 예수가 말하는 수줍어하는 하느님과 가까이 있는 것이 아닐까? 이런 문제는 그다지 중요한 것이 아니라고 할지 모르겠다. 그러나 다음 질문만은 심각하게 받아들여야 한다. 우리가 가지고 있는 화려한 종교적 의식들, 세련이 넘치게 묘사된 진리 명제들과 신학이란 체제로 과연 꾸밈없이 고통스러워하는 하느님을 제대로 섬길 수 있을까? 이것이 바로 고전적 예언자들이 이스라엘에게 던진 질문이었다. 이 질문은 우리에게도 심각하게 던져지고 있다. 왜냐하면 우리는 지금 우리 자신을 표현하는 데, 남들에게 우리를 좀 알아달라고 요구하는 일에, 그리고 다른 진리를 가진 자들에게 우리의 진리를 주장하고 강요하는 일에 너무도 바빠서 "보이지 않는 곳에 계시는" 하느님을 찾지 못하고 있기 때문이다.

그리스도교 신학은 이 보이지 않는 곳의 하느님을 너무도 가볍게 보아 넘겼다. 그래서 하느님까지도 보아 넘기게 만들었다. 이것은 물론 신학적 환상에 지나지 않는다. 오늘날의 신학, 특히 아시아에 있는 우리 그리스도인들의 신학 과제는 각 나라, 각 민족의 문화와 종교라는 "보이지 않는 곳"에 계실지도 모르는 하느님을 만나는 일이다.

5. 뿌리뽑혀 흩어지는 이스라엘

예언자들이 이미 내다보았던 대로 선택에 근거한 관제(官制) 계약신학은 시대의 시련을 견뎌내지 못하고 무너졌다. 이스라엘과 유대라는 두 나라의 분열은 평온하게 이루어진 사건이 결코 아니었다. 궁정 안의 음모와 피흘리는 쿠데타에 외세까지 개입된 사건이었다. 동서양을 막론하고 고대와 현대를 막론하고 국가분열에는 이러한 피의 역사가 있었다. 이스라엘과 유대 역시 다른 국가들과 다를 바 없는 영광과 수모의 정치사(政治史)를 가지게 되었다. 정치조직을 구성하면서부터 그들은 다른 국가나 민족의 흥망성쇠를 좌우하였던 역사법칙에 지배받게 되었다.

어느 한 국가나 왕조의 성립은 미리 파악하기가 어렵지만 이들의 쇠망은 미리 점칠 수가 있다. B.C. 722년 북쪽의 이스라엘은 종말을 고하게 되었고 그 백성들은 아시리아로 이송되었다. 고대 근동지방의 역사지도에서 이스라엘은 사라진 것이다.

예언자 이사야는 고뇌 속에서 이 모든 과정을 예견하고 있었음이 틀림없다. 역사의 흐름을 이스라엘에 유리하게 바꾸어 놓고 싶은 인간적인 소원이 있었음에도 그는 이스라엘의 운명은 되돌릴 수 없는 궤도에 접어들었다는 것을 깨달았다. 그는 슬픔과 고뇌 속에서 한편으론 안타까운 심정으로, 다른 한편으론 안도의 심정으로 아시리아의 왕 산헤립을 "하느님의 분노의 지팡이"로 호칭하고 있다.

아, 네가 비참하게 되리라. 아시리아야!
나의 분노의 지팡이요 나의 징벌의 몽둥이였던 너 아시리아,
배신한 민족을 치라고 너희를 보냈고
나를 분노케 한 백성을 치라고 하였더니
마구 빼앗고 모조리 털고
길바닥의 진흙처럼 짓밟으라고 하였더니(이사 10, 5-6). [15]

이스라엘 왕국은 붕괴되었고 그 백성들은 정복자의 나라로 확산되었다. 1세기 가량이 지나자 유다 왕국도 마찬가지 길을 걷게 되었다. 유다 땅은 바빌로니아의 왕 느부갓네살이라는 강력한 왕에게 쑥밭이 되었고 예루살렘은 B.C. 587년에 함락되고 말았다. 유다의 힘없는 왕 시드기야는 자기 목전에서 아들이 살해되는 것을 목격해야만 했고 이후 두 눈을 잃은 채 바빌론의 노예로 끌려가고 말았다. 다윗의 집은 처참하게 무너졌고 그 백성들은 정복자들의 땅으로 슬픈 여정을 떠나야만 했다. 예언자 예레미야는 특유의 애조띤 가락으로 사랑하던 시온을 위한 마지막 애가(哀歌)를 부르고 있다.

구슬픈 노랫가락이 시온에서 들려 온다.
'어쩌다가 우리는 이렇게 망하였는가?
정든 고향에서 쫓겨나
나라를 버리고 떠나야 하는 이 신세,
부끄러워라, 부끄러워라!'
너희 여인들은 야훼의 말을 들어라.
나의 말에 귀를 기울여라.
구슬픈 노래를 딸들에게 가르쳐라.
이런 넋두리를 함께 익혀라.
'죽음이 창을 넘어 들어 왔네.
궁전에까지 들어 왔네.
거리에서 놀던 아이들을 모두 잡아 갔다네.
장터를 거닐던 젊은이들을 모두 끌고 갔다네'(예레 9, 19-21).

그처럼 희망에 부풀어 시작되었던 역사가 이처럼 비참한 것으로 끝맺어졌을 때 무엇을 느낄 수 있겠는가? 하느님의 선택함을 받았다고 강력한 신앙을 가졌던 나라라고 해서 다른 국가와 같은 운명에 빠져들 리가 없다고 장담할 수 있겠는가? 신명기뿐 아니라 여호수아, 판관기, 사무엘서, 열왕기서를 통해 선택받은 민족들의 역사를 추적해 온 신명기적 역사가는 쓸쓸하게 결론을 내리고 있다. 이 모든 것은 이스라엘 백성들이 야훼 하

느님께 죄를 지었기 때문이라고.[16]

　포로생활을 통해 유대인들은 아브라함의 소명이나 출애굽과 같은 선조들의 경험에 비교할 만한 분열과 확산의 역사경험을 체득하게 되었다. 다윗 왕국의 신학에 의해 형성되어 유지되어 왔던 역사적 연속성은 부서지고 말았다.

　전쟁에서 승리한 적들에게서 받은 수모는 엄청난 것이었다. 미국의 구약학자 존 브라이트(John Bright)가 지적한 대로 "고고학이 웅변으로 증언하는 바는 세벨라와 중앙 고지대(즉 유다 지경)에 있던 도시들은 모두 파괴되어 버렸다. 거의 모든 도시가 수년이 지나도 재건될 수 없을 정도로 파괴되었다(애가 2, 2-5 참조)… 그 땅의 사람들도 멸절되었다. 바빌론으로 붙잡혀 간 사람들 외에도 수천 명이 전쟁에서 죽고 기근과 질병으로 죽어갔다(애가 2, 11 이하 · 19-21; 4, 9 이하 참조). 그리고 상당수— 우리가 알 수 있는 수(1열왕 25, 18-27) 이상의 수가 살육당하였고 또 남은 자들은 생명을 보존키 위해 도망쳤다(예레 42장 이하)."[17] 유대인의 통일국가를 상징하던 예루살렘, 종교적 힘의 상징이던 예루살렘은 파피와 죽음이 점철된 도살장처럼 변하여 더 이상 회복할 기력조차 얻지 못하였다. "그들 나라의 정치적, 종교적, 지성적 지도자들 중에 우수한 인물들"은[18] 모두 포로로 잡혀가고 말았다.

　포로생활을 하면서 이스라엘의 신앙 행태는 예루살렘에서 행해졌던 제의적 집중행위로부터 이방민족들 사이에서의 다양한 확산행위로 바뀌어졌다. 비록 유대 국가는 멸망되었지만 예루살렘 성전을 다시 세우는 것이 바로 하느님의 약속을 지키는 것이라고 믿고 있는 유대인들이나 그리스도교인들에게는 이같은 현상은 정반대의 것으로 보일 것이다. 성전을 재건한다는 사실은 지금 우리가 생각하는 것 이상으로 미묘하고 복잡한 문제를 안고 있다. 존 브라이트는 다음과 같이 설명하고 있다.

　　…성직자 계급을 포함하여 회복을 추구하는 부류의 인물들은 제의적이거나 의식적인 질서를 세우려는 강력한 열망을 가지고 있던 인물들은 아니었다. 오히려 예언자들(예로 말라기)이 그들을 신랄하게 비난했던 바와 같이 그들은 오히려 이같은 문제에 대해선 지나칠 정도로 미온적이었다. 느헤미야 이후 어느 정도 정치적인 활동이 허락된 뒤에도 그들의 태도엔 변함이 없었다. 새 이스라엘은 그들을 다시 모아 뚜렷한 공동체 의식을 심어 줄 만한 무엇을 찾는 데 혈안이 되어 있었다. 이 요구는 에즈라에 의해 어느 정도 충족되었다. 페르시아 왕궁의 허락을 받아 바빌론에서 가져 온 율법을

통해 공동체는 격식에 맞춘 계약으로 형성될 수 있었다… 이것은 바로… "이스라엘"이란 단어에 대한 근본적인 재해석을 의미하였다. 이스라엘은 더 이상 하나의 민족 공동체를 의미하는 것일 수 없었다. 이스라엘 부족들의 후예를 의미하는 것도 아니었고 옛 이스라엘 땅에 거주하고 있는 사람도 아니었으며 어떤 형식으로든 야훼를 하느님으로 인정하고 그에게 예배드리는 사람들의 공동체를 의미하는 것도 아니었다. 이후로 이스라엘은(역대기 저자의 신학과 같이) 율법을 중심으로 형성된 유다의 남은 자들을 의미하는 것이 되었다. 율법이란 짐을 진 자라야 이스라엘(즉 유대)의 무리에 속하게 되었다.[19]

후에 예수가 반대한 것이 바로 이 율법의 종교였다. 그를 십자가에 매달게 한 것도 바로 이 율법의 종교였다.

반면에 포로생활 중에 그들은 분열과 확산이라는 도식을 또다시 뼈저리게 경험하였다는 사실이 중요하다. 이와같은 분열과 확산은 하느님께서 그 민족을 위해 마련하신 계획의 하나라는 사실을 깊이 통찰한 예언자가 바로 예레미야이다. 그는 정치적 현실을 정확히 파악하고 있었을 뿐 아니라 신앙의 눈으로 먼 앞날을 내다볼 수 있었다. 그는 백성들에게 바빌로니아의 침략자들이 예루살렘의 성벽을 무너뜨리며 침범할 때 그들에게 순종하도록 충고하였다.

B.C. 598년, 유대의 포로 제1진이 바빌론으로 압송되어 간 직후 포로로 잡혀 간 동포들에게 편지로 이후로 전개될 나그네 생활에 대비할 것을 일러주고 있다.

너희는 거기에서 집을 짓고 살아라. 과수원을 새로 마련하고 과일을 따 먹으며 살아라. 장가들어 아들 딸 낳고 며느리와 사위를 삼아 손자 손녀를 보아라… 나에게 쫓겨 사로잡혀 가 사는 그 나라가 잘 되도록 힘쓰며 잘 되기를 나에게 빌어라. 그 나라가 잘 되어야 너희도 잘 될 것이다(예레 29, 4-7).

종교적 중앙집권주의로 경색된 좁은 안목의 국수주의자로서는 도저히 입에 올릴 수 없는 말들이다. 그러나 예레미야의 눈에는 자기 민족뿐 아니라 이방민족들에게도 적용되는 하느님의 계획이 드러나 보였다. 역사를 움직이시는 하느님의 권능이 어느 한 민족에게만 제한될 수는 없었다. 유다 왕국의 멸망과 함께 예레미야는 역사를 움직이시는 하느님의 힘이 바빌로니아에서도 작용하신다는 사실을 깨달은 것이 분명하다.

이제 유대인들 목전에 제시된 일은 전세계로 퍼져 나가는 것이다. 바빌론이 첫 행선지였다. 이 일은 이후 2천년 이상 계속되었다. 이미 오래전 바벨탑이나 아브라함의 소명에서부터 시작된 일이었다. 민족과 나라들은 분열과 확산을 통해 하느님께서는 어느 한 나라, 어느 특정 종교나 문화를 초월하시는 분이라는 것을 깨닫게 되었다.

어느 특정한 나라, 설혹 이스라엘이나 유다라 할지라도 독단적으로 하느님께서 세상에서 행하시는 모든 일들을 독점할 수가 없다. 아시리아와 바빌로니아의 침략이 있은 다음에야 비로소 세계를 위한 하느님의 계획이 약간씩이나마 역사 속에 밝혀지기 시작했다. 마찬가지로 어느 특정한 문화, 설혹 그리스도교 문화라 할지라도 독단적으로 세계를 위한 하느님의 뜻을 파악해 내기란 불가능한 일이다. 힌두 문화나 불교 문화가 소개받기 전까지는 그리스도인들의 하느님은 부분적으로 파악된 하느님에 불과했다.

따라서 포로로 잡혀 간 유대인들은 이방국가들이 잘되기를 빌어야만 했다. 하느님께서 역사 전체 속에서 어떻게 일하시는가를 보고 배워야 했다. 포로생활을 하게 되면서부터 그들은 이같은 사실들을 깨닫고 경험하게 되었다. 이후로 흩어진 민족이 된 유대인들은 서양문명 속에서 중요한 역할들을 담당하기 시작했다. 그들은 자신들을 선택한 나라에 들어가 생활이나 산업면에서 뛰어난 자질을 발휘하였다. 추방당한 러시아 신학자 베르쟈예프(Berdyaev)가 언급한 대로 "그리스도교 역사 속에는 언제나 히브리와 헬레니즘이란 두 원리가 상호 작용하고 있다. 이 두 원리는 우리가 가지고 있는 문화의 핵심 부분들을 창출해 내었다."[20]

대변자 없는 신학

이스라엘의 길고 복잡한 역사를 너무도 간단하게 취급해 버린 느낌이 없지 않다. 그러나 이상의 고찰을 통해 알 수 있었던 것은 역사를 움직이는 분열과 확산이라는 역동적 원리에 맞추어 이스라엘의 신앙이 성장해 갔다는 사실이다. 우리는 이스라엘이 3개의 큰 분열과 확산 과정을 겪으면서 각 과정을 지날 때마다 그들이 어떻게 하느님을 인식하고 자신과 주변 세계와의 관계를 조명해 왔는가 살펴보았다.

첫번째 과정은 하느님의 부르심에 대한 아브라함의 응답으로 시작되었다. 그는 자기 집을 떠나 약속된 땅을 향해 여행길에 올랐다. 이같은 상황에서 이동의 신학이 생겨났다. 그 다음 과정은 출애굽과 가나안 정복이란 복잡한 사건들로 이루어졌다. 여기에서 계약의 신학이 파생되었고 이

신학은 히브리 제 부족들이 동맹을 형성하며 자신들에 대해 악의를 품고 있는 주변 민족들 가운데서 자생(自生)의 원리를 찾는 데 도움을 주었다. 앞서 살펴본 바대로 계약의 신학은 후에 이스라엘 왕국 건설의 이념적 종교적 기반이 되었다. 세번째 과정은 포로생활로 이스라엘과 유다 백성들은 아브라함이 애초에 이주를 시작했던 장소, 아시리아와 바빌론으로 압송되었다. 여기엔 우연의 일치로만 돌릴 수 없는 의미가 포함되어 있다. 바로 조상들이 여행을 시작한 그 장소에서 그들은 자신들이 다른 민족들과 뿌리를 함께 하고 있다는 사실을 깨닫게 되었다. 이방민족들의 땅에 거하면서 이방민족들의 신학과 씨름해야만 했다.

포로생활 노예생활의 체험을 통해 유대인들은 대변자로 이루어지는 역사신학은 있을 수 없다는 사실을 깨달았음이 틀림없다. 아시리아인이나 바빌로니아인은 유대인을 통해 하느님과 연결되지 않았다. 이 이방민족들은 나름대로 직접 하느님께 접근하고 있는 듯 보였다. 그들도 당당하게 하느님의 신전에 모였다. 유대 민족을 자신들의 대변자로 내세우지도 않았다. 하느님 앞에서 떳떳하게 말할 수 있었다. 그들은 오히려 이스라엘과 유다를 징벌할 도구로 하느님에 의해 보내심을 받은 자들이었다. 얼마나 충격적인 사실인가! 다른 민족들을 대변한다고 하는 말은 더 이상 용납되지 않았다.

그리스도교의 역사신학은 그 대부분이 대변신학이었다. 교회는 이스라엘로부터 대변인의 외투를 물려받아 하느님 앞에서 다른 민족들을 대리하는 역할을 담당하였다. 교회 밖의 사람들이 자신의 문제를 직접 하느님께 고하는 것은 거의 불가능하였다. 교회신학은 그들이 직접 하느님의 은총의 보좌에 갈 수 있는 방도를 봉쇄하다시피 하였다. 교리와 신학의 체계를 세워 그들은 오직 교회를 대리인으로 하여 구원을 얻을 수 있도록 길을 열어 놓았다.

어떤 이유로 교회는 이처럼 대리인의 성격을 띠게 되었을까? 전적으로 그리스도교란 종교적 문화적 관점에서 모든 인류를 대변한다고 그리스도교 신학이 나서게 된 이유가 무엇일까? 그 이유 중의 하나는 "특수"(特殊)란 개념일 것이다. 즉 그리스도교인들은 그리스도교 교회의 신앙과 역사를 서술할 때 이 개념을 전용하고 있다. 이스라엘의 역사는 특수한 역사이다. 그리스도교 역사 또한 특수한 역사이다. 특수한 것이기에 유대-그리스도교 전통의 역사는 다른 민족들의 역사와 구별되어야만 하는 것이다. 이스라엘과 그리스도교 교회에 의해 이루어진 역사는 "거룩한" 역사가 된다. 특수한 역사는 다른 역사들을 조명해 줄 수 있지만 반대로 다른 역사들에 의해 조명받을 필요는 없다.

　이런 식으로 그리스도교 신학은 이스라엘-교회의 역사와 다른 민족 다른 국가의 역사 사이에 거대한 공백을 만들어 놓았다. 이것은 구속사 개념으로 발전하여 이스라엘과 교회의 역사 이외의 역사들은 다만 보조역할만 하는 것으로 해석하였다. 이같은 신학 입장에서는 유대-그리스도교 전통에서 제외된 민족들도 세상의 창조와 구원에 대한 하느님의 역사(役事)에 깊이 관여하고 있다는 사실은 도저히 깨달을 수 없음이 자명해진다.

　그러나 그리스도교 성서 속에서 하느님의 구원의 계획은 전통적 그리스도교 신학이나 역사의 차원을 넘어선 것임을 깨닫게 하는 단서들을 발견할 수 있다. 이 단서들을 통해 하느님께서는 이스라엘이나 그리스도교 공동체를 다루실 때와 마찬가지로 모든 민족들도 소중하게 다루신다는 사실을 깨닫게 된다. 이스라엘이나 교회 안에서 하느님의 구원계획이 밀도있게 제시되어 왔다. 밀도있게 자기 자신을 드러내시는 하느님, 그 하느님께서 다른 곳에서 다른 형태로 정도에 따라 자신을 달리 드러내실 수 있다는 사실을 부인할 수는 없다. 점점 자신들의 역사와 문화를 파악해 나가고 있는 제3세계의 그리스도교인들에게는 이같은 성서적 단서들이 상당히 **중요한** 것으로 받아들여지고 있다. 다음 장에서 전위신학의 길을 열어**주는** 성서적 단서들을 추적하는 작업이 계속될 것이다.

제 2 장

모든 민족의 하느님

이스라엘의 신앙은 성장하고 확장되고 변하였다. 그 신앙은 자신의 역사에 의해 시험받았다. 뿐만 아니라 타민족의 역사에 의해서도 시험받았다. 이 두 가지 시험을 통해 이스라엘의 마음이 계발되어 세계역사란 것이 전적으로 자신들과 상관이 없는 생소한 역사만은 아님을 깨닫게 되었다. 사실 이스라엘 역사를 자신의 한 부분으로 포함하고 있는 세계역사의 전모가 밝혀지게 될 때 그들도 생소하고 쉬 받아들일 수 없는 거부감을 느꼈다. 그러나 바로 그 생소한 역사 깊은 속에서 역사하는 힘이야말로 이스라엘 역사를 창조해 낸 힘이 아닐까? 그 역사의 와중에서 몸부림치며 살아온 생명이야말로 이스라엘이 누리며 살아온 생명이 아닐까?

세계역사의 힘은 하느님께로부터 나온 힘이다. 이방민족들의 생명 역시 하느님께서 창조하시고 지켜주신 생명이다. 이것이야말로 실로 위대한 발견, 그러기에 놀랍기만 한 발견인 것이다. 이스라엘의 선각자들은 이 발견을 단지 두려움과 떨림 속에 간신히 표현할 수 있었다. 그들은 역사라는 보다 넓은 수평선에서 목격한 것을 모두 이해하고 있었다고는 볼 수는 없다. 다만 여기에서 그들은 자기들 민족과 문화 경험보다 더 거대한 무엇이 있음을 피부로 느낄 수 있었다. 자신의 신앙의 폭을 넓히지 않고는 파악할 수 없는 무엇이 있음을 깨달았다. 지금보다 종교적 상상의 폭을 훨씬 넓혀야만 파악할 수 있는 실체가 있음을 느끼게 되었다.

인간 역사 속에서 활동하시는 하느님의 신비로운 행위에 대해 두려워하면서도 기대하는 마음으로 이를 표현하려는 신앙에서 생겨난 것이 바로 묵시적인 언어와 표현이었다. 인간의 현실 세계를 초월한 세계를 묘사함에 있어 인습적인 신앙의 언어나 표현으로는 도저히 그려낼 수 없는 것이다. 언어와 표현은 어느 한 시점에 맞추어 만들어지지만 그 시점이 지나고 나면 전혀 쓸모없는 것이 되고 만다. 새로운 언어가 창조되어야 하며 새로운 표현방법이 제시되어야 한다.

이런 이유에서 묵시적 언어와 표현에는 자극적인 면이 있을 수밖에 없다. 하느님의 신비를 묘사하기 위해서는 언어습관을 파기하고 흔히 쓰던 표현방식을 무시할 수밖에 없었다. 이런 식으로 해서 우리는 새 하늘과 새 땅에 대한 묵시적인 기대를 가진 채 하느님을 따라 역사 속으로 끌려

들어가게 된다. 묵시적 언어와 표현을 통해 우리는 역사라는 굴레를 벗어나 하느님의 사랑과 정의로 표시된 새로운 역사적 실체를 바라며 일할 수 있는 힘을 얻게 된다. 다니엘서가 이와같은 묵시적 실험의 한 예인 것이다.

다니엘서에 나타난 묵시적 역사

그러므로 역사와 묵시는 쌍동이로 태어난 남매 간과 같은 관계이다. 이들은 같은 배에서 태어났고 같은 젖을 먹고 자랐으며 서로 밀착되어 성장하였다. 묵시적 의미가 없는 역사란 지루하기 짝이 없는 이야기, 날짜와 장소 및 사건들만 나열한 건조한 일람표와 같아 기록을 보관하는 사람에게나 흥미를 끌까 다른 사람들에겐 아무런 감흥도 주지 못하는 흥미없는 것이 되고 만다. 그것은 마치 이스라엘 고대 무덤에서 발굴된 미이라나 근대 모슬렘 성전에서 볼 수 있는 방부처리된 시체와 다를 바 없다. 이런 것들은 사람의 형상은 하고 있으나 가장 중요한 것인 생명을 갖지 못하였다.

반대로 역사 없는 묵시는 역사적인 의미가 별로 없다. 인간 생활과는 관계가 없는 인간의 환상으로 끝나고 만다. 비현실 세계 속으로 도피한 인간과 다를 바 없다. 따라서 역사와 묵시는 밀접하게 연결되어 있어야만 하지 그 둘을 서로 떼어 놓아서는 안된다. 왜냐하면 역사는 그 묵시적인 의미를 지니고 있을 때 생명력을 소유할 수 있으며 묵시는 그것이 역사와 관련이 지어질 때에만 우리 삶에 의미를 주기 때문이다. 역사와 묵시는 함께 과거의 의미를 깨닫게 해주며 현재 당하고 있는 많은 사건들의 의미를 파악하게 해주고 미래에로의 길을 열어 준다고 말할 수 있다. 여기에서 둘을 합하여 "묵시적 역사"[1]란 단어가 생겨나게 되는 것이다.

다니엘서는 바로 이와같은 묵시적 역사이다. 다니엘서에는 연대적 기술이 많이 포함되어 있다. 다니엘서의 편집-교정자[2]는 서두에서부터 역사적 배경을 진술하고 있다. "유다 왕 여호야킴 제3년에 바빌론 왕 느부갓네살이 쳐들어와 예루살렘을 포위한 일이 있었다"(다니 1,1). 이때는 B.C. 600년으로 추정된다. 느부갓네살왕의 꿈과 해몽에 대한 이야기는 연대적으로 이보다 앞선다 "느부갓네살왕 제2년에, 느부갓네살은 무슨 꿈을 꾸고 마음이 산란해져서 잠을 이룰 수 없었다"(다니 2,1). 여기에 언급되는 느부갓네살왕 제2년은 B.C. 603년이다.

다니엘이 바빌론이나 페르시아의 변천에 관하여 환상을 본 때도 분명한 연대가 기록되어 있다. "바빌론 왕 벨사살 제1년, 다니엘은 잠자리에 들었다가 꿈에 이상한 광경을 보았다"(다니 7,1). 이때는 B.C. 554년이었다. 벨사살의 아버지인 나보니두스 즉위 3년이었는데 형식적인 바빌로니아 통치권은 그가 가지고 있었다.

다른 예로 다니엘이 자기 민족의 현재의 운명을 밝힐 때에도 "메대 족속 출신 아하스에로스의 아들 다리우스가 바빌론의 임금이 되던 해"(다니 9,1)로 명기하고 있다. 다리우스는 벨사살의 후계자로 바빌론을 통치하게 되었는데 이때가 B.C. 538년쯤이었다.

이같은 기술은 묵시적 환상이 역사적 상황과 밀접한 관계를 맺고 있음을 분명히 밝혀주는 예이다. 그 역사적 상황 안에서 개혁자는 변화와 변혁을 모색하는 것이다. 묵시적 환상은 역사적 상황과 밀접한 관련을 맺고 있을 뿐 아니라 정치윤리적인 면도 지니고 있다. 암시적 언어와 표현으로 당면한 사회적 정치적 상황을 고발하면서 백성들에게 좀더 나은 미래를 위한 투쟁과 변화를 강력하게 추구할 것을 부추기고 있다. 이는 또한 묵시가 삶과 세상에 대한 인간의 태도를 과감하게 변화시킬 수 있는 강력한 힘을 가지고 있음도 일러준다.

다니엘서에 나오는 연대표기가 모두 정확하지는 않다는 것도 알아 두어야 한다. 느부갓네살이 예루살렘으로 진격해 들어간 것은 여호야킴 제3년, 즉 B.C. 606년으로 표기하고 있다. 그러나 이 사건은 B.C. 598년에 일어난 것이 정확하다. B.C. 598년에 느부갓네살은 바빌론에 반기를 든 유다왕 여호야킴을 정벌하기 위해 원정길에 올랐다. 또한 다니엘 9,1에서는 메대 출신의 다리우스를 아하스에로스의 아들과 동일 인물로 보고 있는데 이는 분명 오기이다. 페르시아 왕 크세르크세스(그리이스어 표기, 페르시아 이름은 카샤야르샤이며 히브리 이름이 아하스에로스이다)는 페르시아 왕 다리우스 1세의 아들이지 아버지가 아니다. 또한 다니엘 2장에서 메대 왕조를 바빌론과 페르시아 왕조 사이에 있었던 두번째 왕조로 표기하고 있는데 이것 역시 오기이다. 메대 왕조는 신(新)바빌로니아 왕조보다 약간 앞선 시대에 나와 신바빌로니아 왕조가 성립되기 10여 년 전에 멸망되었다.

이런 것들은 분명 역사 오기(誤記)이다. 그렇지만 이것으로 해서 다니엘서가 갖고 있는 묵시적 역사성이 감소되지는 않는다. 이 성서 안에 있는 묵시적 관심은 역사적 관심이었고 묵시적 메시지는 역사적 메시지였다는 사실에는 아무런 변동이 없다. 이같은 관심과 메시지는 역사의 고난과 시련기에 처해 있는 백성들을 위한 것이다.
영국의 구약학자 노만 포티어스(Norman Porteous)의 다음과 같은 지적이 올바르다.

> 영감적 내용으로 꾸며진 이와같은 종류의 성서에서 우선 관심을 끄는 것은 당시 상황에 대한 역사적 현실감각이다. 그 역사적 상황 안에서 기자(記者)와 독자가 함께 거하였고 그 속에서 환상을 본 것이다. 문자로 꾸며진 이야기 속에 등장된 인물이나 입으로 낭송된 사건이 얼마나 정확하게 역사성에 기인하여 진술되었느냐 하는 문제는 그 다음의 일이다… 첫째로 우리 관심을 끄는 것은 이야기와 그 이야기가 기록된 시대 사이의 관련성이다.³

안티오쿠스 에피파네스의 공포정치

그렇다면 다니엘서가 그 독자들에게 전하려 했던 영감적 내용은 무엇인가? 역사를 묵시적으로 해석하게 된 직접적인 동기는 무엇인가? 어디에다 역사적 촛점을 맞추고 있는가?

다니엘서가 기록된 시대적 상황을 이해할 때 해답은 얻어질 수 있다. 연대 문제는 다시 편집 문제로 연결된다. 그러나 다니엘서에 대한 복잡한 역사 비판적 연구는 지금 우리가 해야 할 과제는 아니고 우리는 다만 이 문제들을 연구한 학자들이 내린 결론만을 채용하기로 하자. 일반적으로 다니엘서의 주요 부분은 안티오쿠스 4세 에피파네스 치하에서 유대인들이 당한 박해와 관련있음을 지적하고 있다. 그래서 다니엘서의 기록연대를 대략 B.C. 168—165년으로 잡고 있다.

악명높은 안티오쿠스에게서 유대인들은 인간의 탈을 쓰고 나타난 흉악한 마왕(魔王)의 모습을 보았다. 그의 "잔인하고 극악무도한 행위를 본 폴리비우스는 안티오쿠스를 B.C. 169년 얻은 이름인 (데오스) 에피파네스 (theos epiphanes: 하느님의 顯現)로 부르지 않고 에피마네스(epimanes: 그리이스어로 미친놈이란 뜻)로 부를 정도였다."⁴ 그는 성전과 제단을 약탈하였고 헬레니즘을 강요하였으며 자기 맘에 들지 않는 유대인들을 마구 학살하였다. 그는 하느님을 두려워하는 유대인들에게 내린 사탄의 몽둥이로 유대인들의 신앙을 시험하였다.

유대인들의 영혼과 신앙과 문화까지 말살하기 위해 안티오쿠스가 유대인들에게 저질렀던 몇 가지 잔혹한 행위들을 되살펴 보기만 하면 다니엘서가 억누르다 못해 표출시키고 만 영혼의 고뇌가 어떤 것이었나 쉽게 느낄 수 있을 것이다.

B.C. 167년 안티오쿠스는 예루살렘을 일격에 완전 파피시킬 목적으로 미시아 통치자인 아폴로니우스를 파견하였다. 이 교활한 장군은 평화를 표방하며 예루살렘에 입성하였다. 그리곤 안식일에는 유대인들이 방어용 무기조차 들지 않는다는 사실을 알고 안식일에 공격을 감행하여 수많은 남자들을 살육하였으며 여인과 아이들을 포로로 잡았다. 성에 불을 지르고 성벽을 허물어 제꼈다. 그리곤 시리아 군대와 헬레니즘에 물든 유대인들(대부분이 부요한 제사장과 귀족계급이었다)을 위한 성채로 아크라(Akra)를 수축하였다. 유대 종교를 완전히 말살시킬 목적으로 안티오쿠스는 유대인들에게 자기 조상들의 습관을 답습하지 말 것을 엄명하였다. 유대인들의 안식일과 금기(禁忌) 음식법을 폐하였고 이방인들의 신상과 제단을 세운 다음 돼지같은 더러운 짐승으로 제사를 지내라고 강요하였다. 안티오쿠스의 악행은 계속되어 167년 12월에는 예루살렘 성전 안에다 수염투성이의 제우스 신상까지 만들어 번제를 드리던 제단 바로 맞은편에 세워놓기까지 하였다. 바로 이 우상이 다니엘서 8,13; 9,27; 11,31; 12,11 등에 수없이 언급되고 있는 "도저히 눈뜨고 볼 수 없는 치욕"이었다.[5]

이 "눈뜨고 볼 수 없는 치욕"을 묵시적 선과 악의 세력 다툼으로 본다면 아무도 유대인을 비난할 수 없을 것이다. 고난의 이 세상 넘어 영원한 생명을 바라며 현실에서 도피하는 그들을 정죄할 이는 없다. 종말에 이루어질 하느님의 심판을 믿는 그들을 종교적 환상주의자라고 비난할 수는 없는 것이다. 위협과 질고 속에 있는 자에게 종말론적 희망이 되는 미래에 대한 선명한 묘사를 다니엘서에서 찾아볼 수 있다.

그때에 미가엘이 네 겨레를 지켜 주려고 나설 것이다.
나라가 생긴 이래 일찌기 없었던 어려운 때가 올 것이다.
그런 때라도 네 겨레 중에서
이 책에 기록된 사람만은 난을 면할 것이다.
티끌로 돌아갔던 대중이 잠에서 깨어나
영원히 사는 이가 있는가 하면
영원한 모욕과 수치를 받을 사람도 있으리라.
슬기로운 지도자들은 밝은 하늘처럼 빛날 것이다.
대중을 바로 이끈 지도자들은 별처럼

길이길이 빛날 것이다"(다니 12,1-3).
　지금까지 우리는 역사와 묵시가 어떻게 서로 교차하는가 살펴보았다. 우리는 신앙으로 역사가 묵시와, 묵시가 역사와 어떻게 관련을 맺고 있는가 알 수 있다. 우리의 신앙은 이 묵시적 역사 위에 세워져야 한다. 신앙은 현재의 것을 미래로 투사하며 또한 현재 속에서 영원한 것을 찾아낸다. 다니엘서나 계시록과 같은 묵시문학을 통해 우리는 영원한 안목으로 우리 자신과 우리나라와 가정을 볼 수 있는 능력을 얻게 된다.

제2 이사야서에 나타난 이방민족들의 하느님

　다니엘서의 1차적 역사의 촛점은 B.C. 2세기 중반에 일어난 유대인들과 안티오쿠스 에피파네스와의 비극적인 만남에 있다. 하지만 다니엘서 전체가 이 시점에 촛점을 맞추고 있다고는 볼 수 없다. 제1장으로부터 6장에 이르는 내용을 자세히 살펴보면 이러한 사실을 인정할 수 있게 된다. 또 다른 영국의 구약학자 제임스 바(James Barr)는 이 이야기들은 "페르시아 혹은 그리이스 왕국 초기의 디아스포라 시대를 배경으로 한 것일지도 모른다. 왜냐하면 주변 상황이 유대가 국가의 형태로 박해를 받는 것 같지는 않기 때문이다"[6]고 진술하고 있다. 이것이 사실이라면 이야기의 서술 연대는 B.C. 6—4세기가 된다.
　다니엘서 1—6장에 나온 이야기들을 포로시대에 활동했던 제2 이사야(이사야 40—55장)의 예언들과 비교해 보면 둘 사이에 상당한 유사점들이 있음을 알게 된다. 이 사실이 중요하다. 다니엘서에 나타난 역사신학은 포로로 잡혀 간 이방지역에서 전위신학이란 형태가 형성되기까지 적잖은 영향을 끼쳤다는 말이 된다. 이 전위신학의 요점은 무엇인가? 그 신학은 이스라엘과 이방민족과의 관계를 어떻게 보고 있는가? 하느님과 이방민족들에게 대해 무어라고 진술하는가? 제2 이사야는 이같은 문제들에 대해 어느 정도 정확한 해답들을 주고 있다. 따라서 제2 이사야의 전위신학을 분석하면 다니엘서의 근거가 되고 있는 역사신학의 배경을 좀더 쉽게 이해할 수 있을 것이다.
　우선 제2 이사야에서 눈에 띄는 것은 거역할 수 없는 하느님의 영에 이끌려 종교와 민족이라는 한계를 벗어나 하늘높이 치솟아 오르는 인간의 영혼이다. 폐허가 된 거룩한 도성 예루살렘에 대한 기억이 아직도 신앙깊은 유대인들 가슴 속에는 응어리져 남아 있다. 그 아픔이 너무도 깊이 그들 마음 속에 박혀 있어 아무리 시간이 흐르더라도 씻어질 수 없는 듯 보였다. 노예가 된 민족, 그들은 정복자들의 노예일 뿐 아니라 자신들의 과거의 노예였다. 과거 속에 살며 현재나 미래에서 그 아픔을 보속해 줄 만한 다른 것을 찾지도 않았다. 과거 속에 침잠해 있으면서 현실을 받아들이거나 새로운 미래를 향해 일하기를 거부하였다. 일구월심 바라는 것은 지나간 것을 회복시키는 일이었다.

이같이 과거에 매여 있는 포로들에게 제2 이사야는 충격적인 메시지를 선포하고 나왔다. "위로하여라. 나의 백성을 위로하여라. 너희의 하느님께서 말씀하신다"(이사 40, 1). 그의 동포 유대인 포로들은 반신반의하면서 약간은 놀라면서 그의 메시지를 들었을 것이다. 자기 나라를 이처럼 멸망시키고 자신들을 적들의 땅에 끌려오게 만드신 그 하느님이 과연 위로의 하느님일 수 있을까? 도무지 위로와는 거리가 먼 하느님이 아니셨는가? 예언자는 백성들의 마음 속에 있는 이같은 의심들을 파악하였을 것이다. "'야훼께서 나를 버리셨다. 나의 주께서 나를 잊으셨다'고 너 시온은 말하였었지"(이사 49, 14) 백성들은 공공연히 이같은 말을 하고 있었다.

하느님의 벌을 받은 민족, 하느님이 잊어버리신 민족— 그들은 자신들의 운명을 이처럼 인식하고 있었다. 그들은 땅도 빼앗겼을 뿐 아니라 하느님마저도 빼앗겼다고 생각하였다. 그들은 땅없는 민족이 되었다. 그러나 이보다 더 큰 불행은 그들이 하느님없는 민족이 되었다는 것이다. 전에 그들의 생활은 하느님으로 충만했다. 이른 아침부터 저녁 늦게까지, 잠에 들었을 때에도 그들은 하느님으로 충만했다. 하느님이 충만한 장소—성전에서 하느님께 예배드리고 제물과 선물을 하느님께 바치는 일을 게을리하지 않았었다. 그들은 하느님이 충만한 땅에서 하느님이 충만한 민족으로 살고 있었다. 그러나 모든 것이 변했다. 이제 그들이 느끼는 것은 하느님이 자신들을 버렸다는 것, 하느님이 자신들을 잊어버렸다는 느낌뿐이다.

그러나 예언자는 이와는 전혀 다른 말씀을 전하고 있다. 어머니와 자식이라는 구체적 관계로 설명하고 있다. "여인이 자기의 젖먹이를 어찌 잊으랴! 자기가 낳은 아이를 어찌 가엾게 여기지 않으랴! 어미는 혹시 잊을지 몰라도 나는 결코 너를 잊지 아니하리라"(이사 49, 14-15). 얼마나 강하고 사라지지 않는 하느님의 기억력인가! 어머니와 자식을 연결하는 기억은 강하고 성스러우며 무엇으로도 끊을 수 없다. 자식은 어미의 한 부분이다. 어머니의 피며 살이다. 자식이 태어날 때 느끼는 찢어지는 아픔이 자식에 대한 기억을 더욱 강하게 만든다. 어머니가 된다는 것은 자식을 기억한다는 말이다.

　이같은 어머니의 기억보다 훨씬 강하고 지속적인 기억으로 하느님께서 백성들을 잊지 않고 계시다니 얼마나 안심되고 위안이 되는가! 그들에겐 하느님의 기억이 절대적인 것이다. 무조건적인 것이다. 하느님이 그들을 잊으셨다면 하느님은 더 이상 하느님이 될 수 없다. 하느님은 언제까지고 하느님이시기에 그들은 하느님의 기억 속에 언제까지고 살 수 있을 것이다. 잊지 않으시는 하느님은 곧 희망의 하느님이다. 비록 지금은 민족적 개인적 불행 속에 빠져 있으나 하느님이 잊지 않고 계시는 한 그들에겐 희망과 미래가 있다.

　그러나 포로생활하던 유대인들이 이제 가까스로 기력을 되찾아 환성을 지르려 할 순간, 제2 이사야는 놀라운 사실을 그들에게 밝혀 준다. 그들의 미래는 단지 그들의 지난 과거의 연장이 될 수 없다는 사실이다. 하느님께서 마음속에 간직한 미래는 그들 민족의 미래보다 훨씬 위대한 것이다. 하느님의 기억은 그들에게만 국한된 것이 아니다. 모든 피조물을 포괄하고 있다. 모든 인류를 포괄하고 있다. 하느님은 어떠신 분인가?

　　하늘을 창조하여 펼치시고
　　땅을 밟아 늘이시고
　　온갖 싹이 돋게 하신 하느님,
　　그 위에 사는 백성에게 입김을 넣어 주시고
　　거기 움직이는 것들에게 숨결을 주시는 하느님 야훼…(이사 42,5).

　이는 우주적인 하느님 개념이다. 하느님은 더 이상 어느 한 나라의 독점물일 수 없으며 어느 특정한 민족의 점유물일 수 없다. 아무리 신심(信心)이 뛰어난 국가일지라도 하느님을 자기 소유물로 할 수 없다. 아무리 경건한 민족일지라도 하느님에 대해 독점 선언을 할 수는 없다. 하느님께선 물론 이스라엘을 기억하신다. 그러나 이스라엘과 함께 바빌로니아도 기억하신다. 하느님께선 물론 그리스도교 교회를 기억하고 계시다. 그러나 동시에 다른 신앙을 가지고 있는 민족들의 행복도 잊지 않고 계시다.

신명기적 역사신학의 한계

　제2 이사야가 여기서 말하려는 바는 무엇일까? 그의 메시지 핵심은 무엇일까? 그는 이스라엘 역사는 이제 더 이상 자체 해석에 의해서는 설명될 수 없다는 것을 말하려는 듯싶다. "전통적인" 신명기적 역사 해석은 이제 한계에 부딪쳤음을 알려 주려고 한다. 제2 이사야는 신명기학파의 관변(官邊)신학에 대해 강한 도전을 하고 있다.

이미 아는 바대로 하느님, 이스라엘 그리고 역사에 대한 신명기적 관점이 이스라엘의 신앙적 바탕이 되어 왔다. 백성들은 신명기 전통에 충실한 신학자들이 가르치고 해석하는 바대로 충실히 따랐다. 그 가르침의 핵심은 하느님과 이스라엘 사이의 관계를 규정한 계약이다. 신명기 6,4-9에 나오는 "신앙고백"은 이 계약신앙의 정곡을 찌르는 표현이다.

너, 이스라엘아 들어라. 우리의 하느님은 야훼시다. 야훼 한 분 뿐이시다. 마음을 다 기울이고 정성을 다 바치고 힘을 다 쏟아 너의 하느님 야훼를 사랑하여라. 오늘 내가 너희에게 명령하는 이 말을 마음에 새겨라. 이것을 너희 자손들에게 거듭거듭 들려 주어라. 집에서 쉴 때나 길을 갈 때나 자리에 들었을 때나 일어났을 때나 항상 말해 주어라. 네 손에 매어 표를 삼고 이마에 붙여 기호로 삼으라. 문설주와 대문에 써 붙여라.

앞서 언급한 대로 이 계약신앙은 이스라엘의 종교적 생활의 기반이 되었을 뿐 아니라 국가로서의 정치적 실존에도 근본 바탕이 되었다.

여호수아, 판관기, 사무엘 상·하, 열왕기 상·하 등 역사서들을 읽으면 가나안 땅에서 정치적 군사적 위치를 지탱해 나가려는 이스라엘 백성들을 위해 신명기 신봉자들이 얼마나 열심히 손을 놀려 그들의 행위에 신학적인 근거를 제공해 주려 하는가를 알 수 있다. 이스라엘의 공격과 침입을 받게 된 가나안의 토착 민족 및 국가들이 이스라엘에게 거세게 대항하게 되자 신명기적 신학자들은 창조에 대한 하느님의 일반적 계약을 특수계약으로 바꾸어 이스라엘과 하느님을 밀착시킨 대신 다른 민족이나 국가는 제외시켜 버렸다. 여호수아에서 우리가 분명히 알 수 있는 것은 신명기적 역사신학이 가나안의 토착 민족들과 이스라엘 민족 사이의 원한 관계에 영향을 받아 배타적인 의식으로 발전했다는 사실이다.

이같은 신명기적 역사신학은 판관기(사사기) 내용에서도 근간을 이루고 있다. 이 시대에 이스라엘 부족들에게 일어났던 갖가지 사건들은 결국 "배교자는 멸망하고 회개한 자는 구함을 받는다라는 신명기적 원리"[7]에 따라 해석되고 있음을 알 수 있다. 이같은 신명기적 원리는 야훼 신앙의 순수성을 보존한다는 목적 외에 가나안의 이방민족들과 적대관계를 유지시키기 위한 목적에서 계획적으로 운용(運用)되었다.

이스라엘 종교적 입장에서는 가나안인들의 난잡한 종교 행태에 물들지 않으려면 신명기 신봉자들의 방법은 불가피한 것이었다. 바알 대(對) 야훼! 그러나 그들의 하느님 야훼에 대한 종교적 열정이 변하여 토착민족 내지는 주변국가에 대항하는 정치적 열정이 될 때엔 피흘리는 대결이 불가피해진다. 이런 종류의 신학은 위험스런 것이다. B.C. 7—8세기에 활약했던 정통 예언자들도 이를 위험한 것으로 보았다. 이들은 이방민족들을 박멸해 버려야 할 하느님의 적으로 보기보다는 보다 넓은 역사적 관점에서 그들을 보기 시작했다. 그들은 이스라엘이 이런 식으로 계속해 나가면 언젠가는 이스라엘도 멸망의 운명을 맞고야 말 것이라고 경고하였다.

신명기적 역사신학의 근거가 되는 이러한 "죄—심판—회개—구원의 과정"은[8] 사무엘서나 열왕기에서도 분명하게 나타나 있다. 하느님과 율법에 대한 절대복종, 이것이 한 국가의 윤리적 행실을 판단하며 내적이거나 외적인 정치사회 사건들을 판단함에 있어 정당성 여부를 판가름하는 절대 기준치가 되었던 것이다. 하느님은 이스라엘만의 하느님이라는 의식이 모든 것을 지배하였고 이스라엘과 관련된 다른 이방민족들의 위치와 운명까지도 장악하기에 이르렀다. 이처럼 하느님과 이스라엘은 특별한 계약관계를 맺고 있다는 철저한 신학적 해석이 느슨해지기 쉬운 부족들 간의 내적 유대관계를 긴밀히 유지시키는 데에는 분명 크게 공헌을 했으나 보다 넓은 범위에서 활동하시는 하느님의 행위를 이해하는 데엔 도움을 주지 못했다.

모든 피조물을 창조하신 창조주의 모습으로서 하느님은 사라지고 대신 어느 특정한 민족의 복리만을 위해 일하는 편협된 하느님이 등장하게 되었다. 후에 포로기 신학에서는 창조가 중요한 주제로 등장하게 되는 것은 전혀 우연만은 아니다. 그 단적인 예가 창세기 1,1—2,4a에 기록된 제사문서의 창조설화인 것이다. 이 창조설화는 포로시대에 산출된 전위신학의 대표적 산물의 하나이다.

고난받는 종의 신학

포로생활은 분명 이스라엘이 중심이 되어 형성된 신명기적 역사신학에는 배치(背馳)되는 현상이었다. 이스라엘로서는 뼈아픈 사회 정치적 혼란이었고 종교 신학적 혼돈이었다. 이같은 혼란을 극복해 일어서기 위해서는 포로생활을 하고 있는 백성들을 위해 뭔가 획기적인 신학적 재해석이 있어야만 했다. 신명기적 신학은 새로운 신학적 조명을 받아야 했으며 이방민족과 이스라엘의 관계도 다른 각도에서 해석해야만 했다. 세계 안에서 활동하시는 하느님의 역사를 보다 정확히 파악하기 위해선 이스라엘이 중심을 이루었던 역사 관점이 아닌 이방민족도 하느님의 역사 계획 속에 중요한 부분을 차지하고 있다는 역사 관점이 수립되어야만 했다. 이같은 새로운 역사신학은 이스라엘만으로는 세계역사를 설명할 수 없다는 사실을 암시하고 있다.

종교적 이스라엘 중심주의가 역사라는 영역에까지 확산되면서 이스라엘은 이방민족들이 하느님의 창조와 구속과 관련되어 부정적인 의미만을 가진 것이 아니라 긍정적인 입장도 가지고 있다는 사실을 깨닫지 못하게 되었다. 이런 모든 것은 변해야만 했다. 과감하게 이스라엘 중심주의에서 벗어나 보다 넓은 시야로 이방민족들을 볼 수 있게 한 자가 바로 제2 이사야이다.

제2 이사야는 이 신앙의 모험을 전혀 새로운 방법으로 시도하였다. 그는 왕조의 개혁을 요구하는 것으로 시작하지는 않았다. 종교적 정치적 어휘를 써 가며 메시아 사상을 회복시키려 하지도 않았다. 그가 취한 방법은 인간 실존의 밑바닥으로 내려가는 것이었다. 그곳엔 고통이 있다. 고통의 심연 속을 들여다보면서 고난받는 종이란 사상이 그의 신학과 신앙을 형성하게 되었다.[9] 귀족적인 신명기적 하느님 교리에서 비천한 고난받는 하느님의 신학으로 전위되었다. 영광의 신학이 사라지고 고통의 신학이 등장하였다. 군대적 하느님 신학이 사라지고 대신 고난받는 하느님 신학이 등장하였다. 항상 자기를 내세우며 남을 지배하기를 애쓰던 신앙이 물러가고 대신 자신을 포기하고 오히려 남이 풍족해지기를 바라는 신앙이 등장하였다. 제2 이사야의 신앙과 신학을 통해 우리는 자기 자신을 포기함으로 완성을 이루는 동양적 맛을 느낄 수 있다.

누가 고난받는 종이 되든 그는 더 이상 이스라엘이라는 범위에 국한된 민족적 인물일 수는 없다. 그의 사명은 이방민족들을 대상으로 한 광범위한 것이어야 했다. 그는 "뭇 민족에게 바른 인생길을 펴 줄 것이며"(이사 42,1), "바른 인생길을 세상에 펼 것이다"(이사 42,4). 하느님께서는 "그를 만국의 빛으로 세우시고 땅 끝까지 하느님의 구원이 이르게 할 것이다"(이사 49,6). 죽음에 대하여는 "그는 죄인들과 함께 처형당하고 불의한 자들과 함께 묻혔다"(이사 53,9). 이와같은 종의 비극적 종말에 이르러 하느님의 사랑과 괴로움은 극에 달하게 된다. 종의 하느님은 고난받는 모든 자들의 하느님이며 버림받은 자라고 느끼고 있는 모든 자들의 하느님이다.

제2 이사야의 신학은 우리를 새로운 신학의 영역으로 안내하고 있다.

이방민족과 온 인류를, 심지어 사회 밑바닥 인생까지 우리에게 소개하고 있다. 그리고 우리가 알고 있는 종교적 사회적 상식으로는 도저히 묘사할 수 없는 그런 하느님 개념을 소개하며 우리를 당황케 한다. 하느님은 우리가 가진 신학적 권리에 따라 움직이시는 분이 아님도 알려 준다. 종의 모습을 통해 어렴풋이나마 이 하느님을 만나게 된다. 미국의 구약신학자 제임스 밀렌버그(James Muilenberg)는 이에 대해 다음과 같이 정리하고 있다.

> … 오늘 시대의 모습은 바로 종이다. … 시간의 결정적 순간은 역사적인 것이면서 또한 역사적인 것 이상의 것이다. 이스라엘의 역사를 가지곤 이 종에 대해 충분히 설명할 길이 없다. 하지만 예언자 시대에 있었던 갖가지 사건들이 그랬던 것처럼 종의 모습을 통해 전체 하느님의 역사를 파악해 낼 수 있다.[10]

종이란 인격을 통해 세계역사는 지금까지 신명기적 신학에 의해 풀이되었던 것과는 전혀 다른 의미를 갖게 되었다.

사실 종이란 개념은 이스라엘만으로는 해석이 불가능하다. 이스라엘보다 상위(上位)의 개념이다. 이스라엘의 종교적 민족적 주체성을 유지시켜 나온 신앙과 생활 관습을 여지없이 분쇄하고 있다. 그 종은 이스라엘에게 자신들이 도덕적 우위에 있다고 생각하기를 중단하라고 요구한다. 이제 그는 스스로 죽음으로 악한 자들과 함께 거하며 버림받은 자들의 친구가 되려 하기 때문이다. 하느님의 구속하시는 사랑에 제외되는 민족은 없다. 어느 누구도, 악한 자까지라도 하느님의 자비하신 사랑에서 제외되지 않는다.

선뜻 받아들이기 어려운 신학이다. 하느님의 특별한 백성으로 선택함을 받아 구별된 우리는 어떻게 되는가? 지금까지 믿어 왔던 친숙한 하느님을 버리고 이제 낯선 하느님을 찾으란 말인가? 이 낯선 하느님을 다시 사귀어 친숙해지기까지 또 얼마나 오래 걸려야 할까? 이러한 질문들이 있음에도 그 종은 포기하지 않는다. 그는 이 하느님께서 이방민족들 사이에서 자신을 부르시고 있음을 알고 있다. 그리고 하느님이 계신 곳이면 그곳이 어디든가 뭔가 비상한 일들이 일어난다는 것도 알고 있다. 이제 닥칠 크고 놀라운 일에 자신뿐 아니라 동족 유대인들이 준비하도록 최선을 다해야 했다. 이들은 새 시대의 전환점에 서 있는 것이다.

동방으로부터 온 사람

이같은 새 시대가 열리기 전 이방민족들에겐 하느님의 소환명령이 내리는데 이는 왕조들의 흥망성쇠를 좌우하는 궁극적 힘의 원천을 밝히려는 의도이다. 그러나 놀라운 일은 이 소환명령이 제국주의자들의 음성이 아니라는 사실이다. 제2 이사야는 하느님과 이방민족들이 "법정에서 함께 만날 것이다"(이사 41,1)고 진술한다. 이방민족들을 법정 안에서 만날 정도로 하느님은 겸비하시다. 그들에게 일방적으로 선고를 내리시는 것이 아니라 그들의 주장을 들어보시려 한다. 이방민족들은 이제 마음대로 취급해도 되는 역사의 주변요소가 아니다. 이스라엘과 다를 바 없는 역사의 중요요소이다. 이런 이유에서 그들은 소환명령을 받았으며 역사를 움직이시는 하느님과 재판을 벌이게 된 것이다.

이방민족들을 모아 놓고 하느님은 질문을 던지신다.

    가는 곳마다 승리를 거두는 자를
    동방에서 일으킨 것이 누구냐?
    그에게 민족을 넘겨 주고
    제왕들을 굴복시킨 것이 누구냐?(이사 41,2)

동방에서 온 이 자는 누군가? 본문에는 그 해답은 없다. 그러나 하느님의 법정에 있던 이방인들은 이 동방에서 온 자가 누구라는 것을 잘 알고 있었음이 틀림없다. 그들은 이 자가 권력을 장악하고 일어나 가는 곳마다 승리를 거두는 것을 보았다. 그들은 그의 위협적 군사력 아래 굴복당할 수밖에 없었을 것이다. 도대체 누구일까? 고레스(Cyrus) 대왕밖에 그럴 만한 인물이 없다. 그는 "메데 왕국 아스티야게스 왕조 후예로 그의 군대를 이끌고 북으로 서로 종횡무진 진격하였으며 사데에서 루디아인들을 멸망시켰다."[11] 고레스는 어느 누구도 당할 수 없는 정복자가 되었다.

유대인인 예언자 이사야까지도 놀란 표정을 감추지 못하며 고레스가 고대 근동지방을 누비며 이룩했던 군사적 승리를 묘사하고 있다.

    그 칼에 모두(이방민족들)가 가루처럼 부서지고
    그 활에 모두가 검불처럼 흩어진다.
    평화의 행군 앞에 적군은 쫓기니
    그의 발은 흙에 닿을 짬도 없다(이사 41,2-3).

역사의 새 장을 열며 등장한 강력한 통치자에게 이스라엘을 정복했던 자들이 여지없이 무너지는 꼴을 보고 만족하여 외친 소리만은 아니다. 그 이상의 의미가 있다. 이제 제 국가들의 정치적 운명을 바꾸어 놓을 역사의 새로운 전기를 맞아 솔직하게 놀라움을 고백하고 있다. 한때는 이스라엘이 강한 정치권력을 잡고 있어 주변국가들의 운명을 좌우한 적도 있었다. 그 다음에 아시리아와 바빌로니아가 등장했었다. 이스라엘이나 유다는 그들에게 땅도 민족의 주체성도 빼앗기고 말았다. 그런데 이제 동방에서 고레스가 등장한 것이다. 그는 전세계를 휘어잡을 만한 정치적 군사적 지도력을 갖추고 등장하였다.

이 새로운 세력의 등장에 예언자는 놀람을 금치 못했다. 그는 자주 이 놀람을 표현하였다. 이사야 45, 1-5에서 또 한 번 생생한 어휘로 고레스의 군사적 승리를 묘사하고 있다. 그러나 여기에 그치지 않고 그는 고레스를 "하느님이 기름부어 세우신 자"(이사 45, 1)로, "이스라엘의 하느님께서 그를 지명하여 불러 낸 자"(이사 45, 3. 4)로 묘사하고 있다. 그리고 이사야 44, 28에 이르러 예언자는 주저하지 않고 고레스를 "하느님의 목자"라 칭하고 있다.

정치 사회적 환경만 변한 것이 아니다. 신학적 분위기도 상당히 변하였다. 신명기적 역사신학에서는 이같이 "자유로운" 역사관을 꿈에도 생각하지 못하였다. 독일의 구약주석가 클라우스 베스터만(Claus Westermann)은 다음과 같이 지적하고 있다. "제2 이사야는 그의 민족들로는 도저히 믿기지 않는, 독설과 같은 주장을 하고 있는 셈이다. 즉 야훼의 활동 영역 안으로 용납받은 적이 없는 페르시아의 발흥(發興)을 보면서 그는 그 곳에서 이스라엘 하느님의 손길을 발견하였다"고 한다.¹²

신명기적 신학자 또는 포로로 잡혀 간 "근본주의적" 유대인들의 눈에는 이 예언자가 이단의 괴수처럼 보였을 것이다. 한 국가의 정치적 이념과 국가의 이익만을 위해 봉사하는 신앙, 특정한 예식(禮式)이나 교조(敎條)에 얽매이는 신앙으로는 제2 이사야가 제창하는 차원높은 신앙을 이해할 수 없다. 족장들의 하느님과 이방인들의 하느님 사이에는 너무도 큰 차이가 있어 쉽게 연결지을 수가 없다. 하느님이 기름부으신 다윗왕과 하느님의 목자인 고레스왕 사이에도 뛰어넘을 수 없는 거리가 있다. 유대민족의 종교문화와 이방민족의 종교문화도 너무 달라 서로 관련지을 수 없다. 이것이 "바른"(right) 신학이다. "정통" 신자나 "바른" 신학자들의 눈에는 지금 예언자는 끔찍한 신앙의 오류를 범하고 있는 것처럼 보일 것이다.

그렇지만 신앙에 있어 "정통"이라는 것, 신학에 있어 "올바름"이라는 것이 무엇인가? 하느님의 정통 이외의 다른 정통이란 있을 수 없다. 하느님의 정의 이외의 다른 정의는 있을 수 없다. 우리 신앙인이나 신학자들이 믿고 행하는 것에 따라 하느님이 정통으로 또는 올바른 것으로 판결받는 것은 절대 아니다. 하느님께서 하시는 일에 따라 우리가 믿고 행하는 바가 정통이나 올바른 것으로 판단된다. 하느님께서 고레스라는 이방민족의 왕에게 기름부으셨다면 그것이 곧 정통이다. 하느님께서 그를 하느님의 목자로 세우셨다면 그것이 곧 바른 신학이다.

하느님은 우리 신앙과 신학의 서두에 오시지 그 말미에 오시지는 않는다. 모름지기 신학은 이것을 명심해야 한다. "한 처음에 하느님께서 하늘과 땅을 지어 내셨다"(창세 1,1)— 우리의 신앙은 바로 여기에서 시작되어야 한다. 다른 어느 곳도 될 수 없다. "한 처음에 말씀이 계셨다"(요한 1,1)— 우리 신학은 바로 여기에서 시작되어야 한다. 다른 어느 곳도 될 수 없다. 이 하느님은 우선 우리를 우리 자신의 종교적 이익과 위선에서 해방시키신다.

이 하느님을 우리 신앙의 시작으로 삼게 될 때 우리는 예외적인 사건들을 믿을 수 있게 된다. 이방인 왕을 하느님의 종으로 세우시는 것도 믿을 수 있게 된다. 이 하느님을 신학의 서두에 모시게 될 때 우리는 종래엔 납득할 수 없었던 일까지도 이해할 수 있게 된다. 바빌론이나 페르시아와 같은 이방민족들 안에서도 하느님의 인격이 나올 수 있다는 사실까지도 이해할 수 있다. 하느님을 우리 신앙과 신학의 머리로 삼을 때 이스라엘로부터 이방민족에게로의 신앙의 도약이 가능해지며 불가피한 것으로 받아들일 수 있다. 예언자 제2 이사야가 한 작업이 바로 이런 신앙의 도약이었다. 이 도약을 통해 그의 역사신학은 종래의 전통적 신앙 및 신학의 틀을 벗어나 새로운 행진을 할 수 있게 된 것이다.

처음부터 마지막을 밝히시는 하느님

예언자의 예민한 사고(思考)를 통해 새로운 관념들이 계속 생겨나게 된다. 이제 이사야 46,9-13의 내용에 촛점을 맞추어 보자. 여기서도 이야기의 촛점은 역시 페르시아의 왕 고레스이다. 그의 지칠 줄 모르는 강력한 힘 때문에 고레스는 "육식조"(肉食鳥) 또는 "독수리"로 표현되고 있다(이사 46,11). 그러나 고레스의 이같은 엄청난 승리 때문에 이스라엘 백성들이 두려워할 필요는 없다고 예언자는 강조하고 있다. 고레스는 그들에게 "처음부터 이루어진 일들을 생각나게" 만드는 자일 뿐이다(이사 46,9). 그들이 알아야 할 것은 "처음부터 장차 있을 일을 일러 주고 일이 이루어지기도 전에 미리 알려 준 자, 나(하느님)밖에 없다"는 사실뿐이다(이사 46, 10).

역사란 되는 대로 이루어지는 것이 아니다. 시작이 있고 끝이 있는데 끝을 알기 위해선 시작을 알아야 한다. 역사의 뿌리는 시작에 있다. 고레스를 지나가 버릴 하나의 역사 현상으로 해석하고 있다. 고레스도 시간의 시작에 자신의 근거를 두고 있다. 그도 하느님께 근거를 두고 있다.

베스터만의 설명대로 "전에 있었던 옛 일을 생각하라는 말은 이스라엘로 하여금 자신의 역사를 되새기게 만들었다."[13] 그들은 우선 출애굽이 생각날 것이다. 광야에서 방황하던 때도 어렴풋이나마 기억날 것이다. 약속의 땅에 비집고 들어가 땅을 차지하려고 오랜 투쟁을 벌인 일, 영욕의 왕조 역사 등은 보다 생생하게 기억날 것이다. 간단히 말해 이것은 하느님께서 이스라엘을 사랑과 심판으로 다스리신 과정에 대한 기억이다. 기억하는 내용의 핵심은 곧 하느님에 대한 신앙이다. 예언자들이 그들에게 요구한 것은 지나간 과거에 대한 감상적인 회상이 아니다. 그들은 지금 포로생활이라는 역사의 위기 속에 처해 있다. 값싼 감상에 머물 때가 아니다. 감상만으로는 역사 및 생활이라는 거칠고 힘든 과정을 견뎌낼 수 없다. 시련과 격동기에 감상에 머물러 있다면 패배자의 운명을 벗어날 수 없다.

애국적 감상도 도움이 되지 못한다. 포로생활을 하는 유대인들에겐 애국적 감상마저도 쏟아 놓을 여유가 없다. "우리 어찌 남의 나라 낯선 땅에서 야훼의 노래를 부르랴!"(시편 137, 4). 전혀 새로운 감상의 표현이다. 이같은 시를 노래하는 시인의 심정에 동정이 간다. 이 시인의 절규에 대답하고 싶은 충동이 생기나 유감스럽게도 부르지 말라고 말할 수밖에 없다. 안된다! 낯선 나라에서 주의 노래를 불러서는 안된다! 지나간 영광을 되돌아보라! 그리고 애국심에 불을 붙이라!

그러나 고레스라고 하는 엉뚱한 인물의 등장으로 포로생활하는 유대인들은 우선 먼저 해야 할 일이 생겼다. 자신들의 과거 역사를 되돌아보는 한편 고레스와 같은 이방 임금의 출현의 의미를 찾아야 했다. 출애굽 당시엔 하느님께서 그의 백성들을 에집트에서 구출하기 위해 백성 가운데 모세란 인물을 선택하셨다. 그리고 모세가 죽은 후에는 에브라임 족속 가운데서 여호수아를 택하셔서 이스라엘을 가나안으로 인도하는 일을 맡게 하셨다. 판관기 시절 위기에 처한 이스라엘을 구출한 인물들도 자기 종족들 가운데서 선택되었다. 그들이 알고 있는 구원의 방법은 이런 식이었다. 앞으로 다가올 미래에도 이같은 원칙은 변치 않을 것으로 믿고 있였다.

그러나 예언자는 그들의 기대가 어긋났음을 지적하고 있다. 하느님은 그들의 종교적 민족적 의식에 의해 고착(固着)된 일정한 방식에 얽매이는 분이 아니다. 오히려 하느님은 종종 그들의 방식을 깨뜨리고 그들의 삶을 전혀 다른 무대로 옮기시며 백성들에게 새로운 환상을 보여주며 새로운 과정으로 역사를 이루게 하신다.

이같은 예언자의 외침은 백성들에게 낯선 느낌을 주었을 것이다. 그들은 하느님의 역사(役事)를 이해할 때 창조의 작업으로 이루어지는 하느님의 시작이 아니라 자신들의 역사 끝에서부터 이해하는 데 익숙해 있었기 때문이다. 이제 예언자들은 그들이 잘못된 끝에서부터 시작하려 한다고 지적하고 있다. 하느님과 관계된 일이라면 이제까지 하던 식의 반대로 되어야 한다. 하느님께선 "시작부터 끝을 밝히셨고 먼 옛날에 오늘 될 일을 밝히셨다." 이제 바로 이 창조의 시발점으로 돌아가야만 하며 그곳에서 다시 한 번 하느님의 위대한 창조와 구속사업 속에 포함이 되어 있는 모든 나라, 모든 민족들을 발견해야만 한다. 이렇게 할 때에 지금까지 보지 못했던 그들의 눈이 열리게 되어 모든 역사에 참여하시는 하느님의 행위를 볼 수 있게 될 것이다. 이런 관점에서 볼 때 고레스란 인물은 세계역사, 심지어 이스라엘의 역사에 있어서도 돌발적인 요인이 아님을 알 수 있다.

역사에는 갖가지 단편요소들이 수없이 많다. 고레스도 그같은 단편요소의 하나이다. 이스라엘 역시 한 단편에 지나지 않는다. 이 모든 단편들은 처음부터 창조주의 손에 의해 짜 맞추어져 있다. 따라서 이들 단편들 간의 상호 관련성을 파악하기 위해서는 바로 이 시발점으로 거슬러 올라가야 한다. 끝은 시작의 조명을 받아야만 한다. 이것이 제2 이사야의 역사신학의 근본 원리이다. 이것은 역시 우리의 역사신학의 원리여야 한다.

핑계를 대지 않는 하느님

시작으로 되돌아감으로 예언자는 신앙의 폭을 훨씬 넓힐 수 있다. 창조라는 시점에서 미래를 보고 있다. 제2 이사야의 역사신학에서는 창조가 가장 중요한 역할을 차지하고 있다. 고레스왕과 이스라엘 및 세계역사와의 관계를 파악하기 위해서는 신앙의 폭을 최대한 넓힐 필요가 있다. 역사 속에서 이방민족들의 의미와 위치를 파악하는 데는 창조가 결정적 역할을 한다. 창조로 역사는 시작된다. 따라서 우리가 역사적 사고(思考)를 하기 전에 먼저 있어야 할 것은 하느님의 창조작업이다.

제2 이사야는 하느님의 직접 하시는 말씀을 듣고 있다.

이 손으로 땅의 기초를 놓았다.

이 오른손으로 하늘을 펼쳤다.

내가 부르면

나와 서지 않을 자 없다(이사 48, 13).

고레스는 창조와 상당한 거리를 두고 있다. 일반적으로 유대인들은 고레스는 창조주 하느님과 관계가 없다고 보았다. 그러나 제2 이사야는 전혀 다르게 보고 있다. 그는 고레스의 출현을 시간의 시작에까지 소급시키고 있다.

창조는 모든 것이 시작되는 출발점이다. 모든 민족, 나라, 만물을 있게 한 분은 하느님이시다. 따라서 창조된 것은 어떤 것이든 하느님 계통에 속한다.[14] 성서 신앙의 근본이 바로 이것이다. 이스라엘이 하느님의 계통에 속하였다면 아시리아도 바빌론도 페르시아도 역시 그 계통의 일부이다. 자명한 논리이다. 어느 특정한 민족만이 그 계통에 속하게 되고 다른 민족은 제외된다면 이것이 바로 비논리적인 얘기가 된다. 고레스를 하느님의 창조의 계통 속에 포함시킨 것은 당연하고 합법적인 것이었다. 뿐만 아니라 그는 동족 유대인들로 하여금 신앙의 본질을 깨닫게 하여 모든 민족과 국가들이 하느님의 창조적인 힘과 필연적 관계를 맺고 있다는 사실을 발견하도록 이끌고 있다.

따라서 고레스는 하느님의 의붓자식이 아니다. 어느 누구도 의붓자식일 수 없다. 하느님과 인간 사이에 "의붓자식(혹은 아비) 관계"란 있을 수 없다. 하느님이면 하느님이지 의붓하느님이 아니다. 의붓하느님은 선입관을 지닌 하느님이다. 그런 하느님은 친자식과 의붓자식 사이를 분명히 구별한다. 의붓자식과 의붓하느님 사이에는 본능적 사랑이 있을 수 없다. 그런 하느님이 사랑을 보인다면 그것은 호의 정도에서 그친다. 기꺼이 하는 사랑이 아니다. 마지못해 억지로 하는 사랑이다. 조건이 붙은 사랑이 되고 만다. 그런 사랑은 하느님 전체를 쏟아 붓는 그런 사랑일 수 없다. "의붓사랑"이리라. 다른 민족을 하느님에게서 한 발자국, 두 발자국 혹은 그 이상 1백보 이상 멀어진 관계에 있다고 생각하는 신학을 의붓신학이라 할 수 있다. 그리스도교 신학은 이처럼 의붓신학화하는 경향을 보여 왔다. 하느님의 사랑의 신학이 나와야 할 이유가 바로 여기에 있다. 제3세계 신학자들의 최대 과제는 이처럼 전통 신학자들이 하느님과 이방민족들 사이를 갈라 놓았던 거리(의붓관계)를 제거하는 일이다.
　제2 이사야가 한 일은 바로 우리가 말한 의붓신학을 정리하는 일이었다. 그는 고레스의 출현이 하느님이 직접 관여하여 이루어진 일이라는 사실을 실감하고 있었다. 그가 하느님께로부터 들은 말씀은 이러했다.
　　나다, 내가 바로 그에게 이런 명령을 내렸다.
　　그를 불러 온 것도 바로 나다.
　　그를 이끌어들이고 앞길을 터 준 것도 나다(이사 48, 15).
　만물을 창조하신 말씀, 예언자를 통해 심판과 구원을 선포하신 말씀, 이스라엘과 이방민족의 역사를 이루신 말씀, 바로 그 하느님의 말씀에 의해 고레스라는 존재가 출현하게 되었다. 이 말씀은 곧 예수 그리스도를 통해 사람의 몸이 되신 하느님의 말씀 그것이다. 하느님은 말씀을 통해 세상에서 역사하신다. 따라서 고레스와 하느님 사이의 관계도 하느님의 말씀에 의해(theo-logical) 이루어진 것이다. 그는 하느님의 말씀으로 나타났으며 하느님의 섭리 아래 위치와 역할을 얻게 되었다.
　이처럼 제2 이사야의 대담하기 짝이 없는 신학적 해석에 백성들은 상당히 당황했을 것이다. 이사야를 존경하고는 있으면서도 그의 말 전부를 그대로 받아들일 수는 없었을 것이다. 그들의 질문이나 거부에 미리 앞질러 이사야는 계속해서 하느님의 말씀을 전한다.
　　이리로 가까이 와서 내 말을 들어라.
　　처음부터 나는 숨어서 수군거리지 않았다.
　　이 모든 일이 이루어질 때,
　　바로 현장에 나는 있었다(이사 48, 16).
　하느님께서는 벌어진 사건에 자신은 관련이 없다고 핑계를 내세우지 않았다. 모든 피조물이 생겨날 때 하느님은 거기에 계셨다. 그 모든 일이 이루어지는 모습을 보고 계셨다. 그 일들이 이루어지게 한 분이 하느님 자신이시다. 창조의 질서가 무너졌을 때에도 하느님은 그 책임을 회피하지 않으셨다. 시작부터 마지막까지 하느님은 언제나 분명하게 현존하신다. 창조의 질서가 무너지고 악의 세력이 팽배해질 때에도 어려움을 모면키 위하여 핑계를 대지 않으신다. 우리의 하느님은 핑계대는 하느님이 아니다. 핑계대지 않는 이 하느님이 고난받는 하느님이다. 하느님은 고난받는 종의 고난을 통해, 아들 예수 그리스도의 고난을 통해, 고난받는 민족들의 고난을 통해 고난받으신다.
　핑계를 대지 않는 것 못지않게 세상에 대한 하느님의 정책은 **비밀 속에 감추어진 것이 아니라는 사실도 중요하다. 제2 이사야는 하느님은 무슨 일이든 은밀하게 말씀하시지 않는 분이심을 강조하고 있다. 창조과정의 이면에서 속삭이고 계시는 분이 아니다. 백성들 앞에서 자신을 감추시는 그런 분도 아니다. 하느님의 깊은 영혼 속에 간직된 생각은 하나도 남김없이 인간 영혼 속에 분명하게 전달되었다. 하느님이 말씀하신 것 가운데는 공중 앞에서 공개할 수 없는 개인만이 알아야 할 비밀 같은 것은 없었다. 하느님이 하신 일 가운데 뭇 백성들이 보아서는 안되는 비밀스러운 것은 없었다. 다른 사람은 알아듣지 못하게 한 사람에게만 귀에 대고 속삭이는 그런 분이 아니다.

말씀이 육신이 됨으로 하느님은 곧 보이는 말씀이 되었다. 예수 그리스도가 바로 그 말씀이다. 그는 또한 하느님의 들리는 말씀이었다. 예수 그리스도를 통해 하느님께서는 공개적으로 숨김없이 말하고 행동하신다. 그를 통해 하느님은 우리 역사를 향하여 위험할 정도까지 접근하시고 우리의 역사를 하느님 자신의 역사로 만들었다. 말씀이 육신이 되심으로 하느님은 우리에게 숨김없이 적나라한 모습으로 나타나셨다. 하느님은 이처럼 적이나 박해자들의 면전에서까지 자신을 적나라하게 위험할 정도로 폭로하고 계시다. 온 세계가 보는 앞에서 예수가 십자가에 달리게 될 때 이젠 더 이상 하느님께 기대 같은 것은 할 수도 없다고 느끼게 되었다.

예수 그리스도보다 2세기 앞서 제2 이사야가 본 것이 바로 이 하느님이다. 이미 그때 예언자는 하느님이 세계역사의 막 뒤에서 음모를 꾸미시는 그런 분은 아니시라는 것을 깨달았다. 그의 명령은 비밀지령같이 내리지는 않았다. 알려고 하는 자라면 누구나 알 수 있는 그런 명령이었다. 자기만을 위한 종교적 민족적 이해관계를 초월할 수 있는 자라면 누구나 알 수 있는 계획이었다.

오히려 하느님을 독점하려는 자들에게만큼은 감추어진 분으로 나타나신다. 하느님께서 다른 민족을 사랑하시며 자신의 적들과 함께 계시다는 사실을 깨닫게 되면 하느님에게서 일종의 배신감을 느끼게 된다. 자신들이 세운 신앙체계 및 신학구조 안에는 설 자리조차 없는 그런 이방인들과 하느님께서 여유있게 지내는 것을 보게 될 때 오히려 그들은 안절부절 못하게 된다. 하느님께서 고레스를 세워 정치적인 권력을 장악하게 하신 데 대해 백성들이 불안해 있을 때 제2 이사야는 그들에게 불안을 떨쳐버리도록 권고하였다. 고레스를 세운 하느님이 곧 창조의 하느님이었다.

이러한 신앙은 아브라함 · 이사악 · 야곱의 신앙과 마찬가지의 정통성을 지니고 있다. 물론 아브라함의 하느님으로부터 고레스의 하느님에 이르는 과정에는 큰 비약이 있어야 했다. 그러나 인간 역사 속에서 활동하시는 하느님을 좀더 확실히 이해하기 위해서는 이같은 비약은 불가피한 것이었다. 페르시아의 왕 고레스의 등장으로 제2 이사야는 그같은 비약을 시도해야 할 순간이 다가왔음을 깨달았다.

처음과 나중이신 하느님

역사 속에는 이스라엘만으로는 풀어낼 수 없는 의미가 포함되어 있다. 제2 이사야는 이 의미를 자기 고향으로부터 포로생활하고 있는 동포들에게로 확대시켰다. 그의 신앙은 확장의 성격을 띠고 있다. 그의 신앙은 창조의 때, 시간의 시작에까지 확장되었다.

이같은 확장의 신앙이란 관점에서 볼 때에야 이사야 41, 1-5; 46, 9-13 및 48, 12-16 등의 구절들이 납득이 가게 된다. 하느님과 인간 역사에 대한 고찰을 하면서 예언자는 계속 시야를 확장시키고 있다. 그는 움츠려 들려고만 하는 백성들의 신앙에 자극을 주어 자신과 같은 신앙을 지니게 하려고 무던히 노력하고 있다. 백성들로 하여금 그들이 기대해 왔던 하느님, 기대했다가 실망하기도 했던 하느님, 그런 하느님이 아닌 보다 위대하신 하느님에 대한 신앙을 갖도록 노력하고 있다. 그는 또한 환상을 보여주며 그들을 자극하고 있다. 그 환상은 그들이 가지고 있던 꿈에 의해 좌우되는 것이 아니다. 고민하거나 몸을 도사릴 여유가 없다. 지금까지 그들의 신앙은 그들을 값싼 동정이나 자기 비애로 묶인 가련한 노예처럼 만들어 버렸다.

인간적 비애와 절망의 벽을 넘어 확장되는 신앙은 시작에서 마지막까지 확장하시는 하느님을 믿은 신앙에서 이루어진다. 듣고 순종하는 예언자의 귀에는 하느님의 음성이 생생하게 들린다.

"내가 시작이요, 내가 나중이다"(이사 48, 12^b; 41, 4^b). 하느님보다 더 광범위한 것이 어디 있으랴? 하느님께도 제한은 있다. 그러나 그 제한은 시공간(時空間)에서 하느님은 무한하시다는 그 사실이다.

처음과 나중 안에 시간이란 차원이 모두 수렴된다. 영원한 전체이다. 처음이며 나중이 되는 하느님은 곧 시간과 영원의 하느님이시다. 시간은 하느님께 속한다. 하느님을 떠나 존재할 수가 없다. 시간은 하느님 안에 존재한다. 시간이 시간이 될 수 있는 것은 그것이 하느님의 것이기 때문이다. 그리고 그것은 우리의 시간이 된다. 왜냐하면 그것은 처음 하느님의 시간이었기 때문이다. 내 시간, 당신의 시간, 그(그녀)의 시간— 이 모든 시간은 하느님의 시간이다. 믿는 자의 시간뿐 아니라 불신자의 시간까지도 하느님의 시간이다. 그리스도교인의 시간뿐 아니라 이교도의 시간까지도 하느님의 시간이다. 세상엔 오직 하나의 시간, 하느님의 시간만이 있을 따름이다. 시간은 영원이고 영원이 시간이다.

역사도 마찬가지로 시간 속에서 일어나는 것이기 때문에 우리가 위에서 시간에 대해 말한 것들은 모두 역사에도 적용시킬 수 있다. 처음과 나중되시는 분은 모든 역사, 시작과 끝이 있는 역사, 이스라엘을 포함한 모든 민족의 역사를 포용하고 있다. 모든 역사가 하느님의 역사이다. 이스라엘 역사뿐 아니라 페르시아의 역사도 하느님의 역사이다. "그리스도교" 서양의 역사와 마찬가지로 "이교도" 동양의 역사도 하느님의 역사이다. 어떠한 역사도, 베트남이나 중공의 역사까지도 하느님 없이는 있을 수 없다.

역사는 하느님 안에 존재한다. 하느님에게서 나오며 하느님께로 돌아간다. 하느님은 역사 위에 대항해 계시는 것이 아니라 역사 속에 계시다. 그리고 이 하느님께서는 예언자와 야만인들을 통해, 임금과 농부를 통해, 우리 모두를 통해 역사 속에서 활동하신다.

나아가서 처음과 나중이 되시는 이 하느님은 "존재의 궁극적 본질과 근거가 된다."¹⁵ 궁극적인 것은 최종적인 것이다. 사물이나 사건의 제일 마지막에 온다는 의미에서 최종적인 것이 아니고 모든 것을 포용하며 그 속에 들지 않는 것이 없다는 의미에서 최종적이라 한다. 궁극적인 것, 그것 없이는 어느 것도 존재할 수 없다. 그것은 "무"(無)를 부정한다. 궁극적인 것에 대하여 무란 무의미하다. 궁극적인 것은 전체이며 모든 것이다. 궁극적인 것을 소유했다는 말은 곧 모든 것을 소유했다는 말이다. 궁극적인 것을 잃었다는 말은 모든 것을 잃었다는 말이다. 하느님이 바로 이 궁극적인 것이다. 하느님은 궁극적이며 최종적인 것이며 모든 것을 포괄하시는 분이다. 하느님은 우리의 모든 것이다. 반신반의하는 태도로는 이 하느님을 만날 수 없다. 하느님께 우리의 모든 것을 내맡겨야 한다.

〈바가밧 기타〉(Bhagavad Gita)¹⁶라는 웅장한 서사시의 영웅 아르주나(Arjuna)가 이러한 궁극적인 것에 대한 환상을 지니고 있는 듯하다. 그는 자기 종족끼리 전쟁하는 꼴을 보고 마음이 심히 괴로왔다. 이 깊은 고뇌 속에서 그는 절대적인 것이 스치며 지나가는 경험을 하였다. 그는 큰 소리로 크리슈나(Krishna)를 찬양한다.

어찌하여 그들은 당신을 섬기지 않을까요? 오, 존경받으실 분, 높이 찬양받을 분, 당신은 브라마보다 크시며 태초의 창조주이십니다. 오, 무한하신 존재, 신들의 주인, 우주의 피난처이시여, 당신

은 영원하시며 유(有)이시고 무(無)이시며 또한 유·무를 초월하신 분이십니다.[17]

궁극적인 것 앞에 설 때 인간의 언어는 멸릴 수밖에 없다. 궁극적인 것은 유이며 무이다. 현재이며 현재를 초월한다. 안[內]이며 밖[外]이다. 모든 것이며 그 모든 것 안에 있다.

예술가, 시인 또는 깊은 신앙심을 지닌 자 역시 이 궁극적 하느님을 만나는 경험을 때때로 하게 된다. 이들은 창조된 세계로 하여금 하느님을 찬양하는 데 동참하도록 요구한다.

　　　하늘에서 야훼를 찬양하여라.
　　　그 높은 데서 찬양하여라.
　　　그의 천사들 모두 찬양하여라.
　　　그의 군대들 모두 찬양하여라.
　　　해와 달아 찬양하고
　　　반짝이는 별들아 모두 찬양하여라.
　　　하늘 위의 하늘들,
　　　하늘 위에 있는 물들아 찬양하여라(시편 148, 1-4).

하늘에 있는 것들이 왜 하느님을 찬양해야 하는가? 무슨 이유로 하느님께 영광을 돌려야 하는가? 시인의 답은 이렇다.

　　　야훼의 명령으로 생겨났으니
　　　그의 이름 찬양하여라.
　　　지정해 주신 자리 길이 지키어라.
　　　내리신 법은 어기지 못한다(시편 148, 5-6).

다시 한번 창세기 1장에 나오는 창조 이야기로 돌아가고 있다. 해와 별, 하늘과 땅 사이에 있는 것은 모두 하느님께로부터 나온 것이다. 그들 안에 하느님이 계시니 하느님께서 말씀으로 그들을 있게 하셨고 생명을 부어 넣으셨기 때문이다. 시인, 화가, 신앙인의 눈에 보이는 자연의 아름다움은 곧 하느님의 아름다움이다. 자연의 영광은 곧 하느님의 영광이다.

그러나 자연이 모두 아름다움과 영광이 될 수는 없다. 거기엔 지저분하고 수치스러운 것도 있다. 화산이 폭발하고 폭풍이 몰아치며 지진이 일어나 땅의 기반을 흔들어 놓는다. 이것은 분노하는 자연이다. 분노하는 자연 이상의 뜻이 있다. 분노하시는 하느님이 아닐까.

에집트에서 노예로 있던 히브리 사람들은 악독한 에집트 주인들이 이와 같은 하느님의 분노를 입었다고 보았다. 그들을 놓아주지 않으려 할 때 하느님은 분노하셨음을 알았다. 그때에 "야훼께서 천둥소리와 함께 우박을 쏟으셨다. 번갯불이 땅으로 비꼈다. 야훼께서 에집트 땅에 우박을 쏟으신 것이다. 번개가 번쩍거리며 우박이 맹렬하게 쏟아졌다. 에집트 나라가 생긴 뒤로 일찌기 볼 수 없었던 심한 우박이었다. 에집트 전국에 걸쳐 사람을 비롯하여 가축이며 들에 있는 풀들이 모두 우박을 맞았고 나무들도 우박을 맞아 모조리 부러졌다"(출애 9, 23-25).

하느님께서는 우주를 통해 무슨 일이든 하신다는 신앙은 전세계 공통된 신앙 요소의 하나이다. 찌는 듯한 태양 아래 목말라 애탈 때나 억수같이 퍼붓는 빗물에 휩쓸려 내려갈 때 선남선녀(善男善女)는 본능적으로 자신들이 하느님과 화해해야 할 일이 있다고 느끼게 된다.

12세기에 저술된 중국의 유명한 소설《수호지》(水滸誌)에는 중앙의 탐관오리들과 대항해 싸우는 도망자들과 도적들의 이야기가 많이 있다. 북경의 관리들은 조정으로 들어오는 공물(貢物)들이 자꾸 약탈당하자 한 장군에게 이것을 안전하게 수송하도록 보호할 것을 지시하였다. 그는 도적들의 약탈을 방지하기 위해 짐꾼들로 하여금 금·진주·비단·보석 등이 실린 짐을 지고 뜨거운 햇볕 속을 쉬지 않고 걷도록 재촉하였다. 짐꾼들은 지치고 탈진된 상태에 이르렀다. 무자비하게 내려쬐는 태양을 향하여 원망의 소리를 지른다.

> 저 멀리 남쪽에서
> 불꽃 튀는 용을 타고
> 화염의 신이 날라왔구나.
> 하늘까지라도 태워버릴 기세로
> 불이 활활 타오르는 부채를 부치며
> 염천 하늘도 녹일 양으로
> 불붙은 태양의 수레바퀴를 돌리며
> 벌겋게 단 철판 위에
> 세계 만백성은 익어 가누나.
> 태산에는 구름 한 점 없어
> 모든 식물이 말라 죽는구나.
> 해신(海神)들마저 메말라 죽겠다고 아우성이다.
> 언제쯤일까?
> 가을 선들바람이 불어올 때는
> 저녁바람 불기 시작할 때는
> 우리 대지(大地)를 메마르게 만드는
> 이 난폭하기 짝이 없는 열기가 가시게 될 때는.[18]

단순히 문자적인 기교로만 보아야 할까? 아니다. 자연은 하느님의 행동이 영광으로도 분노로도 표현되는 경연장인 것이다.

자연이 이러할진대 역사는 더 말할 것이 없다. 자연보다 더 하느님이 생생하게 활동하시는 영역이 바로 역사이기 때문이다. 역사에서는 태양이나 달, 별들을 다루는 것이 아니다. 역사에서는 민족과 나라들, 일반적인 나라 및 민족들이 아니라 특정한 나라와 특정한 민족을 다룬다. 이스라엘의 역사가 있고 페르시아의 역사가 있다. 일본의 역사가 있고 독일의 역사가 있다.

역사는 추상적인 개념이 아니다. 역사는 곧 피와 살이 있는 민족이다. 이러한 이유에서 우리는 유대 민족의 역사, 에집트 민족의 역사를 말하고 있는 것이다. 단지 영국 역사, 미국 역사 또는 베트남 역사를 다루는 것이 아니다. 앵글로 색슨 민족의 역사, 베트남 인민의 역사를 다루어야 한다. 역사의 내용은 사람들이다. 영욕(榮辱)의 역사 속에는 사람들로 가득 차 있다. 그들의 가슴 속에서부터 역사는 탄생된다. 우리는 우리의 고뇌와 소망에 함께 하시려 찾아오시는 하느님을 바로 이 역사 안에서 만나게 된다. 이같은 역사의 현장 속에서 처음과 나중 되시는 하느님을 만나게 된다.

이스라엘과 세계사 사이의 이방민족

그리스도교 신학은 이스라엘 이외의 다른 민족들에 대해선 별로 관심을 두지 않았으며 관심을 두더라도 심각하게 다루지는 않았다. 서양 민족들 역시 그리스도교에 깊은 영향을 받아왔다. 우리는 앞서 구속사의 개념에 대해 몇 가지 점에서 비판적인 입장을 취하였다. 그리스도교 신학자들은 이 구속사에서 세계사 혹은 우주사로 곧바로 비약하려는 경향을 보여 왔다. 구속사 개념이 이스라엘과 그리스도교 교회만을 다루는 세밀한 것이라면 세계 혹은 우주 역사의 의미는 반대로 공허하고 광범위한 것이다. 세계사를 이스라엘 역사나 그리스도교 교회사의 투사(投射)로 보든가 아니면 어떤 특정한 보충설명이 필요없는 일반적인 것으로서의 역사로 해석하여 왔다. 어느 경우에든 유대-그리스도교 전통에서 벗어난 이방민족은 그리스도교 신학자들의 관심의 대상이 되지 못했고 하느님·예수 그리스도·교회 교리와 심지어 역사신학에 있어서도 아무런 흔적조차 남기지 못하였다.

이러한 입장은 고레스 같은 이방인 왕도 역사 속의 하느님 구원계획의 일환으로 채용하기를 꺼려하지 않았던 제2 이사야와 같은 고대 신학자들의 입장과는 정반대되는 것이다. 그때의 신학은 구조가 없었다. 하느님이 모든 것을 세워나가게 두었었다. 오늘의 신학은 너무도 구조가 튼튼해 하느님이 손을 쓸 여유조차 없는 형편이다.

신(新)해석학파의 기수, 독일의 신학자 판넨베르크(Wolfhart Pannenberg)를 보더라도 그가 비록 우주 역사를 주요 과제의 하나로 삼고 있으면서도 그에게서 고도로 체계화된 그리스도교 신앙체계를 찾아볼 수 있다. 우선 그는 구속사라는 개념이 싫다고 하며 그것을 "구속역사지대"(a ghetto of redemptive history)[19]라고 부르고 있다. 또한 그는 암시적으로 그리스도를 선의 중앙에 두어 "교차되는 수평선에까지 확대되지 않는 분명한 수학적 점"으로 보는 쿨만의 직선적 구속사관을 탈피하려고 하고 있다.

역사 속에서 이루어지는 하느님의 구원의 행위에 대한 이같은 편협된 이해를 극복할 목적으로 판넨베르크는 "우주적 상호작용의 원리"를 제창하고 나선다. 이 원리에 의해 "역사적 현상들 사이의 일시적 관계들이 해석된다." 여기서 중요한 단어는 "일시적"(casual)이란 말이다. 판넨베르크는 역사를 우연성이란 성질을 가진 것으로 보아 변하기 쉽고 새로운 사건, 미래에 대해 개방적인 것으로 보고 있다. 그에 의하면 하느님은 역사 안에서 이미 짜맞추어 놓은 계획에 따라 행동하시는 분이 아니다.

이러고 보면 판넨베르크는 분명 "구속사학파"를 떠나 새로운 무엇인가를 추구하고 있는 것처럼 보인다. 그가 역사를 말할 때엔 뭔가 핵심을 말하는 것 같다. 그가 말하는 역사는 이스라엘이나 그리스도교 역사에 제한되는 것은 아니기 때문이다. 창조에까지 소급되는 역사를 말하고 있다. 그가 강조하는 것도 이것이다.

> 그리스도교 신학은 역사 속으로 수렴되어야 한다. 모든 신학적 질문과 해답들은 역사라는 틀 안에 있을 때에만 의미가 부여된다. 그 역사는 하느님께서 인간을 다루시는 역사이며 인간을 통해 자신의 전(全)창조를 다루시는 역사이다. 그 역사는 미래를 향해 움직이는데 그 미래는 세상에는 감추어져 있으나 그리스도 예수 안에 이미 밝혀진 바 있는 미래이다.[20]

그의 신학에서는 전체로서의 역사가 가장 중요한 위치를 차지하고 있다. 그의 설명은 계속된다.

> … 하느님 및 예수 안에 계시로 나타나신 하느님에 대한 신학적 문제와 밀접한 관계를 맺고 있는 전체 역사가 이제 역사 해석학의

피할 수 없는 과제가 되었다. 모든 역사학은 우주역사라는 문제로 연결되어 있기 때문이다.[21]

이렇게 보면 적어도 하느님은 자신을 어느 특정한 역사무대에 묶어 놓는 "구속역사의 특수지대"나 "분명한 수학적인 점"에서는 풀려난 것 같아 보인다.

그러나 이같은 해석은 속단이다. 문제의 핵심은 "전체역사"나 "우주역사"라는 개념에 있다. 판넨베르크가 이같이 멋있는 개념을 쓸 때 그 의미는 무엇인가? 개념이 의도하는 바는 무엇인가? 그 구체적인 내용은 무엇인가? 불행하게도 그 의미는 철학적 추상 개념에 가깝지 각 민족, 모든 나라의 구체적 역사경험을 뜻하는 것은 아닌 듯싶다. 우주역사가 추상적인 개념이고 전체라고 하면서도 개별적 민족의 역사를 다루는 것이 아니라면 그 역사 안에서 활동하시는 하느님을 볼 수 있는 가능성은 사라지게 된다. 하느님과는 아무런 관련도 맺지 못하게 된다. 판넨베르크의 주장대로 하느님은 역사 속에서 "되는 대로"(contingently) 활동하시며 끊임없이 새로운 일, 새로운 사건들을 만들어 내시는 분이라면 어떻게 대해야만 할 것인가? 땅 위 어디에다 이 새로이 만들어 내는 일과 사건들을 쌓아 놓아야 할 것인가?

사실 우주역사라든가 전체역사와 같은 개념들은 조심해서 쓰지 않으면 오히려 위험한 것이 되고 만다. 그리스도교 신학이 종종 범하는 오류도 유대-그리스도교 역사의 투사가 곧 전체역사라는 주장이다. 우주라는 무대에서 유독 이 역사만이 찬양을 받게 만들어 왔다.

19세기의 헤겔 철학자들은 자기들 나름대로의 역사 및 문화 체험의 바탕 위에서 역사를 해석하여 우주적인 것으로 표방하고 나섰던 일을 기억하고 있다. 판넨베르크가 말하는 전체역사라는 개념이 헤겔주의 냄새를 풍기고 있다는 신학적 비판은 크게 빗나간 것이 아니다. 실제로 "판넨베르크가 우주역사라는 핵심용어를 얻은 데"[22]는 헤겔에게서 받은 도움이 컸다. 사실이 이러할진대 제3세계의 신학자들은 판넨베르크를 보고 신학적 동지를 얻었다고 섣불리 즐거워할 일이 못된다. 그가 설립한 우주역사라는 신학체계 속에는 제3세계가 설 자리가 없다. 차석(次席) 자리조차 없다.

판넨베르크의 우주역사라는 개념이 "구속역사와 세계역사 사이에 있던 간격을 제거하였다"[23]라는 해석도 섣불리 받아들일 것이 못된다. 판넨베르크는 쿨만의 "구속역사 속의 수학적인 점"은 반대하고 있으면서도 전체역사의 의미는 "이미 예수 그리스도 안에 밝혀졌다"라고 주장하고 있다. 언뜻 보아 이같은 주장은 완벽한 신학적 명제처럼 보인다. 그리스도는 역사 속에 존재하는 모든 것의 의미이다. 그러나 이같은 주장이 유대-그리스도교적 전통, 서양의 역사체험을 바탕으로 하여 나온 것임을 안다면 이같은 신학적 주장은 더 이상 전세계적인 타당성을 지닌 것으로 볼 수는 없다.

이것은 분명 부분이면서 전체인 것처럼 착각하는 경우이다. 세계역사 속에서 자신의 위치를 찾으려 투쟁하고 있는 제3세계의 민중들로서는 더욱더 받아들이기 힘든 신학적 해석인 셈이다. 제3세계의 그리스도교인이나 신학자들에게 부여된 시급한 신학적 과제는 유대—그리스도교—제3세계로 이어지는 역사적 체험에 근거하여 "예수 그리스도 안에 계시된 역사의 의미"를 해석하고 파악하는 일이다. 이 말은 곧 "예수 그리스도 안에 계시된 역사의 의미"는 닫혀졌거나 마감되었거나 판결내려진 것이 아니라는 의미이다. 하느님은 우리를 깜짝 놀라게 만드는 방법으로 일을 하실 수 있고 하고 계시다. 사실 이것이 계시의 요점이다. 계시와 충격, 이 둘은 항상 병행한다. 이때문에 신앙은 항상 고뇌와 경이로 가득 차게 된다. 이 때문에 신학의 과제는 항상 개방된 것, 끝이 없는 과제가 된다.

실제로 "구속사와 세계역사 사이의 간격"이 판넨베르크의 우주역사에 의해 극복된 것은 아니다. 우주역사라는 긴 여행을 마치고 그가 도착한 곳은 바로 그가 출발한 지점, 즉 구속사였다. 전통적 신학에서는 바로 이 지점에서 모든 신학이란 버스들이 출발하여 여러 갈래 노선으로 운행하다가 마지막에는 어김없이 되돌아 정착하곤 하였다. 쿨만은 속으로 웃으며 다음과 같이 말했을 것이다. "분명히 (판넨베르크는) '구속사'라는 단어는 쓰지 않았다. 그러나 아무리 기교를 부려보았자 자세히 살펴보면 (그의) 입장은 내가 《그리스도와 시간》이란 저서에서 말하려고 했던 것과 아주 근사하다는 사실을 알 수 있다."[24]

우리의 결론은 판넨베르크가 말하는 "우주적 상호작용의 원리"란 것이 말처럼 그렇게 매력적인 것은 아니라는 사실이다. 우리가 살고 있는 이 시대에는 에스키모와 오스트레일리아 원주민, 남태평양의 폴리네시아 주민 및 광대한 아시아 대륙에 살고 있는 중국-몽고인들의 역사를 완전 무시한 채 유대-그리스도교 역사, 서양역사로부터 우주역사로 곧바로 비약해서는 안된다. 전통적 신학에서는 이같은 비약이 가능했다. 뿐만 아니라 그러한 비약을 권장하였다. 다른 나라 역사를 손대는 것은 "선교적" 목적에 맞추어 허용되었지 "신학적"인 요구사항은 될 수 없었다.

이런 이유때문에 지금까지 오랫동안 선교학과 신학은 낯선 동반자의 관계를 유지해 왔다. 유명한 신학교에서조차 선교학은 언제나 조직신학이란 거대한 물체의 그늘 아래서 찬밥 신세를 면치 못했다. 이같은 이유로 유대-그리스도교 전통에 속하지 않는 민족이나 나라 앞에선 그리스도교 신학은 풍부한 내용이 있음에도 초라하게 행세했고 빛나는 학적 연구가 있었음에도 소극적인 자세를 취했으며 2천년이란 자랑스런 역사가 있었음에도 근시안적인 태도를 보일 수밖에 없었다.

하느님은 고레스를 사랑하신다

이스라엘 백성들이 제2 이사야 때문에 받아야 할 충격은 끝이 없는 듯 싶다. 제2 이사야 자신도 그에게 들려진 말씀을 그대로 전하면 백성들이 걷잡을 수 없는 충격 속에 빠지게 될 것임도 잘 알고 있었다. 그럼에도 그는 거부할 수 없는 내적인 힘에 끌려 그가 들은 그대로 진리를 토설해 놓을 수밖에 없었다. 그는 또다시 백성들을 불러 모으고 그들에게 하느님의 말씀을 선포한다.

야훼는 그(고레스)를 사랑하신다.
그가 그의 뜻을 이루어
바빌론과 갈대아를 짓부수리라(이사 48, 14).[25]

"사랑"이란 단어는 상당히 조심해서 써야 할 단어이다. 아주 특수한 단어이다. 부모가 자기 자녀들을 사랑하고 자녀들도 자기 부모를 사랑한다. 형제와 자매가 서로 사랑한다. 친한 친구는 사랑의 줄로 묶여 있다. 그리고 무엇보다 하느님은 인간을 사랑하신다. 사랑은 하느님과 인간을 묶어 놓는다. 이같이 사랑이란 아무때나 쓸 수 있는 단어가 아니다. 사랑에는 아주 가깝고 친밀한 관계가 전제되어야 한다.

제2 이사야는 이처럼 자극적인 단어를 피할 수도 있었을 것이다. 예를 들어 하느님은 고레스를 좋아하신다, 그가 맘에 들었다, 혹은 그를 돌보신다 등으로 쓸 수도 있었다. "사랑"이라는 강력하고 자극적인 단어말고도 다른 단어를 사용했더라면 좋았을지도 모른다. 그런데 제2 이사야는 당시와 같은 비상시국에서는 외교적인 체면치레가 가장 훌륭한 정책이 아니라는 사실을 분명히 깨달았던 것 같다. 그는 서슴없이 나가 하느님은 고레스를 사랑하신다고 거침없이 선포하였다. 물론 이 말이 그의 백성들에게 얼마나 귀에 거슬리는 말일지는 알고 있으면서도. 그럼에도 이제 백성들은 하느님께서 고레스를 기름부어 그의 목자로 택하셨을 뿐 아니라 사랑하고 계시다는 사실을 분명히 알아야만 했다.

제2 이사야가 고레스를 하느님의 사랑하는 자로 표현한 것 자체를 너무 강조해서는 안된다. 이같은 표현을 통해 예언자는 이스라엘을 이방민족들에게서 소외시키는 정신적이며 신앙적인 장애요소들을 분쇄하는 데 더 큰 목적이 있었다. "이방"민족들은 하느님의 전(殿)에서는 객(客)일 뿐이라는 것이 유대인들의 신앙이었다. 그들은 증오의 관용은 될지언정 사랑의 대상은 될 수가 없었다. 관용을 받는 것도 원칙에 따른 것이 아니라 타협에 의한 것이다. 이런저런 이유로 해서 그들이 하느님의 백성 대열에 끼게 될 경우도 있으나 그때에도 이미 전부터 기득권을 가진 백성들이 가지고 있는 권리를 자신들도 얻으리라고는 기대할 수 없었다.

이것이 구별신학이다. 종교에는 구별본능이 있음이 사실이다. 신앙인들의 종교적 무의식 속에는 구별의식이 뿌리를 깊이 내려 있다. 그것이 때로 인종적 혹은 사회-정치적 구별의식으로 발전한다. 자기 자신만의 이익을 고수하려는 욕구, 이방의 것이 침범하지 못하게 자신을 방어하려는 본능, 자신의 것 심지어 자신의 하느님만을 지키려는 열망은 거부하기 어려울 정도로 강하게 작용한다. 특히 신앙의 실천문제에 이를 때 구별본능은 참으로 극복하기 힘든 유혹이 된다.

우리 그리스도교인들 역시 이같은 구별본능의 유혹을 물리칠 수 없다. 의도적으로 피하려 하여도 우리가 쓰는 일상적 관용어의 어조(語調)에서 또는 생각이나 행동 습관 속에 은연중 구별본능이 나타나고 만다.

예를 들어 "그리스도교적"과 "비(非)그리스도교적"이란 단어를 생각해 보자. 이 두 단어는 지금까지 오랫동안 일상적으로 써 왔던 단어여서 참으로 편리하게 사용하여 왔다. "비그리스도교적" 땅이나 "비그리스도교인들" 안에도 그리스도교인은 있다. 도덕이나 윤리적인 면에서 비추어 볼 때 분명히 "그리스도교적" 사고방식이라 할 수 있는 것이 있고 이와 반대로 "비그리스도교적" 사고구조도 있다. 마찬가지로 그리스도교적이랄 수 있는 행동이 있으면 반대로 비그리스도교적 행동이 있다. 직업에 따라서도 이같은 칭호가 붙여질 수 있다. "그리스도교적" 법률가가 있으면 "비그리스도교적" 법률가가 있고 "그리스도교적" 의사가 있으면 "비그리스도교적" 의사가 있다. "그리스도교적" 수학자와 "비그리스도교적" 수학자라는 말도 있을 수 있으나 이 경우 그 차이는 다른 경우처럼 뚜렷하지는 못하다.

여기서 지적해야 할 사항은 "그리스도교적" 또는 "비그리스도교적"과 같이 묶여서 쓰이는 단어들은 가치판단과 밀접한 관계를 맺고 있다는 사실이다. 그리고 우리가 이 단어들을 어떻게 쓰느냐에 따라 거기엔 상당한 감정적 요소까지 덧붙여지게 된다. 가치판단을 위한 단어이며 나아가 감정적 단어라는 말이며 결국엔 구별을 위한 단어로도 사용된다는 말이다. 아시아교회협의회(CCA) 기관지 편집인인 토머스(T. K. Thomas)는 "비그리스도교적"이란 단어에 대해 "갈라놓는 표현이며 섣불리 내린 판단"이라고 지적하였다. 그의 설명을 계속 들어 보자.

좀더 솔직히 말하면 이것은 기분나쁜 표현이다. 우리는 우리일 뿐이지 우리가 아닌 것이 아니다(We are what we are, not what we-are-not). 우리는 사람이다 이것이면 되었지 우리가 원숭이가 아니니 사람이다라고 구차스럽게 말할 필요는 없다. 우리의 형제인 불교도나 힌두교도는 다만 불교도이며 힌두교도일 뿐, 비그리스도교도라고 지적할 필요는 없다. 그들은 자신들의 전통, 그들 나름대로의 신앙에서 주체성을 찾고 있는 것이다.[26]

우리 그리스도교 안에서 지금까지 오랫동안 써 내려온 이 "비그리스도교적"이란 단어는 건방지고 재수없고 불화를 일으키는 단어일 뿐 아니라 우리 그리스도교인들을 모든 민족, 만물의 중심으로 만들어 버렸다. 즉, 이 단어는 그리스도교적 중심주의의 단적인 표현인 것이다.

그리스도교인들은 하느님께서 세계에 흩어져 있는 여러 중심점을 중심으로 원을 형성하고 있는 세계 민족들과 관련을 맺고 계시다는 사실을 인정해야만 한다. 어느 한·중심만 있어야 하고 다른 중심들은 없어도 된다는 식의 생각을 버려야 한다. 시대에 따라 어느 중심이 다른 중심들보다 우세하게 드러나는 경우는 있을 수 있다. 그럴 경우에라도 다른 중심들의 존재를 부인할 수는 없다. 이런 일은 일어날 수 있다. 고레스의 경우에서처럼 주변의 다른 중심들이 한 중심에 심한 충격을 주어 그 결과로 신앙에 있어 과감한 변혁이 뒤따르게 된다.

제2 이사야는 자신의 신학적 과제를 간단하게 한 마디 — 하느님은 고레스를 사랑하신다 — 로 정리하고 있다. 고레스는 자기 맡은 바 책임만 완수하면 사라져버려야 하는 하느님의 도구만은 아니다. 하느님과 고레스 사이의 관계는 이보다 훨씬 깊다. 그것은 사랑의 관계이다. 고레스와 하느님을 묶은 끈은 친밀한 사랑의 끈이다. 흩어져 사는 유대인들로서는 이 사실을 신앙으로 신학으로 받아들인다는 것이 쉬운 일은 아니었다. 그러나 그들은 이를 받아들여야만 했다.

고레스를 통하여 하느님께서는 그들에게 다른 중심을 보여 주셨다. 그 중심에서도 하느님은 인간들과 친근한 관계를 맺고 계셨다. 이제 또다른 중심들도 있을 것이다. 유일(唯一)중심주의는 다원(多元)중심주의로 바뀌어야만 한다. 일방적(一方的) 신앙체계는 이제 다변적(多邊的) 신앙체계의 가능성 앞에 자리를 양보해야만 한다. 하느님께서 사랑하는 자라고 부르신 한 이방인 임금의 행적을 통해 보다 넓고 트인 관점에서 역사 속에서 일하시는 하느님을 볼 수 있는 신앙에로의 선구자 역할을 한 자가 바로 제2 이사야이다.

제 3 장

넓혀진 역사관

역사란 너무도 미묘해 우리 그리스도교인들로서는 그 전모를 파악하기가 어렵다. 민족들을 모으고 나라들의 변천의 힘이 되는 역사의 원동력은 너무도 강력해 우리로선 그 힘을 감당할 수조차 없다. 역사를 움직이며 역사를 창조하며 역사의 과정을 지휘하는 이 힘에 직면하게 될 때엔 여지없이 떨림과 신비와 놀람 속에 사로잡히고 만다. 우리의 신앙이 도전받고 있음을 직감하게 된다. 우리 신앙 영역 밖의 역사 현상들을 판단하고 해석했던 종래의 규범들이 심각한 도전을 겪게 된다. 당연하게 느껴졌던 우리의 종교적 윤리적 가치판단들이 도전받게 된다.

우리는 바빌론에서 포로생활하고 있던 유대인들에게서 이러한 도전을 발견하게 된다. 우리는 지금까지 제2 이사야의 신념에 찬 음성을 들어 왔으며 멀리 내다 본 그의 환상을 추적하려고 애써 왔다.

그리스도교와는 관련이 없는 종교와 문화 속에서 살아온 우리 아시아인들에게는 이 예언자의 음성과 환상이 새롭고 도전적인 것으로 느껴지고 있다. 예언자와 마찬가지로 우리로서는 역사 속에 있는 하느님의 목적을 구별해 내는 일이란 학문적 관심의 대상이 아닌 실제 삶 속의 도전인 것이다. 이와 같은 관심을 가지고 이제 다니엘서로 돌아가자.

위기와 인간의 응답

앞서 다니엘서는 유대인들이 안티오쿠스 에피파네스에 의한 참혹한 박해를 목격한 유대인들을 위해 편집·기록된 것임을 살펴보았다. 이제는 다니엘서 제2장에 나오는 느부갓네살의 꿈과 그 해몽에 촛점을 맞추어 보자.

이 흥미있는 이야기의 근원은 "페르시아 또는 초기 그리스 왕국시대의 포로시대"에까지 소급될 수 있다.[1] 그렇다면 이 이야기 역시 우리가 앞서 제2 이사야에서 말하려고 했던 신학적 관심, 즉 어떤 이유에서 다른 민족들이 하느님의 섭리에 의해 이루어지는 역사 속에서 중요한 역할을 차지하고 있느냐라는 질문을 다루려고 한다는 사실을 알 수 있다.

그렇다면 이 이야기는 왜 다니엘서에 삽입되었는가? 무슨 이유로 외국의 지배를 받고 있는 눌린 백성들에게 촛점을 맞추고 있는가? 그들에게 가장 시급하게 필요한 것은 그들의 삶을 지탱시킬 수 있는 도덕적 힘 같은 것이다. 그러나 베르쟈예프의 해석에 따르면 느부갓네살의 꿈과 해석 이야기는 "인류 역사상 최초로 역사를 묘사하려는 시도였다."² 우리가 다룰 이야기는 역사신학적인 것이다. 그것도 박해 당시에 생겨난 것이 아니라 오랜 시간이 흐른 후기 포로시대에 생겨난 이야기이다.

백성들에게 이 이야기는 무슨 의미가 있을까? 이야기 서술의 목적은 무엇일까? 이같은 시점에서 "역사를 묘사"하는 이론적인 근거는 무엇일까? 그들은 전제적 통치자에 대해서는 무슨 이유로든 대항하였다. 정치적인 힘이 쇠잔해져 갈 때에도 어떻게 하든 복구시켜 보려고 몸부림치던 자들이다. 그들이 할 일이 있다면 그것은 외세의 지배에 대항해 힘을 규합하는 일이었다.

마카비 가문에 의해 주도된 무력항쟁이 바로 이같은 행동규범과 맥락을 같이한다. 후에는 열혈당원들이 로마의 식민 통치에 대항해 지칠 줄 모르는 항거를 계속하였다. 예수 자신도 이들에 대해 어느 정도 동정하고 있었던 것 같다. 그의 제자 중 몇몇은 이같은 열혈당에 속한 인물들이었다고 한다.

따라서 위기의 때에는 무엇을 해야 하는지 어떻게 해야 하는지 분명하게 지시하는 명령으로 백성들을 다스려야지 간접적 언어를 쓰면 보일 듯 말듯 한 환상을 다루는 역사신학 같은 것은 걸맞지 않다고 보는 것이 타당하다.

여기에서 우리에게 제시되는 문제는 위기와 그에 대한 인간의 반응 사이의 연관성을 파헤치는 일이다. 위기에 처해 있을 때 개인이나 국가가 이에 대해 나타내는 반응은 대체로 두 종류로 구분되는 것 같다.

위기가 닥쳤을 때 우리를 완전히 정복하여 우리를 꼼짝못하게 만드는 경우가 있다. 우리 존재 전체를 장악하여 완전히 삼켜 버린다. 우리가 느끼는 것은 우리 자신의 무력감과 공허감뿐이다. 우리를 1차원적 존재로 만들어 버린다. 우리의 관점도 상실된다. 1차원적으로 생각할 뿐 아니라 1차원적으로 행동한다. 우리 삶에서는 높이·넓이·깊이의 차원은 사라져 버린다. 닥친 위기에 대처해 시급하게 살아가는 게 생활의 전부이다. 위기로 위협받은 생활은 긴장의 연속이다. 위기로 쪼들리며 살 때 세계는 흥미없는 것이 되고 만다. 위기는 생활과 역사를 현재라는 수학적인 단위로 전환시켜 놓는다. 현재는 과거로부터, 미래로부터 격리된다. 생활과 역사의 의미 또는 무의미를 오직 현재 안에서만 찾으려 한다. 이것이 위기상황에 처해 있을 때 나타나는 인간의 반응이다.

그러나 이와는 다른 반응도 있다. 우리로 하여금 위기를 통하여 오히려 힘을 얻고 풍부해지게 만드는 경우이다. 위기에 처하였을 때엔 속박에서 벗어날 수 있는 힘도 주어진다. 삶을 높이로, 넓이로, 깊이로 볼 수 있게 된다. 역사를 단지 현재의 관점에서만 보는 것이 아니라 영원의 관점에서도 볼 수 있게 된다. 그럴 때 위기는 우리가 미처 보지 못했던 사실들을 깨우쳐 준다는 사실을 깨닫게 된다. 신비한 우리의 감성(感性)을 더욱 깊이 만들어 주며 삶과 역사는 공포와 위험으로 점철된 현재라는 순간 안에 소멸되는 것이 아님을 깨닫게 해 준다.

위기는 우리 삶 속에 분열을 가져다 준다는 것은 사실이다. 그러나 제1장에서 본 바와같이 분열을 통해서 우리는 1차원적, 직선적 역사해석을 극복할 수 있게 된다. 삶과 역사란 파도는 올라가기도 하고 내려가기도 하는 법이다. 그때마다 위기가 생겨난다. 그 파도가 한번 높아지고 낮아질 때마다 우리는 새로운 해안에 옮겨져 낯설고 색다른 사건들을 만나게 된다. 그러나 낯설고 색다른 속에서도 귀에 익은 소리가 들려 온다. 귀에 익은 이유는 무엇일까? 우리의 하느님에게서 비롯된 소리이기 때문이다.

느부갓네살의 꿈과 해몽에 대한 이야기의 배경이 되고 있는 위기는 바로 이 두번째 경우에 속하는 것이다. 비상(非常)한 시기에는 비상한 방법으로 역사의 의미를 해독해야 한다. 이 이야기는 이같은 비상한 방법의 한 예이다. 박해받는 유대인들로 하여금 그들이 당하고 있는 현재 역사 속에서 종말론적인 의미를 찾아내도록 도와주기 위해 이 이야기는 기록되었다. 또한 그들이 당하고 있는 속박 속에서 하느님 나라의 의미를 깨닫게 하려는 데에도 기록 목적을 두고 있다. 그들이 당하고 있는 개인적 국가적 위기로 인해 역사와 종말론은 하나로 융합되었다.

따라서 역사는 종말론적으로 해석되어야 하며 종말론은 역사적으로 이해되어야만 한다. 바로 이같은 이유에서 다니엘은 느부갓네살왕의 꿈을 해몽하길, 바빌로니아·메데·페르시아 및 그리이스의 네 왕국이 생겨났다가 사라질 것이라고 하면서 다음과 같은 말로 끝맺고 있는 것이다. "…하늘에 계시는 하느님께서 한 나라를 세우실 터인데 그 나라는 영원히 망하지 아니하고, 다른 민족의 손에 넘어가지도 않을 것입니다. 오히려 앞에 말한 모든 나라들을 부수어 없애버릴 것입니다. 그 나라는 길이 서 있게 될 것입니다"(다니 2,44).

바로 여기 땅 위의 나라와 하느님 나라 사이에 역사-종말론적 관계가 성립되는 것이다. 안티오쿠스 에피파네스의 박해를 받는 그 때에, 유대인들은 하느님이 즉시 나타나 자신들을 구원해 주시기를 간절히 바라는 그러한 때에도 이같은 역사-종말론적인 연결만큼은 무시할 수 없다는 것이 밝혀지고 있다. 하느님의 나라는 이 세상의 나라들을 부수는 데서 이루어지는 것이 아니다. 역사의 주인이신 하느님은 이 땅의 권세들을 정리하실 양으로 서둘거나 조급해하시지 않는다. 세상의 나라와 왕조들이 순서에 따라 생겨났다 사라지는 이 모든 과정을 통해 하느님의 나라는 이루어지는 것이다. 하느님의 나라는 하늘로부터 내려오는 것이 아니다. 푸른 하늘에서 순식간에 나타나는 그런 나라는 아니다.

압제자의 무력통치 아래 있던 유대인 대부분은 이 절박한 순간에 이방민족이나 왕조들의 흥망성쇠에 따라 밝혀지는 하느님 나라의 의미에 대해 신학적인 통찰을 하기 꺼려하였다. 그러나 유대인들 중에는 그들이 당하고 있는 현재의 상황을 분별하며 그들이 믿는 바 역사 속에 일하시는 하느님에 대한 신앙을 견지하기 위해서는 이같은 통찰이 불가피하다는 사실을 깨닫는 자도 적잖이 있었다. 역사 속의 하느님에 대한 신앙을 더욱 견고히하며 하느님 나라의 환상을 다른 민족들에게까지 확대시킬 수 있는 역사신학이 다니엘서에 수록되어 있다.

느부갓네살— 하느님의 종

느부갓네살이 꾼 꿈은 비상한 꿈이었다. 꿈속에서 왕은 자기를 노려보는 무서운 동상을 보았다. 동상의 머리는 금으로 만들어졌고 가슴과 팔은 은으로 만들어졌으며 배와 넓쩍다리는 놋쇠로, 다리는 쇠로, 발은 쇠와 흙으로 만들어져 있었다. 왕이 놀람 속에 그 동상을 보고 있는데 난데없이 이상한 돌이 날아와 그 동상의 가장 약한 부분— 흙과 쇠로 된 발을 쳤다. 그 동상은 무너져 가루가 되었고 흔적조차 보이지 않게 사라져 버렸다. 그 대신 그 친 돌은 "산같이 큰 바위가 되어 온 세상을 채웠다" (다니 2, 31-35).³

이 이상한 꿈을 어떻게 풀이해야 할까? 이 꿈의 숨겨진 의미는 무엇일까? 안티오쿠스의 박해 아래 있던 유대인 대부분은 이 글을 읽을 때 이것을 하느님께 대항해 살육을 감행하였던 이방 독재자에 대한 하느님의 통쾌한 복수로 이해했을 것이다. 그들은 세상의 왕조, 특히 제일 끈질기고 지독한 그리이스 왕조의 멸망을 그리며 짜릿한 심리적 쾌감과 통쾌한 심정을 느꼈을 것이다. 그들에겐 이 꿈이 하나의 묵시로 받아들여졌다. 땅 위의 왕조들이 무너지는 것은 곧 하느님 나라의 권세와 영광에 대한 묵시적 출현을 의미하였다. 그들 입장에서는 이같은 하느님의 묵시적 승리에 대한 믿음을 지녀야만 용기와 희망을 가지고 야만인 이방 독재자의 횡포를 견뎌낼 수 있었기 때문이다.

이 꿈을 이런 식으로 해석한 자들은 이들 외에 또 있다. 수세기가 지난 후 어려운 사회-정치적 상황에 처하게 된 그리스도교인들도 역시 다니엘서에서 위안과 용기와 영감을 찾았다.

그러나 이 꿈과 해석 속에는 잔인한 정치-사회적 권세에 대항하여 싸우는 유대인들이나 그리스도교인들의 1차적 관심과 욕구를 충족시키는 것 이상의 의미를 지니고 있다. 바로 이것이, 베르쟈예프의 표현을 빌리자면, "역사에 대한 묘사"인 것이다. 이미 지적한 바와 같이 다니엘서 제2장의 내용은 어느 특별한 상황에 접한 역사신학에서 파생되어 나온 것이다. 그 특별한 상황이란 곧 세계 열방세력들에 좌우되어 포로생활하는 유대인들이다. 그들은 숨가쁘게 살아왔다. 포로가 되었다는 악몽은 과거의 것이 되어 버렸다. 그러나 그들 앞에 펼쳐질 미래는 도무지 불투명했다. 그들은 어느 정도 외국에서의 생활에 익숙해졌으며 성공적인 생활도 할 정도가 되었다. 그러나 그들의 운명은 열방 왕국들의 세력다툼에 달려 있다. 이 다툼의 결과에 그들의 운명이 직결되어 있다.

운명에 대한 문제는 역사의 문제이다. 따라서 그들에게 있어서 최대의 관심은 역사였다. 그들은 자기들 자신의 역사뿐 아니라 이방민족의 역사까지도 파악하고 있어야 했다. 자신들의 역사가 다른 민족의 역사와 접목(楱木)되어야 할 이유와 그 방법에 대해 신중한 고찰이 따라야 했다.

다니엘서 제2장을 펼 때 우선 충격적으로 받아들여지는 것은 다니엘 기자가 고레스왕을 하느님의 기름부은 자로 부른 제2 이사야보다 훨씬 더 과감한 사도로 "역사를 묘사"하고 있다는 사실이다. 다니엘은 느부갓네살 앞에 나가 그의 꿈을 해몽하기 전에 하느님의 권세와 "세속적" 왕의 권세 사이의 관계에 대한 자신의 기본적인 해석을 명시하고 있다.

> 임금님께서는 왕이실 뿐 아니라 왕들을 거느리신 황제이십니다. 하늘에 계시는 하느님께서는 임금님께 나라와 힘과 권세와 영화를 주셨읍니다. 하느님께서는 사람과 들짐승과 공중의 새가 다 어디에 있든지 그것들을 임금님의 손에 맡겨 다스리게 하셨읍니다…
> (다니 2, 37-38).

이같은 찬사와 함께 다니엘은 그 꿈을 해몽하기 시작했다.

"만왕의 왕"이란 말은 페르시아에서 제왕을 가리킬 때 흔히 쓰는 말이니 '그대로 둔다 하더라도 그 나머지 말들은 사실 지나친 감도 없지 않다.

이 말들을 통해 알 수 있는 것은 땅 위 나라의 권세는 창조주 하느님께로 부터 온 것이라는 사실이다. 이제 하느님은 이스라엘만의 하느님이 아니라 하늘의 하느님이란 사실에 주목해야 한다. 이방민족들과의 관계를 풀어나가기 위해서는 하느님에 대한 확장된 관념이 필요하게 되었다. 고대 중근동지방의 광활한 지역을 정복한 왕을 해석하기 위해서는 민족이나 지역이라는 조건에 제한받는 분이 아닌 하느님이 필요하였다. 다니엘이 하느님 칭호에 창조주를 붙인 이유가 바로 여기에 있다. 다니엘서 제2장에 나타난 역사는 이스라엘 역사의 확장이 아니다. 이방민족이 주도적 역할을 하고 있는 역사무대에서 더 이상 이스라엘은 역사의 중심이나 근거가 되지 못한다. 이스라엘 중심주의로는 역사가 설명될 수 없다.

느부갓네살과 같은 이교도 왕에 대한 역사적 의미를 파악하기 위해선 창조에까지 거슬러 올라가야 한다. 느부갓네살왕에게 정복하고 다스릴 수 있는 권세를 주신 하느님은 이스라엘만의 하느님이 아닌 하늘의 하느님, 하늘과 땅을 창조하신 하느님이다.

이처럼 역사에 대한 기본묘사는 창조에서 펼쳐지고 있다. 한 민족의 존재의미는 다른 민족으로부터 연역해 낼 수 있는 것이 아니다. 모든 민족들은 자신들이 하느님과 그리고 다른 민족들과 어떤 관계를 맺고 있는가를 알기 위해선 창조에까지 거슬러 올라가야 한다. 이같은 두 가지 관계(하느님 및 타민족과의 관계)가 역사에 있어 하느님의 계획을 이해하는 데 핵심이 된다. 역사의 하느님은 창조의 하느님이시며 창조의 하느님은 역사의 하느님이시다. 바로 이 하느님이 느부갓네살의 손에 "사람과 들짐승과 공중의 새"를 맡기신 것이다. 느부갓네살의 통치권은 사람뿐 아니라 동물세계까지 미치고 있다.

이렇게 보면 다니엘서 제2장의 역사신학은 제2 이사야의 역사신학보다 한술 더 뜨고 있음을 알 수 있다. 고레스왕을 하느님의 목자 또는 사랑하는 자로 부름으로 제2 이사야는 역사를 이해함에 있어 이스라엘을 중심에 두고 이스라엘에 민족적 신앙적 우월성을 두었던 역사관점을 무너뜨려 버렸다. 그것만도 엄청난 업적이다. 그러나 제2 이사야에 있어서는 이방의 특사를 이스라엘 역사와 삶 속으로 소개해 들이는 것이 주업무였다. 따라서 예루살렘 성전재건을 위해 고레스는 중요한 역할을 담당하도록 되어 있었다. 그러나 꿈과 그 해몽 이야기에서 주역으로 등장했던 느부갓네살은 예루살렘과 유다를 회복시킨 것이 아니다. 오히려 파괴하였다. 따라서 이 이야기 뒤에 숨겨진 신학적 의미를 깨닫기 위해선 훨씬 과감한 작업을 진행시켜야 한다.

이 왕이 유다에 대해 증오심을 갖고 있다는 이야기는 다니엘서 2장에 처음 나온 것은 아니다. 전에 예레미야도 느부갓네살을 하느님의 종으로 호칭한 적이 있었다. 유다 백성들에게 경고하면서 예레미야는 하느님께서 "나는 나의 종 바빌론 왕 느부갓네살을 시켜 그들을 벌주리라"(예레 25, 9) 고 하였다. 후에 예루살렘이 망한 후 예레미야는 자기 뜻과는 반대로 에 집트로 잡혀 갔는데 그곳에서 또다시 경고하였다. 하느님께서는 "나는 나의 종 바빌론 왕 느부갓네살을 불러다가 … 에집트를 치리라"(예레 43, 10) 고 하였다.

그러나 다니엘서 2, 37-38의 내용과 가장 가까운 내용은 예레미야 27장의 내용이다. 예레미야는 B.C. 598년 예루살렘에 대한 느부갓네살의 1차 공격이 있은 다음에 느부갓네살에 대항하려는 백성들의 끓어오르는 저항심을 소멸시키려고 애썼다. 잠시후 바빌론 왕에게 항복하라고 충고했다는 이유로 예레미야는 하나니야라는 거짓 예언자와 예언 논쟁을 벌이게 되었다. 하나니야는 예루살렘에 조속히 평화의 회복이 이루어질 것임을 예언한 자였다(예레 28장).

백성과 왕이 듣는 앞에서 예레미야가 행한 연설의 내용은 곧 다니엘이 느부갓네살에 대해 말한 내용과 너무도 흡사했다.

내가 손을 뻗어 있는 힘을 다하여 땅을 만들고 그 위에 사람과 짐승을 만들었으니, 아무나 내 눈에 드는 사람에게 천하를 맡길 권한이 나에게 있다. 이제 나는 이 천하를 나의 종인 바빌론 왕 느부갓네살에게 맡기기로 하였다. 들짐승까지도 그에게 맡겨 부리게 하였다(예레 27, 5-6).

이같은 독설로 예레미야는 매국노로 취급받았고 생명의 위협까지 받게 되었다. 그러나 어떤 위협도 그의 신념을 바꾸어 놓지 못했다. 느부갓네살에 대항하는 것은 야훼께 대항하는 것이다— 이같은 뿌리깊은 신앙에 근거해 예언자는 행동하고 있다.

여기서 두 가지 문제가 생기게 된다. 첫째, 예레미야가 느부갓네살 — 예루살렘을 공격하여 유대인들을 포로로 잡아 간 바빌론의 왕 — 을 지금까진 이방인에게는 한 번도 붙인 적이 없는 하느님의 종이란 칭호를 붙이게 된 이유는 무엇일까? 의심할 여지없이 이같은 행위는 민족적 감정을 상하게 만든다. 뿐만 아니라 국민 대다수의 눈에는 이같은 행위는 불경스럽기 짝이 없는 행위로밖에 보이지 않는다.[5] 그럼에도 예레미야는 적과 생명의 위협에 직면해서도 자신의 신념을 꺾지 않았다. 적국의 왕에게 존경을 보인다는 것은 중대한 문제였다.

어떻게 이같은 결론에 도달하게 되었을까? 민족의 일반감정에 정면대결해 싸워야 할 이유는 무엇일까? 그는 아마도 신앙의 눈으로 이방민족들의 역사를 예의 주시하고 있었을 것이다. 그 결과 이스라엘 중심주의로는 이들 역사문제를 풀어 나갈 수 없을 뿐 아니라 주변에서 나타났다가 사라지는 열방 세력들에 대해서 능동적으로 대처할 수 없음을 깨달았던 것도 같다. 그래도 느부갓네살을 하느님의 종으로 부르기까지는 이와는 다른 이유가 있지 않았을까 싶다. 아뭏든 그는 이제야말로 애국자들이 이스라엘 중심주의라는 환상에서 깨어날 때, 하느님께서는 다른 민족이나 국가들을 희생시키면서라도 자기들에겐 특별한 은총을 내리신다는 종래의 신앙을 바꾸어야 할 때, 이제 눈을 들어 보다 넓은 역사의 지평선을 바라보며 새로이 전개되는 일들을 받아들여야 할 때가 이른 것으로 확신하였다.

이제 자연스럽게 두번째 질문이 제기된다. 이 모든 역사들이 어떤 바탕 위에서 서로 연결되고 보충되고 있는가? 다니엘서 2장의 경우와 같이 예레미야도 이 바탕을 세상 속에서의 하느님의 창조활동으로 보고 있다. 예레미야가 땅, 동물 및 인간의 창조에 보다 역점을 두어 언급하고 있다는 사실에 주목할 필요가 있다. 모든 민족과 그 민족들의 역사를 연결시킬 근거를 찾기 위해 그는 창조에까지 소급해 올라가고 있다. 바로 그곳, 창조에서 이방인 통치자의 권세가 비롯된 것이다.

물론 권세의 근원이 합법적인 것으로 밝혀졌다고 해서 그 권세를 쓰는 방법론까지 문제삼을 것 없다는 말은 아니다. 하느님의 권력에서 인간의 권력으로 옮겨지는 과정에서 뭔가 항상 일어난다. 근원은 거룩한 것인데 그 권력이 인간들에게 넘어가면 타락해 버리고 만다. 예레미야가 하느님의 종이라 불렀던 느부갓네살도 예외는 아니었다. 이스라엘과 유다에 있던 제사장, 임금 및 백성들도 마찬가지였다. 과거의 모든 나라가 그러했다. 현재의 정부와 통치자들도 그대로 답습하고 있다. 미래에 정치적, 경제적 또는 군사적 권력을 잡을 자 역시 전철을 밟고 말 것이다.

따라서 권력의 윤리문제는 가장 풀기 어려운 문제가 되고 있다. 이것은 물론 하느님께도 골칫거리가 되었다. 하느님에게서 나왔지만 정치적 종교적 권력들의 손에 들어가 왜곡되어 버린 권세가 하느님의 권세까지도 무력한 것으로 밀쳐버린 현장이 곧 십자가인 것이다.

세계사 속에 선포된 하느님의 권세

느부갓네살을 하느님의 종으로 보는 관점과 이스라엘을 세계의 중심으로 보는 관점은 서로 상충되는 것들이다. 대략 다음과 같이 정리할 수 있다. 이스라엘이나 유다 왕국의 정치적 이념을 지탱해 온 체제화된 종교에 반대하여 아모스 이래 이사야에 이르는 예언자 운동은 하느님의 권세를 세계사 속으로 분산시키는 작업을 전개하였다. 이것은 물론 예언자들이 의도적으로 조직적인 활동을 펴서 얻어 낸 결과는 아니다. 예언자들의 비판적인 관점에서 볼 때 이스라엘과 유다는 기대한만큼 사랑과 정의 — 그들 역사 속에 체험된 바 구속의 요인이 되는 — 에 따라 살지 못했다. 이처럼 기대에 어긋나게 되자 예언자들 중에는 눈을 세계로 돌려 세계 속에 있는 하느님의 현존을 찾아보려는 시도를 하기에 이른 것이다.

이러한 시도는 해방과 고통을 동시에 느끼게 하였다. 지금까지 하느님을 어떤 부족적(部族的)인 신격으로 해석하여 언제나 한 민족만의 이익을 위해 다른 민족은 적이나 이교도로 몰아 상대해 싸워 주는 그런 편협된 하느님 관념에서 벗어날 수 있었다는 뜻에서 해방이었다. 그러나 하느님 면전에서는 자기 민족만이 특별대우를 받아왔으며 누구도 이에 도전할 수 없었다는 뿌리깊은 특권의식을 포기해야만 하니 그것이 고통이었다. 다음과 같은 아모스의 절규가 바로 이같은 심정의 정곡을 찌르고 있다.

　　이스라엘 백성들아,
　　너희가 나에게 있어
　　에디오피아 백성과 무엇이 다르냐?
　　이스라엘을 에집트에서 이끌어 낸 것이 나라면,
　　불레셋 백성을 갑돌에서 데려 내 오고
　　시리아 백성을 키르에서 데려 내 온 것도 내가 아니겠느냐?
　　　　　　　　　　　　　　　　　　　　　　　(아모 9, 7)

아모스같이 무뢰하기 짝이 없는 농부라 할지라도 도저히 입에 담을 수 없는 위험한 말이다. 한 민족의 정치-사회, 종교-문화의 근거가 되어 왔던 신앙을 뿌리째 흔들어 놓는 도전적 행위인 셈이다.

수세기가 지난 후 유대교 종교지도자들은 이보다 강하지는 못했을지 몰라도 이와 같은 강도(強度)의 도전을 나자렛 목수를 통해 받게 되었다. 예수가 백성들에게 외친 말 "잘 들어라. 많은 사람이 사방에서 모여들어 하늘 나라에서 아브라함과 이사악과 야곱과 함께 잔치에 참석하겠으나 이

나라의 백성들은 바깥 어두운 곳에 쫓겨나 땅을 치며 통곡할 것이다"(마태 8, 11-12). 이 말을 들은 종교지도자들은 크게 분노했을 것이다. 예수는 지금 하느님의 선택사상에 근거한 전통적 종교신앙에 정면도전하고 있는 것이다. 예수는 자기가 해야 할 일이 무엇인지 분명히 알고 있었다. 당시 종교지도자들과의 만남은 도전에서 토론으로, 토론에서 논쟁으로 발전되었고 결국은 논쟁에서 십자가라는 비극으로 끝나게 되었다. 그러나 민족종교로 절대화되어 버린 신앙으로도 십자가에만큼은 대적할 수 없음이 밝히 드러났다. 예수를 중심으로 형성된 공동체는 하느님께서 그 공동체 안에서뿐 아니라 그 공동체를 초월하여 활동하시는 하느님의 신비로운 역사(役事)를 목격할 수 있었다.

다시 한 번 역사에서의 이스라엘 중심주의는 무너져 버렸다. 이스라엘의 특별 선택사상도 마찬가지였다. 이것이 아모스의 결론이다. 이것을 예언신학의 현실주의라 부를 수 있을까? 하느님께는 이스라엘 백성들이 에디오피아 사람이나 불레셋 사람, 아람 사람과 조금도 다를 바 없다. 이스라엘이 하느님의 구원하시는 사랑을 독차지할 수 없다는 말은 곧 다른 민족들은 하느님의 심판 대상으로만 취급해서는 안된다는 말이 된다. 정치적 군사적 멸망이란 쓰라린 경험을 한 이스라엘의 역사가 바로 좋은 본보기이다. 아모스는 아마 북쪽 이스라엘 왕국이 수년 후 아시리아라는 강력한 국가에 의해 멸망되리라는 것을 알았고 피할 수 없는 역사의 패배를 예견하고 있었을 것이다. 그는 심한 고뇌 속에 다음과 같은 하느님의 말씀을 전한다.

> 보아라, 어느 나라건 죄를 짓고,
> 내 눈에서 벗어날 것 같으냐?
> 그 나라는 땅 위에서 멸망하고 만다(아모 9, 8).

이스라엘의 정치적 종교적 지도자들은 발끈 화를 냈다. 베델에 있던 왕실 성전 사제이자 국왕에 충성스런 신학자였던 아마지야는 아모스에게 냉엄한 경고를 하며 즉시 이스라엘을 떠날 것을 명령한다. 그는 얼굴이 백지장같이 변하여 분노에 떨며 외치고 있다. "이 선견자야, 당장 여기를 떠나 유다 나라로 사라져라! 거기 가서나 예언자 노릇을 하며 밥을 벌어먹어라. 다시는 하느님을 팔아 베델에서 입을 열지 말아라. 여기는 왕의 성소요 왕실 성전이다"(아모 7, 12-13).

당연한 일이다. 정치적 종교적 권력을 중앙집권해야만 하는 통치계급으로서는 하느님의 권력을 분산시키는 행위는 도전으로밖에 받아들일 수 없었다. 이제 권력의 집중화 문제가 심각한 도전을 받고 있는 셈이다. 하느님의 권력이 분산된다는 사실을 인정할 때에야 비로소 하느님께서는 이스라엘뿐 아니라 이방민족들 안에서도 역사하신다는 사실을 인정할 수 있게 된다. 그때에야 비로소 한 국가의 백성들에게도 권력이 있음을 인정하게 된다. 이것은 소수의 손아귀에 장악된 (정치적 종교적) 권력에 대한 거센 도전이다.

이스라엘과 유다에서는 이 도전에 의해 예언신학과 왕실신학이 나뉘는 결과가 생겨났다. 이 구별은 시간이 지남에 따라 아모스와 아마지야의 예처럼 논쟁으로 발전하였다. 현대적 언어로 표현하자면 이것은 민주주의와 독재정치 사이의 논쟁이다.

권력의 집중과 분산— 역사는 이 둘 사이의 투쟁으로 가득 차 있다. 십자가는 다름아닌 이 투쟁의 상징이다. 하느님의 구원하시는 사랑의 힘을 어느 한 나라, 어느 한 종교에만 집중시키려는 의도에 대항해 싸우시는 하느님의 모습이 곧 십자가이다. 부활한 그리스도가 제자들에게 한 말 속에 이같은 사실이 밝혀진다. "… 그리스도는 고난을 받고 죽었다가 사흘만에 다시 살아난다고 하였다. 그리고 그리스도의 이름으로 회개하면 죄를 용서받는다는 기쁜 소식이 … 모든 민족에게 전파된다고 하였다"(루가 24, 46-47).

십자가 위에서의 예수의 죽음은 하느님의 권력을 어떤 특정한 공동체, 인종 혹은 국가에만 집중시키려는 인간들의 종교적 정치적 노력을 무력하게 만든 결정적 항거였다. 이스라엘뿐만이 아니라 모든 민족들을 사랑하시는 하느님이시다. 그리스도교 교회역사에서뿐만 아니라 모든 민족의 역사 속에 참여하시는 하느님이시다. 이같은 자각(自覺)이 그리스도교 신학에 미치는 영향은 무엇인가? 그리스도교 신학은 지금까지 직접적인 그리스도교 영향권 밖에 있었던 이방민족들의 역사들도 신학적으로 취급해야 할 것을 깨우쳐 주고 있다. 이제 그리스도교 신학의 행동반경은 크게 확장되어야 할 계기가 된 것이다.

이방민족들에게 하느님의 권력이 확산되었다 해서 이방민족들이 아무렇게나 그 권력을 써도 좋다는 인가(認可)가 내린 것은 아니다. 오히려 이스라엘이나 유다의 경우와 마찬가지로 그들도 하느님과 관계를 맺음으로 위태로운 자리에 서게 되었다. 이스라엘이나 유다까지도 예외로 삼지 않으신 하느님이 느닷없이 이방민족들의 죄에 대해서만은 관용을 베푸실 리 있을까? 이스라엘과 유다가 하느님의 심판을 면치 못했던 것처럼 이방민족도 피할 수 없다.

이러한 사실을 가장 잘 나타낸 것은 이사야 10장이다. 예언자는 아시리아를 인정하면서 동시에 비난하고 있다. B.C. 701년 아시리아 왕 산헤립의 침입으로 히스기야가 대표가 된 디로·에그론·유다 및 서부 불레셋 국가들의 연합동맹이 무너지게 된 직후에 이사야의 이같은 절규가 이루어졌다고 보고 있다. 혹은 B.C. 688년의 산헤립 2차 공격 직후로 보기도 한다. 민족이 절박한 위기에 처했을 때 강력한 신앙의 지도자로 등장한 이사야는 중요한 위치에서 일을 처리해 나갔다.

이처럼 절박한 상황에 처해 있으면서도 놓치지 않고 이사야는 이방임금의 침략을 긍정적인 입장에서 해석하고 있다. 하느님의 말씀으로 다음과 같이 전하고 있다.

> 아시리아야! 나의 분노의 지팡이요,
> 나의 징벌의 몽둥이였던 너 아시리아,
> 배신한 민족을 치라고 너희를 보냈고
> 나를 분노케 한 백성을 치라고 하였더니
> 마구 빼앗고 모조리 털고
> 길바닥에 진흙처럼 짓밟으라고 하였더니(이사 10,5-6).

이방민족이 이스라엘과 유다를 징벌하시는 하느님의 도구가 될 수 있다는 사고(思考)─ 이 사고는 종래의 예언자들로서는 도저히 납득할 수 없는 사고였음에 틀림없으나 이 사고야말로 포로시대에 있어 서서히 밝혀지기 시작하는 새로운 역사신학의 기초가 되는 것이다. 이 사고는 신학적인 연구 결과로 얻어진 것이 아님은 자명하다. 이스라엘 민족에게 회개를 촉구하는 깊은 고뇌의 심정에서 생겨난 것이다.

결과적으로 진정한 회개란 하느님께서 징벌의 도구로 아시리아라는 이방민족의 침입이 이루어졌다는 사실을 깨닫는 것이라고 이사야는 강조하고 있다. 쳐들어오는 적을 적개심이나 공포가 아닌 회개의 심정으로 맞이할 수 있을까? 이것은 패배주의가 아닐까? 앞서 살펴본 바와 같이 예레미야도 유다 백성들에게 예루살렘 성문 앞까지 당도한 바빌론 군대에게 항복할 것을 권고하고 있다. 무슨 이유에서 이 신앙지도자들은 쳐들어온 적들 앞에서 패배주의적 태도를 보이고 있는가? 항복하라는 것이 그들의 충고였다. 백성들의 사기를 높이고 흩어진 힘들을 모아 단결해야 할 이 절박한 시기에 오히려 찬물을 끼얹는 이들을 어떻게 이해할 수 있는가?

예언자들은 찬물이 아니다. 그들 가슴속 깊은 곳에는 백성들이 입는 상처가 그대로 있다. 백성들이 겪어야 할 치욕은 역시 그들이 겪어야 할 치욕이다. 어느 누구보다 뼈아프게 패배를 느끼고 있었다. 그러나 언제까지 이스라엘이 중심이 된 하느님 역사관을 가지고 지낼 수는 없었다. 이제 이스라엘 백성들은 하느님께서 자신들이 이방민족들, 심지어 자신의 적들과 어떠한 관계를 맺게 하시려는지를 알아야만 했다.

그런데 아시리아 왕은 하느님께서 설정해 놓으신 한계를 벗어났다. 하느님의 징벌의 도구에서 끝나지 않았다. 그는 기회를 잡았다시피 이스라엘에게 정도 넘치는 폭력과 살육을 감행하였다. 승리에 도취하여 산헤립은 자기보다 위에 있는 권세조차 인정치 않으려 하였다. 예언자는 즉각 이 점을 지적하고 나섰다. 아시리아 왕의 존재를 인정하던 때와 같은 어조로 그는 아시리아 왕을 질책하고 있다.

> 너희가 엉뚱한 일을 꾸미고
> 딴마음을 품어,
> 무작정 닥치는 대로
> 나라들을 쳐부술 생각밖에 없구나(이사 10, 7).

이것만도 못된 짓이다. 그런데 점입가경으로 이 건방지기 짝이 없는 산헤립은 모든 승리를 자기 공으로 돌리며 겁없이 자기 영토를 확장하는 데만 혈안이 되어 있다. 바로 이같은 이유 때문에 아시리아는 하느님의 명령수행자 자격을 박탈당하고 오히려 하느님의 징벌 대상이 되고 만다.

이사야는 산헤립이 당해야 할 무서운 결말을 예언하였다.

> 그러므로 주 만군의 야훼께서
> 건강한 자를 수척하게 만드시고
> 몸과 넋을 다 시들게 하시리니
> 병자가 숨져 가듯 하리라.
> 그의 재물을 화염 속에서
> 태워 버리시리라(이사 10, 16).

비록 산헤립이 이스라엘을 회개시키기 위한 하느님의 일꾼으로 부름을 받기는 했으나 그 역시 하느님의 심판을 피할 수는 없다.

인정(認定)과 심판, 허락과 배척— 역사를 다루시는 하느님의 이같은 파라독스는 이스라엘뿐 아니라 이방민족 역사 속에 늘 반복되어 왔다. 그리스도교적 관점에서 본다면 바로 이 파라독스를 풀어 주는 것이 역사이다. 이 파라독스를 통해 우리는 하느님께서 분산작용을 통해서도 자신의 권력을 시험하신다는 것을 깨닫게 된다. 예언자는 이 사실을 자만에 빠진 동포들에게 똑똑히 일러주려고 노력하였다. 그들 대부분은 이 일을 하다가 고난을 받았다. 예수 그리스도도 그의 삶과 전도를 통해 이 파라독스를 실천하였다. 같은 이유에서 그는 고난을 받았고 배척당했으며 결국은 죽임을 당해야만 했다. 종교적 정통이라는 치외법권적 요소까지도 심사를 거치지 않으면 안된다는 사실은 비극이다. 그러나 십자가는 이 파라독스가 하느님의 권력을 독점한 몇몇 특권층의 횡포 속에서만 풀어지는 것이 아님을 웅변적으로 밝히고 있다.

온 땅을 채울 나라

이것으로 고전적 예언자들의 활동을 추적하는 일을 끝내고 이제는 느부갓네살의 꿈 마지막 부분과 그에 대한 다니엘의 해몽을 살펴보기로 하자. 느부갓네살이 꿈속에서 두려워하며 그 동상을 보고 있는데 어디선가 돌이 날아와 동상을 쳐 산산조각이 나게 만들어 버렸다. 그러나 동상의 파괴가 이야기의 끝이 아니다. 이것은 창조 이전의 혼돈상태를 회상시키는 것으로 끝날 문제가 아니다. 그것은 하느님이 통치하는 새 시대의 개막을 알리는 것이다. 꿈은 계속되었다. 그 이상한 돌은 점점 커지더니 큰 산만해져 온 땅을 뒤덮을 정도가 되었다(다니 2, 35).

이 돌은 무엇인가? 다니엘의 해석에 따르면 이 돌은 하느님이 세우실 영원한 나라이다.

> 이 왕들 시대에 하늘에 계시는 하느님께서 한 나라를 세우실 터인데 그 나라는 영원히 망하지 아니하고 다른 민족의 손에 넘어가지도 않을 것입니다.
>
> 오히려 앞에 말한 모든 나라들을 부수어 없애 버릴 것입니다(다니 2, 44).

무슨 생각에서 이런 해석이 가능했을까? 우선 들었을 때 종말론적인 냄새가 강하게 풍기는 이 말들에 숨겨진 의미는 무엇일까?

여기에서 촛점이 되는 것은 돌이다. 난데없이 날아와 동상을 부수고 산만해지며 다니엘의 해석대로라면 하느님의 나라가 된다. 우선 궁금한 것은 이 돌의 출처이다. 그 돌은 "아무도 손을 대지 않은"(다니 2, 33)데도 날아온 돌이다. 이 말은 그 돌을 던진 손은 신(神)의 손이란 뜻이다. 그 돌을 있게 하고 동상을 파괴하도록 하신 분은 하느님이었다. 돌 스스로가 움직인 것이 아니라 하느님이 날아가게 만들었다. 이것은 하느님의 능력의 표현이며 하느님의 의지의 산물이다.

다음으로 우리의 관심을 끄는 사실은 "그 돌이 난데없이 산에서 날아와 산만하게 커져 온 땅을 가득 채웠다"는 사실이다. 돌이 하느님의 손에 의해 던져진 것은 사실이나 그렇다고 그 돌이 이 세상이 아닌 다른 세상에서 날아온 것은 아니었다. 그 돌은 이 땅의 한 부분이었고 이 땅 위에서 작용하였다. 그것은 세상에 속하였다. 역사 속에서 작용하였다.

이 이야기를 좀더 확대 해석한다면 동상의 파괴로 상징된 네 왕국의 멸망으로 인해 역사가 근절되지는 않는다고 풀이할 수 있을 것이다. 그 돌은 세상에 대하여 묵시적 종말로 던져진 것은 아니었다. 그 돌 자신은 산만해졌고 "온 세상을 채웠다." 생겼다 없어지는 것이 왕국들이다. 왕조들이 계속 이어 일어난다. 생겼다 사라지는 게 인생이다. 역사도 창조되었다 파괴되었다 한다. 바깥에서 보면 온통 인간들의 행위뿐이나 그 속을 살펴보면 거기엔 하느님 나라의 씨앗이 배태되어 있음을 알게 된다. 창조하시고 구원하시는 하느님의 능력이 이들 인간의 행위를 지휘한다. 이스라엘 백성들은 역사를 이런 식으로 보았다. 이것이 하느님에 대한 그들의 기본적인 신앙이었다. 이제 이같은 신앙의 눈으로 다른 민족들을 보아야만 한다. 색다른 이야기를 통해 바빌론을, 메데를, 페르시아를 그리고 나아가서 그리이스 왕국을 보아야 했다.

세상 왕국들 속에서 자라는 하느님 나라의 내적 성장— 이것이 난데없이 산에서 날아와 동상을 부수고 산만큼 커져 온 세상을 채운 하느님의 돌이 상징한 것이었다. 하느님의 나라는 이 세상의 사회적 정치적 조직을 초월해 형성되는 엉뚱한 조직이 아니다.

사실 여기에서 말콧(malkoth)이란 히브리어를 "나라"로 번역한 것은 적절한 표현이 못된다. 신약에서 그리이스어로 바실레이아(basileia)로 번역되는 구약의 말콧은 하느님의 "주권"[6] 혹은 "통치"[7]로 번역되는 것이 타당하다. 말콧 혹은 바실레이아는 이 세상의 권력 또는 나라들 안에서 작용하는 하느님의 능력이다. 그것은 역사의 과정을 지시하며 왕조와 나라를 심판하시는 거룩한 능력이다. 이스라엘 민족은 그들 신앙 속에 이같은 사실을 받아들였으며 자신들의 역사적 체험 속에서 하느님의 능력 혹은 그의 통치를 표현하려고 노력하였다. 다른 민족들에게서는 찾아보기 어려운 신앙의 단면이다. 그러나 다른 민족들도 이같은 사실을 깨달아야만 했다. 다니엘의 꿈 해몽이 그 증거가 되었다. 이것이 단서가 되어 역사 속에서 하느님의 권세와 통치를 찾아낼 수 있게 된 것이다.

왕이 대단히 놀란 것을 보면 다니엘의 해몽이 끼친 영향이 상당히 큼을 알 수 있다. 왕은 대단히 놀라 다니엘에게 말한다. "너의 신이야말로 정말 비밀을 밝히시는 분이요 신들 가운데서 으뜸가는 신이며, 만왕을 거느리시는 분이다"(다니 2,47). 다니엘의 증거가 왕으로 하여금 고백하게 만들었다. 이와같은 고백이 이루어지면, 그 고백이 이루어진 장소가 어느 곳이든 불문하고 또한 그 고백자가 누구이든간에 바로 그곳에 하느님의 능력이 나타나게 되며 하느님의 통치가 이루어지게 된다. 따라서 하느님의 통치는 구역제한이 없다. 국경이나 종교의식으로도 제한받지 않는다. 종교적 개념에 의해 규정되거나 사회-정치적 범주 안에 제한받는 그런 것이 아니다. 하느님의 통치는 증거를 만들고 고백을 만들며 거기에 성립되는 것이다.

이같은 사실을 마음 속에 간직하고 다니엘의 다음 말을 들어 보자. "그 나라는 길이 서 있게 될 것입니다"(다니 2,44). 하느님의 능력 및 통치를 의미하는 말콧 혹은 바실레이아는 인간 소유물이 아니기 때문에 인간의 권력투쟁처럼 이 나라에서 저 나라에로, 이 민족에게서 저 민족에게로 옮겨질 수 있는 것은 아니다. 어느 한 왕조가 다른 왕조에게 양도할 수 있는 소유권도 아니다. 다니엘이 "옮겨질 수 없는" 하느님의 통치를 강조함에 따라 정치적 지도자 또는 당(黨)이 영원무궁토록 다스리고 지배할 수 있노라고 떠들어댈 수 있는 근거는 사라져 버렸다. 하느님의 권세와 통치는 지배계층을 위한 법적 근거로 사용될 수 없다. 그것은 쉽사리 법제화(法制化)되지 않는다.

건전하고 올바른 헌법에는 하느님의 권세와 통치를 직접 혹은 간접으로 증언하는 증거들이 나타난다. 어떤 정치가도, 어떤 법적인 수단으로도 그 증거를 인멸할 수는 없다. 다만 대통령, 수상 혹은 당서기장이 하느님의 권세와 통치를 도발하는 길은 한 가지, 헌법을 바꾸는 길뿐이다. 그러나 그럴 경우엔 그 헌법은 합법성을 상실하고 만다. 그러한 행위는 백성들이 보는 앞에서 헌법의 합법성과 가치를 강탈해가는 행위이다. 헌법을 개정함으로 하느님의 권세와 통치를 제거시켜 버린 통치자는 결국 "천명"(天命)을 상실하게 된다. 고대 왕권사회에만 국한되는 것이 아니라 현대 사회에도 그대로 적용되는 말이다. 어느 시대, 어떤 곳이든 적용되는 말이다.

노예로 잡혀 간 유대인 다니엘을 통해 하느님은 강력한 왕 느부갓네살을 굴복시켰다. 바빌론 왕에게 그러할진대 하물며 안티오쿠스 에피파네스야 물을 필요도 없다. 다니엘서 기록의 숨은 뜻의 하나는 바로 이와같은 생각이었다. 옛날 바빌론을 이런 식으로 다루신 하느님이신데 지금 다시 그런 식으로 처리하실 것을 기대 못할 이유가 있겠는가? 잔인한 사회-정치 세력 밑에서 자유와 정의를 위해 투쟁하는 오늘의 그리스도교인들이 다니엘서를 읽으며 하느님에 대해 기대하는 바도 바로 이와같은 바램일 것이다.

그러나 느부갓네살의 꿈과 해몽에 대한 이야기는 하느님께서 그의 백성들을 난폭하게 다루는 적들에게 진노하신다는 의미 이상의 것을 포함하고 있다. 이 이야기는 모든 민족 모든 나라의 역사를 지휘하시는 하느님을 깨닫게 해 준다.

아시아 신학의 신학적 과제는 세계의 한 부분인 우리 아시아에서 하느님은 어떤 계획을 가지고 계신가를 살펴보는 일이다. 우리가 얻을 수 있는 것이 찰나적인 것일지라도 이것이야말로 값으로 따질 수 없는 귀중한 것이다. 이 찰나적인 것을 통하여 우리의 연구는 계속 발전하여 결국은 수세기 동안 아시아의 민중과 함께 하신 하느님의 뜻과 그의 길을 깨닫게 될 것이다.

역사에 대한 하느님의 주권

옛 이스라엘 예언자들은 과감하게 자기민족과 이방민족과의 연결을 모색하였다. 그들은 역사 속의 하느님의 역사(役事)를 이해함에 있어 놀랄 만큼 개방적인 태도를 보였다. 급변하는 현대 세계 속에 있는 그리스도교 교회는 과연 얼마나 과감하게 시대에 대처하고 있는가? 다른 종교 다른 문화가 세계의 관심을 집중시키며 세차게 출현하고 있는 이때 과연 그리스도교 신학자들은 얼마나 개방적인 태도로 이에 대처하고 있는가? 혹시나 신학은 아직도 자기도취에 빠져 전통적으로 내려오던 사고의 틀 속에 안주하고 있지나 않은가? 그리스도교 공동체 밖의 사람들로서는 전혀 간섭할 수 없는 대외비(對外秘) 회담을 아직도 끝내지 못하고 있는 것이 아닌가?

이같은 질문에 선뜻 한마디로 대답할 길은 없다. 그럼에도 이 질문은 서둘러 해결해야 할 무엇이 있음을 암시하고 있다. 우리가 살고 있는 이 세계의 인구 및 그리스도교신도 비율에 대한 통계를 볼 때 이 느낌은 더욱 고조된다.

세계 인구의 4분의 1이 그리스도교 신앙을 가지고 있다. 나머지 4분의 3은 다른 종교를 가졌거나 속신(俗信)을 지니고 있다. 이같은 비율을 지역별 인구증가에 적용시킬 때 나타나는 결과는 2000년에 이르면 그리스도교인은 전 세계인구의 5분의 1 미만으로 떨어지게 된다.[8]

그리스도교인들은 어렴풋이나마 이같은 종교인구 분포도에 대해 알고 있었을 것이다. 그러나 이처럼 분명하게 숫자로 기록된 것을 보게 될 때 그리스도교 문화에 젖어 살던 그리스도교인들은 놀라기도 하면서 믿지 않으려 할 것이다. 미국에서 아직까지는 동전이나 지폐에 "우리는 하느님을 믿는다"(In God we trust)란 문구가 새겨지고 있다. 영국에서도 아직까지는 "하느님이여 여왕을 구하소서"(God save the Queen)이란 국가가 울려 퍼질 때 부동자세로 이를 경청한다. 그리고 서독이나 스웨덴, 노르웨이 같은 일부 유럽국가에서 아직은 "국교회"(state church)란 단어가 영향력을 발휘하고 있다.

1978년판 브리태니카연감에 의하면 아시아의 그리스도교인 — 로마 가톨릭, 정교회 및 프로테스탄트 포함 — 은 9천만에 이른다. 이에 비해 불교인은 2억6천만, 힌두교인은 5억1천5백만, 마호멧교인 4억3천3백만에 이른다. 아프리카에서는 마호멧교인 수가 그리스도교인 수에 맞먹는다(마호멧교 1억3천4백만, 그리스도교인 1억3천7백만). 게다가 "전세계 인구의 35%는 특정한 종교를 가지고 있지 않으며 미신을 믿거나 무종교인이라고 주장한다"⁹고 설명한다. 중국을 예로 들면 더욱 당혹케 만든다. 9억(10억으로 보는 인구통계도 있다)이나 되는 사람들이 종교를 사회주의국가 건설에 방해가 되는 해독(害毒)으로 보는 정치적 이념적 체제하에 지배받고 있다.

우리 그리스도교인들은 이러한 사실을 심각하게 받아들여야 한다. 그리스도교 신앙의 기본적 입장에 문제를 던지고 있다. 하느님이 역사의 주(主)라는 사실을 어떻게 해석할 것인가. 그리스도교 신앙을 고백하지 않는 이 많은 세계 사람들과 하느님과의 관계를 어떻게 풀이할 것인가? 모든 사람들이 오직 예수 그리스도만을 통해야 구원받을 수 있는가? 그렇다면 구원이란 무엇인가? 그리스도교라는 울타리 밖에 있는 가난하고 눌리고 집없는 이 많은 자들에게 구원이란 어떤 의미가 있는가?

이외에도 문제를 더 복잡하게 하는 요인들이 또 있다. 생활이나 역사가 그리스도교의 영향을 받아온 국가에서도 세속화의 물결에 밀려 교회는 재판장의 자리에서 밀려나게 되었다는 소리가 종종 들린다. 서양의 전통 그리스도교가 "퇴조" 현상을 보이고 있다는 사실을 밝혀주는 분명한 현상들이 보고되고 있다. 영국의 사회학자 브라이언 윌슨(Bryan Wilson)은 《세속사회 속의 종교》(Religion in Secular Society)란 저서를 통해 흥미있는 통계를 제시하고 있다. 그는 연구 결과 "유럽국가들에서는 교회로 가는 교인들의 수가 현저하게 줄어들고 있다. 특히 프로테스탄트 국가에서 그 현상이 뚜렷하다. 노르웨이의 경우 일요일에 교인 평균출석율이 전체 인구의 3%도 미치지 못하고 있다. 잉글랜드에선 10~15%에 이른다…"고

보고하고 있다.[10]

　물론 일요일에 교회에 가는 교인수로 그리스도교의 건강상태를 진단할 수는 없다. 표면적으로는 교회를 등한시하지만 그 이면에는 사회 속에서 그리스도교 정신으로 활발하게 일하고 있다고 풀이할 수도 있다. 위기와 박해의 시기가 닥치면 그리스도교 정신이 되살아나 예언자의 소리처럼 외쳐지고 방황하며 절망 속에 빠진 사람들에게 희망의 등불로 비쳐질 것이며 인간의 영혼을 미래로 향해 행진하도록 부추길 것이라고 말할 수 있다. 그러나 그동안 교육이나 사회생활 및 정치 속에서 강하게 작용했던 교회의 영향력이 현저하게 감소되고 있음은 부인할 수 없는 사실이다. 조직으로서의 교회는 이제 더 이상 국가정책에 직접적 영향을 끼치지 못하고 있다.

　그러나 이와는 반대로 마호멧 국가에서는 아직도 마호멧교가 핵심적 역할을 담당하고 있다. 종교는 국가의 사회-정치적인 문제에 결정권을 지니고 있다. 이란에서 마호멧교 지도자들이 중심이 되어 혁명으로 팔레비 왕권을 무너뜨린 사실은 바로 마호멧교가 얼마나 그 나라 깊숙이 뿌리를 내리고 있는가를 단적으로 설명해 주는 사건이었다. 인도도 표면적으로는 세속국가(世俗國家)이지만 아직도 국가 일에 대하여 구석구석에서 힌두교가 강력한 영향력을 발휘하고 있음을 알 수 있다. 흔히 세상을 부인하는 종교로 알려진 불교의 경우에도 버마에서만은 이 불교가 "버마식 사회주의 건설"에 주도적 역할을 담당하고 있다. 동서양을 막론하고 그리스도교인들이 자기의 신앙을 되새기고 이방민족과 관계맺고 계시는 하느님에 대해 보다 깊이 알기 위해서는 우선 자신들이 이러한 세계 ─ 제1세계로부터 제3세계에 이르는 ─ 속에 있음을 깨달아야 한다. 우리에겐 소위 그리스도교 왕국이라 불리우는 상아탑(象牙塔)에서 만들어지는 신학과는 다른 종류의 신학이 필요하다.

　드물지만 아렌드 반 류벤(Arend van Leeuwen)의 《세계사 속의 기독교》(*Christianity in World History*)[11]란 책이 이같은 신학적 시도를 하고 있다. 우선 책의 제목 자체가 시사적이다. 그는 그리스도교를 세계사라는 상황 가운데 두고 있다. 이 책은 식민지 이후 시대의 그리스도교 역할을 재조명하려는 목적으로 기록되었다. 그리스도교가 다가올 미래의 세계 문화 속에서 적극적으로 나가야 할 방향을 모색하고 있다. 아뭏든 이 책은 동서양의 고민하는 그리스도교인들에게 격변하는 세계 속에서 교회의 선교적 사명을 다시 한 번 일깨워 준 역작(力作)이었다.

　하나 이 책에서 몇 가지 중대한 오류를 발견할 수 있다. 네덜란드 출신

신학자인 반 류벤은 이스라엘과 그리스도교가 중심을 이루는 사관에 입각하여 주장을 펴나가고 있다. 그가 이스라엘과 이방민족 사이의 관계를 신학적으로 해석할 때 이같은 중심주의가 분명히 드러나고 있다.

> 이스라엘과 이스라엘 땅은 온 땅 온 인류를 나타낸다. 이스라엘 자신이 새 창조이며 그 땅은 하느님께서 창조하실 새 땅의 증표이다. 바로 이런 이유에서 온 땅의 생명은 이스라엘이 그의 땅으로 되돌아갈 것이다라는 약속에 매이게 되는 것이다 … 주님은 그의 백성인 이스라엘을 통하여 온 땅을 어떻게 다루실 것인가를 밝히신다.¹²

이같은 강한 중심적 사고(思考)가 구약에 있음은 사실이다. 그러나 구약에는 이스라엘과 이방민족들 사이의 관계를 상호 동등관계로 보려는 강한 노력 또한 있었다. 그런데 반 류벤에게는 이러한 노력은 비현실적인 것이었다. 그의 책에서 페르시아 왕 고레스나 바빌론 왕 느부갓네살에 대해서 표면적으로 스쳐 지나가는 이유가 여기에 있지 않을까?

반 류벤의 신학에서 이스라엘 중심주의는 그리스도교 중심주의로 발전하였다. 하느님은 교회에서 시작하여 교회로 돌아온다. 교회는 하느님의 시발점이자 종착점이다. 반 류벤이 자기가 말하는 "교회"의 의미를 분명히 밝히지는 않고 있으나 그 교회는 지난 2천년 동안 발전해 온 교회임을 알 수 있다. 그러나 구약에서 말하는 역사적 정치적 조직체로서의 이스라엘의 의미는 소멸되었듯이 교회도 언젠가 역사적인 조직체로서의 수명을 끝내리라는 사실을 부인할 아무런 근거가 없다. 따라서 이스라엘이나 그리스도교 교회가 온 인류를 대표한다는 말의 의미는 상당히 모호한 것이 되어버리고 만다. 역사적 현실주의에서 던지고 있는 이 질문에 신학자들은 답해야 한다. 이 문제에 역사적 설명을 붙이지 않고 허공에 뜬 채로 버려둘 수는 없다.

그리스도교 신학은 지금까지 역사만큼은 심각하게 다루어 왔다고 자부하고 있다. 하느님은 역사의 하느님이시다. 하느님은 역사 속에서 일하시며 역사의 주인이시다. 힌두교가 역사에 대해 별로 관심을 두지 않는데 반하여 그리스도교 신앙은 역사적 신앙이다.

그리스도교 신학의 대표적 상표가 역사이다. 따라서 중국의 역사가 하느님의 구원과 어떤 관계를 맺고 있느냐고 질문한다고 해서 비신학적이라 할 수는 없다. 마찬가지로 식민지 이후 시대에 국제정치세력의 판도 변화에 나타난 하느님의 역사적 뜻은 무엇이었는가 묻는 것도 역시 비신학적 질문이랄 수 없다.

우리 그리스도교인들은 성급하게 이스라엘과 그리스도교가 온 인류의 대표자이다라고 주장하기 전에 먼저 유대 및 그리스도교 전통문화 밖의 민족이나 국가의 역사적 체험에 대해 신학적인 탐구를 해야 할 것이다. 신앙에 대한 신학적 주장의 타당성 여부는 우리의 삶과 신앙과 밀접한 관계를 맺고 있는 역사적 사건들을 분석해 본 결과로서 얻어질 수 있는 것이다. 역사적 현실주의는 신학적 현실주의를 낳게 한다. 철저한 역사적 현실주의에 입각해서 살아갈 때 우리 그리스도교인들은 삶과 역사의 모든 문제들을 척결해 나갈 수 있을 뿐 아니라 이것을 통해 우리의 신앙은 도전받으면서도 깊어지고 더욱 풍부해질 것이 틀림없다.

비록 반 류벤이 그리스도교 중심주의를 벗어나지는 못했지만 한편으로 그는 그리스도교가 다른 문화와 종교를 좀더 잘 알아야 한다고 강조한 점은 높이 평가받아 마땅하다. 그는 그리스도교인들이 다른 종교나 문화 민족들과 손을 잡고 일해 나가야 한다는 사실을 강조하고 있다. 그는 다른 민족의 전통 속에 담긴 보물을 찾아내야 하며 "아프리카나 아시아 문화 속에 점철되어 있는 지혜와 경험의 보고(寶庫)를 개방해야 한다"[13]고 말한다. 그는 거리낌없이 충고하고 있다.

> 이것이야말로 그리스도교인들이 비그리스도교 형제들과 조금도 다를 바 없이 비서양적 문명의 영적이며 물질적인, 사회적이며 개인적인, 철학적인, 정치적이며 경제적인 가치들을 향유(享有)할 수 있는 더없이 좋은 기회인 것이다.[14]

이같은 충고가 받아들여졌느냐 못 받아들여졌느냐 하는 문제가 중요한 것이 아니다. 그리스도교인들은 이제 더 이상 다른 사람들이 무엇을 믿든지, 어떤 일을 하든지 관심두지 않고 지낼 수 있는 입장이 될 수 없었다. 보다 넓은 인간 공동체 안에서 일어난 일들을 무시한 채 그리스도교 신앙 주장은 이루어질 수 없게 되었다. 그런데 반 류벤의 이같은 노력은 그리스도교인들의 자기 교육의 한계를 넘는 것이었다. 그는 한 발자국 더 나가는 데 그의 목표를 두고 있다. "이런 식으로 할 때 그리스도교인은 마호멧교도나 힌두교도에 뒤지지 않는 영향력을 가지고 마호멧교나 힌두교 문화를 소생시킬 수 있을 것이다."[15] 그리스도교인의 피할 수 없는 명령이다! 반 류벤은 마호멧교나 힌두교는 자신의 소생을 위해선 마호멧 혹은 힌두교 개혁자들뿐 아니라 그리스도교 개혁자들까지 필요로 하고 있다고 보고 있는 것 같다.

이처럼 간절히 그가 보여준 관용과 이해심은 칭찬받아 마땅하다. 결코 과소평가할 것이 아니다. 그러나 그의 그리스도교 중심주의는 특히 두 가지 면에서 약점을 노출시키고 있다. 첫째, 마호멧교가 자신이 소생하기 위해서 그리스도교가 요구된다고 생각되었다면 거꾸로 그리스도교가 소생하기 위해서 마호멧교가 요구될지도 모른다는 생각에는 반 류벤의 머리가 미치지 못했는가? 이 문제는 심각하게 생각하지 않은 듯싶다. 그는 우리에게 다른 문화나 종교를 소생시키고 개혁시키기 위해 그들에게로 가라는 신호를 보내고 있다. 그러나 적어도 이론으로라도 이와 정반대 방향의 흐름도 있을 수 있다는 사실은 받아들이려 하지 않은 것 같다. 그리스도교만이 남들과 자기 자신을 돌볼 수 있다.

다음으로 제기되는 문제는 이것이다. 구속사라는 전통적 개념이 반 류벤의 신학에서도 주류를 이루고 있는 것 같다. 이 사실은 그의 책 마지막 부분에서 보다 명확히 드러난다. "우리 시대에 '그리스도교화'(Christianization)라는 말은 민족들이 위로 전진하는 그리스도교 역사에 동참케 된다는 의미로밖에 해석될 수가 없다."¹⁶ 정치, 문화 및 종교에 있어 격변하는 세계를 누구보다 잘 알고 있는 신학자의 입에서 나온 말로는 너무도 실망이 크다. 도대체 불교도가 자신의 신앙 및 문화를 포기하지 않은 채 "위로 전진하는 그리스도교 역사"에 동참할 수 있는 길이 있을 수 있는가? 힌두교도가 힌두교도이기를 포기하지 않은 채 그 역사 속에 "동참"할 수 있는 길이 있는가? 반 류벤은 다른 종교들이 가지고 있는 칭찬할 만한 요소들을 모두 포용할 수 있는 그리스도교 역사를 확신하고 있는가? 그는 언젠가는 이 세상이 "그리스도교화"되리라고 믿고 있는가?

이같은 질문에 그가 어떻게 대답을 하든 한 가지 분명한 사실은 그는 그리스도교를 세계사 속에서 가장 강력한 힘을 가진 존재로 보고 있다는 사실이다. 그리스도교라는 존재는 거의 2천년 동안 특히 서양세계에서는 절대적인 것으로 받아들여 왔다. 그리스도교의 영향력이 — 그 전통적인 양식에서 — 점차 소멸되어 가고 있다는 사실을 인정은 하면서도 그는 언젠가 다른 형태로 그 영향력이 재현될 것을 믿고 있다. "서양의 독점시대는 끝나가고 있지만 비(非)서양세계에 대한 서양문명의 영향력은 이제 작동하기 시작하고 있다. 교회의 역사를 위해 어떤 일들이 일어나게 될 것인가?"¹⁷ 그는 여기서 서양이 제3세계에 전해준 과학, 기술, 민주주의, 자유 등으로 대변되는 서양의 세속화 힘을 말하고 있다. 동서양을 막론하고 세계는 세속화되고 있다. 그것은 사실이다. 그렇다고 불교 신앙이나 힌두교의 종교행위마저도 서양화된다고 말할 수 있겠는가? 토착적 문화유산을 버리고 대신 서양의 "세속화된" 문명을 취하게 될까? 이러한 질문에 그렇다고 대답할 이는 거의 없다.

현재 대부분의 제3세계에서 일어나고 있는 공통적인 현상은 세속화가 결코 토착문화의 재흥(再興)을 막을 수는 없다는 것이다. 간단한 예로 빵을 생각해 보라. 빵은 주요 아시아 국가에서도 이미 빼놓을 수 없는 가정 음식이 되었다. 간단하면서도 편리한 음식이다. 아침 일찍 잠자리에서 일어나자마자 식탁에 가면 언제나 먹을 수 있도록 빵이 마련되어 있다. 5～10분 정도면 아침식사를 마치고 출근길로 나설 수 있다. 쌀처럼 씻어서 불에 올려 놓고 밥이 될 때까지 반시간을 기다려야 하는 불편이 없다. 빵은 서양의 효율성을 그대로 보여주고 있다. 서양문명의 실체를 부엌이나 식당에서 피부로 느끼게 해 준다. 또한 상당수 아시아인들의 식사풍속을 바꾸어놓은 것도 사실이다. 그럼에도 불구하고 빵은 아시아인들의 주식(主食) 자리를 밥으로부터 빼앗지는 못했다. 아시아인들이 음식을 생각할 때 밥을 생각하지 빵을 생각하지 않는다. 음식이라 할 때엔 밥을 의미하지 빵을 의미하지는 않는다. 배가 고플 때 밥을 달라 하지 빵을 찾지 않는다.

동양에서 전개된 서양 세속문명의 "위로 향한 전진"의 소용돌이 속에서도 쌀문명은 빵문명으로 바뀌어지지 않았다. 때론 서양의 철학적 사고에 비교해 아시아인의 사고를 "혼합적" "절충적" 사고라 특징지어지기는 하지만 음식이나 문화와 같은 중대한 문제에 닥치게 될 때엔 아시아인은 무엇을 선택해야만 하는지를 분명히 깨닫고 있다. 쌀로 양육받은 마음, 영혼, 정신 및 몸이 빵으로 식사풍습을 바꾼다 해서 덜 "아시아"적으로 변할 리는 만무하다. 오히려 쌀문화는 번창하고 있다.

쌀과 빵으로 예를 든 것이 납득이 잘 안간다면 좀더 핵심적인 얘기로 들어가자. 반 류벤은 제3세계에 대한 서양의 세속문명의 영향력이 계속 증가되고 확대될 것으로 믿고 있다. 맞는 이야기이다. 그런데 그는 이 문명의 바퀴에 실려 그리스도교 교회가 비서양세계에로 선교의 역할을 해나가야 한다고 주장한다.

그릇된 정책이 아닐까? 복음과 서양문화와의 관계를 묻는 이같은 질문에 대해 제3세계에 있는 그리스도교인들은 수비적 태도를 보여 왔다. 동서양을 막론하고 양식있는 그리스도인들은 그리스도교 복음과 서양 군함과의 결혼은 정략결혼이었으며 그 결혼은 가능한 한 빨리 이혼으로 끝나야만 한다고 누누이 말해 왔다. 그런데 이제 반 류벤은 형태와 기분만 약간 다를 뿐 이와 비슷한 전략을 내놓고 있는 것이다. 이제 다음과 같은 질문을 던질 수밖에 없다. 서양문명의 가치나 판단기준이 끊임없이 도전받고 문제시되고 있는 판국에 무슨 이유에서 구원의 복음은 이 "세속화된" 서양문화의 인도를 받아들여 와야 하는가? 복음이 서양이란 경호원의 도움을 받아서만 선포되어야 하는 까닭은 무엇인가?

한 가지 더 덧붙일 이야기가 있다. 바로 이스라엘과 그리스도교 중심주의에 근거하여 반 류벤은 자기 책에서 자신이 언급한 아시아의 문화나 종교에 대한 신학적 의미를 찾아보지 않았던 것이다. 이러한 문화와 역사 속에서도 하느님은 능동적으로 활동하시지 않았는가? 이들 속에서 하느님의 발자취를 찾는다는 것이 그리스도교인으로서는 불가능한 일인가? 이스라엘 역사나 그리스도교 교회역사 속에서 하느님의 발자취를 쉽게 구별해 낼 수 있듯 아시아인들의 역사 속에서도 하느님의 발자취와 관련된 흔적들을 찾아낼 수 있는 방법은 없을까? 서로 같은 것일까? 아니면 전혀 다른 것일까?

동양의 신학자들은 단지 동양학자가 아니다. 그의 주요 관심은 그리스도교 교회 범주 밖에 있는 민족들의 역사와 삶 속에 하느님께서 어떻게 동참하고 계시느냐의 문제와 연결되어야 한다. 하느님께서는 이스라엘 민족과 함께 역사를 쓰셨다. 그리스도교 교회와도 쓰셨고 지금도 쓰시고 계시다. 그러나 창조주와 구속자가 되시는 하느님은 당연히 말레이지아, 중국, 일본 및 태국과도 함께 역사를 쓰셔야만 한다. 어떻게 이런 역사가 쓰여질 수 있을까? 이것이 그리스도교 신학자들, 특히 제3세계 신학자들의 과제이다.

전위신학은 계속되어야 한다. 지금까지 거쳐 온 과정을 정리하며 오산(誤算) 가능성도 재어 보면서 계획을 수립해야 한다. 이러한 관점에서 지금까지 하느님께서 이스라엘과 그 주변 민족들과의 관계 속에서 어떻게 역사를 끌어 나갔는가 살펴보았다. 몇 가지 새로운 사실을 깨닫게 되었고 새로운 시야가 전개됨을 느끼기도 하였다. 그러나 이제 시작에 불과하다. 계속해서 우리 신앙의 핵심—예수 그리스도에게 접근해야 한다. 그리고 그를 통하여 새로운 통찰력과 상상력을 얻어 모든 민족을 다루시는 하느님에 대한 이해를 깊이 할 수 있어야 한다. 이제 제2부에서는 예수 그리스도를 집중적으로 살펴보자.

제 2 부

대 붕 괴

그러자 예수께서는 이렇게 말씀하셨다.
"정말 잘 들어 두어라.
밀알 하나가 땅에 떨어져
죽지 않으면
한 알 그대로 남아 있고
죽으면
많은 열매를 맺는다."
(요한 12, 23-24)

제 4 장

마지막에서 시작

끝에서부터 시작하자. 때론 끝이 시작을 깨닫게 하는 중요한 힌트를 던져 주기 때문이다. 특히 예수 그리스도에 관한 한 그렇다. 초대 그리스도교 공동체의 신앙은 예수 그리스도의 십자가와 부활을 중심으로 하고 있음은 널리 알려진 사실이다. 신약성서 자체가 오순절 성령체험 이후의 제자 및 사도들의 저작이다.¹

예수 그리스도를 통해 우리는 끝이 시작이 되는 특별한 인물을 소개받게 되었다. 부활로 연결된 십자가 위에서의 그의 최후가 "천하를 어지럽게 만드는"(사도 17, 6 개역) 믿음의 시작이 되었다. 십자가-부활 사건에서 생겨난 이 신앙은 복음서에서 우렁차게 외쳐졌고 사도행전에서 진동하고 있으며 바울로 서간 속에서 용솟음치고 다른 신약성서 속으로 용해되어 들어갔다.

공생애를 마감하는 예수의 모습은 그가 탄생할 때 말구유에 뉘어 몇 안 되는 목자들이 의아한 표정으로 지켜보던 그 모습으로 바뀌었다. 그는 또한 마지막 날에 영광의 왕으로 군림하여 자기의 사명을 완수하실 그런 분으로도 자신을 나타내 보이셨다. 그의 마지막은 하느님과, 인간과, 모든 피조물과 함께 하는 또다른 시작인 것이다. 이런 이유에서 우리는 그의 마지막으로부터 시작해야 한다.

기대했던 메시아의 죽음

도대체 끝은 무엇이고 시작은 무엇인가? 십자가는 그의 메시아직에 대한 의심의 분위기를 말끔히 씻어 버렸다. 표현만 달랐을 뿐 모든 사람들이 놀랐다. 우선 힘으로 로마 전제정권을 무너뜨려야 한다며 무력저항운동을 펴던 열혈당원들이 있었다.² 예수 자신도 내심으론 그들의 행동에 동의하고 있었던 것 같다. 공생애 기간 중 그는 "자신이 열혈당원과 상당히 밀접한 관계를 맺고 있음"을 알았고 "자신이 열혈당원이 되고 싶은 충동까지 느끼고 있었다."³ 따라서 십자가는 이들에게 있어 더없는 실망이었다.

또한 그를 따르던 무리들 중에는 열혈당원과 같은 정치적 야망을 가진 자들도 상당수 포함되어 있었다. 그들은 예수가 예루살렘에 입성할 때 기다리던 왕이며 메시아로 열렬히 환영하였다. 그들은 목청을 높여 외쳐대었다. "호산나! 다윗의 자손! 주의 이름으로 오시는 이여, 찬미받으소서. 지극히 높은 하늘에서도 호산나!"(마태 21, 9). 그러나 예수는 그들이 기대했던 메시아일 수는 없었다. 그들의 종교지도자들에 의해 선동되어 호산나를 외쳐 대던 바로 이 무리들은 빌라도에게 바라빠를 풀어 주고 예수를 처형하라고 외쳐 대었다.

제자들까지도 자기들 스승에 대해 잘못된 기대를 하고 있었던 것 같다. 루가복음서는 예수가 예루살렘에 입성할 때 그 무리들 선두에 서서 외쳐 댄 인물들이 바로 제자들이었다고 진술하고 있다. 제자들은 "주의 이름으로 오시는 임금이여, 찬미받으소서. 하늘에 평화, 하느님께 영광!"(루가 19, 38)라고 외쳤던 것이다.

예수 자신도 깜빡 이같은 열광의 도가니 속에 도취되었던 것 같다. 바리사이인들이 그에게 제자들을 제지하라고 요구하자 그는 "잘 들어라. 그들이 입을 다물면 돌들이 소리지를 것이다"(루가 19, 40)고 대답하였다. 그러나 예수가 십자가를 지게 되자 제자들은 도망쳤고 스승만 혼자 남아 마지막 고뇌의 시간을 지켜야 했다.

그리고 종교적 혹은 정치적 지도자들 가운데는 이 모든 과정을 안타까운 심정에서 지켜본 자들도 있었다. 바리사이파 사람들 가운데에는 니고데모처럼 당당하게 예수를 변호한 인물도 있었다. 니고데모는 예수를 처치하려는 동료들을 만류하였다. "도대체 우리 율법에 먼저 그 사람의 말을 들어 보거나 그가 한 일을 알아 보지도 않고 죄인으로 단정하는 법이 어디 있소?"(요한 7, 51). 그러나 결국은 증오하는 자들이 승리하여 예수를 로마 총독 본디오 빌라도에게 끌고 갔으며 정치범으로 처형당하게 하였다.

빌라도는 유대 종교지도자들의 주장대로 해야 할지 말아야 할지 입장이 곤란하였다. 그는 자기 식대로 이 곤경에서 벗어나 보려고 시도해 보기도 했지만 결국 자기가 다스리는 식민지 백성들의 격앙된 함성에 굴복하고 말았다. 그가 할 수 있는 일이라면 손을 씻으며 자신의 입장을 밝히는 것 뿐이었다. "너희가 맡아서 처리하여라. 나는 이 사람의 피에 대해서는 책임이 없다"(마태 27, 24). 그럼에도 그는 예수의 피와 관계없는 인물이 될 수는 없었다. 그를 놓아줄 수 있는 권한이 있음에도 불구하고 그를 자기 군사들에게 넘겨준 인물이 바로 빌라도였다.

그리스도교 신앙은 십자가상의 예수의 죽음으로부터 시작하고 있다. 이 무슨 불길한 시작인가! 죽음은 생명의 붕괴, 돌이킬 수 없는 파멸이다. 죽음은 생명을 거부한다. 의미를 약탈하고 삶을 가능케 하는 모든 관계들을 파괴한다. 죽음으로 인간이란 존재는 끝나게 된다. 게다가 예수의 죽음은 평범한 죽음이 아니었다. 참혹한 십자가 위에서의 수치스런 죽음이었다. 그가 지금까지 가르친 선(善)과 미(美)의 가르침을 비웃는 듯한 죽음이었다. 그가 생명에 대해 가르친바 영생과는 전혀 동떨어진 죽음이었다. 땅 위에 하느님의 나라가 임하리라는 희망을 송두리째 무너뜨렸다. 십자가 위의 죽음은 완전한 죽음이었다. 희망을 소멸시켰다. 그의 백성들이 지니고 있던 종교적 전통의 모든 가치를 말살시켜 버렸다.

더우기 십자가 위의 예수의 죽음은 한 인간의 죽음으로 끝나지 않았다. 많은 사람들에게 충격을 던져준바 기대했던 메시아의 죽음이었다. 한 개인의 죽음으로 끝나는 것이 아니었다. 다윗의 집에서 정치적인 메시아가 나오리라는 기대 속에 살아온 나라의 운명이 흔들리게 되었다. "다윗의 자손이며 아브라함의 자손"(마태 1,1)인 예수보다 더 적격인 메시아 후보자가 있겠는가?. "권위로 가르치는"(마태 7,29) 이 예수말고 어디서 믿고 따를 만한 지도자를 찾아낼 수 있으랴? 어떤 해방자가 나타나 감히 헤로데에게 도전하며 "그 여우에게 가서 '오늘과 내일은 내가 마귀를 쫓아내며 병을 고쳐 주고 사흘째 되는 날이면 내 일은 마친다'"(루가 13,32)고 쏘아 붙일 수 있으랴? 예수의 십자가 죽음은 문자 그대로 악몽이었다. 깨고 나서도 좀처럼 지워버릴 수 없는 악몽이었다. 이스라엘이 옛날의 영광을 되찾게 되리라는 한가닥 희망마저 여지없이 무너지고 말았다. 다윗의 가문을 계승할 것으로 보였던 그 나라에 대한 기대는 산산조각나고 말았다.

또한 하느님께서는 이스라엘을 바보 취급하신 것 같아 보였다. 하느님은 그들의 주장대로 움직이시지 않으셨다. 메시아적 민족으로서의 분열되지 않은 이스라엘에 대해서는 별 관심을 두시지 않는 것 같았다. 예수의 열렬한 추종자들이 그의 죽음을 통해 알 수 있었던 것은 기대하였던 메시아의 죽음, 바로 그것뿐이었다. 그의 시대 사람들은 예수의 죽음으로 야기된 어마어마한 파멸의 의미를 민족적인 차원에서밖에 볼 수 없었다. 그들에겐 예수의 죽음은 최고의 비극이었다. 그들이 메시아로 기대하고 있던 그 인물을 십자가에 못박히게 한 하느님은 비극의 하느님으로 보였다. 성 바울로가 이를 정확하게 지적하고 있다. "그리스도가 십자가에 달렸다는 것은 유대인들에게는 걸림돌이 됩니다"(1고린 1,23).

그러나 영국의 신약학자 맨슨(T.W. Manson)이 지적한 대로 "유대인들이 갖고 있었던 성공적 메시아란 역시 예수에게는 걸림돌이었다."⁴ 그의 예리한 지적은 계속된다. "유대인들의 메시아 사상과 예수 자신의 사역에 대한 확신 사이에 있는 근본적인 갈등, 바로 여기에서부터 복음은 역사를 이해하기 시작하고 있다."⁵ 여기서 중요한 구절은 "근본적 갈등"이란 말이다. 십자가상의 예수의 죽음은 족장 시대로부터 예수 그리스도의 시대에 이르기까지 수많은 세대를 거쳐 이어져 내려온 유대인들의 신앙과 민족정신에는 정면으로 근본적으로 반기를 드는 사건이었다.

그 전통은 너무도 견고해 좀처럼 무너질 수 없었다. 그 종교 체제는 너무도 완벽해 도전을 용납하지 않았다. 그 연결성은 너무도 단단해 끊어질 줄 몰랐다. 맨슨의 표현을 빌리자면 이같은 전통을 강하게 다져준 것이 바로 성공적 메시아에 대한 희망인 것이다. 그 메시아는 이같은 종교 체제를 고수할 것이다. 그는 민족의 전통성을 계속 유지해 나갈 것이다. 이같은 행위를 통해 온 인류를 구원하신다는 식의 하느님의 사랑은 입 밖에 낼 수도 없게 될 것이다. 이같은 갈등 속에는 무수한 내적 투쟁이 있을 수밖에 없었다. 예수의 가장 신뢰받던 제자 베드로까지도 유대인들이 가지고 있던 성공적 메시아에 대한 희망을 극복하기 위해서는 무진 애를 써야만 했다(마르 8,31-33; 마태 16,21-23 참조). 예수 자신도 사방에서 성공적 메시아가 될 것을 요구하는 강압적인 분위기에 당황하기도 했다. 40일 금식 후 받은 유혹에 관한 이야기가 이를 증언하고 있다(마태 4,1-10; 루가 4,1-12 참조). 이같은 갈등은 너무도 강력해 예수까지도 집어 삼킬 듯했다.

기대했던 메시아의 죽음으로 이같은 갈등은 종지부를 찍게 되었다. 십자가는 이스라엘에 팽배해 있었던 정치-종교적 메시아에의 기대에 대한 하느님의 확정 판결이었다. 고통의 십자가를 통해 하느님은 예수가 유대인들이 기대했던 메시아가 아니었음을 밝혔다. 십자가가 유대인들에게 걸림돌이 되었다는 사실 때문에 예수는 점점 더 당시 동족이 지녔던 민족적 메시아 사상과는 멀어지게 되었다. 하느님은 더 이상 민족주의에 뿌리를 둔 메시아 사상과는 관계를 맺지 않겠다는 사실을 피로써 웅변적으로 선포한 것이 바로 십자가였다. 이같은 민족적 메시아가 정이나 필요하다면 그는 다른 곳에서 찾아져야 한다는 사실을 고통 속에서 밝혔다.

이처럼 십자가로 인해 예수는 자신의 혈통, 자신의 민족, 자신의 종교에서 추방당하고 말았다. 그의 제자들까지 그를 버리고 도망쳤다. 베드로는 그를 완강하게 부인했고 그에게서 멀어져 나갔다. 그는 민족의 기대대로 살지 못했으며 민족적 요구에 부응하지 못한 메시아로 버림을 받았다. 종교지도자들은 그를 완전히 고립시켜 자기 혼자만의 유대인의 왕으로 만들어 버렸다.

예수 추방은 여기서 끝나지 않았다. 그는 하느님에게서도 추방당하였다. 십자가 위에서 그를 버림으로 하느님은 예수가 다윗의 가문에서 날 메시아는 아니었음을 알게 하셨다. 하느님은 예수를 민족적 메시아로 이해할 만한 요소는 철저히 근절시켜 버렸다. "나의 하느님, 나의 하느님, 어찌하여 나를 버리셨나이까?"(마르 15,34; 마태 27,46). 이같은 십자가상의 절규는 바로 하느님에게서 추방당할 때의 절규인 것이다. 하느님과 동족에게 버림받음으로 예수는 자기 민족의 역사와 동족의 정치-종교적 열망에서 분열되는 경험을 하게 되었다.

십자가상의 예수의 죽음이라는 대분열은 세계를 다루시는 하느님에 관한 교회의 생각을 뒤바꾸어 놓게 만들었다. 십자가 유대적 메시아 사상을 부인한 것이라면 이는 역시 그리스도교회와 그 역사만이 세상에서 하느님의 구원의 유일한 도구라고 믿고 있는 그리스도교적 메시아 사상도 부인하고 있다. 이같은 그리스도교적 메시아 사상은 그리스도교인으로 하여금 그리스도교 공동체 밖의 하느님의 체험이란 불가능한 것으로 생각하게 한다.

그리스도교에 깊은 영향을 받은 역사와 문화 밖에서 역사하시는 하느님을 이야기하기란 참으로 어렵다. 하느님은 그리스도교인의 하느님이지 힌두교인의 하느님일 수 없다. 하느님은 그리스도교 문화와는 어떤 일이든 하시지만 불교 문화와는 어떤 관계라도 맺기가 어렵다. 옛날 이스라엘에서 메시아 사상이 국가신학의 규범이 되었듯이 그리스도교 사상가들은 그리스도교적 메시아 사상이란 관점에서 세계와 역사를 바라보게 되었다. 바로 이같은 이유 때문에 교회와 그의 신학이 서양세계 밖에서 이루어진 역사적 체험과 문화적 전통에서 "구속적" 의미를 추출해내지 못하게 되었다. 따라서 기대하였던 메시아의 죽음으로 야기된 역사 속의 대붕괴야말로 그리스도교라는 범위 밖에 있는 우리들의 하느님 체험에 결정적인 계기를 마련해 준 것이다.

어둠 속에 갇힌 예수

기대했던 메시아의 죽음에 뒤이어 불가사의한 징조들이 일어났다. 예수의 죽음으로 이루어진 대붕괴의 위력을 파악하기 위해서는 이같은 징조들에 눈을 돌려 그 의미를 찾아볼 필요가 있다.

우선 한낮인데도 온 땅을 뒤덮은 암흑이 있었다. 마태오 복음서의 증언은 다음과 같다. "낮 열 두 시부터 온 땅이 어둠에 덮여 오후 세 시까지 계속되었다"(마태 27, 45; 마르 15, 33; 루가 23, 44 참조). 암흑은 공포를 동반한다. 어둠 속에 다니는 것은 위험하다. 어둠 속에 사로잡히면 당황하게 되고 실낱같은 빛이라도 비치면 그것을 잡으려 애쓴다. 어둠 속에선 분간할 수도 없다. 느끼고 보고 분별할 수 있는 능력이 제한받게 된다. 두려움에 떠는 자신의 모습을 발견한다.

이 암흑은 히브리 노예를 추격하던 에집트 군인들에게 내린 암흑으로 에집트인들을 혼란 속에 빠지게 하고 패할 수밖에 없게 만든 그 암흑이었다(출애 10, 21-28). 에집트인들은 암흑을 하느님의 심판으로 받아들였다. 아모스도 이와 비슷한 암흑을 이야기하였다. "그 날이 와서 대낮에 해가 꺼지고 백주에 땅이 캄캄해지거든 모두 내가 한 일인 줄 알아라. —주 야훼의 말씀이시다"(아모 8, 9). [6]

그러나 성금요일 정오부터 오후 세 시까지 온 땅을 덮었던 암흑은 이것들과는 전혀 다른 것이었다. 그럴 수밖에 없는 것이 예루살렘과 유다뿐만이 아니라 온 땅에 영향을 미칠 큰 변괴가 일어나고 있었기 때문이다. 종교지도자들의 손아귀에서 벗어나려고 도망치는 제자들을 돕기 위한 것이 아니었다. 예수를 미워하여 그를 십자가에 못박게 만든 자들에 대한 분노의 정도로도 그 어두움을 측정할 수 없었다. 대붕괴와 함께 발생한 이 어둠은 예수의 추종자들을 보호하거나 예수의 죽음을 도모한 자들에 대한 하느님의 분노 정도로 그칠 것은 아니었다. 뭔가 새 빛이 비쳐져야 할, 새 날이 밝아져야 할, 그리해서 하느님의 구원사업에 대한 새로운 경험이 가능해져야 할 암흑이었다.

여기에서 우리는 창세기 1장에 나오는 창조 전의 심연을 덮고 있는 암흑을 생각하게 된다. 하느님께서는 암흑 속에 계셨고 그 암흑 속에서 일하셨으며 그 암흑으로부터 창조를 이루어 내었다. 암흑이라는 태(胎) 속에 새 생명이 창조되었고 탄생의 빛이 비쳐진 것이다. 그 암흑 속에 무(無)가 유(有)가 되며 허(虛)가 실(實)이 되고 혼돈이 질서가 되는 신비가 배태되어 있다. 온 세상이 칠흑같은 어둠 속에 잠겨 있을 때 하느님의 창조는 이루어졌다.

예수가 십자가 위에서 운명하기 직전에도 온 땅이 어둠에 덮였다고 증언하고 있다. 이것은 우연이 아니다. 이스라엘이 지니고 있던 메시아에 대한 기대를 무너뜨리는 마지막 신호였다. 이 암흑 속에서 역사 속의 하느님의 구속사업을 이룰 새 장(章)을 여는 전혀 다른 메시아가 출현하도록 되어 있었다. 세 시간 동안이나 온 땅을 뒤덮은 암흑은 옛 시대와 새 시대의 장을 나누는 징조였다. 이스라엘의 메시아가 주역이 되어 이어져 내려왔던 이야기의 연속성이 깨어지는 순간이었다. 이스라엘 외의 다른 민족들도 주역으로 등장되는 새로운 이야기의 시작을 알리는 순간이었다. 암흑에 둘러싸인 십자가 위에서 이스라엘이 기대했던 메시아는 변하여 이방민족과 나라들이 자신의 역사와 공동체 안에서도 구속적 의미를 찾도록 길을 열어 주는 메시아 원형(原型)이 되었다.

이 암흑 속에서 새로운 차원의 창조가 진행되고 있었다. 이 창조로 하느님의 구원은 유대인의 속박에서 풀려나게 되었고 하느님의 구속의 힘이 온 인류 공동체에 확산되었으며 모든 사회적 정치적 횡포에 대항하여 자유와 사랑을 얻기 위해 투쟁하는 민중들의 땀과 피로 인해 세계가 재생되기 시작하였다. 동이 트기 직전이 가장 어둡다. 이 갑작스런 어둠 속에서 탄생의 위대한 힘이 용솟음쳐 나온다. 칠흑같은 어둠 속에 서 있는 십자가, 이것은 곧 탄생의 고통을 상징하는 것이며 바로 그 고통이었다. 십자가는 고통과 희망 속에 외쳐진 하느님의 말씀이었다. 그것은 태초로부터 있었던 인류의 모든 고통을 수렴시킨 것이었다. 창조의 태초 어둠 속 한 가운데 섰던 십자가, 그 십자가는 역사를 통해 인류가 져야만 했던 모든 십자가들을 포용하고 있다.

그러나 마르코나 마태오 복음서의 증언에 따르면 이같이 강력하고 팽배한 암흑 속의 침묵은 예수 그리스도의 가슴 젖는 외침으로 깨어졌다. "나의 하느님, 나의 하느님, 어찌하여 나를 버리셨나이까?"[7] 앞서 언급한 대로 이 외침은 예수가 자기 동족의 종교 정치적 기대로부터 분열되는 고통 속에서 나온 외침이었다. 어둠의 장막이 걷혔을 때 세계는 예수가 더 이상 유대 민족이 기대했던 정치적 메시아가 아니었음을 발견하게 되었다.

사실 예수가 십자가에 매달린 후에도 그에 대한 기대와 혹시 그가 기다렸던 메시아가 아닐까 하는 호기심으로 인간 예수를 바라보는 자들이 많았다. 십자가에 달린 예수를 향하여 무리와 종교지도자들은 모욕적 언사를 서슴지 않으면서 그에게 내려와 자기 자신을 구해 보라고 조롱하였다. 적어도 그같이 놀라운 일을 했을 때에야 기대했던 메시아로 믿어 줄 수 있겠다는 이야기였다. 그러나 버려진 자로서 외친 예수의 외침으로 모든 꿈이 사라졌다. 하느님 자신도 예수에게 압제받고 있는 유대 민족을 구할 정치적 구세주로서의 자격을 부여하지 않았다. 예수는 제2의 모세가 되어 자기 백성을 정치적 압제자들의 손에서 구출해 내는 인물이 되지는 못했다. 춤과 노래로 축하할 제2의 출애굽 사건이 일어나지 못했다. 이와 반대로 기대했던 메시아 예수는 죽어야만 했다.

로마정권이 정치범들을 처형하기 위해 고안해 낸 십자가라는 무시무시한 처형으로 예수가 민족적 메시아라는 환상은 산산조각나고 말았다. 온 인류를 위한 하느님의 구원계획과는 전혀 배치되는 배타적 메시아 환상을 지니고 있던 "메시아적" 공동체에 대한 하느님의 유죄판결이 곧 십자가였다. 하느님의 특별하신 섭리 속에 있다고 느끼는 한 특정한 민족의 역사와 하느님의 구원의 현존이 자기들 속에 있어도 깨닫지 못했던 이방 민족들의 역사 사이의 긴장관계는 십자가 위의 예수에게서 그 극한상황에 도달하게 되었다. 십자가상의 예수는 비록 기대했던 민족적 메시아로서는 하느님에게까지 버림을 받았지만 반면에 유대의 역사와 문화적 체험의 한계를 벗어나 구속의 영향력도 발휘할 수 있는 구세주로서는 새롭게 인정받았던 것이다.

둘로 찢어진 휘장

예수는 자신의 종교적 공동체와 하느님에게 버림을 받고 죽었다. 그의 죽음 직전, 흑암 속의 깊은 침묵과는 대조적으로 마태오 복음서의 기록을 보면 "지진이 일어났다"(마태 27,51). 땅은 예수의 죽음으로 고뇌 속에 몸부림쳤다. 십자가를 감싸고 있는 압도적 침묵을 더 이상 견딜 수 없었다. 예수의 죽음, 역사에 있어 획기적인 분기점이 되는 예수의 죽음을 그저 조용하고 침착하게만은 받아들일 수 없었다. 땅은 울부짖으며 몸부림쳤다.

또다른 징조가 있었다. 마르코 복음서는 "그때 성전 휘장이 위에서 아래까지 두 폭으로 찢어졌다"(마르 15,38; 마태 27,51 참조)고 증언하고 있다. 이것은 무슨 징조인가? 무엇을 상징한 것인가? 이 사건이 의미하는 바는 무엇인가?

프랑스 성서학자 삐에르 브노아(Pierre Benôit)는 예수가 운명했을 때 조각이 난 성전의 휘장에 대해 상당히 흥미있고 통찰력 깊은 해석을 내리고 있다.

휘장은 유대 종교와 이방인들을 나누어 놓았던 장벽을 상징한 것이었다. 문제의 휘장은 지성소(至聖所)에 있는 휘장이라기보다는 성소(聖所)에 있던 휘장이었을 것이다. 휘장 속에 감추어진 성전 내부는 외부, 특히 이방인들은 들여다볼 수 없는 영역이었다. 이처럼 외부와 차단시킴으로 성전 안에 있는 야훼의 은밀한 현존, 종교의 극비부분이 보존될 수 있었다. 따라서 휘장이 찢어졌다는 것은 이같은 비밀과 배타성이 무너졌다는 의미이며 야훼 예배는 더 이상 어느 한 민족의 독점물이 될 수 없고 모든 민족, 이방인들에게까지 공개되었다는 사실을 의미한다. 이것이 바로 찢어진 휘장의 깊은 의미인 것이다.[8]

이같은 해석을 들으면 이 현상에도 예수의 죽음 직전 온 땅을 덮었던 암흑 이상의 의미가 포함되어 있음을 알 수 있게 된다. 사실 성전 휘장이 두 쪽으로 나뉜 사건은 우리의 전위신학의 시발점으로 중요한 의미를 지니기도 한다.

이 사건에서 중요한 의미를 지닌 것은 휘장이다. 이것은 물론 보통 천으로 만들어진 평범한 휘장이 아니다. 브노아의 해석으론 "성전 휘장은 브두인 천막보다 훨씬 무겁다."[9] 브두인의 천막은 험난한 사막생활에도 견딜 만큼 강하게 만들어졌다. 찌는 듯한 태양열과 사정없이 몰아치는 사막의 모래바람, 그리고 대낮의 회오리바람도 견뎌낼 만큼 탄탄하게 짜여져 있다. 밤중에 들짐승들이 공격하더라도 너끈히 견뎌낼 수 있도록 되어 있다. 사막 안에 있는 성채(城砦)이다. 달갑지 않은 적들의 침입을 방지하는 요새이다. 적개심이 가득 차고 어떻게 변할지 모르는 모래와 열기가 가득 찬 세상을 살아갈 때 그들을 안전하게 지켜 주는 방패막이가 된다. 브두인 천막은 곧 브두인 생활을 말해 준다. 그 천막은 무겁고 견고하며 확실해야 한다. 방수(防水), 방열(防熱), 방습(防濕)될 뿐 아니라 적들의 공격도 막아낼 정도가 되어야 한다.

성전의 휘장이 이같은 브두인의 천막보다 더 무겁고 견고하였다. 성전에서 이같은 휘장이 필요한 이유는 무엇일까? 든든한 기반 위에 돌로 견고하게 지은 건물이면 열이나 이슬, 또는 비를 막을 이유도 없을 것이 아닌가? 브두인 텐트가 브두인 생활의 중심이었던 것과 같이 성전은 유대민족의 생활과 예배의 중심이었다. 성전은 곧 유대 민족의 종교적 정치적 역사였다. 더우기 성전은 외부인들에겐 공개할 수 없는 "메시아적 비밀"을 간직하고 지켜야만 했다.

가장 신경을 써서 지켜야 했던 것이 바로 이 메시아적 비밀이었다. 이 비밀은 불경스런 자들의 눈에 띄어선 안될 것이었다. 이교도들의 침입으로부터 보호받아야만 할 것이었다. 바로 이러한 이유에서 두껍고 무거운 휘장으로 성전의 성소와 외부를 차단시켜 놓았던 것이다. 성소에서는 제사장과 신앙깊은 자들이 메시아적 비밀을 엄호하고 있지만 외부에는 여인이나 어린이들, 특히 이방인들같이 보잘것없는 인생들이 혹시나 성소 안의 비밀을 알 수 있을까 목을 길게 뽑고 그 안을 들여다보려 하나 여지없이 저지당하고 만다. 이러한 호기심어린 눈총을 견디낼 만큼 성전의 휘장은 무거워야 했다. 아예 호기심을 갖지 못할 정도로 두꺼워야 했다. 공포와 불안과 두려움에 사로잡혀 외쳐 대는 저들의 고함소리에도 흔들림없이 버틸 정도로 견고해야 했다. 무겁기로 정평이 난 브두인 천막보다 더 무거워야만 했다.

예수의 죽음과 함께 위로부터 아래로 둘로 찢어진 휘장이 바로 이 성전 휘장이었다. 되는둥 마는둥 하는 식으로 찢어진 것이 아니었다. 완벽하게 찢어졌다. 휘장은 완전하게 두 조각 난 것이다. 미안한 마음으로 주저하면서 찢는 것이 아니었다. 단숨에 순식간에 찢어졌다. 헝겊을 대서 깁거나 다시 꿰매 쓸 수 있는 정도로 찢어진 것도 아니었다. 손쓸 수 없을 정도로 찢어졌다.

전혀 예기치 못한 사건이었다. 오랜 이스라엘 역사 속에는 이 견중한 성전 휘장에 구멍을 내려고, 그것도 작은 구멍이라도 내려는 시도가 수차례 있어 왔다. 구약의 예언자들이 미약하나마 어느 정도 성공을 거두었다. 유대교 내부의 종교개혁자들은 이 휘장에 작은 구멍이라도 내려고 갖은 노력을 다하였다. 그러나 이 휘장은 너무도 견고해 어떤 도발에도 거뜬히 버틸 수 있었다. 고통의 십자가 위에서 예수가 신성과 인성과의 싸움을 싸우는 그 순간까지도 이 휘장은 흔들림없이 유대 종교의 비밀을 이방인들에게 감춘 채 내려져 있었다. 그러나 난공불락의 휘장도 때가 이르렀다. 오랜 역사를 지나오는 동안 어떤 공격에도 끄떡없었던 이 휘장이 마침내 굴복하고 말았으니 곧 예수의 죽음과 함께 정복당하고 말았다. 예수의 죽음과 함께 성전 휘장은 위에서 아래로 두 조각 나고 말았다.

예수의 죽음은 하느님의 죽음은 아니다. 오히려 그의 죽음은 살아 계신 하느님은 어떤 분이신가, 하느님께서 얼마나 활기차게 구속역사에 참여하고 계시는가. 그리고 하느님께서 얼마나 열심히 고뇌와 고통에 빠져 있는 인간들의 편에 서서 일하고 계시는가를 세상에 보여주고 있다. 예수의 죽음으로 하느님은 세상에 가까이 오게 되셨다. 가능한 한 가까이 오시려 하신다. 또한 우리 안에서 하느님의 현존이 현실로 나타나게 되었다. 하느님은 가능한 한 현실로 나타나시려 한다. 예수의 죽음은 임마누엘 — 즉, 하느님이 우리와 함께 하심, 하느님이 온 인류와 함께 하심, 하느님이 모든 피조물과 함께 하심 — 의 완전한 성취이다. 모든 민족, 모든 나라와 함께 하시는 하느님이 곧 말씀이 육신이 되셨다는 말의 의미이다.

바로 이같은 이유에서 성전 휘장은 찢어지고 제거되어야만 했다. 제도화된 종교에서 추방된 민중을 격리시키는 휘장 뒤에서만 일하시는 하느님일 수는 없었다. 대중 앞에 폭로되는 것이 두려워 휘장 뒤에 숨는 그런 하느님은 아니었다. 이와는 반대로 하느님은 적나라하게 만인이 보는 가운데 약점과 고뇌를 그대로 표출시키고 있다. 과거에 자신을 보호하기 위해 두꺼운 휘장을 요구치 않으신 하느님은 미래에도 그같은 휘장을 요구하시지는 않을 것이다.

찢어진 휘장은 성소 음침한 곳에 좌정하여 신비 속에 자신을 감추고 어린이, 여인, 농부, 노동자, 창녀 및 이방인들의 접근을 피하는 그러한 하느님의 종말을 고하는 사건이었다. 오랫동안 이스라엘의 하느님과 이방민족의 하느님을 갈라놓았던 장벽이 허물어진 것이다. 성전 휘장을 찢어 놓은 예수의 죽음은, 시간의 시작으로부터 끝에 이르기까지 세상에서 살다가는 수많은 사람들의 절망과 희망, 고통과 기쁨, 죽음과 삶과 이제 밀접한 연결을 맺게 되었다. 이처럼 오랜 시간 동안 성전 밖에서 하느님의 구원의 말씀을 애타게 기다려 온 모든 이들에게 찢어진 휘장은 희망의 상징이 되었다.

오도(誤導)된 열정을 가지고 하느님을 어느 특정한 민족 혹은 신앙공동체의 독점물로만 제한시키려 했던 종교에 대해서는 이 찢어진 휘장은 하나의 위기였을 것이다. 성전 안의 휘장이 찢기어 제켜졌을 때 많은 사람들이 놀랍고도 유감스럽게도 하느님의 현존으로 충만하리라 믿고 있었던 그 거룩한 성소가 텅 비어 있는 것을 발견하였을 것이다. 그들의 종교가 그곳에 하느님이 계시다고 일러주었지만 그곳에 하느님은 계시지 않았다. 오히려 하느님은 그곳을 떠나 참혹한 십자가가 서 있는 언덕에 계셨다. 예수 그리스도 안에 있는 이 하느님은 그들에게 충격을 주었을 것이 틀림없다. 그리고 종교 권위자들에겐 이같은 충격이 상당한 고통이 되었을 것이다. 격리된 하느님에 근거했던 그들의 특권을 상실하고 말았다. 그들의 체면은 여지없이 무너지고 말았다. 왜냐하면 성소가 텅 빈 채 발견됨으로 미자격자나 이방인들을 금했던 종교적 규례가 정당치 못한 것임이 증명되었기 때문이다.

십자가상의 예수의 죽음은 세상 죄에 대한 심판이었을 뿐 아니라 하느님을 사람들에게 잘못 이해시켰으며, 구원받을 자와 받지 못할 자의 사이에, 신앙인과 비신앙인 사이에 장벽을 세움으로 사람들에게 하느님을 숨겨 온 종교에 대한 심판이었다. 하느님의 구원하시는 사랑의 깊이와 넓이와 폭을 자신만의 전통과 교리와 율법으로 판단하여 온 종교가 이제 십자가의 심판을 받게 되었다. 예수의 죽음으로 그 종교는 발칵 뒤집혔다. 하느님을 적당히 주물러서 자기 손아귀 안에서 벗어나지 못하게 막는 데 최선을 다하고 자신들의 신학적 구조 속에 하느님을 가두어 놓으려 애를 썼던 자들에겐 충격의 일격이었다.

사실 종교는 종종 하느님의 능력을 과소 평가하려는 경향을 보여 왔다. 하느님과 하느님의 하시는 일에 제한을 두려는 시도가 헛된 것임을 깨닫지 못할 때가 있다. 자기들이 믿고 있는 믿음의 내용만으로 하느님을 전체적으로 감쌀 수 있다고 믿기도 한다. 바로 이같은 이유에서 예수 시대의 종교지도자들은 돌이킬 수 없는 계산착오를 범하고 만 것이다. 그들은 예수를 십자가에 못박으면서 이것으로 성전 안에 있는 경건한 신앙인들보다 오히려 성전 밖의 사람들에게 더 관심을 두는 듯한 하느님에 관한 이야기는 나올 수 없게 되었다고 믿었다. 그들은 성전 휘장을 찢으시며 십자가 위에 마지막 고통의 숨을 거두는 예수와 함께 하시는 하느님은 미처 생각지 못했다.

십자가상의 예수 안에 있는 이 하느님은 전혀 새로운 하느님이 아니다. 이 하느님은 항상 출신성분을 따지지 않고 고통받는 자의 편에 공개적으로 서 오셨으며 언제나 그럴 것이다. 물론 이 하느님은 이스라엘과 그 민족의 하느님이셨으며 앞으로도 그럴 것이지만 또한 동시에 모든 민족 모든 나라의 하느님이셨으며 앞으로도 그럴 것이다. 성전 휘장을 두쪽 내신 하느님은 모든 사람, "이방인과 이교도들"에게까지도 공개되시는 하느님이다.

이같은 사실에서 전위신학은 그 가능성과 함께 당위성이 인정된다. 하느님은 "전위적" 하느님이다. 하느님은 민족적 구별을 넘나들며 종교적 범위를 극복하고 지리적 장벽까지도 초월하여 역사하신다. 십자가상의 예수의 죽음으로 하느님은 지성소 밖으로 나와 외부에 있는 자들에게도 자신의 현존을 적나라하게 내보이셨다. 골고타 위의 십자가를 통해 하느님은 "세속" 오이쿠메네(*oikoumene*)로 옮기신다. 적나라하게 표출된 언덕에서 우리가 만날 수 있는 것은 창조 안에서 앞뒤로 움직일 수 있는 유동적 하느님이다.

이스라엘에서뿐 아니라, "그리스도교적" 문화 속에 자란 서양에서뿐 아니라 라틴아메리카, 아프리카 및 아시아에서도 이같은 하느님을 만나려는 것이 곧 전위신학의 과제인 것이다. 앞서 언급한 바 있는 흑인신학,

여성신학 및 해방신학이 바로 이같은 전위신학의 유력한 표현들인 것이다. 아시아의 문화, 역사 및 정치 사회적 현실을 다루는 신학 역시 전위신학이어야만 한다.

그 형태야 어떻든 전위신학은 십자가상의 예수의 죽음 장면을 배제하고는 이루어질 수 없다. 예수의 죽음으로 성전 휘장이 위로부터 아래로 찢어졌고 막혔던 수문이 터지듯 하느님의 능력이 생소했던 지역에까지 범람케 되었으며 바로 그 순간 십자가 밑에 서 있던 로마 군인이 "이 사람이야말로 정말 하느님의 아들이었구나!"(마르 15,39; 마태 27,54 참조) 하고 고백하였던 것이다. 이같은 고백을 통해 이 이방군인은 이미 십자가 너머의 부활을 시사하고 있다.

제 5 장

십자가에서 부활로

성금요일에서 부활주일로, 십자가에서 부활로, 죽음에서 생명으로— 얼마나 위대한 전위인가! 이들 둘 사이에는 무한한 넓이의 간격과 도저히 건널 수 없는 깊이가 있는 듯싶었다. 이들 사이에는 무한(無限)과 유한(有限)의 차이, 순간과 영원의 차이가 있었다. 이들 사이엔 태초의 암흑이 있어 삶과 역사를 가능케 하는 것이라면 모조리 삼켜버릴 듯싶었다. 의미 있는 것이라곤 모조리 부정하듯 싶었다.

그런데 불가능하다고 하던 일이 일어났다. 이틀 후, 제자들은 예수의 부활이라고 하는 전혀 뜻밖의 사건을 체험하게 되었다. 이 체험으로 그들의 태도는 완전히 변화되었고 예수의 생애와 사역을 전혀 새롭게 이해하게 되었다. 이같은 변화의 힘으로써 부활은 절망 속에 있던 마음에 희망을 심어 주었다. 죽음이라는 어둠 속에 생명이라는 빛을 비쳐 주었다. 그리고 무엇보다 인류의 삶과 역사 속에서 구원하시는 분으로 역사하시는 하느님을 그려낼 수 있을 강하고 새로운 신앙이 생겨났다.

부활을 말해 흔히 신약성서의 닻이라 한다. 부활이 제외된 신약성서란 닻 잃은 배처럼 망망대해에 방향 잃고 방황하는 꼴이 되고 만다. 예수 이야기는 골고타에서 끝날 수도 있었다. 그 이야기는 민족적 정치적 자기 성취를 위해 애쓰다 사라져 간 인류투쟁사의 한 예로 기록되었을 것이다.

그런데 부활이 이루어진 것이다. 신약성서는 부활을 목격한 증인들의 증언과 체험에 근거해 기록되었다. 신약성서 학자들이 이구동성으로 신약성서 속에 수록된 사건과 진술들의 이면에는 부활이 가장 강력한 영향력을 발휘하고 있다고 말하는 것도 이해가 간다. 한 예로 독일 신약학자 베르너 퀴멜(Werner Kümmel)은 다음과 같이 지적하고 있다.

> 부활하신 예수에 대한 신앙에서 발원된 예수전승을 이해할 때 비로소 예수를 하느님의 아들로 인정하는 내용의 전승 이해가 가능해질 뿐만 아니라 그리스도인들로 하여금 예수의 생애에 있어 가장 난해한 사건 즉 십자가상의 죽음까지도 하느님의 뜻으로 이해할 수 있는 길이 열려지게 된다.[1]

다시 말해, 부활은 신약성서의 메시지 해석의 열쇠가 된다. 십자가로 이루어진 대붕괴는 이제 부활로 연결된다. 십자가에서 부활로 옮겨짐으로 세계 속에서 하느님의 구속하시는 사랑을 목격할 수 있는 신앙의 길이 열리게 되었다.

부활— 결정적 깨달음

누가 뭐라 해도 그리스도교 신앙은 부활 신앙이다. 독일 신학자 위르겐 몰트만(Jürgen Moltmann)은 다음과 같이 지적하고 있다.

그리스도교는 하느님에 의해 죽음에서 부활한 예수라는 현실에 근거하여 서기도 하고 무너지기도 한다. 신약성서에서 부활이라는 선험적(a priori) 사실에 기인하지 않는 신앙이란 있을 수 없다.[2]

예수의 부활 및 그 부활의 체험이 신약성서 신앙의 머릿돌이 되었다. 이 머릿돌을 제거하면 신약성서라는 집은 무너지고 말 것이다. 신약성서 기자들 중에 특히 이 부활이 그리스도교 신앙의 핵심이 된다는 사실을 강조한 인물이 바로 바울로이다. 그는 이 사실을 무엇보다 강조하고 있다.

만일 죽은 자가 다시 살아나는 일이 없다면 하느님께서 그리스도를 다시 살리셨을 리가 없읍니다. 그렇다면 하느님께서 그리스도를 다시 살리셨다고 증언하는 우리는 결국 하느님을 거스르는 거짓 증인이 되는 셈입니다(1고린 15, 14-15).

여기서 바울로의 논조는 분명하다. 복음을 사실로 만들고 우리 신앙을 보증해 주는 것은 곧 예수의 부활이다. 예수의 부활이 사실이 아닌 것으로 바뀐다면 복음 역시 사실이 아닌 것으로 변하고 우리의 신앙도 근거를 잃고 만다.

이것은 베드로도 마찬가지였다. 예루살렘에서 오순절에 행한 설교를 통해 그는 심판날에 있을 온 세계의 멸망에 대해 생생한 목격자처럼 웅변적으로 증거하였다. 이것만으로는 새로운 점이 없었다. 예언자들이나 종말론자들이 종종 쓰는 설교 주제였기 때문이다. 그의 설교를 전혀 새로운 것으로, 충격적인 것으로 만든 것은 예수의 부활에 대한 증언이었다. "이스라엘 동포 여러분, 내 말을 들으시오!" 하며 그는 외쳤다.

바로 이 예수를 하느님께서 다시 살리셨으며 우리는 다 그 증인입니다. 하느님께서는 이 예수를 높이 올려 당신의 오른편에 앉히시고 약속하신 성령을 주셨읍니다. 예수께서는 아버지께로부터 받은 성령을 지금 여러분이 보고 듣는 대로 우리에게 부어 주셨읍니다(사도 2, 32-33).

바로 이 부활의 메시지로 인해 지금까지 매년 지켜 왔던 오순절과는 다른 오순절이 되었다. 바로 이 부활 신앙을 통해 베드로와 동료 사도들은 예수 그리스도 안에 나타난 하느님의 구원의 뜻을 보다 깊이 통찰할 수 있게 되었다. 그리고 부활한 그리스도 체험을 통해 예수의 생애와 사역에 대한 전혀 다른 해석을 내릴 수 있었던 그들은 동시에 복음이 유대 종교지도자들에 의해 여지없이 배척당하는 광경을 지켜본 첫 목격자들이 되었다.

예수의 부활은 그들에게 자유 체험으로 받아들여졌음이 틀림없다. 그들은 동족의 종교적 문화적 전통이라는 굴레에서 풀려났다. 나아가서 예수를 사회 정치적 관점에서 보았던 종래의 좁은 시야에서 벗어나게 되었다.

한마디로 부활은 그들을 전혀 다른 상황으로 인도하였다. 이제 그들은 지금까지 예수를 잘못 이해했던 과거에서 벗어나 부활 후 일어난 사건들을 통해 예수를 새롭게 이해할 수 있게 되었다. 불교적 용어를 쓰자면 그리스도 부활의 체험은 일종의 깨달음〔覺〕이었다. 즉, 이제야 비로소 그들은 더 이상 유대라는 민족적 종교적 이해관계를 벗어나 예수를 구원자로 받아들이게 된 것이다.

제자들의 깨달음은 결정적인 것이었다. 예수는 이제 전혀 다른 새 빛으로 그들에게 나타났다. 이제 그들이 얻은 이 깨달음의 내용을 살펴볼 단계이다. 도대체 부활한 그리스도 체험이 무엇이기에 그들이 그처럼 강한 힘을 얻게 되었는가 살펴보기로 하자. 부활 이후 그들이 복음전도의 길로 매진할 수 있었던 원동력이 어디에 있었는가 찾아보기로 하자.

빈 무덤

우선 빈 무덤을 살펴보자. 신앙의 극적인 전기를 만들어 준 것은 빈 무덤이었다. 단순한 무덤이 아닌 텅 빈 무덤이었다. 십자가 이후 무덤에 이르는 과정은 순리대로 진행되었다. 십자가 처형이 불가피해진 것을 안 예수 지지자들은 그의 장례를 서둘러 준비하였다. 아리마태아 사람 요셉, "중도파 인물"(마태 27,57)로 산헤드린의 "명망있는 의원"(마르 15,43)이며 "올바르고 덕망이 높은 사람"(루가 23,54)이었으나 "예수의 제자였지만 유다인들이 무서워 사실을 숨기고 있었던"(요한 19,38) 그는 "자기의 새 무덤"(마태 27,59)을 내놓았다. 또다른 유다인 공의회 의원이었던 니고데모, 성령으로 거듭 나는 문제에 대해 예수와 이야기를 나눈 후 한편으론 거리를 두면서도 존경하는 마음으로 예수를 따랐던 그도 아리마태아 사람

요셉 등과 함께 예수 장례를 준비하였다(요한 19,39).

십자가 이후 장례에 이르는 과정 속에는 문제삼을 만한 것이 아무것도 없었다. 장례지냄으로 비로소 체포로부터 십자가 처형에 이르는 비극적 사건이 마무리지어지는 셈이 되었다. 외국의 정치세력에 항거하여 싸우다 사라진 한 레지스탕스의 비극적 이야기로 역사 속에 영원히 묻힐 판국이었다.

장사지낸 후 주일 아침이 되어 막달라 마리아가 무덤을 찾았을 때에도 그녀가 기대한 것은 무덤 속에 있을 예수의 시체를 마지막으로 한 번 더 보고자 하는 것이었다. 그 이상 아무것도 기대하지 않았다. 그래서 그녀는 막상 무덤에 도착해 무덤 입구를 막았던 돌이 옮겨진 것을 보고 크게 놀랐던 것이다. 당황하고 두려운 경황 속에서도 그녀는 지난밤 누군가 와서 예수의 시체를 가져갔음이 틀림없다고 결론을 내렸다. 그녀는 지체하지 않고 이 사실을 "시몬 베드로와 예수가 사랑하시던 다른 제자"에게 알렸다(요한 20,2). 이렇게 해서 제자들과 초대 교인들이 예수를 전혀 새롭게 이해하게 된 동기인 부활사건이 시작된 것이다.

빈 무덤은 인간의 상상력을 초월한 전혀 뜻밖의 사건이었기에 막달라 마리아의 보고에 대한 반응은 의심에서 충격으로 변하기 시작했다. 루가가 당시의 상황을 가장 간결하게 묘사하고 있다. "그러나 사도들은 여자들의 이야기가 부질없는 헛소리라 하고 믿지 않았다"(루가 24,11). 대표자격 수제자였던 베드로마저도 마리아의 보고를 듣자마자 제일 먼저 무덤에 다녀온 후 "어떻게 된 일인가 하고 이상히 여기면서 집으로 돌아갔다"(루가 24,12). 그래도 마음 속에 있는 의심을 솔직히 내놓고 표현한 인물은 토마뿐이었다. "나는 내 손으로 그분의 손에 있는 못자국을 만져 보고 내 손가락을 그 못자국 속에 넣어 보고 또 내 손을 그분의 옆구리에 넣어 보지 않고는 결코 믿지 못하겠소"(요한 20,25).

이 모든 사실이 지적하는 바는 적어도 표면적으로나마 예수를 따르던 자들이 빈 무덤으로 인해 엄청난 곤경에 처하게 되었다는 사실이다. 어떤 면에서 그들은 십자가보다 더 풀기 어려운 문제를 안게 된 셈이었다. 십자가에 이르는 과정은 이해 못할 것이 없는 과정이었다. 그러나 빈 무덤은 생명과 죽음을 지배하는 논리를 파괴하였고 자연의 법칙에도 위배될 뿐 아니라 지금까지 이어져 내려온 역사 경험마저도 허물어뜨렸다.

사실이 그러했다. 십자가로 인해 야기된 역사의 대붕괴는 이제 부활로 대단원의 막을 내린 것이다. 유대적 종교-정치라는 전통 속에서 성장한 예수의 추종자들은 자신들이 종래까지 지니고 있던 역사 인식에 커다란 공백이 생기게 된 것을 알게 되었다. 예수의 제자들과 예수를 기다렸던 메시아로 인정하고 환영했던 추종자들의 관점에서 본다면 바로 자신, 유대 민족의 역사가 예수를 십자가의 죽음이라는 처참한 지경까지 몰고 간 셈이 된다. 그런데 이 거침없이 달려가던 역사가 텅 빈 예수의 무덤 문 앞에서 정지할 수밖에 없었다. 새로운 메시아적 왕국을 창출해 내려는 정치적 열망과 이를 부추기는 강력한 종교적 힘을 가지더라도 이 무덤의 공허함을 제거할 수는 없었다. 바로 그곳에서 유다 민족의 역사는 정지할 수밖에 없었다.

이 공허함이 암시하는 바는 세계 속에서 이루어지고 있는 하느님의 구속사업은 역시 이스라엘 역사로만은 완전하게 설명될 수 없다는 사실이다. 그렇지만 공허함 자체만으로는 그다지 중요한 것이 되지 못한다. 바로 이 공허함으로부터 새 생명과 새 역사가 나와야만 한다. 따라서 이것은 비어 있는 공허가 아니다. 반대로 이것은 가득 찬 공허이다. 어떤 종류의 공허인가?

무덤의 공허는 이스라엘 역사 속에서 하느님의 일단 정지와 같은 기능을 하고 있음에 틀림없다. 충격받은 예수의 제자들이 자신들의 삶과 신앙을 재정비할 때까지 기다리는 동안의 일단 정지인 것이다. 출애굽으로부터 예수의 시대까지 이스라엘의 역사는 휴전없는 전쟁의 역사였다. 그 역사는 감격과 실망으로 가득 차 있다. 승리와 성공을 얻었을 때의 감격과 실패와 패배를 맛보았을 때의 실망으로 가득 차 있다. 이 감격과 실망의 역사는 십자가에 이르러 그 정점에 달했다. 십자가 사건 이후, 예수의 추종자들을 포함한 유대 민족들은 이제 자기 민족의 역사를 지나 온 과거처럼 또다시 추진하여 메시아적 왕국으로 계속 유지시켜 나가려 준비하고 있었다. 일단 정지가 있어야 할 필요가 여기에 있었다. 예수를 따르는 자들로 하여금 냉철하게 자신을 돌아보며 지금까지 해 왔던 것처럼 앞으로도 해 나갈 수는 없다는 사실을, 아무 일도 없었던 듯 그렇게 역사가 다시 진행되어서는 안된다는 사실을, 그리고 무엇보다 세계의 구원은 이스라엘을 메시아 왕국으로 재건하는 길을 통해서만 이루어진다는 생각을 더 이상 가져서는 안된다는 사실을 깨닫게 하기 위한 시간 여유가 필요했다.

예수의 무덤은 곧 이스라엘 역사로서는 극복할 수 없는 공허였다. 결국 이스라엘 역사는 이 공허를 우회해서 비켜 지나갔고 결국 이 공허를 직면하여 여기서부터 시작되는 새로운 역사의 궤도를 타는 일이 바로 제자들과 사도들에게 주어진 과제였다. 바로 이같은 이유에서 바울로는 자기 동족에게 예수의 십자가와 부활 사건이 민족 역사에 있어 획기적인 전기가 되었노라고 누누이 외치며 이를 받아들일 것을 요청하다가 결국은 실패하고 이방인들에게로 눈을 돌리게 된 것이다. 이 공허 속에 가득 차 있는 것들을 알려면 하느님께서 이방민족들 가운데서 어떻게 일하셨는가 하는 것을 알아야 한다. 바울로가 로마서 9—10장에서 붙들고 씨름한 문제가 바로 이것이었다.

텅 빈 예수의 무덤, 이는 곧 세계사 속에 마련된 하느님의 공간이다. 하느님께서 이방민족들로 하여금 그의 구원하시는 사랑 안에서 자신들의 위치를 발견하라고 직접 마련해 놓으신 공간이다. 이스라엘 역사와 이방민족 역사 사이에 있던 인간들의 공간은 오해와 갈등과 투쟁의 공간이었다. 그 속에서 서로 다른 문화와 종교를 지닌 민족들끼리 하느님의 이름을 앞세우고 서로 배척하고 모략하고 피를 흘렸다. 어떤 사람들에겐 하느님의 구원이 되는 일이 다른 사람들에겐 하느님의 저주로 받아들여지는 그런 공간이었다. 뿐만 아니라 그 속에선 신앙인들마저도 하느님의 뜻을 자기 민족 또는 개인적 기호에 맞게 각색하였고 하느님의 구속행위까지도 자기들 전통과 교리에 맞추어 해석하는 오류를 자행하였다. 이 공간은 민중을 향하여 활약하시려는 하느님의 행동마저 제약하는 협소한 공간이었다.

이제 이같은 인간들의 공간을 대신해서 하느님이 마련하신 빈 무덤의 텅 빈 공간이 생겨나게 되었다. 하느님의 공간 속에서는 인간의 논리란 공허한 것이 되고 만다. 인간의 논리로 죽었던 예수가 살아서 자기의 무덤을 떠났다는 사실을 설명할 길이 없다. 또한 이 공간 속에서는 신학적인 모략이나 변증 같은 것도 소용없게 된다. 죽었던 사형수가 되살아났다는 사실이야말로 종교지도자들에겐 더없는 강한 도전이 아니겠는가? 한마디로 말해 빈 무덤은 바야흐로 하느님께서 세계와 역사에 대해 전혀 새로운 시작을 시도하시려 한다는 사실을 암시하는 것이다.

간단히 표현하자면 빈 무덤은 하느님의 시간이며 공간인데 이제 여기에서 비쳐지는 빛을 받아 삶과 역사가 재평가되고, 재해석되며 재구성되어야 한다는 말이다. 빈 무덤이 있음으로 인해 죽음을 향해 달리던 인생이 그 방향을 바꿀 수 있게 되었다. 우리의 인생이 죽음이 아닌 생명, 그것도 평범한 생명이 아닌 하느님 안에 있는 생명을 향해 달리게 되었다. 빈 무덤으로 인해 한 민족이 다른 민족을 정복하고 한 종교가 다른 종교를 지배하는 투기장으로서의 역사의 역할에 종지부를 찍게 되었다. 진정 역사 속에는 그 역사를 완성시키시려는 하느님의 능력이 내포되어 있다. 역사의 완성이란 다름아닌 온 인류를 위한 하느님의 사랑의 완성인 것이다. 여기에서 그치는 것이 아니다. 빈 무덤은 세계로 하여금 더 이상 파괴와 부패의 세력 앞에 떨고 있지 않아도 된다는 사실을 깨우쳐 주었다. 오히려 죽음과 파괴의 세력을 정복하고 승리하신 하느님의 목격자로서 새롭게 힘을 얻어 나가라고 부추기고 있다.

이처럼 빈 무덤은 강력한 힘을 지닌 현상이었다. 제자들은 처음 빈 무덤을 발견했을 때 의아해했고 놀라기도 했으며 적잖은 충격까지 받았다. 그러나 첫번째 충격이 사라지고 신앙에 접화되었을 때 빈 무덤은 복음 선포의 핵심 내용이 되었다. 빈 무덤의 강력한 충격 속에서 만난 예수, 그는 바로 그리스도였다고 선포하기 시작했다. 물론 나자렛 예수로부터 부활한 그리스도에의 변화를 인정하기까지는 힘든 과정이 있었다. 그러나 빈 무덤을 눈으로 보는 순간 그들은 부활한 그리스도 속에서 나자렛 예수를 발견하게 되었다. 이제 부활한 그리스도의 관점에서 나자렛 예수를 해석하는 소위 해석학적 전위가 전개되기 시작했다. 복음서와 사도행전 및 바울로 서간들은 바로 부활한 그리스도와의 관계에서 경험되어진 나자렛 예수의 생애와 전도에 대한 생생한 증언들인 것이다.

그리스도가 사셨다!

빈 무덤의 뒤를 이어 부활한 그리스도가 제자 및 추종자들에게 나타나는 사건들이 일어났다. 전위적 해석학 연구에 중요한 실마리가 되는 부활 사건 해석의 두번째 과제이다. 이제 그중에서도 전위적 해석학과 밀접한 관련을 맺고 있는 네 가지 사건을 살펴 가면서 논리를 전개해 나가도록 하자. 그 네 가지 사건이란 1) 부활한 그리스도가 막달라 마리아에게 나타남(요한 20, 11-18; 마르 16, 9-11; 마태 28, 9-10). 2) 엠마오로 가던 제자들에게 나타남(루가 24, 13-35). 3) 제자들 특히 토마에게 나타남(요한 20, 24-29). 4) 티베리아 호숫가에서 제자들에게 나타남(요한 21, 1-19) 등이다.

1. 랍보니!

위의 네 가지 사건 중 앞의 세 가지 즉 막달라 마리아, 토마, 엠마오의 제자들에게 예수가 나타난 사건은, 내용은 서로 다르지만 공통적으로 강조하는 바가 있다. 그것은 부활한 그리스도 인식에 있어 역사적 연결성을 별로 중요시하지 않고 있다는 사실이다.

막달라 마리아의 경우를 살펴보자. 이미 앞서 그녀가 주일 아침 예수의 무덤에 간 첫번째 인물이었음을 언급하였다. 그녀가 본 것은 무덤 입구

를 막아 놓았던 육중한 돌이 굴려져 있는 현장이었다. 물론 이야기는 이
것으로 끝나지 않았다. 무덤이 텅 빈 채 남아 있는 것을 본 순간 일어난
흥분은 이내 사라지고 이같이 이른 시각이면 으례 그러하듯 동산은 이내
적막 속에 싸이게 되었다. 마리아는 방금 전개된 사건에 대해 무감각한
상태가 되고 만다. 다시 말해 그녀는 아직 깨닫지 못했다. 빈 무덤을 들
여다보고(마리아는 몸을 굽혀 무덤 속을 들여다보았다— 요한 20, 11), 무
덤 속에서 두 천사가 대화하는 것을 보고도(요한 20, 12-13), 예수를 직접
보았음에도(요한 20, 14) 마리아는 "변형된 예수"[3]를 알아보지 못했다.
　부활한 그리스도가 그녀의 이름을 불렀을 때에야 그녀는 십자가에 못박
힌 예수에게만 사로잡혀 있던 자신에서 깨어나 부활한 주님의 현존 앞에
서 있는 자신을 발견하게 되었다. 부활한 그리스도가 "마리아야!" 하고
불렀을 때 그녀에게서 짧지만 강한 고백, "랍보니!"(요한 20, 16) — 나의
선생님, 나의 주님! — 가 터져나오게 되었다.

2. 너희는 참으로 어리석구나!

　부활한 그리스도가 엠마오로 가던 두 제자에게 나타난 이야기는 우리로
하여금 예수를 이해함에 있어 더 이상 종래의 "메시아적" 이스라엘 역사
적 관점으로만은 볼 수 없다는 사실을 깨닫게 해 준다. 분명 부활의 소식
은 이들 둘에게도 들려졌을 것이다. 그러나 그들의 마음은 아직 어두운
상태였다. 십자가 처형뿐 아니라 부활 이야기를 하면서도 그들의 얼굴엔
"수심이 가득 차 있었다"(루가 24, 18). 그들은 해방자를 기다리는 민족적
기대를 저버린 돌이킬 수 없는 사건으로 십자가를 이해하고 있었다. 그래
서 그들은 불안했다. 그들은 이런저런 얘기 끝에 부활한 그리스도에게 다
음과 같은 말까지 하였다. "우리는 그분이야말로 이스라엘을 구원해 주실
분이라고 희망을 걸고 있었읍니다"(루가 24, 21). 예수가 그들에게 모세와
예언자의 역사며 고난받을 메시아에 대한 성서구절을 들려 주면서까지 그
들의 닫힌 마음을 열어 주려 애썼으나 그들은 부활한 그리스도를 볼 수
있는 마음의 눈을 뜨지 못하였다. 한숨 섞인 말로 부활한 주님은 그들에
게 "너희는 어리석기도 하다!"(루가 24, 25)고 말하였다.
　예수가 "빵을 들어 감사의 기도를 드리신 다음 그것을 떼어 나누어 주
셨을"(루가 24, 30) 때에야 비로소 이 낯선 자가 부활한 그리스도임을 깨
닫게 되었다. 동산에서 마리아의 이름을 부른 순간과 마찬가지로 지금 빵
을 떼는 순간이 두 제자에겐 큰 깨달음[大覺]을 얻는 순간이었다. 온 세
계를 위해 예수의 몸을 바치는 것을 상징한 빵을 떼는 동작으로 지금까지

그들이 십자가를 미완성 메시아직의 의미로만 생각했던 둔한 마음이 깨우쳐졌다. 부활한 그리스도에 대한 신앙을 갖기 위해서는 자기 민족의 역사에만 의존하는 구습을 버려야 한다는 사실을 깨닫게 되었다.

사실 이스라엘이나 유다 왕국은 부활한 예수와 필연적 관계를 맺고 있을 아무런 조건도 가지고 있지 못했다. 성서에 대한 임의적 해석 방법으로는 빈 무덤의 의미를 정확히 깨달을 수는 없었다. 안식일에 가엾은 자들을 돕는 것보다 안식일을 지키는 것이 더 중요하다고 우기는 유대인들에게 한 예수의 말씀이 정곡을 찌르고 있다. "너희는 성서 속에 영원한 생명이 있는 것을 알고 파고들거니와 그 성서는 바로 나를 증언하고 있다. 그런데도 너희는 나에게 와서 생명을 얻으려 하지 않는다"(요한 5, 39-40). 얼마나 비극적인 모순인가! 예수를 증언하고 있는 성서에서 근거를 찾아 예수를 십자가에 못박고자 계략을 꾸미는 유대인들이다!

엠마오로 가던 두 제자가 부활한 그리스도를 알아보지 못했다는 사실은 하느님의 구원의 비밀을 대외비(對外秘)의 것으로 하여 배타적인 태도를 보여왔던 메시아적 공동체, 이스라엘이나 그리스도교의 상투적인 태도에 강한 의문을 제기하고 나선다. 이스라엘 역사로서는 부활한 그리스도는 변칙이었다. 제자들로서는 아무리 이스라엘 역사를 되새겨보아도 아무리 성서를 뒤져보아도 부활한 그리스도라는 현실을 깨우쳐 줄 만한 요소는 찾아볼 수 없었다.

세계 속의 하느님의 구원역사를 설명함에 있어 원형(原型)처럼 되어 왔던 한 민족의 역사 및 종교성이 예수의 부활로 인해 이젠 그 한계와 약점을 여실히 드러내고 말았다.

3. 나의 주님, 나의 하느님!

토마와 부활한 그리스도와의 만남 이야기 속에는 인간적인 분위기가 충만하다. 토마는 예수의 부활 소식을 듣고 믿지 않았을 뿐 아니라 강력한 반론을 폈다. "나는 내 눈으로 그분의 손에 있는 못자국을 보고 내 손가락을 그 못자국에 넣어 보고 또 내 손을 그분의 옆구리에 넣어 보지 않고는 결코 믿지 못하겠소!"(요한 20, 25). 토마로서는 죽었던 예수가 다시 살아났다는 이야기는 이성에 배치되며 상식에도 어긋나는 일로 보였다. 그래서 그는 어느 누구도 요구하지 못했던 육체적 증거를 요구하고 있는 것이다. 그런데 그럴 기회가 찾아왔을 때 그는 장담했던 대로 부활한 그리스도를 시험한 것이 아니라 큰 충격 속에 위대한 신앙고백을 하고 만다. "나의 주님, 나의 하느님!"(요한 20, 28). 그가 먼저 바랐던 것은 십자가에 못박힌 예수와 부활한 그리스도 사이의 육체적 일관성이었다. 그러나 십자가에 못박힌 그리스도와 부활한 그리스도에 대한 신앙은 이같은 일관성에서 유출될 수는 없는 것이었다. "예수가 자기 몸에 손을 대보라 했을 때 토마가 그대로 했더라면 토마는 영영 믿는 자가 되지는 못했을 것이다."[4]

예수의 부활을 증명하기 위해 토마가 요구했던 것은 십자가에 못박힌 예수와 부활한 그리스도를 잇는 "육체적" 연결이었다. 이같은 이유에서 그는 "그의 손가락을 그분의 못자국에 넣어 보고 또 그의 손을 그분의 옆구리에 넣어 보려고" 했던 것이다. 그는 자기가 원했던 대로 해 볼 기회가 있었다. 부활한 그리스도가 허락했기 때문이다. 만약 원했던 대로 부활한 그리스도에 대해 "육체적" 실험을 했더라면 이성에는 만족하며 의심은 사라졌을지 몰라도 부활한 주님에 대한 위대한 신앙고백은 나오지 못했을 것이다. 왜냐하면 부활한 그리스도에 대한 신앙에 있어 육체적 일관성은 별로 중요한 것이 되지 못하기 때문이다. 오히려 그것은 방해요소가 된다.

부활한 그리스도는 자신을 합리적이며 이성적이고 평범하며 정당한 존재로만 보지 말 것을 우리에게 일러준다. 죽음에서 살아난 이가 바로 그이다. 우리의 몸과 영혼과 마음과 정신을 좌우해 온 세계에 결정적 사건이 터진 셈이다. 토마는 그런 사건은 일어날 리 없다고 주장했고 그렇게 살아왔다. 그는 부활한 그리스도도 이같은 경험에 비추어 평가하려 하였다. 지금까지 그를 양육한 역사와 전통에 입각해서 부활한 주님을 풀이하려고 하였다. 부활한 그리스도가 삶과 세계와 역사를 평가함에 있어 전혀 새로운 기준을 요구하고 있다는 사실을 깨닫지 못하고 있었다. 그리스도 자신이 이 새로운 평가 기준이다. 그가 새 사실로 나타났으니 이제 그의 빛에서 옛 사실들은 재평가받아야만 했다. 그는 또한 새 현실이 되어 미래에의 꿈을 가지게 한다.

4. 주님이시다!

이제 네번째이자 마지막으로 티베리아 호숫가에서 제자들에게 나타난 예수의 모습을 살펴볼 차례이다. 앞서 살펴본 세 이야기와는 달리 이 이야기 속에서는 부활한 그리스도에 대한 순간적인 깨달음에서 오는 충격 같은 요소는 찾아보기 어렵다. 아마 예수가 나타난 시각이 밤중이라 어두웠기 때문인지도 모른다. "예수의 사랑을 받던 제자"가 외친 "저분은 주님이십니다"라는 소리마저도 어둠 속에 잠겨버리는 듯하였다(요한 21, 7).

들리는 것은 다만 파도 소리와 그물이 찢어질 듯 많이 잡힌 고기들을 끌어 올리는 어부들의 거친 숨소리뿐이었다. 그리고 회색빛 하늘과 검푸른 바다 저쪽에 어렴풋이 부활한 예수의 윤곽이 드러나 있었다. 사람들의 동작도, 그들의 걱정과 관심도, 그들의 희망과 열정도 어느 하나 뚜렷하게 드러난 것이 없었다. 그들은 십자가에 달렸던 예수가 부활하였다는 사실을 조용한 가운데 확인하며 자연과 혼연일체가 되어 조화를 이루고 있었다.

첫번 제자들을 불렀을 때를 회상시키듯(루가 5, 1-11) 고기를 많이 건져 올린 후 침묵 속에서 부활한 그리스도가 마련해 놓은 아침식사가 시작되었다. 부활한 주님의 현존 앞에 흐르는 침묵은 너무도 엄숙해 아무도 깨뜨릴 수 없었다. 큰 소리로 신앙을 고백할 때보다 더 우렁차며 충성을 서약하는 광적인 제스처보다 더 의사전달이 뚜렷한 침묵이었다. 바로 이 침묵 속에서 부활한 그리스도와 순종하는 베드로 사이의 대화가 진행되었다. 그 대화로 침묵이 깨어지지 않았다. 침묵 속에서 시작되어 침묵 속으로 끝이 났다. 뿐만 아니라 그 대화는 이제 긴 밤의 쉼에서 기지개를 펴며 일어나는 자연을 훼방놓지도 않았다. 오히려 대화는 이제 새 날과 새 미래를 맞이하는 자연의 분위기에 그대로 어울려 이루어졌다.

화제는 부활한 그리스도에 대한 사랑이다. 부활한 그리스도에 대한 사랑은 특별한 종류의 사랑이다. 우선 민족의 해방자로 예수를 사랑했던 그 사랑과는 다른 사랑이다. 베드로와 그의 동료 제자들은 이런 사랑으로 예수를 사랑했었다. 그러다가 실망하고 말았다. 예수에게 십자가형이 선고되자 그들은 도망쳤다. 어느 누구도 이유를 대면서 예수를 사랑할 수는 없다. 그 이유가 아무리 고상하고 절실하다 할지라도 말이다. 예수는 인간의 요구, 설혹 종교적 요구라 할지라도 그러한 요구의 수단만으로 대해서는 안된다. 그 이상의 것이다. 예를 들어 우리는 그리스도교 교회가 잘 되기 위한 목적에서 예수를 사랑할 수는 없다.

중세기의 교회는 바로 자기 목적만을 위해 예수를 사랑했다. 예수에게 자신만의 이익을 요구하였다. 자기 구미에 맞게 예수를 조작하였다. "이 모든 것보다 더"(요한 21, 15) 예수를 사랑하지 못했다.

우리는 또한 그리스도교 교리의 순수성을 지킬 목적으로 예수를 사랑해서도 안된다. 신학자들은 하느님보다는 하느님에 대한 자신들의 "정확한" 지식에 더 관심을 쏟는다. 예수 자신의 모습을 잃어가는 위험한 순간에도 예수에 대한 "올바른" 해석을 내리기에만 급급해한다. 오늘날의 교회, 특히 서부 유럽의 교회들은 예배당이 텅텅 비어 가고 있는데도 하느님께서 그들이 가지고 있는 세상 구원의 "순수한" 교리를 지켜주고 계시다고 생각하며 사업들을 벌이고 있다. 그들 역시 "이 모든 것보다 더" 예수를 사랑할 수 없을 것 같다.

부활한 그리스도를 사랑하는 것은 그가 우리 편을 들어 줄 테니까 그를 사랑한다는 식의 사랑은 아니다. 베드로와 다른 제자들은 예수가 자기들 편을 들어 줄 것으로 생각했기 때문에 그를 따랐었다. 처음엔 그러는 것 같았다. 그들은 가난한 어부출신이었는데 예수가 부자들에게 거친 말을 하는 것을 종종 보았다. 예수가 한 말 중에는 이런 말도 있었다. "거듭 말하지만 부자가 하느님 나라에 들어가는 것보다는 낙타가 바늘귀로 빠져 나가는 것이 더 쉬울 것이다."(마태 19, 24). 예수는 또한 종교적으로 무시 받던 자들의 편에 서서 종교 권위자들을 질책하기도 하였다. 그는 바리사이파 사람이나 율법학자들에게는 날카롭기 짝이 없는 비판을 가하였으며 그들을 칭할 때는 "위선자, 눈 먼 어리석은 자, 뱀, 독사의 자식"(마태 23장 참조)이라는 극렬한 말을 썼다. 나아가서 그는 로마 정권 아래 있는 정치적 피압박 민족인 동포들과 자신을 동일시하는 것같이 보였다. 헤로데왕이 그를 죽이려 하고 있다는 소문을 듣고 그는 말하기를 "가서 그 여우에게 전하라…"(루가 13, 31-32) 하였다. 그렇다. 예수는 어느 편엔가 선다. 그러나 우리 편이 아닐 수도 있다. 부활한 그리스도가 베드로에게 한 질문, "네가 나를 사랑하느냐?"는 말의 의미는 이런 데서 찾아질 수 있을 것이다.

그리스도교 교회는 오랜 역사를 지나오는 동안 자신의 입장이 하느님의 편에 있다고 누누이 강조하여 왔다. 그러나 교회가 그 내부 외부에서 권력에 편승하여 잘못된 위치에 서게 되었을 때 그 입장이 여지없이 무너지게 되는 경우도 수없이 보아 왔다. 16세기의 종교개혁운동을 통해 하느님의 구원의 유일한 통로는 로마 교황권에 있다고 하는 종래의 교회 입장은 세찬 도전을 받게 되었다. 18세기의 계몽운동을 통해 이성이 설혹 신앙과 도덕을 지상(至上)의 것이라고 주장했던 교회의 입장을 곤란케 만들었다 할지라도 이성은 선한 목적으로 사용될 수 있음이 증명되었다. 현대에 이르러는 과학의 발명과 기술의 발전을 통해 지금까지 교회가 견지해 온 인생관과 세계관이 상당히 불합리한 것이었음이 드러나게 된 것은 더 말할 필요가 없다.

우리가 살고 있는 이 시대에도 세계 곳곳의 많은 교회들이 정치적으로 경제적으로 강한 편— 압제자의 편에 서고 있다는 비난을 듣고 있다. 어려운 정치-사회적 상황에서는 압제자의 편에 서는 것이 하느님의 편에 서는 것보다 훨씬 쉽다. 하지만 교회가 쉬운 쪽을 택하게 될 때엔 교회는 필연적으로 그 신뢰를 상실하고 만다. 하느님의 편은 거의 예외없이 어려운 편이다. 그렇지만 교회가 이 어려운 하느님의 편을 분별하여 그 곳에 서게 될 때 티베리아 호숫가에서 베드로에게 던져졌던 부활한 그리스도의 질문, "네가 나를 사랑하느냐?"에 대해 올바른 대답을 할 수 있는 자리에 설 수 있을 것이다.

존경하는 스승이며 주인인 예수를 중심으로 제자들이 둥글게 앉아 있는 아주 동양적인 정취가 풍겨나는 분위기 가운데, 부활한 그리스도는 이제껏 베드로와 동료들이 경험하지 못했던 깊은 대화 속으로 유도해 나가고 있다. "내 양들을 잘 돌보아라"(요한 21, 15-17). 이것이 그리스도의 말씀이었다. 부활한 그리스도가 말하는 양과 어린양— 이는 곧 넓은 의미의 하느님의 백성이 아닐까? 베드로는 "양이나 어린양을 똑같이, 나이 든 자나 어린 자나 구별하지 않고 그리스도의 양떼를 돌보라는 명령을 받았다. 그리스도의 사랑은 가장 적은 그리스도의 형제에게까지도 균등하게 미치는 사랑으로 나타나야만 했기 때문이다."[5]

예수가 위하여 고난받고 죽어야 했던 자들 속으로 이제 부활한 그리스도에 대한 사랑이 옮겨져야 한다. 그 사랑은 신자들의 내적인 구획을 초월하는 것이어야 한다. 죽은 자 가운데서 살아난 예수와 함께 이제 하느님의 사랑에 대한 우리의 경험과 이해의 시야도 넓혀져야만 한다. 하느님의 사랑은 몇몇 특권층의 독점물이 될 수는 없다. 부활을 통해 십자가의 의미를 밝혀 주신 하느님은 이제 모든 자기의 백성들에게 새 시대를 열어 주셨다. 부활한 그리스도는 베드로와 다른 제자들에게 좀더 넓은 세계로, "가장 적은 그리스도의 형제에게" 갈 것을 지시하고 있다.

조용한 아침, 티베리아 호숫가에서 들려진 부활한 그리스도의 이같은 명령에 베드로와 제자들은 당황했을 것이다. 그리스도의 말씀 한마디 한마디가 그들 속 깊은 곳까지 메아리쳐 울렸을 것이다. 그가 내쉬는 입김은 새로운 활력소가 되어 그들 가슴 속으로 빨려 들어갔을 것이다. 부활한 주님이 그들에게 맡겨준 양떼의 범위는 점점 넓혀져 갔다. "예루살렘과 온 유다와 사마리아뿐만 아니라 땅 끝에 이르기까지"(사도 1, 8). 부활한 그리스도의 이같은 명령을 듣게 되었을 때 그들은 비로소 부활 후 증인으로서의 사명과 예수의 부활 전 고난의 사명을 연결시켜 이해할 수 있게 되었다. 이 부활한 그리스도 안에서 그들은 마침내 고난받는 메시아를 만나게 되었다.

제 6 장

고난받는 메시아

부활한 그리스도에 대한 신앙이 바로 헬라인에게는 어리석은 것으로, 유대인들에겐 무례한 것으로 받아들여졌다(1고린 1, 18). 고도의 문화를 가지고 있던 헬라인들에겐 "고난받는 메시아" 사상이 어리석게만 보였다. 고대 세계에서 가장 정교한 정치체제를 갖추고 있던 도시국가 아테네에서는 메시아 하면 우선 그는 지혜와 힘과 영광으로 가득 찬 제왕이어야만 했다. 노예들의 땀과 핏방울 위에 군림하는 지배자여야 했다. 백성들 대다수가 땀흘려 노동하는 순간에도 그는 철학자나 사유자들의 무리와 함께 생각하고 논쟁하고 꿈꾸는 일에 몰두할 수 있어야만 한다. 뿐만 아니라 군사력도 가지고 있어 군대를 이끌고 전쟁터에 나가 적토를 유린하고 노예를 끌고 돌아오는 인물이어야 했다. 그가 보는 앞에서 남을 고통스럽게 하고 고뇌로 몸부림치게 만들 수 있는 능력을 갖춘 자라야 메시아로 받들어 모실 수 있었다.

중국의 역대 황제 중에 진(秦)나라 초대 왕인 시황제(始皇帝, B.C. 221—206)가 바로 그와같은 메시아적 인물이었다. 에집트의 파라오도 더하면 더했지 못하지는 않았다. 오늘날에 있어서도 전체주의 및 가짜 민주주의 국가에는 백성들의 고귀한 생명과 자유를 희생시켜서 자신의 권력을 유지하는 독창적 정치메시아가 얼마나 많은가?

그러므로 고난받는 메시아로서 예수를 말할 때 헬라인들이 이를 어리석은 것으로 간주해 버린 것은 너무도 당연한 일이다. 고난받는 메시아가 됨으로 예수는 권력잡은 계층을 보호하기 위해 권력없는 "평민" 대중을 억압하는 소위 엘리트 정치문화와 결별하게 되었다. 이처럼 정치적 예수의 메시아로부터 고난받는 메시아에로의 전환은 중대한 의미를 갖고 있다. 고난받는 메시아로서 예수는 인간 역사를 통해 수없이 있어 왔던 "작은 고난받는 메시아들"의 원형(原型)이 되었다. 그는 이스라엘뿐 아니라 에집트, 프랑스, 미국, 중국 및 브라질에 있는 고난받는 백성들의 고난받는 메시아로 구현되기 시작한다.

유대인들에겐 "고난받는 메시아"가 무례한 말로 받아들여졌다. 그들의 종교체계 및 신학사상에 의하면 메시아는 영광과 거룩함이 가득 찬 높은 보좌에 계셔야만 했다. 그들이 찬양하며 예배하는 메시아는 이 세상에 오염되지 않은 분이어야 했다. "속(俗)"과는 아예 인연조차 없는 분이어야 했다. 그저 "성(聖)"이어야만 했다.[1] 사실 모든 종교는 자신의 신격을 거룩한 것으로 유지시키려 예배하는 범속인들의 접근조차 막기에 온갖 노력을 경주하였다. 그러기 위해선 종교 종사자들뿐 아니라 귀령(鬼靈)이나 동물까지 동원해 성전을 지켜야 했다. 세속 신자들이나 오염된 세상의 접촉을 막으며 신격을 중심으로 형성된 거룩한 공간을 유지하기 위해 온 신경을 집중시켜야 했다. 깨끗하지 못한 자는 신의 이름조차 불러서도 안되었다. 신은 백성들의 타부(tabu, 禁忌)였다.

고압(高壓)의 하느님

타부(tabu)의 동사형인 타푸이(tapui)는 "거룩하게 하다"는 뜻을 지니고 있는데 이 타부의 의미에 대해 네덜란드의 종교현상학자 반 데어 류(van der Leeuw)는 "이는 '고압전기 흐름, 위험!'이란 경고문과 같은 것이다. 힘이 축적되어 있으므로 우리는 조심해야 한다. 타부는 힘으로 충전되어 있는 상태를 의미한다. 따라서 사람은 그곳에 강력한 힘이 포화상태를 이루고 있다는 사실을 알고 이에 대응해야 하며 적당한 거리와 보호망을 유지하여야만 한다"[2]고 풀이하였다. 구약성서에서 백성들이 주장하던 하느님은 바로 이런 위험한 고압의 하느님이었다. 시나이산 밑에 있던 이스라엘 백성들은 다음과 같은 경고를 들었다. "야훼를 보려고 마구 넘어 들어오다가 많은 사람이 죽는 일이 생기지 않도록 하라"(출애 19, 21). 그들은 혼비백산하여 놀랐고 모세에게 하느님 앞에서 자신들의 대변자가 되어 줄 것을 요청하였다. 그들은 두려워 떨며 "하느님께서 직접 우리에게 말씀하신다면 우리는 죽을 것입니다"(출애 20, 19)고 하였다. 시나이산의 하느님은 고압전기로 충전된 위험스런 하느님이었다. 그 하느님이 백성들에게 올 때엔 백성들이 크게 다칠 것으로 생각하고 있었다.

고압의 하느님에 대한 또다른 생생한 예는 법궤이다. 하느님의 법궤는 이스라엘 백성들의 생활과 예배에 있어 가장 핵심적인 요인이었음을 누구나 알 수 있다. 법궤는 사막의 길고 힘든 생활을 함께 하였다. 백성들의 길을 인도하였다. 그들에게 승리를 가져다 주었다. 그들의 희망과 꿈은 하느님의 법궤에 집중되었다. 더 이상 가까와질 수 없을 정도로 법궤와 그들은 밀접한 관계를 맺고 있었다. 백성들은 법궤를 만지고 쓰다듬고 포옹하고 싶은 심정이었다. 법궤는 곧 그들의 삶이었고 희망이었으며 역사였기 때문이다.

그러나 다윗왕이 하느님의 법궤를 영원히 안치할 목적으로 이를 키럇 여아림에서 예루살렘으로 옮기게 되었을 때 무서운 일이 일어났다(1역대 13, 5-14). 키돈이라는 타작마당에 이르렀을 때 수레를 끌던 소가 뛰는 바람에 법궤가 떨어지려 하였다. 이때 운반 책임을 졌던 두 사람 중의 하나인 우짜가 본능적으로 손을 펴서 법궤를 붙잡았다. 그런데 "야훼께서는 우짜가 궤에 손을 댔다고 진노하시어 그를 치셨다"(1역대 13, 10). 얼마나 높은 고압이 흐르는 궤인가! 수금과 거문고를 뜯으며 소구와 바라를 치고 나팔을 불면서 마음껏 노래를 부르는 중에 이런 일이 일어났다(1역대 13, 8). 이 모든 축제 분위기로도 하느님의 진노를 막을 수 없었다.

다윗왕은 너무나 놀랐다. 그는 "내가 어찌 감히 하느님의 궤를 모시랴" 하였다(1역대 13, 12). 자기 도시 한복판에 갖다 놓기에는 너무도 위험한 것이었다. 그는 우선 궤를 오베데돔이라는 사람의 집에 옮겨 놓고 공포와 위험의 기운이 사라지기를 기다렸다.

구약성서 종교의 후예인 유대교 역시 고압종교이다. 유대교의 하느님은 이 세상의 근심걱정에 매인 세상 사람들의 접촉을 철저히 막았다. 거리의 사람들은 불결했다. 왜냐하면 그들 생활은 종교적 율법이나 의식이 지니고 있는 순결함과는 거리가 멀기 때문이다. 더구나 그 하느님은 혈관 속에 성결의 피가 단 한 방울도 흐르고 있지 않는 이교도들은 더더욱 멀리 하신다. 그들은 머리끝에서부터 발끝까지 죄와 탐욕으로 가득 차 있기 때문이다. 이런 자들에겐 유대교의 하느님은 위험스런 하느님일 수밖에 없다. 그들은 다만 성전 바깥뜰에서 과연 하느님은 어떻게 생기셨을까 머리 속에 상상이나 할 뿐이다. 바로 이 고압종교에 대해 예수가 감히 도전한 것이다. 결국은 예수는 이 고압전류가 흐르는 종교에 "감전되고" 말았다.

신약성서뿐 아니라 구약성서에서도 그 신앙적 전통을 이어받는 그리스도교 역시 종종 고압종교로 판명되곤 하였다. 콘스탄틴 시대에 이르러 교회는 국가권력까지 합세되어 고압교회로 충전되기 시작했다. 시간이 흐를수록 그 압력은 자꾸 올라가 심지어 성주와 제후, 심지어는 제왕까지도 하느님과 교회 권위 앞에서 두려워 떨게 되었다. 국가와 교회가 시키는 대로 살아야만 했던 가난하고 무지한 백성들은 선택의 자유마저 빼앗긴 채 자기 운명을 교회가 지시하는 대로 내맡겨야 했고 심판의 하느님에게 절대 복종하여야만 했다. 그리스도교는 위험한 종교였다. 백성들은 공포와 떨리는 심정으로 위험한 하느님 앞에 서야만 했으며 제후와 교회 성직자들이 사이에서 중재를 해야만 했다.

　위험한 하느님을 변증하는 교회 안에서 형성된 신학 역시 고압신학이 되고 말았다. 하느님을 교회라는 보호망에서 구출해 내 온 세계로 하느님을 보다 잘 볼 수 있도록 노력한 건방진 반항아들에게 교회가 파문과 징계라는 형벌을 내릴 때 신학은 교회의 판결에 대한 이론적 근거를 제공해 왔다. 대체적으로 선교신학까지도 전투적 신학이 되어 하느님을 이교도의 신과 구별하며 구원과 저주받을 운명 사이를 뚜렷이 구별하는 데 종사하여 왔다. 너무도 강력한 전류가 흐르는 신학이어서 이교도들로서는 상처입지 않고서는 도저히 빠져나갈 수 없을 정도였다.

　종교의 역사를 살펴보면 이상스럽게도 고압종교는 고압 정치-사회 권력과 결탁하고 있음을 알게 된다. 스칸디나비아의 구약학자 모빙클(Mo-winckel)은 고대 중근동지방의 왕권 연구의 결과를 다음과 같이 정리하고 있다. "메소포타미아에서는 왕들은 언제나 신과 밀접하고도 분명한 관계를 유지하고 있었다. 그리고 왕권에 대한 신학적 해석이 이 관계를 유지시켜 주는 역할을 담당하였다. 메소포타미아에 있어 왕권은 제의적 기능을 가지고 있었으며 왕에게 신의 칭호가 붙여질 만큼 그는 제의(祭儀)의 신성한 분야에 깊숙이 참여하였다."[3]

　고대 메소포타미아뿐만 아니라 고대 중국에서도 마찬가지였다. 중국에서는 왕을 "천자"(天子)라 불러 하늘의 위임자로 간주되었다.[4] 일본에서도 역시 마찬가지로 고대로부터 최근에 이르기까지 천황(天皇)이라 하여 신들의 직계 후예로 신적인 능력을 가지고 있으며 떠오르는 태양의 나라를 다스릴 권한이 있다고 믿었다. 이런 식으로 종종 종교적인 권력과 정치적인 권력이 서로 결탁하여 힘없는 백성들을 착취하고 그들을 희생시켜 왔다.

금관(金冠)의 예수

　우리 시대에 이같은 "신성한 것"의 착취에 대항하여 싸우는 우렁찬 소리를 한국의 로마 가톨릭 시인 김 지하에게서 들을 수 있다. 그는 한국에서 인권과 민주주의를 위해 싸우다 옥에 갇히고 매를 맞았다. 그가 쓴 3장짜리 희곡 "금관의 예수"는 "한국의 소도시 한 구석"이 무대이다. 이 희곡의 주역이랄 수 있는 문둥이, 거지, 창녀 셋은 물론 강력한 지도자에 의해 주창된 "정치안정과 경제성장"의 희생자들임이 분명하다. 한 늙은 신부가 나오는데 그는 선의(善意)의 사람이기는 하나 정부 고위층과 맺은

휴전관계를 깨뜨리고 싶지 않아 하며 희생자들의 편에 서서 대변하기를 거부하고 있다. 힘없는 수녀만이 그들과 운명을 같이하려고 몸부림친다. 이 가련한 인생들이 허기진 배와 상처받은 마음으로 추운 낮과 두려운 밤을 지나고 있는 동안 극은 제3장으로 바뀌면서 술취한 문둥이가 메마른 목소리로 자탄과 고뇌에 가득 찬 노래를 부른다.

    지쳐 몸 눕힐 무덤도 없어
    겨울 한복판
    버림받았네
    버림받았네

    끝없는 겨울
    밑모를 어둠
    못견디겠네 이 서러운 세월
    못견디겠네

    못견디겠네
    이 기나긴 가난
    못견디겠네 차디찬 세상
    더는 못견디겠네.[5]

그러다가 문둥이는 옆에 세워진 금관을 쓴 예수의 콘크리트상(像)을 발견하게 되고 이때 그의 자탄(自嘆)은 분노로 변한다. 그는 마구 외쳐댄다. "예수 팔아 천년만년 길이길이 잘 해 처먹어라! 나하곤 상관없다. 쳇, 소용없어, 다 소용없어, 저 세멘 꽁꾸리와 나와 무슨 상관이야! 쳇, (침 뱉는 시늉)"[6]

그러나 그는 콘크리트 예수와 상관이 있음이 드러났다. 놀랍게도 구세주인 예수가 문둥이에게 자기를 콘크리트 감옥에서 구출해 줄 것을 요구하고 있었다. 문둥이는 예수의 음성을 들으면서도 도저히 믿어지지 않았다.

    나는 너무나 오랜 세월을 이 세멘트 속에 갇히어 있었다. 답답하고 어둡고 적적한 이 세멘트의 감옥 속에. 나는 너처럼 착하고 가난한 사람들과 이야기하고 싶었고 또 함께 괴로움을 나누고 싶었느니라. 얼마나 기다렸는지 모른다. 이 감옥에서 해방되는 날을. 해방되어 너희들 속에, 너희들의 그 불행 속에 내가 다시금 불꽃으로 살아 타오를 날을. 그런데 네가 왔다. 네가 가까이 와 내 입을 열었다. 내가 너에게 구원받았느니라.[7]

교회는 예수를 민중들로부터 격리시켰고 그에게 금빛 찬란한 옷을 입혀 외경심이 절로 나는 성전 제단 그 높은 곳에 안치해 놓고는 경건한 의식과 우렁찬 설교로 그의 입을 봉해버렸다. 그는 노예된 교회의 노예된 구세주가 되었다.

이 예수가 이제 문둥이에게 자기를 노예상태에서 구출해 줄 것을 요구하고 있다. 다른 사람들에게 자유를 나누어 주려면 우선 자신이 자유를 회복하여야만 했다. 힘없는 자들에게 힘을 주기 위해선 먼저 그 자신이 힘을 되찾아야만 했다. 강력한 지도자는 물론이고 사제도, 주교도, 돈많은 기업가도, 공장주도 예수를 자유케 하지는 못할 것이다. 문둥이, 거지 및 창녀만이 구세주를 구할 수 있다. 뭔가 잘못된 그리스도론이 아닌가? 교회의 전통, 경직된 신학 및 정치-사회적 권력에 의해 고착(固着)된 그리스도만을 생각하던 자들에겐 참으로 충격적인 그리스도론이 아닌가!

예수는 더 이상 시간을 끌지 않는다. 예수가 채근하게 되자 문둥이는 마침내 그에게 접근하여 그를 콘크리트 감옥에서 석방시키려 한다. 그 순간 교회의 권익을 대변하는 자로서 신부와 국가의 경제발전을 의미하는 사장 및 국가권력을 상징하는 순경이 무대로 뛰어 나오며 경탄한다.

   신부: 엇, 예수님 관이요!
   사장: 엇, 내 금관이!
   순경: 엇, 절도로구낫!

이어서 광란의 동작들이 이어진다. "셋이 동시에 덤벼들어 순경이 금관을 문둥이에게서 가로채자, 사장이 순경에게서 가로채고, 그것을 다시 신부가 가로채서 눈깜짝할 사이에 예수의 머리 위에 다시 씌워 버린다. 종전대로 굳어져 버리는 예수", 꿈이 산산조각난 창녀, 문둥이, 수녀는 괴로와하며 외친다. "안돼! 안돼! 안돼!" 이때 막이 내리고 조명은 꺼지며 어둠이 무대를 감싸게 된다.[8]

고난받는 메시아

이가 바로 고난받는 메시아로 많고많은 사람들이 부활의 이쪽 편에 서서 그를 만나며 포옹하게 된다. 예수의 제자들이 부활한 그리스도를 만난 후에야 비로소 깨닫고 선포한 것이 바로 이 고난받는 메시아였다. 부활한 주님을 믿게 됨으로 그들은 왜 예수가 그의 백성들을 정치적 승리로 끌고 갈 수 있는 민족 지도자가 될 수 있었음에도 이를 거부하였는지 그 이유를 알 수 있었다. 이제 그들은 왜 예수가 기적의 능력을 발휘하며 이 세상의 사탄세력에게 절만 하면 얻을 수 있었던 영광스런 왕권에의 유혹을 거부하였는지 그 이유를 분명히 알게 되었다.

왕의 권세는 대단히 위험스런 고압권력이다. 그것은 타락하기 쉽다. 타락하면 할수록 더욱 위험하게 된다. 힘없는 백성들에겐 더욱 위험한 것이 된다. 계엄령을 선포한다. 감옥에 갇히는 죄수들이 늘어난다. 과부가 늘어나고 고아가 늘어난다. 온 국민의 입을 막는다. 하느님의 입까지도 막는다.

사실 절망 속에 있는 백성들에게 거짓약속들을 늘어놓으면서 정치적 메시아가 되기는 의외로 쉬운 일이다. 백성들에게 먹을 것을 많이 주겠노라고, 안전하게 거리를 활보할 수 있게 해주겠노라고, 안정된 생활을 누리게 해주겠노라고 약속을 할 것이다. 심지어 감옥은 텅텅 빌 것이며 비밀체포도 없어질 것이라고 약속할 것이다. 그러나 그가 장악하고 있는 권력이 그 약속을 지키도록 내버려 두지는 않을 것이다. 오래지 않아 국민들은 개개인 모두가 준(準)정치법들이며 국가에서 세운 형무소에는 국가모반 혐의로 잡혀 온 죄수들로 가득 차게 되며 거짓말을 참말처럼 하도록 강요당하고 있음을 깨닫게 될 것이다.

아직도 몸에 못과 창자국이 선명하게 남아 있는 채 제자들 앞에 나타난 부활한 주님은 이 세상에 가장 필요한 것은 그의 고난받는 메시아의 모습임을 깨닫게 해주었다. 티베리아 호숫가에서 부활한 주님으로부터 사랑의 명령을 주의깊게 듣고 난 베드로는 가이사리아 필립보에서 당당하게 고백한 직후에 십자가의 예수를 버려두고 도망쳤던 자신이 한없이 부끄러웠을 것이다. 주님이 준엄하게 "사탄아, 물러가라. 너는 나에게 장애물이다. 너는 하느님의 일을 생각하지 않고 사람의 일만을 생각하는구나!"(마태 16, 23) 하고 그를 꾸짖었을 때 그는 안절부절못하며 자신에 대한 분노를 느꼈을 것이다.

세계는 정치적 메시아들을 찾고 있으며 나타나기만 하면 언제든 그들에게 권력과 권위를 넘겨 주고 자신을 통치해 줄 태세를 갖추고 있다. 그러나 하느님은 고난받는 메시아들을 찾고 있다. 아니, 하느님은 이들을 찾고 있을 뿐 아니라 자신이 예수 그리스도 안에서 고난받는 메시아가 되셨다. 이제 서서히 제자들이 깨닫게 된 바는 고난받는 메시아만이 십자가와 부활을 통하여 새로운 미래를 약속하며 새로운 삶을 줄 수 있다는 사실이다. 고난받는 메시아만이 거짓과 착취와 증오로 가득 찬 황폐한 이 세상에 진리와 사랑과 정의의 빛을 비춰 줄 수 있다. 고난받는 메시아만이 이 세상에서 고통을 지며 암흑의 공포와 죽음의 그림자 속에 살고 있는 자들에게 용기와 힘과 희망을 가져다 줄 수 있다. 그리고 사람들 마음 속에 하느님과 이웃을 위한 공간을 마련해 줄 수 있는 이도 고난받는 메시아뿐이다. 제자들이 근거하고 있는 복음은 이 고난받는 메시아의 복음이지 정치적 메시아의 복음은 아니다.

정치적 메시아가 세계를 구할 수 없다면 종교적으로 제도화된 메시아 역시 세계를 구할 수 없다. 오순절 경험 이후의 제자들이 깨달은 바가 바로 이것이었다. 예수는 고난받는 메시아란 이유로 오랫동안 정치 및 문화적 민족주의를 지탱시켜 온 종교적 메시아 사상에 배척당하였다.

독일의 신약성서 학자 요아킴 예레미아스(Joachim Jeremias)는 부활절 경험을 전후하여 제자들이 예수 고난에 대해 어떻게 이해하고 있는가를 집중 연구하였다. 그에 의하면 수차에 걸쳐 예수가 안식일을 범한 것이라든가 성전을 숙청한 일 및 자신의 고난에 대한 예고 등(마르 14, 8; 루가 13, 32 참조)은 절대로 (부활) 사건 후에 일어난 일은 아니었다. [9] 예수의 전도 생활 중에 일어난 것이 틀림없다. 그런데 민족적인 또는 정치적인 메시아 사상에 사로잡힌 제자들은 이 사건들을 고난받는 메시아와 관련시켜서 이해할 능력이 없었다. 예레미아스가 지적한 대로 "제자들은 전통에 충실한 자들이었음에도 일어나는 사건마다 그들의 몰이해와 판단착오를 계속 폭로하곤 하였다."[10]

예수의 메시아직에 대한 이들의 가장 큰 착오는 제베대오의 두 아들 요한과 야고보의 이야기 속에서 가장 잘 드러난다. 이들은 예수에게 찾아와 예수의 나라가 임할 때 자기들이 영광과 권세의 자리에 앉을 수 있도록 해 달라고 요청하였다(마르 10, 35-40; 마태 20, 20-23). 이 사건은 "제자들이 당장 닥칠 고난은 생각지 않고 얼마나 영광만을 기대하고 있는가"를[11] 보여주고 있다. 하지만 이것이 바로 부활 이전의 상태 그대로였다.

부활절 경험이 근본적인 변화를 가져왔다. 예레미아스는 마르코 8, 31 (마태 16, 21; 루가 9, 22), 9, 31(마태 17, 21; 루가 9, 44), 10, 33-34(마태 20, 18-19; 루가 18, 32-33)에 있는 세 번의 수난 예고는 (부활) 사건 후에 형성된 것으로 보고 있다. 예레미아스의 설명으론 위 구절들, 특히 마르코 10, 33-34에 자세하게 언급되고 있는 받을 수난의 내용들이 "수난 사화 및 부활 이야기와 세미한 부분까지 너무도 일치하고 있는 것으로 보아 이 수난 예고는 (부활) 사건 후 형성된 것임은 의심할 여지가 없다."[12]

제자들과 이들을 중심으로 이루어진 작은 신앙공동체는 부활절 경험으로 시야가 트여 전혀 다른 예수의 메시아직, 즉 고난의 차원을 볼 수 있게 되었다.

특히 주의하여야 할 사실은 예수가 고난을 통하여 제2 이사야가 말하는 특히 이사야서 53장에 기록된 "종의 노래"의 주인공이 될 종과 연결된다는 것이다. 여기에서 그치는 것이 아니다. 부활절 후의 공동체를 이끌어 나간 제자들은 자기 민족의 오랜 역사와 전통을 새로운 안목으로 보게 되었고 고난받는 메시아 관점에서 이를 재해석하기 시작했다. 베드로의 오순절 설교 속에서도 십자가에 못박혔다가 부활한 그리스도가 주제가 되어 이스라엘의 역사를 풀이하고 있다(사도 2, 14-36). 솔로몬 행각에서 행한 설교에서도 베드로는 "아브라함과 이사악과 야곱의 하느님이시며 우리 조상들의 하느님이신 그 하느님"을 바로 "고난받아야 할 메시아"로 연결시키고 있다(사도 3, 14-26).

스테파노의 순교를 볼 때 우리가 주의해야 할 것은 그가 마지막 행한 설교 역시 아브라함으로부터 시작하여 출애굽을 거쳐 다윗 왕국에 이르는 이스라엘 역사 자체를 하느님의 메시아적 목적에 맞는 것으로 해석한 것이 결코 아니다. 오히려 그는 낼 수 있는 마지막 힘과 용기를 가지고 자기 민족의 오래고 파란만장한 역사를 하나의 촛점, 예수에게 맞추고 있다. 그는 대제사장과 그를 정죄한 자들을 향하여 외친다. "이제 당신들은 바로 그분을 배반하고 죽였읍니다"(사도 7, 52). 죽어가는 순교자 스테파노에게 있어 복음의 핵심은 곧 고난받는 메시아 예수였다. 메시아는 고난을 배제하고는 깨달을 수 없다. 고난이 메시아 본질의 핵심이다. 시계 추는 정확히 반대 방향으로 움직인다. 영광스런 메시아는 전혀 반대의 고난받는 메시아여야 했다.

초대 그리스도교 공동체에 있어 예수를 고난받는 메시아로 보는 신앙은 점차 발전되어 갔다. 마르코 10, 45에서 우리는 한마디로 압축된 고난받는 메시아 신학을 발견하게 된다. "사람의 아들도 섬김을 받으려 온 것이 아니라 섬기러 왔고, 또 많은 사람들을 위하여 목숨을 바쳐 몸값을 치르러 온 것이다." 메시아가 당하는 고난은 자신을 위한 것이 아니라 많은 사람— 즉, "수많은 대중"[13]을 위한 것이다. 이제서야 하느님의 구원에 대한 배타적인 해석이 사라지게 되었다. 예수 그리스도 안에 계신 하느님은 물론 유대인을 위한 하느님이시다. 그러나 그는 또한 헬라인이나 야만인들을 위한 하느님이시다.

익히 아는 바와 같이 이같은 하느님의 구원하시는 사랑의 법칙을 최대한 활용한 인물이 바울로이다. 그는 당당하게 선포하고 있다. "유다인이나 그리이스인이나 종이나 자유인이나 남자나 여자나 아무런 차별이 없읍니다. 그리스도 예수 안에서 여러분은 모두 한 몸을 이루었기 때문입니다"
(갈라 3,28). 바울로는 그의 종교가 가지고 있던 배타적 법칙을 버리고 대신 예수 그리스도 안에 나타난 하느님의 수용하는 법칙을 채용하였다.

메시아인 예수의 고난으로 모든 인간적 장벽은 허물어졌다. 하느님을 모든 인간 존재에게 소개하였고 그들 모두가 하느님 구원의 신비의 한 부분이 되게 하였다. 하느님의 깊은 고통 속에서 모든 사람들이 출신 성분과 배경을 따지지 않고 하느님의 구원하시는 능력을 받아야 할 같은 순례자들임을 깨닫게 되었다. 종교 전통은 이방인들을 구별해 내려는 습성을 지니고 있다. 교회 건축물도 신심좋은 교인들을 위해 높게 담을 쌓는 경향이 있다. 교리적 판결로 이단과 배교자가 생겨난다. 심지어 예배와 종교의식 속에 진행되는 신앙심의 표현방식에 따라 사람들을 서로 나누기도 한다.

그러나 고난은 전통에 의해 전달될 필요가 없다. 고통은 과거에도 있었고 지금 여기에도 있다. 교회의 재가를 맡을 필요도 없다. 누구의 명령을 듣고 이동하는 것이 아니기 때문이다. 교리적으로 옹호받아야 할 이유도 없다. 우리 매일매일의 삶이 고난이기 때문이다. 예배의 대상이 되거나 화려한 종교의식에 싸여서도 안된다. 고난은 다만 견딜 뿐이지 우상이 될 수는 없다. 인간이 된다는 것은 고난받는 것이다. 하느님도 이를 알고 계시다. 그래서 하느님도 고난받고 계시다. 하느님과 인간이 함께 만나는 곳이 바로 고난이다. 바로 이곳이 모든 사람들— 제왕, 성직자, 극빈자, 창녀들이 모여 자신들은 연약하고 부질없는 존재들로 하느님의 구원하시는 사랑을 힘입지 않고는 설 수 없다는 사실을 깨닫게 되는 유일한 장소이다. 고난은 우리도 하느님께 가까이, 하느님을 우리에게 가까이 접근하게 해준다. 이상하게 들릴지 모르겠으나 비인간적이고 잔혹한 이 고난이 오히려 인간으로 인간적인 것을 추구하게 하며 그것을 발견하고 소유하여 온 힘을 다해 그것을 지키게 만든다.

그런데 그리스도교 교회 안에서는 종종 고난에 찬사를 보내면서 십자가를 금과 은으로 장식하곤 한다. 일단 고난이 신덕(信德)으로 인정받고 십자가가 보석들로 장식된 후에는 하느님과 교인 사이의 만남은 미사여구가 난무하는 외교적 만남일 뿐 진실은 사라지고 만다. 사람 사이의 만남은 술레잡기 놀이가 되어버리고 고난받는 인간들 속에 있는 고난받는 하느님을 찾기보다는 헛된 종교형식만 찾게 된다. 이런 일이 생기게 되면 하느님을 통하여 하느님과 이웃을 만날 수 있는 장(場)마저 잃고 만다. 바로 이같은 이유에서 부활한 그리스도는 제자들에게 자신은 고난받는 메시아 입을 주지시켰다. 다행히도 부활절 이후의 제자들은 예수를 고난받는 메시아로 파악할 수 있었다. 금관을 머리에 쓴 메시아는 한 민족을 구원할 수 있을지는 몰라도 고난받는 모든 인류를 구원할 수는 없다는 사실을 그들은 깨달았다. 그리고 고난받는 메시아 예수에 의해 활짝 열려진 하느님의 품에 안기기를 갈망하고 있는 자들이 바로 이 고난받고 있는 인류이다.

의인으로 인정받은 세리

예수의 메시아직은 고난으로 이루어졌다. 고난으로 예수는 자기 민족의 종교에 대한 태도를 근본적으로 바꾸었다. 당시 종교 권위자들은 신앙적으로 윤리적으로 흠이 없는 "소수"를 위해 종교행위를 열심히 시행하는 동안 예수는 고난받고 있는 "수많은 대중"에게 눈을 돌렸다. 존경받을 만한 제사장과 신학자들이 의인들과 바쁘게 지내는 동안 예수는 대조적으로 죄인들에게 관심을 쏟았다. 부활절 후 깨닫고 난 후에야 제자들은 그 옛날 예수가 성전에서 기도하는 바리사이파 사람과 세리의 비유를 말해 주었던 의도를 깨달은 것이다. 그 날카롭던 비유는 다음과 같았다.

두 사람이 기도하려 성전에 올라 갔는데 하나는 바리사이파 사람이었고 또 하나는 세리였다. 바리사이파 사람은 보라는 듯이 서서 "오, 하느님! 감사합니다. 저는 다른 사람들과는 달리 욕심이 많거나 부정직하거나 음탕하지 않을 뿐더러 세리와 같은 사람이 아닙니다. 저는 일주일에 두 번이나 단식하고 모든 수입의 십분의 일을 바칩니다" 하고 기도하였다. 한편 세리는 멀찍이 서서 감히 하늘을 우러러보지도 못하고 가슴을 치며 "오, 하느님! 죄 많은 저에게 자비를 베풀어 주십시오" 하고 기도하였다(루가 18, 11-13).

두 사람의 태도는 너무도 대조적이어서 듣는 이로 하여금 어리둥절하게 만든다. 예수가 성전에서 기도하는 사람들의 모습 속에서 이같은 대조적인 형태를 감히 지적한 것만도 충격적인 사실이었다. 그러나 보다 충격적인 말씀— 지지자나 반대자를 불문하고 큰 충격으로 받아들여질 말씀이 그에게서 나왔다. "잘 들어라. 하느님께 올바른 사람으로 인정받고 집으로 돌아간 사람은 바리사이파 사람이 아니라 바로 그 세리였다"(루가 18, 14).

예수가 의도적으로 당시 종교를 비판하기 위해 바리사이파 사람의 기도를 꾸며냈다고 볼지도 모르므로 탈무드에 수록된 1세기 무렵의 바리사이파 사람들의 기도문을 예로 소개하겠다. 예수가 비유에서 인용한 기도문과 유사한 점이 많음을 알게 될 것이다. 그 기도문은 다음과 같다.

오, 주여! 나의 하느님 감사드리나이다. 당신께선 저를 배움의 자리에 앉은 자들과 함께 있게 하시되 거리 모퉁이에 앉은 자들과는 상관없게 하셨나이다. 저도 일찍 일어나 일하고 저들도 일찍 일어나 일하니 저는 토라의 말씀에 열심하오나 저들은 부질없는 것에 열심이옵니다. 저도 지쳤고 저들도 지쳤으니 저는 지침으로 이익을 얻었사오나 저들에겐 아무 유익이 없나이다. 저도 달리고 저들도 달리니 저는 다가오는 세대의 삶을 향해 달리나 저들은 파멸의 구렁텅이를 향하여 달리옵니다.[14]

신심깊은 교인의 기도 아닌가? 어찌 하느님께서 두 팔 벌려 이런 자들을 안아주시지 않으랴?

그러나 이 기도 속에는 하느님과 인간 사이의 관계에 대해 예수가 가르쳐 준 바와 정면 배치되는 요소들이 없지 않다. 첫째, 이 기도 속에 표현된 신앙은 대중의 신앙이 아닌 소수 선택받은 자들의 신앙이다. 기도하는 자는 자신이 거리의 거지들과 함께 있지 않고 학식있는 자들과 함께 있음을 자랑으로 여기고 있다. 하느님께서는 학식있는 신앙인의 기도를 들으시며 심오한 지식을 지닌 신학자를 칭찬하신다. 그들의 하느님은 박학다식한 하느님으로 신앙실천에 있어 무엇보다 박학다식할 것을 요구하시는 분이다. 이들의 하느님은 하느님에 대한 심오한 지식을 갖고 있지 못하고 엄숙한 종교의식을 참아 견디어내지 못하고 어떻게 사는 것이 율법에 맞게 사는 것인지도 모르는 무식한 친구들에겐 관심조차 두시지 않는다.

또 있다. 이같은 기도 속에 나타난 신앙은 최대의 관심을 "영적인 이익"에 두고 있다. 이같은 이익추구 신앙은 "부질없는 것을 위해 일하는" 자들과 "아무리 일해도 이익을 얻지 못하는" 지친 자들을 깔보게 된다. 이러한 신앙의 하느님은 이익을 보장해 주는 하느님이다. 그런 하느님은 "물질적 이익"을 위해 애쓰며 이 일로 너무나 바빠 신앙지침서에 수록된 매일기도문조차 욀 틈조차 없는 쫓기고 쫓기는 자들은 도저히 참아 줄 수가 없다. 그런 하느님은 당장 내일 먹을 양식과 지낼 집이 마련되지 못해 죽을 상으로 근심 걱정하는 자들에겐 동정조차 베푸시지 않는다. 하느님은 성소 깊은 곳에 좌정하시어 토라와 교회법, 교리 및 도덕률에 지시한 대로 종교지도자들이 성심으로 봉양하는 영적인 이익들을 챙기는 데만 급급하다.

또한 이같은 기도 속에 정형화된 신앙은 미래지향적 신앙임을 알 수 있다. 기도 속에는 "다가올 세대의 삶"과 "파멸의 구렁텅이 속의 삶"이 대조를 이루고 있다. 분명히 전자는 장래가 약속된 미래인 반면 후자는 하느님의 미래가 차단된 상태를 의미하고 있다. 이들의 신앙의 하느님은 미래 속에 있다. 하느님은 항상 미래에서 손짓하고 있다. 미래가 하느님의 본질이다. 일단 미래가 현재로 바뀌면 하느님도 부실한 하느님이 되고 만다. 생사가 걸린 문제처럼 하느님은 미래를 지키고 계시다. 하느님은 현재 속에서 파악되어서는 안된다. 우리가 파악했다고 생각한 하느님은 우상에 지나지 않는다. 이런 우상은 수없이 많다. 양식·집·인간의 존엄성, 남부럽지 않은 생활 등등. 이같은 이유에서 하느님은 저 멀리 미래 속에 안전하게 거하시며 "다가올 세대" 속에서 우리를 부르고 계시다.

하지만 어느 누가 그같은 미래를 참고 기다릴 수 있겠는가? 여유를 갖고 그 미래를 기다릴 자가 있겠는가? 배불리 먹은 자, 편안한 집에 사는 자, 권력을 잡은 자, 창고에 재물을 쌓아둔 자라면 할 수 있을 것이다. 미래는 부자, 경건한 자, 권세가진 자의 사치품이다. 그들이라면 하느님을 미래적 관점에서 생각할 수 있을 것이다. 그들은 이 미래의 하느님을 내세워 빼앗긴 자, 가난한 자, 힘없는 자, 거리의 무리들을 지배하고 있다. 물론 그들은 이 미래에의 초청에 대중이 환영하며 받아들이지 못할 것임을 잘 알고 있다. 그들 앞에 마련된 운명은 "다가올 세대의 삶"이 아닌 파멸의 구렁텅이인 것이다. 그 의도나 목적으로 보아 이들의 신앙은 한치 착오도 없는, 하느님의 구원사업이 한치 착오없이 이루어질 수 있는 완전무결한 신앙임에 틀림없다.

종교 권위자들은 대중이 얻을 수 있는 "영적인 이익"이란 것은 결국 한치 착오도 없는 하느님 손에 의해 고난받아야 하는 것이 대중의 운명이라는 사실을 가르쳐 온 것 같다. 바로 이같은 운명의 횡포에 대항해 인류를 하느님의 사랑과 은혜 속으로 이끌어내려 한 이가 바로 예수이다. 그는 소수를 위한 종교가 잘못되어 가고 있음을 밝히고 있다. 이런 종교로 하느님이 잘못 전달된다. 하느님과 인간 사이를 이간시키고 있다. 하느님과 인간을 모두 장악하고 희생시켰다. 이제 세리가 올바른 사람으로 인정받고 집으로 돌아갔다는 말씀을 하심으로 예수는 판단하기 좋아하는 종교의 권세를 꺾었고 의롭다 하는 자들의 종교의 종말을 밝혔으며 선택받은 소수의 경건을 거부한 것이다. 그런데 예수의 이야기는 여기에서 끝나지 않았다. 그는 대중을 향한 하느님의 사랑을 선언하고 있다. 거리나 상가에 있는 수많은 무리를 향한 하느님의 자비를 선포하고 있다. 그는 이제 죄인들을 위한 구원자로 자처하고 나서게 되었다.

죄인들의 구원자

예수가 너무도 죄인들과 친근하게 지내는 바람에 그의 행위는 당시 종교지도자들의 예민한 종교적 도덕적 감수성을 건드리지 않을 수가 없었다. 종교가 고도로 발전하면 할수록 종교적 감수성은 더욱 예민해진다는 것은 일반적인 현상이다. 종교 전통에 의해 창출되고 그 지도자들에 의해 연마된 도덕적 감수성은 종교적 순결로 향상된다. 이를 어기는 것은 영적인 권위자들에 대항하는 것일 뿐 아니라 하느님께 대항하는 것으로 받아들여진다. 이를 어기는 자는 엄중한 심판을 받아야만 한다. 이같은 도덕-종교적 감수성은 "무감각하고" 배워먹지 못한 대중들로부터 "예민한" 하느님을 보호하고 있다.

인도에서 특권 브라만 계층이 천민을 철저하게 경멸하고 있다는 것은 널리 알려진 사실이다. 유학자들이 특권의식과 거리감을 가지고 배우지 못한 대중을 무시하고 있음도 잘 알려진 사실이다.

각기 다른 신앙고백과 전통 속에서 각종 도덕-종교적 감수성에 맞추어 진행되는 교회의 예배의식들도 이런 경우가 아닐까? 특히 성체(聖體)의 신비에 촛점이 맞추어지는 전통 속의 예배순서에서는 도덕-종교적 감수성이 그 극에 달한다. 이같은 예배를 드리고 나오는 사람들은 고도로 긴장된 순간을 넘긴 것처럼 안도의 한숨을 쉬며 교회 밖으로 나오곤 한다. 야곱이 야뽁 나루에서 "신기한" 인물과 씨름하는 공포의 순간을 겪은 후 내뱉은 말이 바로 이같은 심정을 나타낸 것이다. "내가 여기서 하느님을 대면하고도 목숨을 건졌구나"(창세 32, 30). 하느님과 대면하면 인간의 목숨이 위태롭다. 얼마나 예민한 하느님인가! 얼마나 두려운 신적(神的) 존재인가! 그리고 얼마나 공포분위기가 감도는 종교인가!

죄인들에게 눈을 돌리고 그들과 스스럼없이 지냄으로 예수는 이러한 하느님, 이러한 신적인 존재, 이러한 공포의 종교에게 등을 돌린 셈이다. 이제 예수 당시에 사회-종교적 상황에서 "죄인"의 의미가 무엇이었는가 살펴보면 예수가 의도했던 바를 좀더 명확히 깨달을 수 있을 것이다. 그 의미는 다음과 같았다.

① 비윤리적 생활을 한 자(예를 들어, 간음한 자와 사취한 자들, 루가 18, 11). ② 불명예스런 직업(즉, 윤리성과 정직이 결여된 것이 뚜렷한 직업)을 가진 자들과 그런 이유로 해서 시민권을 박탈당한 자들, 즉 계속 재임하거나 재판정에서 증인으로 설 수 있는 자격을

상실한 자들로 예를 들어 과세원, 세리, 목자, 나귀 몰이꾼, 행상 및 가죽장이 등이다.[15]

죄인이란 사회적으로 도덕적으로 종교적으로 버림받은 자들을 말한다. 이들이 공통적으로 받고 있는 것은 천대이다. 선량한 시민들의 도덕적 분노의 대상일 뿐이다. 종교선생들의 손가락이 항상 그들의 뒤통수를 가리키고 있음을 느끼며 살아야 한다. 간단히 말해 이들은 "선량한" 사람들로 구성된 사회와 공동체에서 쫓겨난 "불량한" 사람들이다.

위에서 살펴본 죄인들은 교회의 전도 대상이 될 수 있다. 예를 들어 창녀들은 비도덕적 죄와 대항해 싸우는 교회 십자군의 공격 대상이 된다. 일단의 용맹스런 교인들은 창녀굴에서 창녀들을 구출하는 데 물불을 가리지 않으며 구출한 이들을 잘 훈련시켜 교회의 선량한 교인으로 만들기도 한다. 하지만 그들은 교회 안에 들어와 따뜻한 동지애를 느낄 수가 없다. 그들은 알콜과 마약 중독자들로 손발을 떨며 얼굴이 창백하다. 교인들은 동정과 번민의 심정으로 그들을 지켜보며 교회는 그들을 안심시키려고 애를 쓴다. 그렇지만 자기들의 과거와 전혀 다른 과거를 가진 신자들 속에 있을 땐 도저히 편안한 마음을 가질 수 없다. 그들 가운데는 결혼의 신성함을 파괴한 자들도 있다. 그런 이들은 교회 안에서 항상 풍문이 따르고 하느님과의 교제도 차단당한 채 동료 그리스도교인들과 함께 주의 성찬에 참여할 기회조차 박탈당하며 호된 시련을 겪어야만 한다. 미심쩍은 직업에 종사하는 자들은 어둠의 자식들이지 결코 하느님의 자녀들이 될 수 없다.

교회는 이같은 죄인들에게 진실된 관심을 보이지 못하고 있다. 오히려 신심깊은 선량한 교인들이 물들지 않게 충분한 거리를 두도록 요구하고 있다. 심심찮게 교회 안에서 이런 죄인들에 대한 대책이 마련되고 시행되기도 한다. 하지만 죄인들이 곧 교회일 수는 없다. 그들은 구원받은 자 중에 섞일 수 없다. 그들은 교회 바깥에 있어야 하며 다만 교회 안에 있는 자들로 하여금 이들을 전도의 대상으로 삼아 부산떨게 할 책임을 가지고 있다.

그러나 예수는 이같은 죄인들에 대한 교회의 정책 수행자가 아니다. 예수의 행위는 전혀 반대였다. 그는 교회를 그들에게 가지고 갔던 것이다. 그들이 교회에 갈 수 없다면 교회가 그들에게로 가야 한다는 것을 분명히 밝히고 있다. 예수와 교회 사이의 관계를 신학적으로 조명해 보면 이같은 주장은 당연한 것으로 받아들일 수 있게 된다. 우리가 믿고 확신하는 바는 예수가 바로 교회라는 사실이다. 이같은 신앙의 눈으로 볼 때 예수가 죄인들과 자기를 동일시하며 그들과 함께 일하는 그 현장이 곧 교회가 아니고 무엇이겠는가? 어떤 신앙심으로도 신학으로도 부인할 수 없는 자명한 논리가 아닌가?

이 간단한 논리를 거꾸로 적용하면 교회가 예수— 진정한 의미에서 교회 자체가 되는 예수가 있는 곳으로 나가지 않으면 그것은 더 이상 교회일 수 없다는 결론이 나온다. 하느님의 논리는 이처럼 간단하다. 하지만 간단함에도 불구하고 쉽지는 않다. 그래서 바리사이파 사람들은 예수를 "즐겨 먹고 마시며 세리와 죄인하고만 어울리는 자"(마태 11, 19)로 비난하였다. 서기관과 신학자들은 그가 "하느님을 모독하는"(마르 2,7) 천벌받아 마땅할 죄를 지었다고 정죄하였다.

이것은 하느님의 간단한 사랑의 논리를 어긴 것임이 자명하다. 종교지도자들과 신학자들은 하느님 자신의 게임에서 하느님을 이기려고 온갖 노력을 한다. 그들은 이 간단한 논리가 결국 하느님으로 하여금 스스로 자신을 비하시키며 낮추는 결과를 낳고 말 것임을 인정하라고 강요한다. 결국은 하느님 자신이 자신을 모독하고, 자신이 자신을 비하시키며, 자신이 자신을 욕되게 하고, 자신이 자신을 해하는 결과가 된다고 우긴다. 그들이 보기에는 죄인들을 위로하는 예수의 행위야말로 바로 그 증거가 된다고 주장한다. 궁극적으로 예수는 하느님의 자살을 의미한 것이다. 하느님이 자살하는 것을 막기 위해서는 예수가 죽어야만 했다. 이것이 바로 예수를 받아들일 수 없었던 교회지도자들이 편 논리였다. 예수의 처형은 인간들의 종교논리가 도대체 어디까지 갈 것인가를 보여주고 있다. 그 논리는 너무도 멀리 가 하느님까지도 그 논리에 정복되고 만다. 십자가 위에서는 예수와 마찬가지로 하느님도 무력해 보였다. 죄인들과 섞여 지내던 예수였으므로 그는 죄인처럼 죽어야만 했다.

그런데 예수는 이 하느님의 사랑의 논리를 끝까지 밀고 나갈 결심이다. 어느 누구도 그가 죄인 및 사회에서 버림받은 자들의 친구가 되는 것을 막지 못할 것 같았다. 그는 자기 행위의 정당성을 얻기 위해 종교적 재가를 받으려고 노력조차 않는 것 같았다. 자기 신념을 보증해 줄 신학적 논거마저도 구하지 않는 듯했다. 자신의 입장을 변호해 달라고 높은 사람들에게 호소하지도 않는 것 같았다. 단 하나 분명하게 밝히는 것은 만약 하느님이 죄인들의 하느님이 아니라면 그 하느님은 가짜라는 것이다. 술주정뱅이들에게서 고개를 돌리는 하느님이라면 진짜가 아니라는 것이다. 창녀들을 배척하는 하느님이라면 온 인류 — 그 속에는 창녀도 포함되어 있다 — 의 하느님일 수 없다는 것이다. 그늘진 곳에 있는 인생들에게 가기를 꺼려하는 하느님이라면 온 인류를 위해 예수를 죄값으로 희생시킨 구속자가 될 수 없다.

고집스럽게도 죄인들의 친구가 되어 줌으로써 예수는 하느님을 하느님으로 보여주었다. 하느님이 하느님이라면 죄인들을 거부할 리 없다. 우리와 함께 하시는 임마누엘의 하느님이라면 창녀들을 배척할 리 없다. 진정한 하느님이라면 세리들을 멀리할 리 없다. 예수를 통해 확신과 동정심을 가지고 죄인들 편에 서심으로 하느님은 하느님이 되기로 하였다.

가장 도발적인 방법으로 예수는 죄인들의 하느님, 죄인들을 위한 하느님을 그의 시대 종교무대에 재등장시켰다. 그는 죄인들과 함께 음식을 나누었다! 당시의 종교 윤리적 규범에 비출 때 이처럼 무례한 행동은 또 없었다. 어느 신약 주석가의 풀이대로 "이런 행위는 그를 따르는 자들에겐 더없이 깊은 의미를 던져 주었지만 그를 비판하는 자들에겐 더없는 도전으로 받아들여졌다."[16] 죄인들과 함께 식사함으로 예수는 말로만 아니라 행동으로 가장 충격적인 메시지를 선포하였다. 하느님은 죄인들과 함께 있어도 끄떡없다! 하느님은 그들을 용납하신다!

예수는 낯 두꺼운 종교인들과 함께 있을 때보다는 죄인들과 함께 있을 때 더 편안함을 느꼈을 것이다. 그는 죄인들이 그에게 찾아와 이야기하고 함께 식사하기를 좋아하였다(루가 15, 1-2). 그는 죄인들을 자기가 머무는 곳에 초청하였고, 그들과 함께 음식을 "나누었다"(마르 2, 15-17). 여기서 "나누었다"(*katakeisthai*)는 말은 그 나눈 음식이 보통 음식이 아님을 지적하는 말이다. 그 음식은 축제 음식이다. 그들의 식사 풍속은 보통 음식을 들 때와는 달리 축제 음식은 서로 나누어 먹는다.[17] 예수와 죄인들 사이에서는 신심깊은 자와 죄인들 사이를 나누었던 종교적 사회적 장벽은 찾아볼 수 없다.

도대체 어떤 이유에서 죄인들과 한 식탁에서 음식을 나눈 것이 당시 종교계에 파문을 일으켰을까? 무슨 이유로 예수가 죄인들과 함께 식사한 것을 가지고 유대 지도자들이 그처럼 분노했을까? 문제의 핵심은 함께 음식을 나누는 행위의 깊은 의미에 있는 것이다. 요아킴 예레미아스는 다음과 같이 지적하고 있다.

> 예수가 "죄인들"과 함께 식사를 나눈 행위를 이해하려면 동양에서는 오늘날에도 식사에 초대받는 것을 하나의 영예로 생각하는 풍습이 있음을 먼저 알아 둘 필요가 있다. 식사 초대는 화평과 신뢰와 형제애 및 용서의 뜻이 담긴 행위인 것이다. 즉 함께 식사를 나눈다는 것은 함께 산다는 것을 의미한다.[18]

음식을 함께 나눈다는 것은 영적인 체험이다. 함께 나누는 식사는 곧 성례적(성사적) 행위이다.

우선 식사 초대에는 영예로 받아들여진다. 영예롭게 식사에 초청받은 사람들끼리 어울려 특별한 친교를 이루게 된다. 초대한다는 것은 영예로운 일이기에 아무나 마구잡이로 식사에 초대할 수는 없다. 잔칫날은 더 말할 나위 없다. 특별한 의미가 있는 날일수록 초대 손님들은 더욱 엄선된다. 초대받았다는 사실은 일단 어떤 신분 계층에 속하게 된다는 것을 의미한다. 식사를 통한 친교는 곧 계층별 친교를 의미한다. 어느 한 단체— 종교적인 모임이든 지성인들의 모임이든 또는 직업적인 모임이든 그 단체의 일원이 되었다는 것을 의미한다. 식사를 통한 친교는 사회적 친교이다. 또한 식사에 참여함으로 여러 종류의 이권— 재물이든 학식이든 명예이든 성공이든 한 가지 이상의 이득을 얻을 수 있다. 음식을 통한 친교는 이권이 전제된 친교이다.

이처럼 식사와 연결이 되어 있는 영예는 조건부 영예이다. 속하여 있는 신분! 단체 혹은 이득에 따라 얻어질 수 있는 영예이다. 무료로 나눠 주는 것이 아니다. 힘들여 얻어 내야 한다. 나누고 구분하고 차별하는 것이 영예이다.

죄인들과 함께 식사를 나눔으로 예수는 영예에 대한 통상적인 종교 및 사회 관념을 뒤엎어 버렸다. 죄인들에겐 계급이 주어질 수 없었다. 그러나 예수는 그들에게 계급을 주었다. 그들은 사회의 일원이 될 수 없었다. 그러나 예수는 그들을 사회의 당당한 일원으로 인정해 주었다. 그들은 어떤 이권도 소유할 수 없었다. 그러나 예수는 그들에게 이권, 인간적인 이권— 즉, 하느님에게서 물려받은 이권으로 그들이 "죄인"이라 해서 박탈당할 수 없는 이권을 도로 찾아 주었다. 그들이 예수의 식사 초대에 응하였을 때 그들은 예수에게서 영예도 선물받았다. 무료로 신분이나 단체나 이권에 좌우되지 않는 영예를 얻었다. 예수와 함께 식탁에 앉아 음식을 나눔으로 그들은 더 이상 세리나 창녀나 협잡꾼이나 행상인이 아니었다. 그들은 다른 사람들과 다를 바 없는 하느님의 구원하시는 사랑에 감싸인 사람들이었다.

그리스도 안의 성찬례

이것이 바로 예수의 복음전도이다. 복음(*euangelion*)에서 나온 그의 행위이다. 오늘날 교회의 복음전도와 너무도 차이가 나지 않는가! 복음전도는 항상 교회 제일의 사명으로 간주되어 왔다. 그러나 과연 얼마나 되는 교회들이 사각의 울타리 안으로 이들을 불러들이고 있는가? 주의 만찬에 이런 "불량한" 인생들을 초청하고 있는 교회가 얼마나 되는가?

교회 안에서 행해지는 주의 만찬은 신성불가침의 것이어서 신분이 의심스러운 사람은 말할 것 없고 "자격미달" 교인들까지도 참여할 수 없는 것으로 지켜져 왔다. 역사있는 교회는 한술 더 뜬다. 같은 그리스도교인임에도 신앙고백 내용이 다르면 참여를 거부하기까지 한다! 정교회, 로마 가톨릭교회, 프로테스탄트교회 할 것 없이 모두 성찬례의 순수성과 신성을 보호한다는 명목하에 교회법, 성찬(성체)신학 및 교의학적 방패를 내세워 주의 식탁을 보호하여 왔다. 그러나 여기서 심각하게 깨달아야 할 사실은 이같이 엄하고 철저하게 보호된 성찬 식탁은 교회의 식탁은 될 수 있을지 언정 주님의 식탁은 될 수 없다는 것이다.

이처럼 교회법으로 구조화된 성찬 식탁은 죄인들과 함께 하였던 예수의 만찬 식탁과는 거리가 먼 것임을 깨달아야 한다. 예수가 십자가에 달리기 전날 제자들과 함께 한 주의 만찬은 바로 예수가 죄인들과 함께 한 만찬의 분위기 속에서 이루어진 것임을 깨닫고 이에 참여해야만 하는데 이런 사실이 점점 잊혀져 가고 있는 느낌이다. 예레미아스의 지적도 이같은 사실을 뒷받침하고 있다.

> 이처럼 식탁에 모여든 모임이 곧 구원의 때에 이루어질 만찬을 상징하는 것이었다. 그 모임에는 추방되는 자가 한 사람도 없었으며 누구나 보아 알 수 있는 죄인까지도 포함되어 있어 예수를 곤경에 처하게 했지만 오히려 그같은 모임을 통해 예수의 메시지는 정확하게 전달되었던 것이다(마르 2,18-20). 최후의 만찬은 이같은 식탁 모임에 그 역사적 연원을 두고 있다.[19]

정교회, 로마 가톨릭교회, 프로테스탄트교회 등 거의 모든 교회들이 고수하고 있는 성찬례 신학 및 예찬론에 정면 배치되는 사실이 아닐 수 없다. 지금까지 내려오던 성찬례 성사의 신학이 "예수의 핵심적 메시지", 즉 예수는 자기 만찬에 어느 누구도 제외시키지 않고 모두를 받아들이며 "구원의 때에 이루어질 만찬의 형태"로 모든 죄인들까지도 만찬에 초대한다는 사실을 대변하지 못하여 왔음이 적나라하게 드러났다. 성찬례는 역사깊은 교회 전통의 하나임에 틀림없다. 그러나 과연 성찬례는 죄인 및 버려진 자들과 함께 하신 예수의 만찬에 그 역사적 근거를 두고 있는가에 대해선 의심할 수밖에 없다. 심각한 문제이다.

어느 모로 보나 지금까지의 성찬례에 대한 교회의 전통적 사고(思考)는

"예수의 핵심적 메시지"와는 관계없이 형성되어 왔다. 예수가 모든 사람들, 드러난 죄인들까지도 배척하지 않고 용납하였다는 사실을 외면해 왔다. 성체는 구원의 매체로 인식되어 성찬에 참여한 자들과 여기에 참석치 못한 자들을 나누어 놓는 결과를 가져 왔다. 성찬은 교회 성사의 "대표적" 위치를 차지하여 여기에 참여한 교인들은 하느님의 축복을 받은 자들이며 그렇지 못한 자들은 교회 관점에서 본 바 축복을 받을 수 없는 자들로 낙인찍어 버렸다.

최근에 발표된 에큐메니칼 헌장에서도 이같은 사실이 명백히 드러나고 있다.

성찬례는 교회가 전세계에 대하여 말할 수 있는 찬양받을 위대한 제사이다. 하느님께서 세계와 화해하시는 사건이 성찬례 속에 나타나기 때문이다. 빵과 포도주 속에, 신앙인의 인격 속에, 자신과 모든 남자와 여자를 위해 드리는 기도 속에 나타나기 때문이다. 신앙과 기도가 우리 주님의 인격 속에 하나가 되고 그의 사로잡힌 바 되었을 때 여기에 변화가 일어나고 그의 용납하심을 힘입게 된다. 이처럼 성찬례는 세계를 향하여 세계가 나가야 할 방향을 밝히고 있다.[20]

얼마나 아름다운 신학적 명제인가! 하지만 이같은 글 속에서 과연 예수가 죄인들과 함께 했던 만찬의 감사와 기쁨의 분위기를 느끼게 할 만한 요소가 과연 있는가? 거칠고 험한 이 세상 속에서 이루어질 수 있는 성찬례인가? 위 내용 중에 세계를 "향하여"란 단어 속에서 느낄 수 있는 신학적 입장은 교회와 세계 사이의 격리이다. 교회는 세계 안에 구축된 하느님의 구원의 식민지이다. 교회의 확장은 곧 구원받은 이들 신앙인들이 거주하는 식민지 영역을 확대하는 일이다.

선교활동이 가장 활발했던 시기에 제3세계의 그리스도교적 식민화가 서양세력이 주도한 제3세계의 정치적 식민화와 밀접한 관계를 맺으며 추진되었을 때 교회가 전혀 이에 대한 문제점을 인식하지 못하고 있었다는 사실도 이같은 맥락에서 풀이할 수 있을 것이다.

위에 인용된 헌장 내용에는 또다른 문제가 제기된다. 역사 속에 교회 안에서 행해졌으며 오늘날에도 그대로 행해지고 있는 이대로의 성찬례가 과연 세계를 향하여 "세계가 나가야 할 방향"을 지시할 수 있을까 하는 문제이다. 어떠한 예외 규정을 두지 않은, 특히 "공개된 죄인들"에게까지 문을 열어놓은 예수의 만찬에 그 역사적 근거를 두지 못한 성찬례라면, 모든 민족과 함께 하는 만찬이 아닌 성찬례라면, 교회 전통이라는 신비 속에 몸을 숨기고 교회법과 신학 논쟁을 방패막이로 하여 도사리는 성찬례라면, 교회분열의 아픔이 그대로 생생하게 실현되는 현장으로서의 성찬례라면 과연 세계가 나가야 할 방향을 지시해 줄 성찬례가 될 수 있겠는가?

교회제도의 하나로 정착된 성찬례는 교회예배의 핵심이 되어 이를 중심으로 교회는 전체적으로 더욱 풍요해지게 되었고 그만큼 복잡해졌다. 지도급 교회가 정한 규례와 교회법이 허용한 정도에서 영적인 교제를 즐길 수 있었다. 교회권위의 요구에 부응하는 그리스도교 신도들만이 누릴 수 있는 평화와 신뢰 및 용서가 있었다.

성찬례에 초대를 받았다는 것은 아무나 얻을 수 있는 영예가 아니었다. 조건부 영예이므로 성찬 식탁에 참여하는 영적생활 역시 조건부 은총일 수밖에 없다. 이래서 서로 다른 신앙고백을 하는 그리스도교 교인들을 나누어 놓는 장벽을 허물기가 너무도 어려운 것이다. 이래서 성찬례라는 것이 교회 밖의 사람들에겐 도저히 납득이 가지 않는 까다롭고도 이해가 안 되는 요인이 되어 왔다.

상황은 완전히 변하였다. 예수가 죄인들과 함께 식탁에 앉게 됨으로 종교 권위자들은 당황하게 되었다. 이같은 성례적 모임은 추태이며 도전으로 받아들여졌다. 그러나 이제 와서는 성찬례가 교회 권위자들이 아닌 성찬 공동체 밖의 죄인들 눈에 추태로 보이게 되었다. 성찬례는 교회와 관련된 한에서는 추태의 때를 벗어 온 것이 사실이나 이를 받아들일 수 없는 이들에겐 더없는 추태로 보여지게 되었다.

이제 성찬신학은 그 출발점에서부터 다시 시작해야 할 필요를 느끼고 있다. 즉, 죄인과 버림받은 자들과 함께 하는 예수의 친교에서부터 출발점을 잡아야 할 것이다. 성례전(성사)신학 및 교회신학을 재구성하기 위해서는 이같은 역사적 근원들에로 돌아가야 할 필요가 있다. 이것이야말로 성찬례의 주인이며 교회의 주인인 예수 그리스도에 대한 진실된 복종이 아닐까?

생명과 사랑의 식탁

음식을 함께 나눈다는 것은 함께 생활한다는 것을 의미한다. 이것이 예수 안에 계신 하느님 선교의 핵심이다. 하느님 선교 한가운데에는 이러한 생명의 식탁이 있다. 이 식탁은 세상 어디에든 있다. 가정 안에도, 집 앞에도, 길가에도, 거리 모퉁이에도, 시장 바닥에도, 감옥 안에도, 이재민

수용소 안에도 있다. 우선 중요한 사실은 식탁을 함께 함으로 생활이 유지되고 계발되며 힘을 얻고 확증을 얻게 된다는 것이다. 예수가 죄인들과 함께 한 식탁은 사랑과 권능과 생명을 서로 나누어 갖는 식탁이다. 하느님 사랑의 식탁이며 하느님 권능의 식탁이며 하느님 생명의 식탁이다. 그 식탁은 하느님의 것이기에 우리의 것이 될 수 있다. 그것은 우리 사랑의 식탁이며 우리 권능의 식탁이며 우리 생명의 식탁이 된다. 따라서 예수와 한 식탁에서 식사한다는 것이 가장 신적(神的)인 일이며 동시에 가장 인간적인 일이 된다. 왜냐하면 식탁을 통해 하느님과 인간은 예수 안에서 함께 만나기 때문이다. 이 식탁에서 죄인들이 하느님의 손을 잡게 되며 하느님의 품에 안기며 이 식탁에서 죄인들에 의해 하느님이 체험되며 하느님을 움직인다.

눈물로 예수의 발을 적시고 머리털로 발을 닦으며 기름을 바른 한 여인의 이야기는 하느님과 죄많은 한 인간이 어떻게 예수 그리스도 안에서 서로 하나가 될 수 있는가를 보여주는 극적인 장면이다. 마태오(26, 6-13) 및 마르코(14, 3-9)가 전하는 것보다 루가(7, 36-50)가 전하는 이야기가 훨씬 더 풍부하고 깊은 의미를 전달해 준다.

마태오 및 마르코 복음서에서는 이 사건이 문둥병자 시몬의 집이 있는 베다니아에서 일어난 것으로 되어 있다. 유월절 및 예수의 장례와 관련된 사건으로 묘사하고 있다. 나아가 이 여인의 행위에 대한 예수와 제자들 사이의 대화는 비싼 향유값을 가지고 가난한 자의 구제에 대한 도덕적인 분위기 속에서 진행되고 있다.

그러나 루가의 이야기는 전혀 다르다. 도덕적 내용은 전혀 없다. 예수 안에 있는 하느님은 죄인의 구세주이라는 사실에 촛점을 맞추고 있다.

예수 외에 이 이야기의 중요 인물로 등장하는 자는 시몬이란 이름의 바리사이파 사람과 창녀일 것이 틀림없는 한 여인(루가 7, 37에 이 여인은 죄인[hamartolos]으로 표기되고 있다)이 있다. 이 두 인물 사이의 차이는 현격하다. 이 차이에 이야기의 촛점을 맞추어야 할 것이다. 바리사이파 사람은 물론 흠없는 종교적 신행가(信行家)를 대표한다. 그는 종교적 혹은 도덕적 권위를 대변하고 있다. 그의 주변은 일단의 선량한 자들과 의로운 자들이 둘러싸고 있다. 신앙인들을 위한 구원의 희망을 상징하고 있다. 반대로 창녀인 여인은 존재 가치도 없다. 사회의 수치이며 경건에 대한 도발이다. 이처럼 큰 차이가 있음에도 예수는 자기 안에서 이 차이를 극복하고 있다.

이 둘(바리사이파 사람과 여인)의 극적인 만남은 예수를 대접하기 위해 바리사이파 사람이 베푼 잔치(*katekliche*, 루가 7, 36)에서 이루어진다. 특별한 의미가 있는 잔치인만큼 특별한 잔치였다. 바리사이파 사람 시몬은 "예수가 예언자일 가능성이 있으며 예수로 인해 떠나갔던 하느님의 영이 되돌아오고 이와함께 새 시대가 도래할 것"이라는 기대를 가졌을 것이다.[21] 주인인 시몬은 이 잔치를 상당히 중요한 종교적 의미를 지닌 잔치로 여기고 있었다. 그의 오랜 전통의 신앙 속에 약속되었고 기다렸던 메시아를 대접하는 잔치인만큼 그는 이상한 흥분 속에 싸여 잔치를 주관하고 있었을 것이다. 과연 이 잔치가 메시아의 잔치가 될 수 있을까 내심으로 궁금히 여기며 있었을 것이다.

한 여인, 그것도 평범한 여인이 아닌 창녀 출신의 여인이 잔치 자리에 들어왔을 때 바리사이파 사람 시몬은 적잖이 당황했을 것이다. 그 여인의 등장은 잔치 주인인 시몬에게뿐 아니라 약속된 메시아 예수에게도 불명예스러운 사건임이 틀림없었다. 방 안에 있던 사람들은 술렁대기 시작했다.

문제의 여인은 그러한 분위기엔 아랑곳하지 않는 것 같았다. 그녀는 단지 한 가지 일념— 즉, 예수의 발 앞에 엎디는 것만을 생각하고 있었다. 그녀의 생각과 행동이 너무도 단호해 그곳에 있던 어느 누구도 그녀를 저지할 수 없었다. 그녀는 마침내 목적지에 다다라 예수 발 앞에 엎디고 이내 울기 시작하였다. 방 안의 수많은 남자들이 지켜 보고 있는 가운데 불경스럽게도 그녀는 머리를 풀었고 눈물로 예수의 발을 적셨다.

사건이 여기에 이르자 방 안에 있던 손님들, 주인인 시몬까지도 관심 밖으로 사라지고 말았다. 이제 이야기 촛점은 예수와 이 죄많은 여인에게 맞추어진다. 이제 이 두 인물이 완전한 조화를 이루며 하느님의 구원의 사랑이라는 조명을 받아 서서히 그러나 분명하게 부각되기 시작한다. 우선 이 여인을 예수께로 인도한 것이 바로 이 하느님의 구원의 사랑이었다. 이 하느님의 구원의 사랑 때문에 그녀는 온갖 사회적 종교적 금기를 잊은 채, 자기가 흉한 죄인이라는 사실도 잊은 채, 생계를 꾸려나가기 위해 저질렀던 수치스러운 과거를 잊은 채 예수께 끌려 나온 것이다. 자신이 가져 온 몰약을 예수의 발에 붓는 순간 하느님의 구속하시는 사랑의 향기가 그녀를 감싸 안았다. 바리사이파 사람 시몬과 그의 손님들 마음 속까지는 못미쳤을지 몰라도 그 향기는 방안을 가득 채웠다.

예수에게서 발산되는 하느님의 사랑이 이와 같다. 죄인들에겐 매혹의 향기이지만 스스로 의롭다 여기는 자들에겐 역겨운 악취가 된다. 이 향기를 맡으면 우리의 죄를 잊게 하며 인간적인 신분도 문제가 되지 않는다. 그리고 무엇보다도 이 향기를 맡으면 하느님을 갈망하게 만든다.

이 여인을 꾸중하는 시몬에게 한 예수의 말씀 속에 하느님의 뜻이 그대로 드러나 있다.

내가 네 집에 들어왔을 때 너는 나에게 발 씻을 물도 주지 않았지만 이 여자는 눈물로 내 발을 적시고 머리카락으로 내 발을 닦아 주었다. 너는 내 얼굴에 입맞추지 않았지만 이 여자는 내가 들어왔을 때부터 줄곧 내 발에 입맞추고 있다. 너는 내 머리에 기름을 발라 주지 않았지만 이 여자는 내 발에 향유를 발라 주었다. 잘 들어 두어라. 이 여자는 이토록 극진한 사랑을 보였으니 그만큼 많은 죄를 용서받았다. 적게 용서받은 사람은 적게 사랑한다(루가 7,44-47).

하느님의 마음은 사랑의 마음이다. 구원받는다는 것은 이 사랑에 감싸이는 것이다. 건강한 자가 된다는 것은 이 사랑 안에 잠긴다는 것이다. 그리고 이처럼 구원받아 건강하게 된 자라야 다른 죄인들을 용납하고 그들과 함께 대화하고 함께 음식을 나눌 줄 알게 된다.

예수와 여인 사이에는 생명의 식탁이 마련되었다. 여인의 눈물과 예수의 동정으로 마련된 식탁이다. 예수가 그 여인의 슬픔과 죄와 버림받은 처지에 완전히 동참하게 되는 식탁이다. 예수는 그녀를 받아들였다. 이 식탁은 또한 그 여인이 예수의 사랑과 고난과 희생의 생명에 참여하게 되는 식탁이다. 여인은 예수에게 기름부었다. 이 둘은 사랑과 생명의 식탁에서 함께 만났다. 이 둘은 하느님에 의해 존재하기 시작했고 하느님 안에서 하느님의 구원하시는 사랑의 식탁에서 다시 만났다.

이 식탁으로 바리사이파 사람이 마련했던 화려한 잔치 자리가 퇴색된 느낌이 들게 되었다. 영광과 찬미로 가득 찼던 화려한 잔치 자리를 무색케 만들어 버렸다. 명예와 위엄의 예복을 입고 있던 손님들을 창피하고 초라하게 만들어 버렸다. 하느님의 사랑이 심판이 되는 것은 이런 방법, 오직 이런 방법으로 이루어진다. 사랑이 없는 자들을 심판해 사랑을 갖게 한다. 용서할 줄 모르는 자를 심판하여 용서하는 자로 만든다. 그리고 우리가 하느님의 사랑을 받는 것은 우리가 죄가 없어서가 아니라 죄가 많기 때문이라는 사실을 잊지 않게 하려고 심판한다. 하느님의 사랑을 잊지 않을 때 우리의 구속은 이루어진다. 하느님의 사랑을 잊지 않음으로 우리는 구원받고 용서받는다. 예수 안에서 하느님은 전격적으로 죄인들에게 눈을 돌리셨다. 이것으로 인해 성만찬 식탁이 주님의 식탁이 되며 교회가 그리스도의 몸이 된다.

제 7 장

유대인, 그리스도교인 및 외인

예수는 죄인들을 위한 구원자이다. 그는 외인(外人)을 위한 구원자로 될 수 있는가? 여기서 말하는 "외인"이란 예수의 직계 추종자들, 그와 같은 민족 및 나라 밖의 모든 사람들을 의미한다. 예수의 유대인과 비유대인에 대한 복음전도에 대해 복음서는 어떻게 기록하고 있는가? 그리고 바울로는 뭐라고 하는가? 그가 말하는 하느님의 구원은 유대 및 그리스도교 공동체의 범위를 넘어서까지 적용될 수 있는가?

논쟁의 핵심인 이방인

덴마크의 성서신학자 요하네스 뭉크(Johannes Munck)는 그의 저서 《바울로와 인류의 구원》(*Paul and the Salvation of Mankind*)이란 책에서 복음과 유대 및 이방인들 사이의 관계에 대한 상이한 신약성서의 관점들을 추출하여 정리한 바 있다.

유대 출신 그리스도교의 관점에서 볼 때엔 복음은 먼저 유대인들에게 들려져야 하고 그 다음이 이방인들이라고 보았다. 바울로는 예수의 가르침과 이후 (그를 포함한) 사도들의 가르침 속에 있는 복음은 유대인들에게 배척당하였으며 그렇기 때문에 복음이 이방인들에게 들어가는 큰 역사가 이루어졌고 이방인들이 복음을 받아들임으로 오히려 유대인들의 구원이 거기에서 이루어지게 되었다는 사실을 깨닫고 있었다. 결과적으로 우리는 이방인 교회가 생기게 되는 결과를 보게 되었는데 그 이방인 교회는 유대인들이 복음을 부정하게 됨에 따라 하느님께서 그 메시지를 자기들 이방인들에게 주셨다는 것은 잘 알고 있으면서도 반면에 이방인들의 구원이 장차 영광의 그리스도 재림 이전에 이루어질 이스라엘의 구원과 관계를 맺고 있다는 사실엔 생각이 미치지 못했다.[1]

이 세 가지 뚜렷한 발전 단계의 연결 부분에는 항상 이방인이 게재되어 있다. 예수의 죽음 및 부활 이후 그리스도교 공동체 안에서 일어난 논쟁의 촛점은 이방인이었다. 이방인은 외인이다. 바깥에서 들어온 자들이다.

이제 그들은 이스라엘 및 그 역사 안에만 국한된 것으로 여기고 있던 구원에 동참하고, 동참할 뿐 아니라 그 일에 주역이 되기를 바라고 있다. 구원이란 문제로 유대인과 이방인은 팽팽하게 맞서게 되었다.

바울로는 하느님 구원의 우주적 성격을 말하면서 유대인과 이방인을 함께 포용하려고 노력한 것 같다. 구원에서 유대인이나 이방인 중 어느 한쪽이 제외된다면 그 구원의 우주성은 상실되고 말 것은 뻔한 이치이다. 유대인들만으로는 하느님의 구원을 완성시킬 수 없다. 이방인들만으로도 하느님의 구원하시는 사랑을 완전히 구현시킬 수는 없다.

유대인들이 예수 및 그의 복음을 거부한 것은 사실이다. 바울로는 평생을 두고 이 사실을 가슴아프게 생각하였다. 바울로가 비시디아 안티오키아에 이르러 유대인들이 그의 말에 귀를 기울이지 않을 뿐더러 심한 욕설까지 퍼붓게 되자 그는 "우리는 하느님의 말씀을 먼저 당신들에게 전하지 않을 수가 없었읍니다. 그런데도 당신들은 그것을 거부하고 그 영원한 생명을 받을 만한 자격이 없다고 스스로 판단하고 있으니 우리는 당신들을 떠나서 이방인들에게 갑니다"(사도 13, 46)고 외쳤다. 이같은 말을 할 때 바울로의 심정은 울분에 복받쳤을 것이다. 그와 베드로의 임무가 나뉘어질 수밖에 없었다. 그는 하느님께서 베드로를 유대인들의 사도로 세우신데 대해 자신은 이방인의 사도로 세웠다는 확신 속에 살았다(갈라 2, 8).

그러면 바울로는 아예 유대인들을 포기한 것일까? 회개하지 않고 무반응의 유대인들을 구하는 일을 베드로에게 일임하고 자신은 하느님의 구원대상으로 유대인들을 계산에 넣지 않고 있다는 말인가? 이같은 말을 바울로가 들었다면 그는 펄쩍 뛰며 부인할 것이 틀림없다. 로마서 11장 서두에 그는 다음과 같은 질문을 던진다. "나는 또 묻겠읍니다. 하느님께서 당신의 백성을 버리셨다고 할 수 있겠읍니까?" 이같은 질문에 대한 그의 대답은 한마디로 "아니오!"이다. "절대로 그렇지 않습니다." 완강한 어투로 확언하고 있다. 그 이유는 무엇일까? 여기서 바울로와 유대인은 정면 대결하고 있다. "나도 아브라함의 후손으로서 베냐민 지파에 속하는 한 이스라엘 사람입니다. 하느님께서는 미리 뽑으신 당신의 백성을 버리시지 않았읍니다"(로마 11, 1-2).

바울로가 자신은 유대 민족의 문화와 역사 속에 뿌리를 내린 자임을 수차에 걸쳐 강조하였다. 율법을 거쳐서 복음에 이를 수 있다고 주장하는 유대주의자들과 논쟁할 때 그는 어느 때보다 강하게 자신의 유대적 혈통을 강조하고 나선다. "하기야 세속적인 면에서도 나는 내세울 만한 것이 있읍니다. 만일 어떤 사람이 세속적인 것을 가지고 자랑하려 든다면 나에게는 자랑할 만한 것이 더 많습니다. 나는 이스라엘 백성 가운데서도 베냐민 지파에서 났으며 난 지 여드레 만에 할례를 받았고 히브리 사람 중의 히브리 사람입니다"(필립 3, 4-5). 그의 유대적 혈통은 너무도 완벽하다. 어느 누구도, 바울로 자신도 이를 지워버릴 수 없다. 이러한 그가 놀라운 말을 남기고 있다. "유다인이나 그리스도인이나 종이나 자유인이나 남자나 여자나 아무런 차별이 없읍니다. 그리스도 예수 안에서 여러분은 모두 한 몸을 이루었기 때문입니다"(갈라 3, 28).

이처럼 완벽한 유대적 혈통을 가진 바울로였지만 그가 문제삼은 것은 유대인들이 구원받을 것인가 못받을 것인가의 문제가 아니었다. 그가 문제삼은 것은 한 인간 ─ 유대인이든 이방인이든 ─ 이 복음을 통해서 구원받듯 율법을 통해서도 구원받을 수 있느냐 하는 것이었다. 미국의 신약신학자 크리스터 스텐달(Krister Stendahl)은 다음과 같이 정리하고 있다. "바울의 전도는 이방인들이 율법을 통하지 않고서도 하느님의 백성이 될 수 있다는 특별한 확신에 근거해 이루어졌다. 이것이 바울이 받은 비밀 계시이며 지식이다."² 바울은 이 계시에 자기 삶을 투자하였고 이를 위해 싸웠으며 그 충실한 증언자가 되었다.

바울로서는 자신을 파기하지 않는 이상 유대인의 전통을 벗어버릴 수 없다는 단순한 사실을 잘 알고 있었다. 유대인을 구원 문제에서 제외시킨다는 것은 곧 자기 자신을 그 문제에서 제외시키는 일이었다. 구원 문제는 그 자신의 문제였으며 또한 자기 민족의 문제였다. 유대인이면서 동시에 이방인을 위한 사도로서 자신의 존재를 깊이 통찰하고 있었다. 그런데 그가 중대한 곤경에 처하게 되었다. 유대인들이 예수 그리스도의 복음을 배척한 것이다. 이 곤경을 어떻게 풀어 나갈 것인가? 그가 복음을 듣고 이방인들 속에 들어가 살면서도 이 질문은 항상 머리 속에 남아 있었다. 그 결과 로마서라는 유명한 작품을 낳기에 이르렀고 특히 11장에서 이같은 문제를 깊이 통찰하여 그 해답을 구하고 있다.

여기서 그는 결코 그의 동족 유대인들이 복음을 거부한 사실을 미화시키려 하지 않는다. "이스라엘이 걸려 넘어져서 완전히 패망하고 말았다고 할 수 있겠읍니까?" 이방인 출신 그리스도교인들이 그 거만하기 짝이 없던 유대인들이 하느님 면전에서 여지없이 무너지는 꼴을 보며 내심에서 패재를 부르며 내뱉을지도 모를 이같은 질문에 대해 바울로는 단호하게 그들의 추측을 일소한다.

　　　　절대로 그렇지 않읍니다. 그들의 죄때문에 오히려 이방인들은 구원을 받게 되었고 이스라엘은 이방인들을 시기하게 되었읍니다. 이렇게 이스라엘의 범죄가 세상에 풍성한 축복을 가져 왔고 이스라엘의 실패가 이방인들에게 풍성한 축복을 가져 왔다면 이스라엘 전체가 구원받는 날에는 그 축복이 얼마나 엄청나겠읍니까?(로마 11, 11-12).

참으로 묘한 논리이다. 바울로는 자기 동족에 대한 연민의 정을 가눌 수 없어 "얼마나 엄청나겠는가?"란 식으로 표현하고 있다.

바울로는 유대인과 이방인 사이에서 찢김을 당했다. 뼛속까지 느낄 수 있는 이 찢김의 고통 속에서 그는 자신의 논리를 끝까지 밀고 나간다. 그는 긴장 속에서 유대인의 죄가 이방인과 세계의 유익이 되었다는 식으로 하느님의 구원을 설명하고 있다. 또한 그는 극도로 긴장된 상태에서 미래에 유대인들의 구원이 이루어지게 되면 이방인들이 얻을 유익은 더욱 엄청날 것이라고 진술하고 있다.

그러나 여기서 중요한 것은 논리가 아니다. 이같은 논리는 참으로 틀린 논리임을 인정해야 할 것이다. 인간의 논리적 관점에서 보면 하느님의 논리는 틀린 것으로밖에 보이지 않는다. 옳고 빈틈없는 논리라면 죄인들은 벌을 받아야 하고 도덕적으로 종교적으로 흠없는 자들은 칭찬을 받아야 마땅하다. 이 논리는 당연히 죄인들이 아닌 의인들을 위하는 하느님의 논리, 병든 자가 아닌 건강한 자를 위한 구세주의 논리여야 한다.

그런데 바울로가 갖고 있던 하느님의 논리는 이같이 빈틈없는 논리가 되지 못했다. 그는 마음속 깊은 고통 속에서 유대인과 이방인을 함께 하느님의 구원하시는 사랑 속에 받아들이고 있다. 이것이 그가 궁극적으로 말하려던 바였다. 이방인 그리스도교인들이 깨달아야 할 "깊은 진리"가 바로 이것이었다. 그가 말하려는 진리란 "일부 이스라엘 사람들이 지금은 완고하지만 모든 이방인들이 하느님께 돌아오는 날에는 그 완고한 마음을 버릴 것이고 따라서 온 이스라엘도 구원받게 되리라"(로마 11, 25-26)는 것이다.

이렇게 해서 바울로는 한 바퀴 완전히 돈 셈이다. 구원은 유대인에게 처음 왔다. 그러다가 이방인들에게 갔다. 그러나 다시 유대인에게로 돌아간다. 이방인들만으로는 구원의 계획을 완전히 이룰 수 없다. 유대인들이 이에 접근해서 이를 완성시켜야만 한다.

바울로는 이 사실을 발견하고 크게 놀랐다. 그는 자신이 발견한 진리 앞에 어쩔 줄 몰라 했다. 그는 결국 하느님의 구원의 논리를 다음과 같은 찬미로 정리할 수밖에 없었다.

오! 하느님의 풍요와 지혜와 지식은 심오합니다. 누가 그분의 판단을 헤아릴 수 있으며 그분이 하시는 일을 이해할 수 있겠읍니까?

주님의 생각을 잘 안 사람이 누구였읍니까? 주님의 의논 상대가 될 만한 사람이 누구였읍니까? 누가 먼저 무엇을 드렸기에 주님의 답례를 바라겠읍니까? 모든 것은 그분에게서 나오고 그분으로 말미암고 그분을 위하여 있읍니다. 영원토록 영광을 그분께 드립니다. 아멘(로마 11, 33-36).

　바울로는 이같은 하느님의 구원의 신비에 사로잡혔다. 그는 이 신비에 힘입어 이방인뿐 아니라 유대인까지도 하느님 안에 불리워짐을 받게 되리라는 희망 속에서 자신은 이방인을 위한 사도가 될 수 있었다.

　유대인에서 이방인으로, 다시 이방인에서 유대인으로— 이것이 바울로의 전도 계획이었다. 그를 단지 이방인만을 위한 사도로 보는 것은 반밖에 보지 못하는 것이다. 사실 그의 전도의 기본 목적은 이방인이 아닌 유대인에게 있다. 이스라엘 안에서 구원의 샘물이 흘러 나왔으며 이방인들은 그리로 흘러 들어가야만 한다. 다시 말해 이방인들은 "야생 올리브나무 가지"이고 반면 유대인들은 "원뿌리"에서 자라난 줄기이다. 이방인들은 "유대인 가운데 접붙임을 당해 같은 뿌리에서 진액을 얻고 있는" 입장이다. 그래서 바울로는 이방인들에게 경고를 내리고 있다. "그러니 여러분은 잘려 나간 가지들을 업신여겨서는 안됩니다"(로마 11, 17-18). 유대인 바울로의 말이다. 그러나 이는 부활한 그리스도에 사로잡힌 바 되어 이방인을 위한 사도로 사명을 받은 유대인의 말이다.

　이같은 맥락에서 스텐달은 그동안 그리스도교 교회가 바울로의 "회심" 경험을 크게 오해해 왔음을 지적하고 있다.

　"회심"이란 단어를 쓸 경우 우리는 흔히 바울로가 "종교를 바꾸었다"는 뜻으로 생각해 왔다. 즉, 유대교인이 그리스도교인이 되었다는 식이다. 그러나 이같은 논리는 타당성을 결여한 것이다. 우선 그 당시 사람들은 "종교들"에 대한 생각은 갖지 못하고 있었다. 뿐만 아니라 그가 이방인을 위한 사도로 그의 책임을 다했을 때에도 그는 여전히 유대교인으로 남아 있었다.³

　이것이 사실이라면 바울로는 자신과 자기 동족에게 전해 내려온 이스라엘의 신앙에 끝까지 철저했다는 말이 된다. 그가 전한 메시지 중 충격적인 것은 예수가 우리를 율법의 사슬에서 풀어 주었다는 것과 복음을 받아들이고 안 받아들이고는 율법 준수와는 하등 관계가 없다는 것이다. 그는 율법에 대해 "율법은 그리스도께서 오실 때까지 우리의 후견인 구실을 하였읍니다. 그러나 그리스도께서 오신 뒤에는 우리가 믿음을 통하여 하느님과 올바른 관계를 맺게 되었읍니다"(갈라 3, 24)라고 정리하고 있다. 이

제 모든 사람들에게 문은 활짝 열려 있다. 누구든 "율법이라는 통로를 거치지 않고 곧바로 그리스도께 이를 수 있게 되었다."⁴ 바울로는 이 새로운 길을 이방인과 유대인들에게 동시에 제시하고 있다.

중심주의 잔재

바울로의 동시대 사람들 눈에는 바울로는 도가 지나쳐 보였다. 특히 그가 구원과 관계해서 율법의 중요성을 사정없이 깎아내릴 땐 더우 그러해 보였다. 그는 유대인이나 이방인에게 똑같은 비중을 두고 전도를 계획하였고 실천하였다. 이같은 이유에서 바울로는 앞서 언급한 대로 이방인 그리스도교인은 나무에 "접붙인" 자들로 표현한 것이다. 즉, 이전부터 있어 왔고 마지막 날까지 계속 있을 유대인들 사이에 접붙여지게 된 것이다. 하느님의 구원은 뿌리이고 유대인들은 그 가지가 되는 이같은 생각이 바울로의 신앙 중심을 차지하고 있다.

이렇게 되고 보면 바울로의 사상 역시 우리가 이 책 서두에서 살펴보았던 중심주의를 벗어나지 못하고 있음을 알 수 있다. 예수 그리스도의 복음에 비추어 율법의 무용성을 강하게 주장하고는 있지만 그 역시 하느님의 구원과 자기 민족과는 특별한 관계를 맺고 있다는 "신학적" 입장만은 고수하고 있는 철저한 유대인이었다. 개인적으로 위험과 고난을 감수하면서도 복음전도에 매진하는 목적은 이방인들을 원뿌리인 유대민족의 신앙과 역사에 "접붙이려는" 것이었다. 이것이 유대인 복음전도자 바울로였다.

과거 서양교회들이 추진해 온 선교신학 및 정책은 이 유대인 복음전도자 바울로를 그 모델로 삼아 추진되어 왔다. 이교도들은 개종되어 이스라엘 및 그리스도교 교회에 뿌리를 내린 나뭇가지에 "접붙여"지도록 하였다. 이스라엘과 교회가 함께 "구원의 역사"를 형성한 후 이교도들을 안으로 끌어들이게 되었다. 바울로에게 있어 그 중심은 유대인이었다. 이제 그 중심에는 그리스도교인까지 포함하게 되었다. 이스라엘 및 그리스도교인이라는 이 중심 밖에 있는 외인들에 대하여 교회는 침묵을 지켰고 생색을 내고 심하면 화까지 냈다.

그러나 바울로의 사상에는 다른 면도 있다. 전도자로서의 자신의 임무에 대한 열정이 약해지면 약해질수록, 적대자들과의 논쟁의 열기가 식으면 식을수록 오히려 그는 중심주의적 사고를 떠나서 사물을 냉철하게 보며 판단할 수 있었다. 아테네에 있었을 때 그의 모습을 보면 알 수 있다

(사도 17장). 그는 데살로니카와 베레아에서 증오에 가득 찬 유대인들에게 쫓겨났다. 증오와 위험이 더욱 고조되자 그의 동료들은 그를 아테네로 옮기도록 권유했고 바울로는 그곳에서 비로소 한숨쉬며 지낼 수 있었다. 그는 고도로 발전된 고대문화의 중심지 아테네에 머무는 동안 생각할 여유를 얻었을 것이다. 거리를 산책하고 시장에 들러 물건을 사며 거리에서 철학자 및 종교인들과 토론할 기회도 얻었다. 그는 "알지 못하는 신에게"라는 팻말이 붙은 신상(神像)을 가리키며 모여 있는 자들에게 이 알지 못하는 신이 누구인지를 알려 주겠다고 말하였다(사도 17, 23). 그러고 나서 유명한 아레오파고 법정의 설교가 시작되었다. "그분은 이 세상과 그 안에 있는 모든 것을 만드신 하느님이십니다"(사도 17, 24). 여기서 그의 하느님은 이스라엘의 하느님에서 창조의 하느님으로 변하고 있다. 여기서 설교하는 동안은 이방인들이 유대인 속에 접붙여져야 한다는 생각은 전혀 대두되지 않았다.

우리는 여기에 주의를 기울여야 한다. 어떤 형태로든 중심주의는 어느 한편에 너무 치중하는 경향이 있음을 부인할 수 없다. 한때는 교회가 천동설(天動說)을 신앙 정통으로 인정하였던 적이 있었다. 종교적 교리로까지 승화된 이 학설의 관점에서 보면 온 우주는 하나의 중심점— 광활한 우주 속의 한 작은 위성 지구를 중심으로 하여 운영된다고 보았다. 그러나 현대에 이르러 이같은 천동설을 옳다고 믿는 자는 한 사람도 없다. 천동설은 우주에 관하여 그릇된 이론을 과다하게 편 반면 올바른 이론에 대하여는 관심조차 두지 않았다.

중국 역시 근대 변혁기를 거치기 전까지는 아주 잘못된 중심주의 속박을 벗어나지 못하고 있었다. 중국은 자신을 "중화"(中華)라 불러 세계의 한가운데 있다고 착각하며 주변의 다른 민족이나 국가들은 "오랑캐"라 하여 보잘것없는 것들로 여겼다.

1816년 중국과 통상조약을 맺기 위해 영국 사절단을 이끌고 북경에 도착한 암허스트(Amherst) 경은 중국 조정에서 공신(貢臣) 정도의 취급을 받게 되었다. 그는 중국에서 황제를 알현할 때의 궁중 예절을 따라 가경제(嘉慶帝) 앞에서는 "3배(三拜)와 아홉 번 이마를 바닥에 대는" 예의를 지킬 것을 명령받았다. 이를 거부한 암허스트는 결국 황제를 알현하지 못하였다. 황제 및 대신들의 눈에는 이 영국 대사는 중화국 조정에 발을 들여놓을 수도 없는 무례하기 짝이 없는 야만인으로밖에 보이지 않았다.

중국은 자신이 세계를 잘 알고 있다고 확신하고 있었다. 왜냐하면 세계는 중국에서 확산되어 나간 것에 불과하기 때문이다. 그러나 1840—42년에 일어난 아편전쟁으로 이 서양의 야만인들이 총과 대포를 앞세우고 중국을 초토화시키자 그제서야 확신하고 있던 중심주의가 소용없음을 깨닫게 되었다.

중심주의는 어디에서든 작용한다. 인간 관계에 있어 중심주의는 이기주의라는 형태로 나타난다. 나의 기호가 규범이 된다. 나의 생각과 행동이 구속조건이 된다. 게임의 규칙을 마음대로 정하고 놀이의 순서까지도 멋대로 정한다. 내 생활 영역 안에 들어오는 자들은 모두 나의 자아(自我)의 확대일 뿐이다. 이기주의를 다른 말로 표현하면 독재이다. 내가 말하고 내가 생각하는 바가 백성들을 독재하고 있다. 이처럼 중심주의는 이기주의를 거쳐 독재로 발전한다.

삶과 세계를 볼 때 우리 중심주의적 관점에서 본다면 여기에서 파생되는 오해와 비극은 엄청난 것이 된다. 시인들이 노래하는 자연의 아름다움을 볼 수가 없게 된다. 우리와 다른 사람들 속에 있는 덕(德)을 볼 수도 없다. 우리 주변의 세계 안에 울려퍼지는 생명의 화음을 들을 수 없다. 우리와 같은 신앙과 신념을 가지고 있지 않은 이들(그들도 우리의 이웃이다)의 영혼 깊은 곳에 있는 고뇌와 슬픔을 알 수가 없다. 우리 귀에 들리는 것이라곤 우리 안에서 나는 소리뿐이다. 우리가 볼 수 있는 것이라곤 우리 자신들의 모습뿐이다. 오로지 우리 관심은 우리 자신의 종교적, 사회-정치적, 이념적 이익뿐이다.

간단히 말해 중심주의는 우리 눈을 멀게 하여 어떤 조건이나 상황에서든지 다른 사람들 속에서도 활동하시는 하느님을 보지 못하게 만든다. 아테네에서 비유대적인 문화와 종교 상황에 둘러싸이게 되었을 때 바울로는 자신이 간직하고 있던 유대 중심주의에서 벗어날 수 있었다. 이 아레오파고 설교 경험은 그의 전생애에서 볼 때 지나쳐 버릴 수 있는 정도의 사건일 것이다. 그럼에도 이 사건은 중대한 의미를 지니고 있다. 그가 하느님의 창조 안에 있는 알지 못하는 것들에 대해 개방적인 태도를 보이고 있음을 우리에게 알려 주고 있다.

혈통적 사랑

예수가 우리에게 바라는 바 지양해야 할 또다른 유형의 중심주의가 있다. 언젠가 예수가 수많은 무리들에게 말씀하고 있었다. 그때 어떤 사람이 그에게 와서 지금 그의 어머니와 형제들이 찾아와 말할 것이 있어 기다린다는 사실을 알려 왔다. 그런데 그의 입에서 나온 말은 그의 어머니와 형제들뿐 아니라 그곳에 있던 청중들을 깜짝 놀라게 하고도 남았다. "누가 내 어머니며 형제들이냐?" 그리곤 그의 제자들을 가리키며 "바로 이 사람들이 내 어머니며 내 형제들이다. 하늘에 계신 내 아버지의 뜻을 실천하는 사람이면 누구나 다 내 형제요 자매요 어머니이다"고 말하였다 (마태 12, 46-50).

이 이야기는 중국 사회에선 납득하기 어려운 이야기였다. 인간 사회의 기본 윤리인 5륜(五倫) 중 부모 및 형제 사이의 윤리적 관계를 정면으로 부인하는 것으로 받아들여졌다.[5] 그런데 성서 속에는 이 이야기가 포함되어 있었고 중국인 그리스도교인들로는 이해하기 어려운 이야기였다.

예수가 청중들에게 깨우쳐 주려 한 점은 무엇일까? 그는 어머니나 형제들을 수치스럽게 생각하고 있었을까? 그는 자기 가족과의 혈연적 관계를 끊었다는 사실을 밝히려는 것일까? 인간 공동체의 가장 기본적 구조인 가정에 대하여 반역을 일으키고 있는 것인가?

이런 질문들에 대한 속시원한 대답을 얻을 수는 없다. 요한복음서에 의하면 예수는 십자가의 마지막 고통과 고뇌의 극한 상황에서도 잊지 않고 자신의 어머니를 확인하며 제자들에게 자기 어머니를 돌보아 줄 것을 요청하는 모습을 보인 것으로 되어 있다. 그는 어머니에게 "어머니, 이 사람이 어머니의 아들입니다"고 하였으며 이어 제자에게는 "이분이 네 어머니시다"고 하였다(요한 19, 26-27). 어머니와 자식이 사랑과 고통으로 연결되어 있다! 이보다 더 가슴아픈 장면이 또 있으랴! 어머니는 가슴을 치며 죽어가는 자기 아들을 애타게 부르고 아들 역시 그의 어머니에게 가려 하나 그들 사이엔 참혹한 십자가만이 있을 뿐이다. 거장 미켈란젤로의 작품 〈라 피에타〉(La Pietà), 마리아가 죽은 아들 예수를 무릎에 안은 이 조각은 어머니와 아들의 고뇌 속에 피어나는 진실된 사랑을 가득 담고 있으며 그래서 이 작품은 불멸의 작품이 되었다. 영원의 시간으로 옮겨 가기 직전, 예수는 제자에게 자기 어머니를 돌보아 줄 것을 요청하였다.

이처럼 예수의 혁명 대상은 절대로 가족이 아니었다. 모든 일의 척도가 되어 버린 가족, 배타적 혈통의 의미로서의 가족, 이런 의미의 가족을 예수는 배척하였다. 혈통 중심주의로 불릴 만한 이같은 가족 개념에 도전하고 있는 것이다. 이런 의미에서 그의 행동은 심각하고도 진실된 사회혁명이었다.

고대로부터 현대에 이르기까지 인류는 각종 혈통조직을 중심으로 조직을 구성해 왔다. 크게는 한 마을 전체가 하나의 씨족을 이루어 한 족장의 지배를 받기도 하고 작게는 대도시 아파트 한 채에 살고 있는 가족에 이르기까지 종류가 다양하다. 그 크기야 어떻든 이들 혈통 조직에는 하나의 공통점이 있다. 그것은 배타성이다. 고대사회에서 다른 씨족들과의 결혼은 상당히 위험한 것으로 여겨졌다. 그러한 결혼은 씨족 신의 분노를 일으키며 종교적 금기(禁忌)를 어긴 것으로 간주되었다. 미리 충분한 예방조치를 취한 다음에야 그같은 결혼은 가능하였다.

오늘날 우리가 살고 있는 도시 속에서도 이같은 원시적 금기의 잔재들을 발견할 수 있다. 아파트에 살고 있는 사람들은 입주자들의 생활과 행동을 규정짓는 각종 (문서화되었든 안되었든) 수칙들을 알아야 한다. 표면적으로는 이같은 수칙 또는 금기들은 입주자들의 사생활을 보호하며 공동체의 평화와 질서를 유지시키는 데 필요하다고 하지만 실제에 있어서는 다른 (아파트) 주민들로부터 입주자들을 보호하거나 더 나아가서 배타적인 입장을 지지하는 기능을 가지고 있다. 이러고 보면 동양인이든 서양인이든 인간은 모두 혈통적이라 할 수밖에 없다. 기술문명이 발달함에 따라 이같은 혈통적 인간성은 더욱 고조되고 있는 인상이다. 이 때문에 고통을 받고 있다. 우리를 위협하고 있기 때문이다. 인간 관계를 위태롭게 만들고 있다. 혈통적 소속감을 갖지 않고는 살아 남을 수 없다는 생각은 분명 인간사회가 안고 있는 비극이다.

인종관계 문제에 있어 이같은 혈통적 소속감이 작용함에 따라 인간사회는 크나큰 위기에 빠지게 되었다. 백인의 인종차별주의가 그 가장 파괴적인 유형이었다. 피부 색깔이 혈통 구별의 기준이 되고 있다. 백인 혈통의 사람들이 사회적 정치적, 심지어는 종교적 철옹성을 구축하고 있어서 웬만한 피의 혁명으로는 이 성을 함락시킬 수 없을 것 같았다. 지난 세기 미국의 남북전쟁이 이같은 혁명의 시발점이 되었다.

이 흑백 사이의 투쟁은 오늘에 이르기까지 미국 내에서 꾸준히 계속되어 왔다. 민권운동과 같은 다소 평화적인 방법도 있었고 흑색 표범당원(Black Panthers) 사건이나 KKK(백인 테러단)단 사건과 같이 폭력을 휘두르는 방법도 있었다. 남아메리카의 흑인과 백인 사이의 화해는 아직 요원하기만 하다. 인간의 존엄성은 피부 색깔에 의한 것이 아니라 하느님의 같은 피조물이라는 사실에 의해 얻어지는 것임을 깨닫기 전까지는 이같은 투쟁은 계속될 것이다.

예수가 착한 사마리아 사람 비유(루가 10, 29-37)를 말하였을 때 그는 바로 이러한 유형의 파괴적 혈통주의를 배격한 것으로 볼 수 있을 것이다. 예수의 주변에서 이 이야기를 들었던 당시의 청중들의 입장에서 이 이야기를 읽으면 이것은 단순히 낯선 자에 대한 사랑 이상의 중요한 의미가 담긴 이야기임을 알 수 있을 것이다.

이야기 속에서 제사장이나 레위 사람은 상처입은 사람을 피해 지나갔다. "그 사람이 죽었거나 교회법상의 범법자일 가능성도 있어 그를 도왔을 때 본의아니게 의례적(儀禮的)인 범죄를 지을까봐 두려워서 피했다. 운운" 하였더라면 청중들을 상당히 화나게 만들었을 것이다. 그런데 그들은 "세번째 인물로 이스라엘 평신도가 등장할 것으로 기대하고 있었다. 그런데 등장인물은 '한 사마리아 사람이…'로 나타났다. 당시 그들이 받은 충격은 지금 우리로서는 충분히 파악할 수 없을 정도로 큰 것이었을 것이다. 당시 유대인과 사마리아인은 쌍방이 극도로 증오심을 돋구던 때였다. 신앙적으로 인종적으로 그러했을 뿐 아니라 그 증오를 서슴없이 토로하곤 하였다.[6] 강도 만난 사람이 유대인이었는지 아니면 다른 인종이었는지는 밝혀지지 않고 있다. 만약 그가 유대인이었더라면 그 충격은 더했을 것이다. 아무리 상처가 깊고 죽어가는 중이라 할지라도 유대인은 사마리아인에게서 도움을 받아서는 안되었다.

사랑도 혈통적인 것이 될 수 있다. 사랑은 같은 신앙과 같은 종족의 구성원을 하나로 묶으며 그 구성원에 들지 못한 자들은 배척하기도 한다. 사랑도 혈통에 따라 좌우될 수 있다. 그러나 예수는 그러한 사랑에 도전하고 있다. 충격적인 착한 사마리아 사람 이야기를 통해 그는 청중들로 하여금 사마리아 사람도 사랑할 수 있는 능력이 있음을 깨닫게 하려 한다. 사실 이야기의 촛점은 사마리아 사람의 사랑이 제사장이나 레위 사람 또는 다른 이스라엘 사람의 사랑을 훨씬 능가하고 있다는 사실을 지적하려는 데 있다. 착한 사마리아 사람은 단지 착한 이웃으로 머물지 않는다. 그는 사랑이 어떤 것인가를 보여주는 대표 인물이다. 그에게 있어서 사랑은 신앙적 인종적 제한을 받지 않는다. 이 제한없는 사랑이 진정한 사랑이다.

반면에 교회법을 어기는 것은 아닐까, 의례적 죄를 범하는 것은 아닐까 두려워하며 베푸는 사랑은 사랑이 아니다. 하느님은 이같은 종류의 사랑이 아니시다. 이 사마리아 사람의 사랑이 하느님의 사랑이다. 예수가 말하는 바는 만약 너희가 하느님의 사랑이 어떤 것인 줄 알기 원하면 사랑을 너희의 신앙적 혹은 인종적 차원에서만 볼 것이 아니라 이를 초월하여 낯선 자들, 심지어는 증오의 대상인 사마리아 사람들 안에서도 찾아보아라 하는 것이다.

실로 대담하고 혁명적인 가르침이 아닐 수 없다! 예수 시대의 유대인들처럼 그리스도교인 역시 혈통적 인물들이 되려는 경향이 짙다. 하느님을 우리들의 것으로만 보존하고 싶어한다. 하느님의 사랑을 독점하려고 한다. 예수의 말을 듣고 있던 유대인들과 마찬가지로 우리는 그리스도교인들만이 위대한 사랑의 행위를 할 수 있으며 고귀한 신덕(信德)을 쌓을 수 있다고 믿고 싶어한다. 유교도들이 인(仁)을 말하며 이를 실천에 옮기는 것을 보면서도 애써 모른 척한다. 불교도들이 불살생계(不殺生戒)를 외며 이를 실천에 옮기는 것을 보면서도 이것은 저들의 영혼을 구하기 위한 수단에 불과하다고 일축해 버린다. 인과 불살상계가 예수 그리스도가 말하는 하느님과 어떤 관계가 있는가 알아 보려고 시도조차 하지 않는다. 단지 예수의 사랑(agape) 및 고난과 비교하여 이런 것들은 하느님을 무용지물로 만들어 버리는 인간들의 헛된 수고일 뿐이라고 일축하면서 자신의 신학만을 합리화시키려 할 것이다.

이같은 태도는 예수의 마음에 들지 않을 것이다. 그는 청중들에게 사마리아 사람과 같이 가서 행하라고 요구하고 있다. 예수가 말하는 하느님은 혈통에 구애받는 하느님이 아니다. 혈통적 사랑과는 상관없는 분이시다. 유대인의 사랑도 사랑이고 사마리아 사람의 사랑도 사랑이다. 그리스도교인이 겪는 고통이나 불교인이 겪는 고통이나 고통은 모두 하느님의 마음을 아프게 하는 고통일 뿐이다. 힌두교 성전의 참배객들이 경험하는 기쁨이든 그리스도교 교회의 교인들이 경험하는 기쁨이든 어떠한 삶의 기쁨에든 하느님은 참여하신다. 간절한 소망들이 생기고 사라지는 인간들의 마음, 그 마음이 그리스도교인의 마음이든 도교인의 마음이든 아니면 신도(神道)교인의 마음이든 그 마음에서 우리는 하느님의 마음을 느낄 수 있다.

중심주의에 사로잡힌 신앙

문제는 다시 신앙에 있어서의 중심주의에로 돌아간다. 표면적으로는 하나의 종교적 신앙은 어느 특정한 종교적 공동체를 중심으로 하여 형성되는 것이 자연스런 현상이다. 그 신앙으로 사람들은 하나가 되어 함께 살고 예배하고 교체한다. 그 신앙으로 다른 사람들과 구별되는 공동언어, 공동정신, 공통된 풍습, 심지어는 공통행위까지 생겨나게 된다.

그런데 이상한 일은 이처럼 하나의 특별한 종교 공동체를 창조해냈던 이 신앙이 오히려 이 공동체에 사로잡히게 된다는 사실이다. 신앙의 한계를 규정지어 주는 것이 이 공동체이다. 신앙이 공동체를 소유하는 것이 아니라 공동체가 신앙을 소유하게 된다. 일단 신앙이 공동체의 소유물이 된 다음에는 신앙의 자유는 상당한 제약을 받게 된다. 이 공동체를 다른 공동체와 구별시키기 위해 마련된 율법, 예식법 또는 교회법에 의해 엄중한 감시를 받게 된다.

예수가 한 혁명적인 일 가운데 하나는 하느님이 구원하시는 사랑에 대한 신앙을 유대교라는 울타리에서 구해내 자유를 부여한 일이다. 당시의 종교법이나 행동 규범을 뒤엎어 놓았다. 당시 종교의 신앙 및 율법 수호자였던 바리사이파 사람들에게 "안식일에 착한 일을 하는 것이 옳으냐? 악한 일을 하는 것이 옳으냐?"고 반문하면서 그는 나아가 손이 오그라든 사람의 손을 고쳐 주었다(마르 3, 4-6).

마르코는 자기 특유의 어투로 이 장면을 생생하게 묘사하고 있다. 마르코가 묘사한 바에 의하면 예수는 바리사이파 사람들을 "그들의 마음이 완고한 것을 탄식하시며 노기 띤 얼굴로" 둘러보았다. 신앙 공동체가 신앙 중심주의 위에 형성되기만 하면 그곳의 사제들, 목사들 또는 주교들은 옹졸해지고 무심한 자들로 변하고 만다. 가장 상식적인 일에도 눈을 감아버리며 가장 인간적인 요구에도 귀를 막아버리고 평범한 진리에도 무감각해지는 것을 신덕으로 여기게 된다. 안식일이 우리를 사랑하시고 구원하시는 주님의 날이라면 그날에 다른 6일과 마찬가지로 생명을 구하는 것이야말로 가장 자연스럽고 타당한 일이 아니겠는가.

신앙적으로 편협되고 옹고집이 된 이들을 보는 예수의 마음은 분노와 슬픔으로 엉켰다. 그들의 종교가 하느님과 진리까지도 파괴할 정도로 극한으로 치닫고 있는 데서 분노하였을 것이다. 그들의 종교가 백성들과 하느님 사이를 너무도 멀리 이간시켜 놓았기에 슬퍼했을 것이다.

그리스도 안에 외인은 없다

예수가 깨고 싶었던 것은 이같은 신앙 중심주의와 이러한 신앙 위에 형성된 유대인들의 신앙 공동체 중심주의였을 것이다. 이같은 사실은 이미 앞에서도 살펴본 바와 같이 당시 종교지도자들과 벌인 논쟁을 통해서 쉽게 알 수 있다. 예수의 신앙이 당시의 종교적 민족적 중심주의와 얼마나 큰 차이가 있는가를 분명히 보여줄 또다른 두 가지 사건을 살펴보기로 한다. 이 사건들은 가파르나움에 있는 로마인 백인대장의 이야기(루가 7, 1-

10; 마태 8, 5-13)와 띠로와 시돈 지경에서 온 가나안 여인의 이야기(마르 7, 24-30; 마태 15, 21-28) 속에 언급되고 있다.

백인대장의 종을 고쳐주는 이야기에서 마태오의 기록에는 백인대장 자신이 예수를 찾아온 것으로 되어 있지만, 루가의 기록에는 백인대장을 대신하여 예수를 찾아온 자들이 "유대인의 원로 몇 사람"으로 되어 있다. 루가의 기록이 흥미를 끈다. 이 로마인 백인대장은 유대인 종교권위자들을 존경하며 그들의 종교를 이해하고 있던 인물로 그들의 신임과 우애를 얻고 있었음이 틀림없다. 식민지 통치관이면서도 자기 위치를 내세워 식민지 주민들로부터 부당한 이익을 취하지 않는 아주 드문 통치관 중의 한 사람이었을 것이다. 유대인 원로들이 예수께 찾아와 한 말을 들어보면 이를 알 수 있다. "그 백인대장은 도와 주실 만한 사람입니다. 그는 우리 민족을 사랑할 뿐만 아니라 우리에게 회당까지 지어 주었읍니다"(루가 7, 4). 백인대장으로서는 더없는 영광이었다. 그는 자기 직책이 허락하는 한에서 유대 백성들과 하나가 되려고 갖은 노력을 경주하였을 것이다.

유대인 원로들은 이 백인대장이 그들을 위해 해준 일을 빼지 않고 고하고 있다. "우리에게 회당까지 지어 주었읍니다." 정치·사회적인 일뿐만 아니라 종교적인 일까지라도 이 백인대장은 유대인들을 돕는 데 최선을 다하였다. 회당을 지어주기 위해 그는 상부에서 얻기 어려운 허가를 얻어내는 데 애를 썼으며 뿐만 아니라 자금 모으는 일에도 최선을 다했을 것이다. 그들의 종교후원자로 여겨졌을 것임이 틀림없다.

그에 대한 감사한 마음 때문에 이제 유대인 원로들이 예수를 찾아와 요청하고 있다. 그들에게는 백인대장의 신앙 같은 것은 문제되지 않았다. 그들이 그에게 빚진 친절과 도움에 대한 답례로서 이같은 행위를 하고 있는 것이다. 그들의 신앙은 아직도 자기 민족 및 회당에 국한되어 있었다. 그들은 후에 백인대장의 종이 고침을 받았어도 이 사건 속에 숨겨진 신앙의 근본적인 문제에 대해서는 끝까지 무지(無知)했을 것이다.

그러나 백인대장에게 눈을 돌리면 그에게선 의식적인 신앙 같은 것을 찾아볼 수 없다. 군인이었던 그는 군대적 용어로 자신을 소개하였다. 그의 위에는 그가 절대 복종해야 할 상사가 있었다. 그의 밑에는 그에게 절대 복종해야 할 부하들이 있었다. 그가 예수를 만나는 것도 이같은 군대적 경험 속에서 이루어지고 있다.

그는 예수가 병든 자를 고칠 수 있는 능력이 있다는 소문을 들었을 것이다. 그래서 그는 예수의 생활과 하는 일에 대한 얘기만 들리면 신경을 써서 듣곤 했을 것이다. 그리고 결국은 그가 조사하고 있는 이 인물이 범상한 인물이 아니라는 결론을 얻기에 이르렀을 것이다.

예수는 기적을 행하는 자로 알려지고 있으나 이외에 뭔가 다른 것이 있는 것같이 보였다. 유대 민족들의 친구였던 그는 예수가 정치적 지도자로 두각을 나타내기를 은연중 기다리고 있었을 것이다. 예수에 대한 감추어진 그의 신앙은 영적인 것이며 동시에 정치적인 것이었다.

자기 종이 심한 병을 앓게 되는 극한 상황이 닥치게 되자 백인대장의 신앙은 유대 종교의 교의학적 혹은 신학적인 언어로 표현된 것이 아니라 로마 군인으로 몸에 밴 직설적인 군대 용어로 표현되었다.

그는 예수께 말하였다. "저는 주님을 제 집에 모실 만한 사람이 못 됩니다." 그리곤 이내 몸에 밴 로마 군인의 어투로 신앙을 고백하였다. "그저 한 말씀만 하십시오. 그러면 제 종이 낫겠읍니다. 저도 남의 밑에 있는 사람입니다만 제 밑에도 부하들이 있어서 제가 이 사람더러 가라 하면 가고 또 저 사람더러 오라 하면 옵니다. 또 제 종에게 이것을 하라 하면 합니다"(루가 7,7-8).

이보다 더 간결하면서도 진실되고 감동적인 신앙고백이 또 있으랴! 그리스도교 신앙고백은 너무나 세련되고 복잡하며 판에 박혀 있다. 신앙을 풍요하게 만드는 것은 단순함인데 우리가 교회에서 외고 있는 신조나 교리들은 그 단순함을 상실하고 있다. 그것들은 너무도 의례적인 것들이어서 신앙을 생사(生死) 문제로 심각하게 생각하지 못하게 한다. 뿐만 아니라 너무나 신학적이어서 신앙을 머리로 하는 것으로 여기게 만든다. 사실은 머리가 아닌 가슴으로 하는 것임에도.

하지만 로마 군인의 고백은 전혀 성질이 다르다. 이는 그가 의식적으로 혹은 무의식적으로 하느님과 접촉함으로 얻어진 체험의 소산이다. 복종이 미덕이 아니라 의무라는 평소의 생활 신조에서 나온 고백이다. 로마 군인의 신앙고백을 통해 우리가 깨닫는 바는 인종이나 신앙의 차별없이 어느 누구든 하느님의 현존 앞에 나올 수 있으며 인간들의 일상 용어를 통해서도 하느님과 인간 사이에 훌륭한 의사소통이 이루어질 수 있다는 것이다. 우리 그리스도인들이 배울 것이 많다. 어떻게 해야 그저 단순함으로, 각양 피부 색깔에 구애받지 않으면서, 우리 어머니에게서 배운 토속말과 직업적 용어를 쓰면서도 하느님께 나갈 수 있음을 배워야 한다.

예수는 깊은 감명을 받았다. 감탄하지 않을 수 없었다. 그는 주위에 있던 사람들에게 말하였다. "잘 들어 두어라. 나는 이런 믿음을 이스라엘 사람에게서도 본 일이 없다"(루가 7,9). 예수는 거침없이 백인대장의 신앙을 인정하였다. 예수가 이 말을 한 것은 사람들을 놀라게 하기 위함이 아니었다. 그의 백성들이 자극을 받아 이 백인대장보다 더 큰 믿음을 보이도록 하려고 자극을 주려는 의도도 아니었다. "이런 믿음을 이스라엘 사람에게서도 본 일이 없다!" 이는 절대 명제이다. 누구의 신앙을 다른 사람의 신앙과 비교하려는 것이 아니다. 이는 가치 판단이 아니다. 이는 단지 신앙 — 일상적 신앙이 아니라 하느님의 마음을 건드리는 신앙 — 은 유대인의 종교영역 밖에서도 가능하다는 사실을 확인하는 것뿐이다.

이같은 로마 군인의 신앙을 통해 신앙은 인종이나 종교라는 선이 분명한 구역을 넘으면서 형성될 수 있음을 깨닫게 된다. 로마 풍토 속에서 삶을 영위하며 로마의 신이나 우상들에게 바쳐졌던 로마 음식을 먹으면서 살아온 이 로마 군인 속에도 분명 신앙은 있었다.

시로페니키아 여인의 이야기 역시 풍요한 의미를 포함하고 있다. 마르코의 기록에서나 마태오의 기록에서나 이 여인의 노력은 필사적이다. 그의 딸이 귀신에 사로잡혀 신들의 저주를 받아 정신병자가 되었다는 사실에서 이 여인의 비통함은 극에 달하였다. 마태오는 한술 더 떠 처음 예수가 이 여인의 요청을 거들떠보지도 않는 태도를 보인 것으로 기록하여 이 여인의 비극을 더욱 고조시켰다. "나는 길잃은 양과 같은 이스라엘 백성만을 찾아 돌보라고 해서 왔다"(마태 15, 24). 예수의 말이었다. 이것으로 끝난 것 같았다. 그러나 여인은 끝까지 매달리며 호소하였다. 그녀는 그 앞에 무릎을 꿇었다.

그러고 나서 마르코나 마태오 모두 자녀들의 빵을 강아지에게 줄 수 있느냐 없느냐라는 괴상한 문제를 두고 예수와 여인이 대화를 나누는 것으로 기록하고 있다. 마태오의 기록을 읽으면 예수의 말 속에는 더 이상 희망이나 용기를 줄 수 있는 요인을 발견할 수 없다. 그러나 마태오보다 먼저 기록된 것으로 보이는 마르코의 기록에서는 예수가 여인에게 문을 완전히 닫아 걸지는 않은 것으로 해석할 수 있다. 마르코 복음서에 나타난 예수의 말씀은 이러하다. "자녀들을 먼저 배불리 먹여야 한다"(마르 7, 27). 유대인이 우선이다. 그리고 나서 그 다음이 이방인이 된다. 이것이 예수의 진심일까? 그는 우선 유대인들의 구원자가 되어야 하고 그 다음에 이방인들의 구원자가 되는 것일까? 아니면 단지 이 가련한 여인을 시험해 보는 중일까? 그녀의 신앙 깊이를 측정해 보고 있는 중일까?

이 이야기 중에 가장 놀라운 것은 여인의 대답이다. "주님, 그렇긴 합니다만 강아지도 주인의 상에서 떨어지는 부스러기는 주워먹지 않습니까?" 이는 곤경에서 벗어나려는 노력으로 얻어진 여인의 재치였을까? 아니면 그녀가 살고 있던 지방에 널리 유포되어 있던 속담이었을까? 이는 곤경에서 벗어나려는 재치도 마을사람들이 알고 있는 속담도 아니었다. 문자 그대로 이는 신앙고백이다.

여기에 세 가지 중요한 요소가 있다. 강아지, 빵부스러기 및 주인의 상이다. 이것들이 어떻게 신앙고백이 될 수 있을까? 아무리 생각해 보아도 이들 속에는 하느님, 하느님의 나라 및 영원한 생명 등을 가리키는 공통적 요소라고는 찾아볼 수 없다. 우리 신학이 우리에게 알려 주는 바는 하느님 나라 및 영원한 생명을 직접 언급하지 않은 신앙고백은 있을 수 없다고 한다. 그러나 신앙고백을 이같은 신학적 요소들로만 규정시킨다면 그러한 고백은 너무나 제한되고 재미없으며 진부한 것이 되고 만다.

경이로운 소망이 없는 신앙, 상상의 자유가 없는 신앙은 영양실조 걸린 신앙이다. 이러한 신앙은 주인의 상 위에 있는 빵만을 뚫어지게 노려보는 신앙이다. 그저 부드럽고 먹음직스러운 빵 외에는 생각하지 않는다. 신앙은 마땅히 그러한 빵을 얻어야 한다. 쪼개지지 않은 채로 빵틀에서 방금 구워낸 새 빵이어야 하지 다른 것은 안된다. 그러나 정작 문제가 되는 것은 상 밑에 떨어지는 부스러기이다. 이 부스러기에 눈을 돌려 그것을 집어 들고 하느님께 감사드릴 수 있는 신앙, 이 신앙이 참된 신앙이다. 이런 신앙은 위선이 없다. 있는 그대로의 신앙이다. 깊은 고뇌 속에서 울부짖는 영혼이 얻을 수 있는 신앙이다. 슬픔에 싸인 생활 속에서 형성되는 신앙이다. 고난 속에서 움터 고난 속에 꿈이 뿌리를 내리는 신앙이다. 간단히 말해 이는 십자가의 신앙이다.

예수는 이 이방여인에게서 십자가의 신앙을 발견하였을까? 그가 위하여 온 목적인 인간의 고통이 이 여인 속에 있기에 그의 마음이 그녀를 향해 움직였는가? 예수 자신의 입에서 나온 말을 들으면 이같은 우리의 질문은 쉽게 풀어진다. "여인아! 참으로 네 믿음이 장하다. 네 소원대로 이루어질 것이다"(마태 15, 27). "여인아! 참으로 네 믿음이 장하다!" 이 말은 마태오의 말이다. 마르코에는 이 말이 없다. 마태오가 이 말을 썼다는 데 더 의미가 크다. 마태오는 다른 복음서 기자들보다 훨씬 국수주의자의 입장을 보여 왔다. 이미 살펴본 대로 이야기를 시작할 때 마태오는 이 이방여인에게 희망의 여지를 모두 없애 버렸다. 그러나 예수의 치유능력에 대한 절대적인 신뢰에서 나온 예수에 대한 고백을 듣게 되었을 때 예수 못지않게 마태오도 놀랐다. 마태오는 정신이 바짝 들었다. 그래서 "여인아! 참으로 네 믿음이 장하다!"는 표현이 나오게 된 것이다.

예수와 가나안 여인 사이에 일어난 이 사건은 역시 인종과 종교의 장벽을 부수는 신앙의 예를 보여주고 있다. 예수가 유대인들을 대상으로 한 전도를 우선으로 삼았을지도 모른다. 그러나 그의 전도는 유대인이 아닌 자들에게서 생겨지는 신앙을 발견하고 이를 유지시키는 데까지 이르고 있다.

그러면 이 여인의 신앙은 어디에서 나왔을까? 이는 물론 예수가 몸담고 있는 이스라엘의 종교 전통에서 비롯된 것이 아님은 분명하다. 유대인들의 회당에서 가르치는 신학에 의해 형성된 것은 더욱 아니었다. 하느님 앞에 자기들은 특별한 위치를 점하고 있다는 우월감이 깃든 유대인들의 신앙에서 나오지도 않았다. 여인의 신앙에는 유대인들의 경건신앙의 근간이 되어 온 민족 역사와 전통의 요소는 찾아보기 어렵다. 이 여인의 신앙은 (전통적 그리스도교 신학적 용어로 표현하자면) 이스라엘 및 그리스도교 교회가 주역으로 등장하는 "구속역사"와는 아무런 관련이 없었다.

그렇다고 예수까지도 깜짝 놀라게 만든 이 여인의 신앙이 근거없이 생겨난 것으로는 볼 수 없다. 예수를 주술사(呪術使) 정도로 보듯이 이 여인도 그 순간 우연히 그런 말을 했을 뿐이라고 속단할 수는 없다. 예수에 대한 그녀의 반응 및 그에 대한 신앙고백을 통하여 우리가 알 수 있는 것은 이 여인의 영적 삶은 유대교 신앙전통에 뿌리박고 있는 거의 모든 유대인들보다 훨씬 뛰어나고 풍부하다는 사실이다. 자기 말의 병으로 이 여인은 고뇌도 그만큼 깊어졌겠지만 동시에 영적인 삶도 훨씬 진지해졌을 것이다. 우상과 잡신들이 판을 치는 가나안이라는 불리한 지역적 조건 속에서도 그녀는 자기 존재의 근원인 하느님, 참 하느님에 대한 열망을 포기하지 않았던 것이다.

그 여인은 이 하느님을 제대로 섬기지 못했을지도 모른다. 고향 종교에서 쓰는 주술적인 어휘와 어그러진 예배 형식에 따라 하느님에 대한 신앙을 표현하고 있었을 것이다. 그럼에도 그의 영혼 깊은 곳에는 하느님과의 직접 접촉이 이루어지고 있었다. 그런데 그녀의 인생이 최대의 극한 상황에 달하게 되자 그녀의 영혼 깊은 곳에 담겨 있던 하느님과 그녀 사이의 접촉이 예수 그리스도 앞에서 신앙고백이란 형태로 발현되기에 이른 것이다. 바로 이 순간 예수 그리스도 안에 있던 하느님과 여인 속에 있던 하느님은 서로 같은 동일한 하느님임이 증거되었다. 바로 이러한 이유에서 마태오는 예수의 입에서 나온 경탄의 소리, "여인아! 참으로 네 믿음이 장하다"라는 말을 빼놓지 않고 기록한 것이다.

하느님이 인간을 만나는 장소는 어디일까? 또 인간이 하느님을 만날 수 있는 장소는? 어느 곳에서 인간과 하느님은 함께 만나 구원하고 치유하며 화해할 것인가? 이 하느님과 인간의 회합장소는 소위 말하는 구속역사 안으로만 제한될 수는 없다. 전통적 그리스도교 신학이 정하는 구획 안으로만 제한될 수도 없다. 어느 특정한 교회법이 지켜지는 한도 내에서, 혹은 어느 특정한 예배의식이 거행되는 공간 속에서만 사건이 일어날 수는 없다. 그리고 무엇보다 다른 신앙을 가진 자들을 못들어오게 막으며 한 인종과 그와 다른 인종을 구별하고 이방인과 낯선 자들을 제외시키는 기능을 가진 각종 장벽들 안에서는 더더욱 일어날 수 없다.

하느님과 인간 사이에 이루어지는 회합의 장소는 절망과 기대 속에 몸부림치는 우리 영혼 깊은 곳에 마련된다. 각종 불안, 의심, 불확실성에 쪼들린 우리 삶 속에서 일어난다. 그것은 시로페니키아 여인처럼 우리의 전존재를 하느님의 자비 앞에 내어던질 때 이루어진다.

이것이 바로 궁극적 의미에서 본 신앙이다. 어떤 특정한 종교적 분위기 속에서 신앙이 형성될 수 있음은 사실이다. 신앙도 신앙 나름대로의 역사를 가지고 있다. 어떤 특정한 신앙 공동체와 연결되어야 한다. 신앙은 역사와 연결되어야 하며 삶 속에 뿌리를 내려야 하기 때문이다. 그러나 그 신앙이 하느님을 만나지 못하는 신앙이 되면 그 신앙은 자기 영역을 잃어버리게 된다. 하느님도 도망치는 신앙에 대해서는 기소권을 발휘하지 않는다. 그러나 교회 권위자들은 이를 재판에 회부하려 한다. 도망치는 신앙이 그 한계를 넘게 되더라도 하느님은 이를 되돌려 놓지 않는다. 그러나 교회의 치유자와 교사들은 그 일을 해내려고 애쓴다. 그 신앙이 너무도 멀리 가서 자신도 모르는 엉뚱한 삶과 역사 현장에 도달하였을 때에도 하느님은 그 무지(無知)를 깨우쳐 주려고도 안하신다. 그러나 사제나 주교들은 이 일을 해내려고 한다. 그 신앙은 마침내 다른 신앙들과 교제하며 하느님의 풍족하신 사랑과 자비에 감격하여 기뻐할 때에도 하느님은 그들을 제지하지 않는다. 하지만 율법학자들과 교회법 집행자들은 깜짝 놀라 이를 제지하려고 한다.

이같은 신앙 속에서 하느님은 우리를, 우리는 하느님을 만난다. 이같은 신앙 속에서 우리 인류는 서로 만나 함께 생활하며 기쁨과 슬픔을, 성공과 실패를, 뿐 아니라 끊임없는 위기를 함께 겪으며 살게 된다. 그리고 위기 중의 위기—죽음에 직면하였을 때에도 하느님께서는 우리 인생들에게 내리시는 충만한 은총 속에서 하느님과 우리의 동지들을 만날 수 있다는 희망을 가질 수 있게 된다.

신앙이란 모름지기 이래야만 한다. 인간의 삶과 역사에 있어 그 가장 깊은 위기의 순간에는 배타적 신앙은 무용지물이 되어 버린다. 백인대장이 신앙의 행위로 예수의 권위 앞에 굴복하였을 때 이같은 배타적 신앙은 설 땅을 잃고 말았다. 시로페니키아 여인이 예수를 찾아와 간절한 소원을 말하면서 보여준 위대한 신앙 앞에 배타적 신앙은 무너지고 말았다. 그러나 신앙 중심주의가 결정적으로 무너진 것은 십자가 위에서였다.

 십자가는 온 인류의 고난과 희망을 상징하고 있다. 고통과 희망 속에 하느님과 인류가 함께 만나는 이 십자가는 모든 사람의 가슴 속에, 모든 단체와 모든 민족 속에 남아 있다. 십자가 이야기는 이스라엘 및 그리스도교 교회로 끝나서는 안된다. 그 이야기는 계속되어야 한다. 시간의 처음으로부터 끝까지 각양 각색의 변화와 충격 속에서 계속 이야기는 꾸며져 나가야 한다. 그리고 무엇보다도 십자가가 온 세계에 말해 주는 바는 그리스도 안에는 외인이 없다는 사실이다. 고통받고 희망하는 것이 인간의 운명이기 때문이다. 이제부터는 동양의 오랜 역사 속에서 이와같은 고통과 희망의 십자가 흔적을 찾아보기로 하자.

제 3 부

전　위(轉位)

　왕국이 일어났는가 하면 사라졌다. 조정이 위세를 떨쳤다 하면 쇠하여졌다. 주나라가 힘이 약해지자 일곱 작은 나라들이 일어나 서로 세력 다툼을 벌였다. 결국 진나라가 득세하여 중앙을 차지하였다. 그러나 진나라도 운이 다하여 한나라와 초나라가 세력 다툼을 벌이더니 한나라가 결국 승리하였다(삼국지연의).

제 8 장

천명(天命)

고뇌와 기대 속의 인간 영혼, 이것이 종교생활의 핵심이다. 여기에서 신앙이 생겨나 우리 삶을 좌우하는 현실에 대처해 나가게 된다. 무상한 삶과 역사의 문제들에 대해 해답을 얻고자 애쓰는 인간 영혼들을 시편에서 만날 수 있다. 그중에 한 예를 들어 보자.

야훼여! 언제까지 나를 잊으시렵니까?
영영 잊으시렵니까?
언제까지 나를 외면하시렵니까?
밤낮없이 쓰라린 이 마음, 이 아픔을,
언제까지 견디야 합니까?
언제까지 원수들의 우쭐대는 꼴을 봐야 합니까?(시편 13, 1-2).

"야훼여! 언제까지 나를 잊으시렵니까?" 시인은 절규하고 있다. 하느님에 대한 신앙이 무너질 것 같다. 신앙의 위기는 희망의 위기이다. "언제까지입니까?"라는 이 절박한 질문에 하느님은 대답하셔야만 한다. 하느님께서 답을 주신다. 하느님의 대답은 백성들의 삶과 민족의 역사 안에서 들려진다. 구약성서의 신앙은 명백하게 이스라엘 백성의 삶과 역사와 연결되어 있다.

고대 중국 사람들에게서도 이와 유사한 예를 찾아볼 수 있다. 중국인들의 삶과 역사에서 하늘, 즉 상제(上帝)에 대한 신앙을 빼놓고서는 말할 수 없다. B.C. 2200년으로부터 B.C. 6세기에 이르는 오랜 기간 동안 각종 인생의 경험 속에서 우러난 3백여 편의 노래를 묶은《시경》(詩經) 속에서 우리는 구약의 시편에서 느낄 수 있는 영혼의 노래를 들을 수 있다. 한 예를 들면

기러기 날아가네	鴻雁于飛
깃을 훨훨 치면서	肅肅其羽
그대들이 가며는	之子于征
들에서 고생하리	劬勞于野
불쌍해라 저 백성	爰及矜人
홀아비와 과부들	哀此鰥寡[1]

《시경》만이 아니다. B.C. 24세기로부터 8세기에 이르는 기간 동안에 이

루어진 1백 여 주요문서들을 엮어 놓은 《서경》(書經)에서도 역시 하느님 신앙이 어떻게 백성들의 삶과 역사와 관계를 맺고 있는가를 보여주고 있다. 《서경》은 오늘날 우리가 말하는 역사철학, 좀더 과장하면 정치신학으로까지 규정할 수 있다. 하늘(天)의 뜻과 그 위임의 관점에서 정치와 역사가 조명되고 해석되며 판단되고 있다. 그러면서도 이 고대 중국의 정치신학의 중요 관심은 어디까지나 인간들이다.

《서경》은 역대 제왕들의 투쟁 및 왕조 변천사를 한눈에 보여주고 있다. 내용은 전쟁터의 아비규환으로 가득 차 있다. 왕과 제후들은 자기의 지혜와 용기와 인간성을 시험하는 각종 도전에 대항하여 싸우고 있다. 예를 들어 보자. 주(周)나라(B.C. 1100-722년경)의 무왕(武王)이 상(商)나라(B.C. 1500-1100년경) 마지막 왕 주왕(紂王)을 치려 할 때 군사를 모아 놓고 다음과 같은 말을 하였다. "이제 상나라 임금 주(紂)가 힘써 법도 아님을 행하여, 검은 늙은이를 내쳐 버리고 죄있는 사람을 가까이하며 주정하여 사나움을 놓은대, 신하가 화(化)하야 집에서 붕당하여 원수를 지어서 권세로 협박하야 서로 멸(滅)한대 죄없는 이 하늘을 부르짖어 더러운 덕(德)이 나타나 들리니라"(今商王受力行無度 播棄黎老 昵比罪人 淫酗肆虐 臣下化之 朋家作仇 脅權相滅 無辜籲天 穢德彰聞). [2]

이처럼 상나라 주왕은 "무도(無道)하여 하늘의 물건을 함부로 없애며 여러 백성을 해롭게 포학하였다."[3] 그의 왕조는 하늘에도 백성들에게도 해(害)가 되었다. 따라서 그는 벌을 받아 마땅하였고 그의 왕조는 무너질 수밖에 없었다. 이것이 혁명의 당위성을 "신학적"으로 설명한 성명서였다.

수세기 후 공자(孔子)의 후계자인 맹자(孟子)는 백성들을 중히 여기는 정치철학으로 발전시켰다. 맹자는 "인민이 가장 귀하고 사직(社稷)이 그 다음이고 임금이 가장 경(輕)하다"(民爲貴 社稷次之 君爲輕)[4]고 하였다. 백성의 가치가 가장 높고 통치자가 가장 낮은 데 있다. 고대 중국에도 이처럼 훌륭한 민주주의가 있었다.

하늘이 백성을 사랑하시다

군사들을 독려하는 무왕의 연설은 계속된다. "하늘이 백성을 사랑하시어든 임금은 하늘을 받드느니라"(惟天惠民 惟辟奉天).[5] 백성을 사랑하시는 하느님 인식이 중국 백성들 의식 속에 깊이 뿌리박혀 있다. 그들은 하느님의 사랑을 추상적 개념으로 받아들이지 않는다. "하늘을 받드는" 통치자는 백성들을 사랑해야 하며 이것을 통해 하느님의 사랑을 목격하고 체험한다. 반대로 통치자가 "하늘을 거스리고" 백성들에게 학정(虐政)을 베풀면 그는 더 이상 하느님의 사랑을 반영하는 인물이 될 수 없다. 이런 폭군에 대한 응징의 의미를 지닌 전쟁을 치르며 백성들은 이제 하늘이 자신들의 부르짖음을 들어 주었다고 느끼게 된다.

에집트에서 노예로 살던 이스라엘 백성들을 해방시키시던 하느님의 모습이 여기에서도 느껴지고 있지 않는가? 출애굽기의 기록에도 이스라엘 백성들의 부르짖음이 나온다. "이스라엘 백성은 고역을 견디다 못하여 신음하며 아우성을 쳤다. 이렇게 고역에 짓눌려 하느님께 울부짖으니 하느님께서 그들의 신음소리를 들으시고 아브라함, 이사악, 야곱과 맺으신 계약을 생각하시어 이스라엘 백성을 굽어 살펴 주셨다"(출애 2, 23-25). 궁극적으로 역사란 하느님과 백성들 편에 선 세력과 하느님과 백성들의 반대편에 선 세력 사이의 끊임없는 투쟁이다. 고대 이스라엘 역사는 이같은 관점에서 이해되었고 고대 중국역사도 역시 이러한 관점에서 해석되어 왔다.

이스라엘 민족의 하느님은 백성들의 소리를 들으시며 그들을 돌보신다. 아니 보시는 바 없으시며 아니 듣는 바 없으시다. 아무도 하느님의 감시를 피할 수 없다. 하느님은 언제나 깨어 계셔 "졸지 않고 잠들지도 아니하신다"(시편 121, 4). 그러면 하느님께선 어떻게 듣고 볼 수 있는가?《서경》에 재미있는 구절이 있다.

하늘의 보심이 우리 백성의 봄으로부터 하시며
하늘의 들으심이 우리 백성의 들음으로부터 하시나니.
(天視 自我民視 天聽 自我民聽)[6]

이것은 종교적 신앙에서 얻어질 수 있는 중대한 정치 사상이다. 인간을 하느님과 동일시하는 것으로 쉽게 보아 넘겨서는 안된다. 무분별한 신성모독죄를 범해서는 안된다. 백성들을 하느님과 동일시하는 오류를 범해선 안된다. 오히려 그 반대여야 한다. 하느님께서 백성들과 동일시되고 있다. 인간 존재들 속에서 하느님이 살아 계시다. 백성들 있는 곳이 곧 하느님 계신 곳이다. 하느님을 보기 원하거든 인간 존재들에게로 가야 한다. 이 세상에서 활동하시는 하느님을 보고 싶거든 일하고 있는 인간들의 모습을 보아야 한다. 그리고 하느님의 기분이 어떤가를 알고 싶거든 백성들의 기분 상태를 살펴보아야 한다.

위의 "하늘의 보심이 우리 백성의 봄으로부터 하시며 하늘의 들으심이 우리 백성의 들음으로부터 하시나니"라는 구절의 의미이다. 이런 식으로 해서 온 세계, 온 세대(世代) 백성들은 하느님이 어떤 분이신가, 하느님이 인간들과 어떠한 일을 하시는가를 알 수 있을 것이다. 오늘의 인도네시아 기도를 들어 보자.

      배고픔은 악마
      배고픔은 무시무시한 독재자 악마
      하느님 맙소사!
      배고픔은 악마의 손
      가난한 이들의 뱃속에
      한 주먹 모래가루를 집어 넣습니다.
      하느님 맙소사!
      우리는 쓰러집니다.
      우리 눈은 당신의 눈
      이 입도 당신의 입
      이 가슴도 당신 가슴
      그리고 이 배도 당신의 배인데…
      당신 배가 고픕니다. 하느님이여…
      쌀밥 한 그릇만 있으면,
      국 한 그릇에 차 한 잔만 있더라면 얼마나 좋겠읍니까!
      오, 하느님.[7]

이는 배고프고 가난하고 눌린 자들의 기도이다. 얼마나 대담한 기도인가? 그 대담성에 놀랄 뿐이다. 이 기도는 우리에게 자신들의 눈물고인 눈 속에서 하느님의 눈을, 자신들의 병든 귀에서 하느님의 귀를 보라고 외친다. 그들의 고통스런 가슴 속에서 하느님의 가슴을 느낄 수밖에 없다. 그들의 허기진 배가 곧 하느님의 배임을 알게 된다. 그들을 통해 우리는 인간들의 무지와 무관심 및 이기심에 시달려 비참한 지경에 이른 하느님의 모습을 발견하게 된다.

이 배고픈 자의 기도를 통해 우리는 현대 세계 속의 하느님은 어떤 모습인지를 알게 된다. 하느님은 배고프시다! 하느님은 굶주리고 있다! 하느님은 여위었다! 하느님은 "밥 한 그릇과 국 한 그릇", 차 한 잔을 구걸하고 있다! 마지막 날 심판석에 앉으신 사람의 아들이 오른쪽에 서 있는 온순하고 볼품없는 무리들을 향하여 하신 말씀을 이제야 좀 이해할 수 있을 것 같다. "너희는 내가 굶주렸을 때에 먹을 것을 주었고 목말랐을 때에 마실 것을 주었으며 나그네 되었을 때에 따뜻하게 맞이하였다. 또 헐벗었을 때에 입을 것을 주었으며 병들었을 때에 돌보아 주었고 감옥에 갇했을 때에 찾아 주었다"(마태 25, 35-37).

세상이 온통 고난과 비극뿐인데도 희망과 미래가 있다고 말할 수 있는 것은 배고픈 사람들 중에, 폭력의 희생자들 속에, 정의와 진리를 외치다 투옥된 이들 속에 하느님이 함께 계시고 그들 속에서 역사하시기 때문이다. 하느님께서 이 불쌍한 자들에게 베푸시는 사랑과 동정이 도덕적 힘이 되어 다가올 완성의 날을 예비하여 이 세계를 창조하며 재창조하기에 이를 것이다.

통치자들은 하느님과 화해하려면 먼저 백성들과 화해하여야 한다. 고대 중국에는 임금과 제후들이 명심해야 할 "5계"(五戒)가 있었다. 《서경》에 "오자가"(五子歌)란 이름으로 수록된 이 계율은 다음과 같이 시작된다.

  백성은 가히 가까울지언정
  가히 하대치 못할 것이니라.
  백성은 나라의 근본이니
  근본이 굳어야만 나라가 평안하니라.
  (民可近不可下 民惟邦本本固邦寧)⁸

그러나 이는 실로 권력을 잡은 자로서는 지키기 어려운 과제이다. 권력이란 백성들을 묶어서 그들로 하여금 하느님의 형상을 보지 못하게 하려고 애쓴다. 권력잡은 자만이 환상의 세계에 살며 영광과 찬양을 받아 마땅하고 "다른 자들"은 그의 요구와 채찍질에 희생되도록 되어 있다. 통치하는 힘과 사랑하는 힘— 통치자는 이 두 가지 힘을 조화있게 연결시키는 능력이 모자란다. 하지만 통치자의 합법성 여부는 바로 이같은 능력의 유무에 따라 판가름난다. 백성을 사랑하는 힘은 제외시키고 백성들을 다스리는 힘만을 발휘하는 권력은 하늘의 인정을 받을 수 없다. 하늘의 인정을 얻지 못하면 그 통치하는 권력마저도 붕괴되고 만다. 이같은 정치신학에 근거하여 고대 중국의 천명(天命) 개념이 나왔다.

천명(天命)

상나라 마지막 왕인 주왕(紂王) 31년(B.C. 1122년경), 주(周)의 무왕(武王)이 예(黎)라는 무도(無道)한 나라를 토벌하고 이를 자기 영지로 삼게 되자, 상나라의 충신 조이(祖伊)가 큰 충격을 받고 궁 안으로 들어가 왕에게 고하였다. 그는 죽음을 무릅쓰고 왕과 신하들에게 선포하였다.

  천자(天子)시여, 하늘이 이미 우리 은(殷, 즉 商) 나라의 명(命)

은 끊으시는지라 선지자와 원구(元龜, 즉 占)도 감히 길(吉)을 알
지 못하노니 먼젓 임금이 우리 뒷사람을 도웁지 아니하시는 것이
아니라 임금이 음란하고 희롱하여 이로써 스스로 끊음이니이다.
    고(故)로 하늘이 우리를 버리시어 편안히 먹기를 두지 않게 하며
천성(天性)을 헤아리지 아니하며 떳떳한 법을 밟지 않게 하는도다.
이제 우리 백성이 망하고자 않음이 없어 이르되 "하늘은 어찌하여
위엄을 내리지 아니하시며, 비상한 명(命)은 이르지 않느뇨? 이젯
임금은 내게 어쩌료 하나이다" (曰天子 天旣訖我殷命 格人元龜 罔
敢知吉 非先王不相我後人 惟王淫戱用自絶 故天棄我 不有康食 不虞
天性 不迪率典 今我民罔弗欲喪曰 天曷不降威 大命不摯).⁹

이같은 충심에서 우러나는 간곡한 충고에 감동받지 않은 자가 어디 있
으랴? 나라가 너무도 위급한 상태에 처하게 됨으로 이 신하는 죽음을 무
릅쓰고 왕에게 정신차릴 것을 간언하고 있다. 그러나 이 방탕한 왕은 움
직일 줄 몰랐다. 오히려 "오호라, 내가 난 것은 명(命)이 하늘에 있지 않
느냐?"(嗚呼 我生不有命在天)라고 반문하였다.

왕을 무지와 방종에서 견져 내려는 신하의 기대는 송두리째 사라져 버
렸다. 조이는 이렇게 한탄한다. "오호라, 네 죄가 많이 벌려 위에 있거늘
능히 그 명(命)을 하늘에 책망하느냐? 은나라가 곧 망하리니 네 일을 가
리키건대, 죽임이 네 나라에 없지 않으리로다"(嗚呼 乃罪多參在上 乃能
責命于天 殷之卽喪 指乃功 不無戮于爾邦).

조이의 말대로 되었다. 주나라 무왕은 군대를 이끌고 공격하여 목야(牧
野)에서 주왕의 군대를 진멸하였다. 주왕은 도성으로 도망쳐 불에 타 죽
었다.¹⁰

조왕은 "하늘의 위임"을 철저하게 방기(放棄)하였다. 그는 일단 하늘의
위임을 받은 이상 어느 누구도 심지어 하늘까지도 그 위임권을 빼앗을 수
없다고 생각하고 있었다. 이보다 더 잘못된 생각이 있을 수 없다. 결국
실정(失政)과 자만에 빠져 그는 하늘의 위임권을 박탈당하였고 비극적 최
후를 맞게 된 것이다.

고대 중국에서는 통치자를 무조건 "천자"(天子)라 부른다. "命"이란 자
(字)는 가신(家臣)이 주인의 조상을 모신 사당(祀堂)에서 특정한 직책을
수여받는 장면을 묘사한 상형문자에서 생겨난 것이다 하느님이 통치자에
게 자기가 가지고 있던 통치권을 넘겨 주는 것으로 여겨지고 있다. 따라
서 통치자는 하느님의 신하, 하느님의 대리인에 지나지 않으며 필요에 따
라서는 그 통치권을 박탈할 수도 있다.¹¹ 천명(天命)이란 상나라의 주왕이

생각했던 것처럼 통치자가 "쥐고 있는" 것이 아니라 하느님에게서 "물려 받은" 것이다. 받은 것이기 때문에 그 통치자가 실정했을 때엔 박탈당할 수 있는 것이다. 고대 중국에서는 이같은 정치신학에 의하여 권력을 신성한 것으로 여겨 왔다.

천자가 각종 특권을 누릴 수 있음은 사실이다. 제왕(祭王)으로서 종교적 의식을 집행하며 하늘에 영광을 돌리고 그가 다스리는 나라와 백성들에 하늘의 가호가 내리게 하는 일은 그가 마땅히 져야 할 책임이며 그만이 할 수 있는 특권이었다. "천하"(天下)를 다스리는 주권자로서 그는 신하와 백성들에게 충성을 요구할 자격이 있다. 그러나 이 모든 특권도 그의 권력이 하느님에게로부터 나왔다는 전제 하에서 용납되는 것이다. 그의 권위는 빌린 권위이다. 그의 왕권은 양도받은 왕권이다. 그가 계속 통치권을 행사할 수 있는 유일한 길은 하느님에게 복종하며 그의 백성들을 행복하게 해주는 것뿐이다. 일단 그가 잘못되어 백성들에게 학정을 베푼다면 하느님은 그에게 주었던 통치권을 박탈하여 다른 인물들에게 준다.

상나라 초대 왕 탕(湯)이 비뚤어지고 포악한 하(夏)나라(B.C. 1500-1100년경)를 멸망시킨 후에 한 말을 들어 보면 고대 중국인들이 진심에서 하늘과 상제(上帝)를 경외(敬畏)로 섬겼음을 알 수 있다. 천명을 받은 탕왕은 백성들에게 평화와 풍요를 약속하고 있다. 그러면서도 자기에게 주어진 이 천명이 쉬 사라지지 않을까 하는 두려움도 숨기지 않고 있다. 그는 하늘의 도우심을 비는 한편 백성들의 협조를 구하고 있다. 오히려 신앙고백이라 할 정도이다. 그는 진지하고 두려운 마음으로 호소하고 있다.

　　이에 내 죄를 천지(天地)에 얻을는지 알지 못하여 전율하고 위구(危懼)하여 장차 심연에 떨어질 듯하노라… 너희가 선(善)을 두면 짐(朕)이 감히 가리지 못할 것이요 죄가 내 몸에 당하면 감히 스스로 용서치 못할 것이니 간열(簡閱)함이 상제의 마음에 있나니라. 너희 만방의 죄가 있음은 나 한 사람에게 있고 나 한 사람의 죄 있음은 너의 만방이 아니니라. 오호라. 거의 능히 이에 믿어야만 또한 마침이 있으리라."(兹朕 未知獲戾于上下 慄慄危懼 若將隕于深淵 …爾有善 朕弗敢蔽罪當朕躬 弗敢自赦 惟簡在上帝之心 其爾萬方有罪予一人 予一人有罪 無以爾萬方 嗚呼 尚克時忱 乃亦有終)[12]

이처럼 존귀한 하늘 아래서 두렵고 떨리는 마음으로 탕왕은 선정을 베풀기 시작했다. "야훼를 경외하는 것이 지혜의 근원이요"(시편 111, 10)라고 시편 기자는 말하고 있다. 그리스도교적 성서 전통 밖에서 이같은 시편의 가르침대로 산 인물을 찾는다면 고대 중국의 탕왕이 그중의 하나로

꼽힐 수 있을 것이다.

이상의 이야기는 기브온 언덕에서 하느님께 제사지내고 있던 솔로몬왕의 이야기를 기억하게 만든다. 그는 부왕 다윗에게서 이스라엘이라는 거대한 국가통치를 이어받은 젊은 왕이었다. 왕으로서의 막중한 책임을 어떻게 감당해 나가야 할지 두려운 가운데 있었을 것이다. 어느날 밤 꿈속에서 그는 하느님께 간구하고 있는 자신의 모습을 볼 수 있었다.

나의 하느님 야훼여, 당신께서는 소인을 제 아버지 다윗을 이어 왕으로 삼으셨읍니다만 저는 어린아이에 지나지 않으므로 어떻게 처신해야 할지를 알지 못합니다. 그런데 소인은 수도 헤아릴 수 없이 많은 당신의 백성 가운데서 살고 있는 몸입니다. 그러하오니 소인에게 명석한 머리를 주시어 당신의 백성을 다스릴 수 있고 흑백을 잘 가려 낼 수 있게 해 주십시오. 감히 그 누가 당신의 이 큰 백성을 다스릴 수 있겠읍니까?(1열왕 3,7-9).

젊은 왕 솔로몬은 이 큰 나라를 다스리기엔 자신이 너무도 부족한 인물임을 잘 알고 있었다. "저는 어린아이에 지나지 않습니다"고 고백하였다. 탕왕 역시 "내 죄를 천지에 얻을는지 알지 못하여 전율하고 위구하여 장차 심연에 떨어질 듯하노라"고 고백하였다. 솔로몬은 하느님께 "명석한 머리를 주시어 백성을 다스릴 수 있고 흑백을 잘 가려 낼 수 있게 해 주십시오"라고 간청하였다. 탕왕 역시 "간열(簡閱)함이 상제의 마음에 있나니라"고 말하였다. 옛날이나 지금이나, 동양이나 서양이나 정치는 백성들을 위한 하느님의 뜻을 분별하는 데서 시작되어야만 한다. 주님을 두려워함이 행정부의 초석이 되어야 한다. 정치신학은 여기에 근거를 두어야만 한다.

여기에 우리 그리스도교인들이 짚고 넘어가야 할 중요한 문제가 있다. 지금까지 민주주의와 자유를 위해 투쟁할 때 우리는 그 근거를 하느님께서 온 인류를 당신의 형상으로 지으셨다는 사실이 수록된 구약성서 속에서만 찾으려 했다. 우리는 또한 사랑과 정의 속에 이루어질 하느님의 통치를 세상에 선포하기 위해 오신 예수 그리스도의 신앙을 신약성서에서만 찾으려 하였다. 우리가 붙잡고 씨름해야 할 과제는 우리 신앙의 고백이다. 세계 역사의 주인 되시는 하느님을 증언하는 일이다.

그러면서도 우리 그리스도교인은 배고픈 자, 인간적 대우를 받지 못하는 자들의 투쟁에도 연결을 가져야 한다. 우리 그리스도교의 목적이 인간의 목적이며 우리 그리스도교의 증언이 인간의 증언이고 우리 그리스도교의 투쟁이 인간의 투쟁이라는 사실을 분명히 알아야 한다. 자유, 민주주의 및 인권을 위한 그리스도교의 투쟁이 결코 외로운 투쟁이 아니다. 그 투쟁은 성서적 전통의 비호를 받아 왔고 세상 널리 퍼져 있는 그리스도교 공동체의 공동 과제로 추진되어 왔다. 그런데 이같은 사실은 우리 주변의 유서깊은 나라들의 역사와 문화 속에서도 확인되고 있다. 그리스도교가 한 것과 마찬가지의 일이 다른 곳에서도 그대로 이루어졌다는 사실에 직면했을 때 어느 통치자가 (그가 아시아의 인물이라 하더라도) 가만히 앉아 듣고만 있을 수 있을 것인가? 그리스도교가 주도하는 인권투쟁이 자기 민족과는 전혀 관련이 없는 단지 서구적인 침략행위에 지나지 않는다고 태연자약할 수 있겠는가? 그리스도교 성서 속에 있는 "주님의 뜻이 무엇인지 잘 아는 사람이 되십시오"(에페 5, 17)라는 말에는 신경을 안쓸 수 있을지는 몰라도 예를 들어 《서경》에 있는 "천도(天道)를 흠숭하셔야 길이 천명을 보전하시리이다"(欽崇天道 永保天命)[13]는 말에는 태연한 척할 수 없을 것이다.

오늘날 우리가 직면하고 있는 — 사회적, 정치적, 경제적, 신앙적 — 문제들은 너무도 엄청나 그리스도교 혼자 힘만 가지고는 풀어나갈 수 없다. 그런데 이제 그리스도교인은 이들 문제가 자신들에게만 국한된 것이 아님을 깨닫기 시작하였다. 그리스도교 전통에서뿐만 아니라 유대-그리스도교 역사 및 문화 밖에 있던 우리 문화와 역사 속에서도 증인들이 쏟아져 나와 우리 주위를 구름떼처럼 감싸고 있다. 그리고 무엇보다 놀라운 사실은 이처럼 그리스도교 교회 안팎에서 몰려 온 수많은 증인들을 통해 우리는 하느님이 얼마나 크신 분인가, 얼마나 우주적인 하느님인가를 깨닫게 되었고 하느님의 방법은 신비하고도 다양해서 이스라엘에서 아시아에로, 고대에서 현재에로 막힘없이 적용되고 있음도 깨닫게 되었다.

B.C. 3000년경 중국의 전설적인 성군(聖君) 순(舜) 임금과 현신(賢臣) 고요(皋陶)와의 대화를 읽으면 고대 중국인들의 종교-정치 의식 속에는 하느님에 대한 외경이 뿌리깊이 박혀 있음을 알 수 있다.

    순: 짐이 하늘의 명을 받아
        때에 맞게 순응하며
        임금 자리 앉은 자가
        진심으로 기꺼워하면
        원수(元首)와 백공(百工)이
        이를 도우리라.
    고요: 임금과 함께 신하도 또한 그 책임의 중대함을 생각해야 하옵니다. 임금과 신하는 서로 이끌면서 법률을 조심하고 공경하

여 자주 그 성과를 보살피고 또 보살피어 공경하옵니다.
원수(元首)가 지혜로우면
그 아랫신하가 따라 지혜로우리니,
그 모든 국사(國事)에 평안 있으리.
원수가 어두우면
그 아랫신하도 따라 어두우리니,
모든 국사 어지러우리.

순: 그러하다, 가서 공경하라.

(帝庸作歌曰 勅天之命 惟時惟幾 乃歌曰 股肱喜哉 元首起哉 百工熙哉 皐陶拜手稽首 颺言曰 念哉 率作興事 愼乃憲欽哉 屢省乃成欽哉 乃賡載歌曰 元首明哉 股肱良哉 庶事康哉 又歌曰 元首叢脞哉 股肱惰哉 萬事墮哉 帝拜曰 兪往欽哉)14

이처럼 고대 중국 사람들은 하늘에 대한 외경(畏敬)을 가지고 자기 정부의 일에 대한 철저한 책임의식 속에 지냈던 것이다. 놀라울 뿐이다. 사회학적으로 심리학적으로 정치적으로 분석해 볼 필요성이 있는 대목이다. 그러면 신학적으로는 어떤 분석이 가능할 것인가? 그리스도교 성서에서 창조자와 구속자로 계시된 하느님이 고대 중국에서는 하늘, 상제 혹은 천명으로 인식되었다고 하면 너무 지나친 표현이라고 할까?

백성들이 포학한 정부에 의해 목숨까지 위협을 받을 지경이 되면 하늘에 호소하는 것은 자연스런 이치이다. 신앙깊은 목회자들은 세계 역사를 주관하시는 하느님에 대한 깊은 신앙으로 무장하고 고집센 통치자, 제왕들에게 경고하며 그들과 투쟁한다. 이것이 고대 중국 신하들의 전통이되어 그들은 예언자적인 용기와 정신을 가지고 말과 행동을 통해 그들이 섬기는 임금들이 천명에 어긋나지 않도록 보필하는 데 최선을 다하였다. 이것은 곧 천명에 의해 왕좌에 오른 왕이라 할지라도 그가 신성불가침적인 존재가 될 수는 없음을 밝혀주고 있다. 그도 자기 자리에서 쫓겨날 가능성을 늘 안고 있다. 이같은 정신은 상나라 충신으로 은퇴하기 직전 새로이 왕위에 오른(B.C. 1750년경) 젊은 통치자 태갑(太甲)에게 한 교훈 속에서도 잘 나타나 있다.

오호라, 하늘이 믿기 어려움은 명(命)이 떳떳치 않은 때문이니 그 덕(德)이 떳떳하면 그 위(位)를 보전하고 그 덕이 떳떳치 아니하면 구주(九州)가 이로써 망하느니라. (曰嗚呼 天難諶 命靡常 常厥德 保厥位 厥德靡常 九有以亡)15

고대 중국인들의 하느님은 변덕장이 하느님인가? 그렇더라도 그들의 하느님은 고대 이스라엘의 하느님보다 더 변덕이 심한 것 같아 보이지는 않는다.

솔로몬왕이 죽은 후 여로보암이 다윗의 집에 대한 반역을 일으켜 별도의 북쪽 왕국을 세우고 그 왕이 된 사실을 알고 있다. 이로 해서 이스라엘과 유다라는 분열된 왕국의 역사는 시작되었다. 그 반란의 배후에는 아히야라는 예언자가 있었다. 여로보암으로 하여금 반란 정부를 세울 수 있도록 신의 재가를 내린 인물이 아히야였다. 그는 상징적인 행위로 자기가 입고 있던 새 옷을 열 두 조각으로 낸 다음 여로보암에게 말하였다.

이 열 조각을 맡으십시오. 이것은 이스라엘의 하느님 야훼께서 하시는 말씀이십니다. "잘 들어라. 내가 솔로몬의 손 안에 있는 이 나라를 찢어 너에게 열 지파를 주리라. 그러나 한 지파만은 솔로몬에게 주어 내 종 다윗의 뒤를 이어 이스라엘 모든 지파 가운데 내가 지정한 성읍인 예루살렘에서 다스리게 하리라. 솔로몬은 나를 버리고 시돈 사람이 섬기는 여신 아스도렛과… 암몬 사람의 신 밀곰을 예배하였다. 그는 그의 아비 다윗과는 달리 내가 보여 준 길을 가지 않았고 내 앞에서 바르게 살지도 않았으며 내가 준 규정과 법령을 지키지도 아니하였다"(1열왕 11, 31-33).

하느님의 명(命)이 여로보암의 손으로 옮겨진 것이다. 그러나 몇 년이 지난 후 바로 아히야가 비록 나이 많아 눈이 잘 보이지는 않음에도 여로보암에게서 야훼의 명을 거두어 간다. 여로보암이 우상을 섬기는 죄를 범하였기 때문이다. 여로보암은 그의 아들이 중한 병에 걸리게 되자 자기 부인을 아히야에게 보내 어떻게 좀 해 줄 것을 요청하였다. 그러나 아히야는 그녀에게 다음과 같은 말을 전한다.

여로보암에게 가서 말하시오. 이스라엘의 하느님 야훼께서 이렇게 말씀하십니다. "내가 너를 백성 가운데서 뽑아 내 백성 이스라엘을 다스리는 영도자로 임명했으며 다윗의 왕가에서 나라를 갈라 너에게 주었다. 그러나 너는 나의 종 다윗만 하지 못하였다. 다윗은 나의 계명을 준수하였을 뿐만 아니라 마음을 다하여 나를 따랐으며 만사를 내 마음에 꼭 들도록 곧바르게 처리하였다. 그러나 너는 선왕들보다 더 큰 악을 저질렀을 뿐 아니라 우상들을 쇠붙이로 부어 만들었고 다른 신을 섬겼다. 그리하여 마침내 나를 배반하여 내 속을 썩였다. 그러므로 이제 내가 여로보암 왕가에 재난을 내리리라. 여로보암 가문에 속한 남자는 자유인이든 종이든 가리지 아니하고 모두 씨도 남기지 아니하리라. 그리하여 사람들이 똥을 치듯이 나는 여로보암 가문에 속한 사람이 성 안에서 죽으면 그 시체를 개가 뜯어 먹을 것이요, 성 밖에서 죽으면 공중의 새가 쪼아 먹으리라. 야훼의 말이니 어김이 없다"(1열왕 14, 7-11).

참으로 무서운 말이다. 서두와 말미에 "하느님의 말씀이시다"는 단서가 붙어 있어 그 두려움을 더욱 고조시키고 있다. 여로보암을 왕위에 세웠던 바로 그 야훼께서 여로보암을 자리에서 내어 모신다. 여로보암이 낙제했기 때문이다. 여로보암의 뒤를 이어 왕위에 올랐던 나답은 비참한 최후를 맞았고 그의 왕조는 이로써 종말을 고하였다. 신명기적 기자는 이 사실을 다음과 같이 기록하고 있다. "바아사는 이렇게 나답을 죽이고 왕위를 빼앗아 스스로 왕이 되었는데... 바아사는 왕이 되자마자 여로보암 가문을 씨도 남기지 않고 몰살시켰다"(1열왕 15, 28-29). 이는 통치자 가문에 내린 피비린내나는 살육이었다. 동·서양을 막론하고 과거의 권력 투쟁에는 이같은 살육이 으례 첨부되었다. 그러고 나서 이 신명기적 저자는 이야기를 다음과 같이 끝맺는다. "야훼께서 실로 사람 아히야를 시켜 말씀하신 것이 그대로 이루어진 것이다"(1열왕 15, 29).

이같은 극적인 여로보암의 통치 이야기는, 구약성서의 역사서에 수없이 그 비슷한 예를 찾아볼 수 있지만 역시 중국의 《서경》에서도 이러한 이야기들을 접할 수 있다. 구약이나 중국 사기(史記)에 나오는 이같은 왕조 변천사는 단지 일어난 사건에 대한 객관적인 서술을 목적으로 한 것이 아니다. 신명기적 저자는 이스라엘 및 유다 왕조의 역사를 조명하고 판단함에 있어 왕들이 하느님 야훼의 기대에 맞게 살았는가의 여부에 촛점을 맞추고 있다. 고대 중국 사기에 나오는 제왕이나 제후의 경우엔 사가(史家)들의 판단기준을 이들이 과연 "백성과 나라의 안녕을 위해 써야 할 신이 내린 왕권"[16], 즉 덕(德)에 충실하였느냐의 여부에 두고 있다. 참으로 놀라운 사실은 고대 이스라엘이나 고대 중국에 있어 왕조들의 흥망을 좌우하는 요인으로 하느님의 말씀 또는 천명을 꼽고 있다는 것이다.

천명엔 변덕이 있을 수 없다. 배반이 있을 수 없다. 변덕부리고 배반하는 것은 통치자와 행정부이다. 천명은 영원하다. 그럼에도 천명은 옮겨질 수 있다. 천명에 따르는 통치자는 천자(天子)라 하여 경외의 대상으로 영광을 입게 되지만 천명에 거슬러 천명이 떠난 자는 하느님과 백성을 속인 죄인이므로 제거되어야만 한다.

이와같이 하느님과 통치자 사이를 강한 힘으로 연결시키는 종교적 도덕적 관계성에 기인하여 후에 맹자는 백성들의 반역권(反逆權)을 주장하기에 이른다. 맹자와 제(齊)나라 선왕(宣王)과의 대화를 들어 보자.

선왕: 탕(湯)임금이 걸(桀)을 내쫓고 무왕(武王)이 주(紂)를 정벌했다는 데 그런 일이 있었읍니까?
맹자: 옛 기록에 있읍니다.
선왕: 신하로서 그 임금을 살해하는 것이 용서될 수 있을까요?
맹자: 인도(仁道)를 해치는 자를 적(賊)이라 하고 의리(義理)를 해치는 자를 잔(殘)이라고 합니다. 잔적(殘賊)을 일삼는 자는 이것을 일부(一夫)라고 합니다. 일부 주(紂)를 죽였다는 말은 들었어도 임금을 살해하였다는 말은 아직 듣지 못하였읍니다.

(齊宣王曰 湯放桀 武王伐紂 有諸 孟子對曰 於傳有之 曰臣弑其君可乎 曰賊仁者謂之賊 賊義者謂之殘 殘賊之人謂之一夫 聞誅一夫紂矣 未聞弑其君也)[17]

왕과 도적, 임금과 잔적, 천자와 일부(一夫) 사이는 하늘과 땅의 차이이며 도저히 하나라고 할 수 없을 것 같다. 그러나 통치자가 천명을 상실하면 천자의 위치에서 땅바닥으로 떨어진다는 것은 자명한 이치이다. 천명을 어긴 왕은 더 이상 신화적인 존재가 될 수 없다. 그의 진짜 본성이 드러난다. 백성들 앞에서 잔혹한 행동을 서슴없이 행한다. 죽어 마땅한 죄수로 전락된다. 그를 감싸고 있던 왕의 권위와 신적인 위엄이 벗겨져 버린 상태의 꼴이란 비참하기 짝이 없다. 바로 사울이 당한 꼴이다. 기름 부음을 받은 왕으로 그는 백성들의 눈에 강력한 영도자로 두각을 나타내었다. 그러나 하느님의 권세가 그에게서 떠나고 나자 그는 연전연패(連戰連敗)의 쓰라림을 맛보아야만 했다.

고대 중국에서 이미 맹자와 같은 정치철학가가 나와 "정부는 오로지 백성들을 위해서만 존재한다는 신조를 믿으며 혁명을 일으킬 수 있는 권리"[18]를 주창한 것은 참으로 놀라운 일이 아닐 수 없다. 맹자는 제 선왕에게 이런 말을 하였다.

임금이 신하 보기를 자기의 수족(手足)같이 여기면 신하는 임금 보기를 복심(腹心)같이 여깁니다. 임금이 신하 보기를 견마(犬馬) 같이 여기면 신하는 임금보기를 국인(國人, 길가는 통행인 정도)같이 여깁니다. 임금이 신하 보기를 토개(土芥)같이 여기면 신하는 임금보기를 구수(寇讎, 원수)같이 여깁니다. (君之視臣如手足 則臣視君如腹心 君之視臣如犬馬 則臣視君如國人 君之視臣如土芥 則臣視君如寇讎)[19]

이런 말을 들으면 통치자들은 등골이 오싹해질 것이다. 자신의 통치가

평탄대로만은 아님을 알아야 한다. 하느님과 백성들의 마음에 들어야 한
다. 하느님과 백성들의 마음에 들지 않으면 그들은 결국 하느님께는 적이
되고 백성들에게는 도둑이 되고 만다. 천명이 옮겨질 시기에 이른 것이
다. 그러면 백성들은 하늘의 소리에 응하여 혁명을 일으킬 것이다. 천명
을 어기고 벌을 피할 생각은 말아야 한다.《시경》에 다음과 같은 임금의
노래가 수록되어 있다.

    모든 일 삼가고 삼가시리니
    하늘은 진실로 밝아오시고
    그 명(命)은 지녀 가기 어려우이다.
    높고 높은 먼 저기 있다 마소서.
    (敬之敬之 天維顯思 命不易哉 無曰高高在上)[20]

시인의 말 그대로다! 백성과 통치자들이 이같이 하느님을 두려워하지
않았더라면 중국의 역사는 방향없이 방황하는 길고 슬픈 이야기로만 가득
찼을 것이다.

하늘의 사명

이제 고대 중국인들 가운데 있었던 하늘의 사명을 말할 차례이다. 고대
중국에서 하느님의 사명을 말할 수 있을까? 물론이다. 하느님께선 역사의
시작 이래로 모든 민족과 함께 그의 사명에 참여해 오셨다. 이것은 특히
역사를 구원하라는 사명이었다. 역사가 파멸의 위험한 지경에 가려 할 때
이를 구출하라는 사명이었다. 특히 예언자·선지자 및 성군들을 통해 하느
님께서는 시간의 마지막 순간까지 구속의 사명을 계속하신다.

앞에서도 몇 차례 언급한 바 있는 맹자는 이처럼 예언자적 정신을 지닌
자였다. 그가 살았던 춘추전국시대(B.C. 481-221년)에는 제왕과 제후들이
모두 자기 이익만을 추구하였다. 그들은 권력에 결신들린 자들이었다. 자
기에게 유익한 일이라면, 자기 영토를 늘일 수 있는 일이라면, 자기의 개
인적 부(富)를 늘릴 수만 있다면 거침없이 권력을 휘둘렀다. 맹자의 표현
대로 성군을 위한 시대가 아니라 도둑과 잔적들을 위한 시대였다. 그러나
한편으로는 맹자와 같은 인물들이 나타나 천명과 천도(天道)를 밝혔던 시
대이기도 했다.

양(梁)나라 혜왕(惠王)이 맹자를 초청하여 자기 나라에 "이익"을 구하
였다. 이에 대한 맹자의 대답은 직설적이고도 충격적인 것이었다. "왕께

서는 하필이면 이익을 말씀하십니까? 오직 인(仁)과 의(義)가 있을 뿐입니다"(王何必曰利 亦有仁義而已矣). [21] 이 말에 왕은 큰 충격을 받았을 것이다. 그의 눈에는 맹자가 권력과 이익이 난무하는 현실세계를 벗어나 있는 이상주의자로밖에 보이지 않았을 것이다.

그러나 맹자는 이 놀란 왕에게 더 놀랄 말을 하였다. 왕의 얼굴에서 눈을 떼지 않고 계속 말하고 있다.

> 개와 돼지가 사람이 먹을 양식을 먹어도 제지할 줄 모르며, 길에 굶어죽은 시체가 널려 있어도 나라 쌀을 풀어낼 줄 모르고, 사람 죽으면 "내 죄가 아니다. 해가 흉년이 든 탓이다"라고 말하니, 이것이 사람을 찔러 죽이고는 "내가 죽인 것이 아니다. 칼이 죽인 것이다"라고 하는 것과 무엇이 다르겠읍니까? 왕께서 흉년에다 허물을 뒤집어씌우지만 않으시면 곧 천하의 백성이 모여 오게 될 것입니다."(狗彘食人食而不知檢 塗有餓莩而不知發 人死則曰 非我也歲也 是何異於刺人而殺之曰 非我也兵也 王無罪歲 其天下之民至焉) [22]

이는 도덕적 이상주의자의 말이 결코 아니다. 굶주리고 죽어가는 백성들의 피를 빨아 사치와 낭비 속에 사는 왕과 조정에 대한 분노와 연민에서 나온 말이다. 여기 맹자는 가난한 자, 배고픈 자, 억압받는 자의 소리를 대변하고 있다. 권력을 가진 왕조차도 자기의 눈을 뚫어져라 쳐다보며 어떤 신적인 영감에 이끌린 듯한 자세로 우뚝 서서 퍼부어 대는 맹자의 말에는 꼼짝할 수 없음을 느꼈을 것이다.

맹자는 여기서 그치는 게 아니었다. 그의 이야기 주제는 계속 확산되었다. 그는 통치자로 하여금 지금 자신이 통치하는 데에 시급하게 뜯어 고쳐야 할 실정(失政)을 저지르고 있다는 사실을 깨우쳐 주어야만 했다. 그는 쉬지 않고 왕에게 질문을 퍼부었다.

> 맹자: 사람이 몽둥이로 죽이는 것과 칼로 죽이는 것이 다른 점이 있읍니까?
> 왕: 없읍니다.
> 맹자: 그러면 사람을 칼로 죽이는 것과 실정(失政)으로 죽이는 것이 다른 점이 있읍니까?
> 왕: 다를 것이 없읍니다.
> (孟子對曰 殺人以挺與刃 有以異乎 曰無以異也 以刃與政 有以異乎 曰無以異也)

너무도 자명한 논리이다. 아무도 부인할 수 없을 것이다. 또한 너무도 단순한 논리이다. 이를 깨달으려 머리를 싸맬 필요가 없다. 왕 역시 동의

할 수밖에 없었다. 맹자가 말하려는 바가 뭔지를 알아차렸을 것이다. 그럼에도 그는 도덕적으로는 무방비 상태가 되어 맹자가 하려는 말을 다 듣고 있을 수밖에 없었다. 맹자는 무서운 하느님의 심판 망치처럼 선포하였다.

> 푸주에 살찐 고기가 그득하고 마구간에 살찐 말이 있는데 백성들의 얼굴에 주린 빛이 떠돌고 들에 굶어죽은 시체가 굴러 있다면 이것은 짐승들을 몰아다가 사람을 잡아먹게 하는 것입니다. 짐승끼리 서로 잡아먹는 것조차도 사람들은 오히려 미워하는데 백성의 부모가 되어 정치를 한다면서 짐승들을 몰아다가 사람을 잡아먹게 하는 악정밖에 할 수 없다면 백성의 부모된 보람이 어디 있읍니까? (庖有肥肉廄有肥馬 民有飢色野有餓莩 此率獸而食人也 獸相食且人惡之 爲民父母行政 不免於率獸而食人 惡在其爲民父母也)[23]

이처럼 거침없이 왕의 실정(失政)을 폭로하며 겁없이 행정부를 금수(禽獸)로 비교하는 등의 행위는 도덕적 용기로만 해석해서는 안된다. 그가 깨닫고 있건 깨닫고 있지 못하건간에 이 행위는 모든 세상 권력 위에 있는 절대권력에 의해 충동받은 행위인 것이다. 하느님의 사람이 된 것이다.

우리 그리스도교인들은 이들에 대해 전혀 이질감을 느끼지 않고 있다. 맹자 및 그의 선대(先代) 사람 공자같이 왕이나 제후들 앞에서라도 진리를 가지고 떳떳하게 서는 자들은 아주 친근하게 느껴진다. 그들이 왕에게 한 말들도 우리 귀에 익은 것들이다.

한 예로 유명한 나봇 포도원 이야기가 있다(1열왕 21장). 이스라엘 왕 아합은 자기 궁전 바로 옆에 있는 나봇의 포도원에 욕심이 생겼다. 그러나 나봇은 이를 넘겨주려 하지 않았다. 아합은 당황했고 분노했다. 이야기는 이세벨의 계략에 따른 아합이 나봇을 죽이고 그 포도원을 차지한 것으로 끝난다. 그러나 이 소식을 들은 예언자 엘리야는 즉시 궁전으로 들어가 왕에게 벼락같은 하느님의 말씀을 전하였다. "야훼의 말이다 하고 이렇게 전하여라. '네가 사람을 죽이고 그의 땅마저 빼앗는구나. 나봇의 피를 핥던 개들이 같은 자리에서 네 피도 핥으리라'(1열왕 21, 19). 양나라 혜왕 앞에서 그의 정치가 사나운 짐승처럼 백성들을 죽이고 삼키고 있다고 거침없이 말하던 그 모습 속에서 예언자 엘리야의 모습이 비쳐지지 않는가? 엘리야의 경우에서처럼 맹자에게서도 하느님의 나팔을 발견할 수 있지 않은가?

구약의 예언자들은 왕들의 궁전에 자주 초대받는 손님들이었다. 그들은 궁전에 들어가 권세와 권위있는 자리에 앉았는데 이들은 조언자나 고문

정도에 그치는 것이 아니라 백성들의 영적 지도자들이었다. 그가 분노하여 외칠 때 왕들이 무서워 떠는 꼴을 보았다. 아모스의 예언 중에 "사자가 으르렁거리는데 겁내지 않을 자 있겠느냐? 주 야훼께서 말씀하시는데 그 말씀 전하지 않을 자 있겠느냐?"(아모 3, 8)는 말이 있다. 고대 이스라엘에서 예언자들이 으르렁거리면 왕들이 겁냈다. 권세잡은 자, 부자들에게 한 이사야의 말씀이다.

  아, 너희가 비참하게 되리라.
  집을 연달아 차지하고
  땅을 차례로 사들이는 자들아!
  빈터 하나 남기지 않고 온 세상을
  혼자 살 듯이 차지하는 자들아!(이사 5, 8).

자기 민족의 어두운 장래로 인해 가슴 속에 끝없는 슬픔을 간직하고 살아야 했던 예언자 예레미야도 예루살렘에 있는 특권층을 향하여는 진노의 말을 서슴지 않았다.

  예루살렘아, 모조리 헐린 이 마당에,
  붉은 비단옷이 다 무엇이냐?
  금패물이 다 무엇이냐?
  눈화장은 또 무엇이냐?
  아무리 곱게 꾸며도 쓸데없다.
  너에게 반했던 자들이 도리어 발길질하며
  너를 죽이려고 달려드는데(예레 4, 30).

드고마에서 양치던 시골 예언자 아모스는 북왕국 이스라엘의 부요한 통치자들을 향해 강경한 분노의 말을 전한다.

  바산 풀밭의 암소들아,
  이 말을 들어라.
  사마리아 언덕에서 노니는 여인들아,
  남편을 졸라 술을 가져다 마시며
  힘없고 가난한 자를 짓밟는 자들아,
  주 야훼께서
  당신의 거룩하심을 걸고 맹세하신다.
  "너희를 갈고리로 끌어 내고
  너희 자식들을 작살로 찍어 낼
  날이 이르렀다.
  무너진 성 틈으로 하나씩 끌어 내다

거름더미에 던지리라.
— 야훼의 말씀이다(아모 4, 1-3).

중국의 현자(賢者)들이 분명한 확신과 냉정한 판단력을 가지고 왕들을 대하는 태도 속에서 이같은 구약 예언자들의 위엄이 엿보이지 않는가? 여기서 영국의 구약성서학자 로울리(H.H. Rowley)의 말을 인용해 보자. 그의 말은 그리스도교 신학자에게서 좀처럼 들어 볼 수 없던 말이다.

> 중국 현자들은 히브리인들과는 전혀 다른 시대에서 살았던 자들이다. 따라서 서로 다른 인물들일 수밖에 없었다. 그럼에도 그들 역시 자기들이 살고 있는 시대의 사회 상황에 민감했고 이의 변화를 시도하였다. 그들이 이상으로 삼았던 사회관은 물론 구약 예언자들의 것과 판이하게 다르다. 그럼에도 그들을 예언자라고 할 수밖에 없다. 그들은 사회에 대한 하느님의 뜻을 믿고 있었고 자기들 식으로 자기 시대의 악을 공격하였다. 그들은 자기의 이념을 왕과 제후에게, 제자에게 알려주었다. 그들은 위로부터의 사회 변혁을 시도하였다. 그럼에도 그들은 평민들의 복지에 대해서도 깊은 관심을 두고 있었다. [24]

구약의 의미의 예언자라고 할 수는 없을망정 중국의 현자들 역시 고대 중국에 있어 하느님의 구속하시는 사랑과 능력의 도구로 사용된 것만은 인정하여야 할 것이다. 그들에겐 하나의 사명이 있었다. 그의 땅 안에서 인(仁)과 의(義)가 넘치게 하라는 하느님의 사명이었다. 그들은 자기들에게 부여된 하느님의 사명을 잘 알고 있었다. 이같은 강한 사명의식으로 인해 그들은 지배자의 권세 앞에서도 용기와 지혜와 신앙을 가질 수 있었던 것이다.

공자의 생애에 관한 몇 가지 이야기를 통해 중국의 유자(儒子)들이 지니고 있던 하느님의 사명의식을 엿볼 수 있다. 한번은 공자가 제자들과 함께 송(宋)나라를 지나가고 있던 중 환퇴(桓魋)라는 못된 장관이 그를 죽이려고 따라온 적이 있었다. 제자들이 크게 놀라 그에게 빨리 도망치라고 권고하였을 때 그는 냉정을 잃지 않고 제자들에게 다음과 같은 가르침을 주었다. "하늘이 덕을 내게 주셨거니 환퇴가 나를 어쩌랴"(天生德於予 桓魋其如予何). [25]

앞에서도 덕(德)이란 말이 나왔다. 통치자들은 모름지기 덕을 닦아야만 하늘의 뜻을 따라 다스릴 수 있다고 보았다. 그러나 덕이 단순한 인간적인 덕행을 의미하는 것은 아니다. 그것은 "하늘의 힘"으로 인간 속에서 역사하며 세계를 있게 하는 힘인 것이다. 그것은 하느님께로부터 나오며 윤리적 규범, 정치 행위 및 인간 관계의 근원이 된다. 현자들이란 덕스러운 인물들에 그치는 것이 아니다. 그들은 하늘의 힘인 이 덕을 자신 속에 간직하고 있어야 하며 그 목격자가 되어야 한다. 그의 사명은 이 덕이 인간 사회에 널리 퍼지게 하는 것이다. 위기에 처해 있을 때 공자에게 확신을 준 것도 바로 이 덕이었다.

이러한 하늘의 힘에 의해 부여된 사명을 감당해 나가는 동안 공자는 수없이 많은 생명의 위협을 받아야만 했다. 《논어》(論語) 속에 수록된 다른 사건을 살펴 보자.

　　　공자가 광(匡)이라는 고장에서 위기를 당하였을 때 한 말이다. "문왕(文王)께서는 이미 안 계시지만 그 만드신 문화(文化)는 여기 나에게 있지 않은가. 하늘이 이 문화를 없애려 하신다면 후세 사람들은 이를 모르고 말려니와 하늘이 이 문화를 없애려 아니하신다면 이 광 사람들이 나를 어찌할 수 있으리오."(子畏於匡 曰文王旣沒 文不在玆乎 天之將喪斯文也 後死者不得與於斯文也 天之未喪斯文也 匡人其如予何)²⁶

공자가 당한 상황은 "그를 쳐 죽이려는 목적으로 달려 온 7명 군졸들에게 둘러싸인 절박한 상황"²⁷이었다. 그럼에도 공자의 자세는 흐트러지지 않았다.

송나라에서 위기를 당했을 때 하늘의 힘인 덕을 믿었던 것처럼 이제는 문(文)에 대한 자신의 확고한 사명감을 표현하고 있다. 문, 혹은 문화는 "진리의 본원(本元)"으로 주(周)나라로부터 공자의 시대에 이르기까지 중국의 문화를 창조하고 유지시켜 왔다.²⁸ 덕과 마찬가지로 문도 하늘, 상제에게서 비롯된 것이다. 문은 하늘의 의지이며 방법이며 명령이다. 이처럼 문에 대한 확고한 하늘의 사명을 가진 그였으니 광나라 사람들이 두려울 리 있었겠는가? 하느님이 그를 통해 문의 사명을 추진해 나가려 하시는 한 어떤 땅 위의 권세도 그를 위협할 수 없으며 어떤 위험도 그를 정지시킬 수 없다.

이같은 신앙과 정신으로 무장한 학자, 사가(史家), 정치인들이 중국 역사 속에 수없이 등장하여 빛과 진리의 횃불을 들고 자꾸만 타락하고 파괴하며 독재하려고만 하는 나라를 바로잡아 나간 것이다. 후에 유교가 정치 이념으로 변질되어 중국 백성들의 몸과 마음과 정신을 착취하는 정치 도구로 전락되었음은 사실이다. 그러나 어느 누구도 분명 공자나 맹자 같은 인물들에서 발견할 수 있는 강한 신앙과 불굴의 정신을 지워버릴 수는 없을 것이다.

하느님의 영은 다양하고도 각양 각색의 방법으로 작용한다. 여러 나라, 서로 다른 민족들 속에서 그 영이 어떻게 나타날지 분명하게 알 수 있는 길은 어디에도 없다. 바로 이같은 이유에서 우리 그리스도교인은 방심하지 말고 다른 민족들의 역사 속에서도 하느님의 신호가 어떻게 나타나는지 지켜 보아야 하며, 다른 민족의 역사 속에 나타난 하느님의 신호를 알아차리고, 낯익은 그리스도교 공동체말고 다른 공동체에 속한 고난받는 이들의 투쟁 속에서 하느님의 뜻을 파악해 내야만 한다.

제 9 장

중국에 들어온 불교

    히말라야 산록, 우빌라 왕국의 세나 마을 근처 한 숲에서 불교의 시조가 될 고타마 싯다르타(B.C. 563—483)가 지독한 수련을 통해 깨달음을 얻으려 애쓰고 있었다. 불경(佛經)이 전하는 바에 의하면 당시 "그의 주위를 둘러싸고 있던 자들은 그의 고행의 심도(深度)에 놀랄 뿐이었고 그가 죽은 것으로 착각하는 이들도 있을 정도였다."[1] 그의 주위엔 특히 5명의 출가자들도 있어 그들은 "고타마가 고행으로 달마(達磨, dharma: 진리)를 얻어 그것을 얻을 수 있게 되기를"[2] 간절히 바라고 있었다. 그러나 6년간에 걸친 고행에도 끝내 깨달음을 얻지 못했다. 그는 결국 고행을 포기하고 금식도 그쳤다. 다섯 명 고행자들은 큰 실망을 안고 그를 떠나갔다.
    기력이 되살아난 후 그는 세나 마을에서 그리 멀지 않은 곳에 있는 가야 마을(현재의 보드 가야로 베나레스에서 130마일 남동쪽에 위치하고 있다)로 갔다. 그리곤 "흔히 볼 수 있는 보리수나무, 아사타(혹은 피팔라)나무"[3] 아래 좌정하곤 이내 깊은 명상에 잠기게 되었다. 거기서 그는 달마를 얻었다. 불교전승은 이때를 "바이샤카 만월" 즉 태양력으로 환산하여 4~5월경으로 전하고 있다. 그의 나이 35세 때였다.
    고타마가 얻은 달마의 내용은 무엇일까? 그가 받은 메시지가 무엇이었기에 그는 남은 여생을 선남선녀(善男善女)들에게 이를 전하는 것으로 바쳤을까? 불교전승에 의하면 그는 달마를 얻은 후 베나레스 근처 이시파다나 녹야원(鹿野苑)에 들러 그곳에서 자기를 떠났던 다섯 명의 출가자들을 만났다. 그리고 그들에게 최초의 설법〔初轉法輪〕을 폈다.

    …출가자들이여 이것은 고성제(苦聖諦)이다. 생(生)도 피로움이다. 노(老)도 피로움이다. 병(病)도 피로움이다. 사(死)도 피로움이다. 원한이 있는 자와 만나는 것도, 사랑하는 자와 이별해야 하는 것도, 구해도 얻지 못하는 것도 모두 피로움이다. 집약하여 말하면 사람으로서 생존하고 있는 일의 모두가 피로움이다.
    출가자들이여, 이것이 고집성제(苦執聖諦)이다. 그것은 새로운 생을 만들어 내고 기쁨과 탐욕을 동반하고 이곳저곳의 경계에 욕(欲)의 즐거움을 낳는 갈애(渴愛)이다. …
    출가자들이여, 이것은 고멸성제(苦滅聖諦)이다. 저 사랑의 갈구가 남김없이 멸해 모든 집착이 없어진 것이다.

  출가자들이여, 이것은 고멸도(苦滅道) 성제이다. 즉, 팔정도(八正道)— 정견(正見)·정사(正思)·정어(正語)·정업(正業)·정명(正命)·정정진(正精進)·정념(正念)·정정(正定)이다.[4]

 이렇게 해서 법륜(法輪)이 구르기 시작했다. 부처(佛, 깨친 자란 뜻) 고타마 싯다르타 주위엔 수많은 추종자와 제자들이 모여들어 그에게서 달마를 얻어 고에서 벗어나기를 간절히 바라게 되었다. 불교인들의 공동체인 승가(僧伽, sangha)가 구성되었고 이를 통해 온 인류를 위한 구원의 선교가 수행되었다.

 불교도 상당히 적극적인 선교적 종교임을 알 수 있다. 부처는 자기 제자들을 세상에 보내면서 다음과 같이 훈시하였다.

  제자들이여, 세간에 연민심을 갖고 뭇 중생의 행복을 위해 세간을 순회하라. 두 사람이 짝지어 한 길로 가지 않도록 하라. 처음도 아름답고 중간도 아름답고 뒤도 아름답고 의(義)와 문(文)이 갖추어진 법을 선전하라. 모두가 원만하고 청정한 행을 설하여 밝히라. 세간에는 지혜의 눈에 때가 없는 사람들이 있는데, 그들은 법을 설하는 일이 없으면 망할 것이지만 법을 들으면 깨달을 것이다.[5]

 이후로 부처의 사명을 띤 제자들이 흩어져 사람들에게 해탈의 진리를 펴니 남아시아에서는 소승(小乘, Theravada)불교로, 그외의 중국·티베트·몽고·베트남·한국·일본에서는 대승(大乘, Mahayana)불교로 발전하여 수백수천만 인생들을 제도하였다. 고(苦)의 관점에서 인간실존을 경험하고 파악한 한 사람에 의해 불교세계가 형성되기에 이른 것이다.

고(苦)— 존재의 표징

 삶과 역사를 고(苦, dukkha)[6]로 본 부처의 깊은 통찰은 2천년이 지난 오늘에 이르기까지 수많은 아시아인들의 영혼과 가슴에 깊은 영향을 미치고 있다. 아시아 사람들에게는 옛날이나 지금이나 고란 정신적인 것이 결코 아니었다. 고란 모름지기 육체적 현실이었다.

 육체와 배〔腹〕와 심장 및 창자와 직결되는 고였다. 고가 삶이고 삶이 곧 고였다. 아시아 사람들이 고를 바란 것이 아니다. 고가 그들을 찾아왔다. 아시아 사람들이 고를 기다린 것이 아니다. 어느날 느닷없이 닥쳐오는 것이 고이다. 고의 종류를 고를 여유조차 없었다. 오히려 고가 그들을 선택하였다. 간단히 말해 그들에겐 존재 그 자체가 고이다.
  어느 인도네시아 그리스도교인의 말을 들어 보자. "아시아 사람들은 고난을 인간 존재의 핵심으로 여기고 있다. 삶의 경험 바깥의 것이 절대 아니다. 물론 이에 대항해 싸워야 한다. 하지만 싸우면서 동시에 그 고난은 우리 자신임을 알아야 한다. 고난에 대한 투쟁은 결국 자기 자신에 대한 내적 투쟁이 되고 만다."[7]
  서양인들 및 아시아에 살지만 서구적 사고방식과 서구적 생활습관에 젖어 있는 아시아 사람들에겐 이런 말이 이해가 안 갈 것이다. 서구 문명에 접촉된 생활은 즐거움으로 가득 차 있다. 밤이 되어 잠자리에 드는 이들 서구적 사람들은 자고 나면 찾아올 새 날이 새로운 가능성과 새로운 기회가 주어질 축복된 날이 될 것을 의심치 않는다. 그들에겐 삶이란 시간을 거슬러 올라가는 경주와 같다. 시간을 최대한 활용하여 보다 많은 업적을 쌓는 데 노력하고 노력한다. 가능한 한 짧은 시간 안에 가능한 한 많은 업적을 쌓을 때 이를 성공적 삶이라 부른다.
  올림픽 경기가 바로 이같은 종류의 삶을 그대로 반영하고 있다. 매 4년마다 전세계에서 육상 선수들이 한 곳에 모여 한 가지 목적, 누가 시간을 더 단축시키느냐를 겨룬다. 100m 단거리가 그렇고 1만m 경기가 그렇고 마라톤 경기가 그렇다. 가장 짧은 시간 안에 정한 거리를 달려 누구보다 앞서 도착한 자가 승리자가 된다. 경기 기록은 분·초 혹은 소수점 이하의 시간 단위로 계산된다.
  우리 인간의 삶은 여러 모로 올림픽 경기와 같은 성격을 가진다. 사업, 공장 운영, 권력 정치 및 군비(軍備) 경쟁이 그러하다. 삶이란 개인적인 것이든 집합적인 것이든 가히 전쟁이라 할 수 있다. 산다는 것은 싸운다는 것이다. 이런 세계는 동물의 세계와 다를 바 없다. 약육강식(弱肉強食)의 법칙이 지배한다.
  어느 물리학자[8]가 지적했듯이 이제 바야흐로 "우주에로의 도약"을 시도하고 있는 이 마당에 고난을 말한다는 것은 "시대에 뒤떨어진 자" 내지는 "약자"의 변명일 뿐이다. 고난이란 미래를 향해 전진하는 과정 속에 돌발적으로 생겨난 사건일 뿐이다. 풍요한 새 사회, 새 세계를 이룸에 있어 방해거리가 될 뿐이다. 현대의 기술정치라는 거대한 흐름에 역행하는 것이다. 완전한 인간사회의 구성을 확신하는 이들에겐 도저히 참아 넘길 수 없는 말이다. 지구 전체를 감싸고 있는 현대 물질 문명은 아직도 가난한 자, 배고픈 자, 계엄령 하에 있는 자들의 고난을 수치스럽게 여기고 있다. 하느님께서는 자유롭고 평등하며 풍요로운 유토피아 건설에 수고하는 자들의 편이라는 주장에 대해 이같은 고난은 냉소를 보내고 있다.

그런데 적어도 아시아에서만은 이처럼 "시대에 뒤떨어진 자"들이 판을 치고 있다. 역사의 여명기로부터 오늘에 이르기까지 거의 대부분의 아시아 사람들은 세대를 거쳐 오면서 고난과 함께 살았다. 고난을 빼놓고는 인생을 알 수가 없다. 그 고난도 각양 각색이었다. 더구나 사람들이 밀집해 살았기 때문에 어느 개인 혹은 가정에 닥친 고난은 곧 공동체 전체의 고통이 되었다. 어느 가정에서 사랑하는 이가 죽었을 때엔 마을 전체가 함께 슬퍼하였다. 어느 한 사람이 악령(惡靈)의 공포에 사로잡히면 다른 사람들까지 공포에 사로잡히고 만다. 분노한 자연이 기근이나 장마의 형태로 어느 집을 강타하면 마을사람 전체가 나서서 이를 복구하였다.

고난은 종교 체험이다. 공동체 구성원 전체가 고난을 겪게 되면 그들은 자신들의 마음과 영혼을 돌이켜보게 된다. 사람들이 자연의 재해나 인간적인 실수로 고난을 당하게 되면 우선 고난의 근원, 어떤 신적인 힘을 찾고 그에게 도움과 위안과 보호를 요청하게 되는 이유도 바로 이때문이다. 고난 속에서 사람들은 자신을 냉철하게 돌아보게 되며 절망과 기대 속에 자신의 운명을 발견하고 하느님께 구원을 바라게 된다. 고난이란 참으로 신앙적인 것이다.

고난은 친교의 체험이다. 고난은 하느님을 인간에게 밝혀 주며 인간을 하느님께 가까이 가게 해 준다. 이는 또한 사람들 사이를 서로 알게 해 주고 가까이 모이게 해 준다. 고난 속에서 이웃은 자기의 이웃을 발견한다. 그들은 서로 얼굴을 맞대고 마음이 통하는 대화를 나누며 고난의 잔에 함께 눈물을 흘릴 수 있게 된다. 그들은 서로 인간적이 되어 꾸밈없는 인간들로 만나게 된다. 고난 속에서 인간 공동체는 점점 새로와져 서로 돕고 의지하며 살 수 있게 된다. 바로 이같은 관점에서 고난은 아시아 및 전세계의 고난받고 있는 대중들의 희망이 되는 것이다.

고난은 또한 인간으로 하여금 측은해하시는 하느님 앞에 적나라한 모습으로 설 수 있게 한다. 무한한 권세, 불멸의 존재 앞에 설 때 인간은 자만과 위선의 껍데기를 벗을 수 있다.

앞서 살펴본 고타마 싯다르타의 유명한 사성제(四聖諦) 설법 역시 인생을 고라는 관점에서 파악한 종교적 성찰에 지나지 않는다. 불교 전승은 고타마가 네 차례에 걸쳐 인간의 고를 목격한 뒤 심한 충격을 받은 것으로 기록하고 있다. "동문 밖으로 수레를 몰고 가는데 길에는 머리가 세고 몸이 쇠약하여 지팡이에 의지하고 꼽추처럼 헐떡거리며 가는 노인을 보았다. 남문 밖으로 나갔는데 길 옆에 뼈가 앙상하게 드러나도록 파리한 병자를 보았다. 서문 밖으로 나갔을 때 길에서 시체를 상여에 메고 슬프게 호곡하면서 장송하는 일행을 만났다. 다음에는 북문 밖으로 나갔을 때 감색옷을 입고 머리와 수염을 깎고 손에 바리때를 들고서 걸어가는 출가자를 만났다. 이 출가자의 모습에 감명받은 그는 자기도 집을 나와 그와 같은 수행의 길을 떠나기로 결심하였다."⁹

병든 자, 노인, 시체보다 더 인간의 나약함을 보여주는 예는 없다. 이같은 삶의 현실 앞에서 인간은 누구나 나약해지며 도움과 구원을 갈구하기에 이른다. 고대 중국의 성전《시경》에 이런 글이 있다.

우러러 본대도 말 없는 하늘	瞻仰昊天
조금도 가엾이는 아니 여기어	則不我惠
끝없이 계속되니 어지러운 꼴	孔塡不寧
어이 이리 큰 재앙 내리심이뇨.	降此大厲
나라는 안정할 날이란 없어	邦靡有定
백성은 모두모두 지쳐 있는데	士民其瘵
어이한 조짐이뇨 벌레는 퍼져	蟊賊蟊疾
백성을 갉아 먹어 그침 없도다.	靡有夷屆¹⁰

죄없이 고통받는 자의 호소가 아닌가? 이 시를 듣다 보면 구약성서에 있는 욥의 경우를 생각하게 된다. 전혀 예기치 않은 재앙을 만난 욥은 파멸의 직전까지 몰리게 된다. 그는 비통에 잠겨 자기 친구들과 하느님께 외치고 있다.

…나 어찌 입을 다물고만 있겠읍니까?
가슴이 메어 하소연하고
마음이 아파 울부짖지 않을 수 없사옵니다. …
내가 죄를 지었다고 해서
당신께 무슨 큰 손해라도 된단 말씀입니까?
어찌하여 나를 당신의 과녁으로 삼으십니까?
어찌하여 내가 당신께 짐이 된단 말씀입니까?
어찌하여 나의 죄를 용서하시지 않으십니까?
죄악을 벗겨 주시지 않으십니까?
나 이제 티끌 위에 누우면
당신께서 아무리 찾으신다 하여도
이미 없어져 있을 것입니다(욥기 7,11-21).

고난은 인간으로 하여금 하느님께 대항하게 만들 수도 있다. 고대 중국의 시인이나 고대 이스라엘의 욥이 그런 인물이었던 것 같다. 그러나 고난이 극에 달했을 때에라도 이들은 결코 하느님에게서 격리되려는 반항을 시도하지 않았다. 그의 마음속 깊은 곳에는 자신은 하느님에 사로잡힌 바 되었으며 그의 구원은 하느님께로만 이루어질 수 있음을 분명히 알고 있었다. 그들은 하느님으로부터 확신을 얻으려고, 하느님과 화해하기 위하여 반항의 몸부림을 치는 것이다. 이러한 행동을 죄냐 아니냐 문제삼을 성질의 것이 아니다. 측은히 여기시는 하느님의 품 안에 안기는 자신의 모습을 보고자 하는 일념일 뿐이다. 중국 시인은 이 문제에 대한 해답을 얻은 듯하다. 욥의 경우엔 더욱 분명하게 해답이 주어진다.

범상(凡常)한 사람들은 고난을 통해 자신을 발견하고 자신을 둘러싸고 있는 세계와 나아가서 하느님을 발견하게 된다. 형이상학적인 전제로 다가오시는 하느님이 아니다. 신학적 진리로 파악되는 것도 아니며 철학적 탐구의 결과로 파악되는 존재도 아니다. 하느님을 발견하기 위해서는 범상한 인생들은 근심과 걱정에 눌린 자기의 삶에서부터 시작해야 한다. 슬픔과 위험으로 가득 찬 세계, 하느님처럼 좋은 것도 있지만 인간의 추악함도 가득 차 있는 공동체의 생활로부터 시작하여야 한다. 고대 이스라엘에서 그들의 하느님 야훼를 이런 식으로 발견하였다. 역시 아시아에 있는 사람들이 그들을 불쌍히 여기시는 하느님을 만날 수 있는 길도 이 길뿐이다.

고난 속의 삶, 고난뿐인 삶— 바로 여기에서 하느님 수색작업이 시작되어야 한다. 마찬가지로 그리스도교 신학이 시작할 곳도 바로 이곳이다. 아시아 사람들의 영혼과 마음 속에 박힐 수 있는 신학을 하려면 더욱 이곳에 주의를 집중시켜야 한다. 아시아 사람들의 마음과 가슴과 영혼과 몸에서부터 이야기가 시작되어야 한다. 신학은 몸으로 부딪쳐지는 것이어야만 한다. 고뇌에 가득 찬 인간의 모습을 그대로 담고 있어야 한다. 그들의 웃음에 따라 웃고 그들의 눈물을 씻어 주며 그들의 한숨에 자신도 한숨짓는 신학이어야 한다. 하느님께서 이같은 일을 원하고 계시므로 신학역시 이같은 일을 하여야 한다.

"말씀이 몸이 되셨다"(요한 1, 14). 그리스도교 신학에서는 이 말씀이 몸이 되었다는 사실을 아무리 강조하더라도 도에 지나치지 않는다. 몸이 말씀이 되지 않았다. 말씀이 몸이 되었다. 몸은 곧 절망과 희망이 접철된 우리의 삶이다. 몸이란 곧 영욕(榮辱)이 교차하는 인간의 역사이다. 몸이란 곧 모략이 난무하는 공동체이다. 몸이란 곧 하느님의 신성한 본질을 가지고 있음에도 계속 타락의 길로만 나가려 하는 인간존재 자체이다. 그런데 이같은 몸 안에 말씀이 완전하고도 남김없이 자신을 보이셨다. 말씀을 들으려면 몸의 소리도 들어야 한다. 말씀을 보려면 이 몸도 보아야 한다. 말씀을 안으려면 이 몸부터 안아야 한다. 그리고 말씀에 대해 말하려면 몸에 대해 말해야 한다.

하느님이 이 몸 안에 있다. 얼마나 놀라운 사실인가! 또한 얼마나 희망찬 사실인가! "말씀이 몸이 되심"의 신학 외의 다른 신학이 있을 수 있겠는가? 있을 수 없을 뿐 아니라 있어서도 안된다.

바로 이같은 이유에서 예수는 그의 전도생활을 "주께서 나를 보내시어 묶인 사람들에게는 해방을 알려 주고 눈먼 사람들은 보게 하고, 억눌린 사람들에게는 자유를 주며 주님의 은총의 해를 선포케 하셨다"(루가 4, 18)는 말씀으로 시작하였다. 다른 유대인 랍비들처럼 그도 회당에서 청중들에게 모세의 율법을 강의함으로 시작할 수도 있었다. 유대교 정신에 투철했던 그였던만큼 심판석에 앉아 죄인들을 심판하시는 거룩한 하느님에 대한 설교를 시작할 수도 있었다. 뿐 아니라 청중들로 하여금 주님에 대한 두려움과 종교적 권위가에 대한 경외심을 갖도록 분위기를 조장할 수도 있었다. 그러나 예수는 이같은 전례를 깨고 이런 일들을 하나도 하지 않음으로 종교지도자들을 당황하게 만들었고 사람들을 놀라게 만들었다.

어떻게 해서 이처럼 판이한 시작을 하게 되었을까? 그가 바로 몸이 되신 말씀이었기에 그는 몸에서부터 시작해야 했던 것이다. 가난한 자가 그 몸이었다. 묶인 자가 그 몸이었다. 눈먼 자가 그 몸이었다. 그리고 억눌린 자가 그 몸이었다.

예수 그리스도는 자신이 맡은 구속의 사명을 고난받는 자의 삶과 함께 하는 고난 속의 삶으로 시작하였다. 그리고 끝까지 그 길을 벗어나지 않았다. 그의 전생애를 통해 이 사명에 철저하였다. 그 자신이 고난의 삶, 고난 속의 삶을 살았다. 그리고 죽을 때에도 고난의 죽음, 고난 속의 죽음으로 끝맺었다. 이것이 그리스도교 교회에 부과된 복음의 내용이다. 그리스도교 신학이 놓쳐서는 안될 하느님의 진리이다. 아직도 우리가 왜 신학을 "몸"에서 시작해야 하는지 그 의문이 남아 있는가?

고타마 싯다르타가 몸과 몸에서 야기되는 각종 고난을 체험한 뒤 달마를 얻게 된 것은 당연한 일이다. 그는 노인을 만났다. 이는 곧 생기를 잃어버리고 희망도 없이 나약하게 끌려가는 몸이었다. 그는 병자를 만났다. 이는 곧 고통과 고뇌 속에 신음하는 몸이었다. 그는 주검을 보았다. 이는 곧 생명이 떠나가 이제는 화장터로 끌려 가는 몸이었다. 몸[肉]과 고난, 고난의 몸, 고난 속의 몸— 부처의 가르침은 여기에서 시작되었다. 그는 이 몸을 유심히 고찰하였고 사람들에게 이 몸의 고난에서 해방되는 방법을 가르쳤다. 그가 가르친 것은 구원의 종교였다. 생명으로부터의 구원이 아니라 우리 삶을 괴롭게 만들고 우리가 사는 세계를 어지럽히는 고난으로부터의 구원이었다. 그는 고난받고 있는 중생들을 철학자나 브라만 학자들의 하느님께 인도하지 않았다. 그는 자기 온 생애를 바쳐 중생들로 하여금 열반(涅槃, *nirvana*), 즉 "이생을 초월한 먼곳에서가 아니라 바로 지금 이곳에서 이루어지는 삶의 조화"[11]에 이르게 하려고 노력하였다.

열반에 이르는 길, 즉 이생에서 인간의 고난을 제거하는 길에 대한 부처의 가르침이 아시아에 있는 수백수천만 중생들의 가슴을 장악하여 왔다. 《묘법연화경》(妙法蓮華經)에 이런 구절이 있다.

부처는 세간의 모든 중생의 아버지.
영원히 온갖 두려움, 고뇌, 근심,
어리석음의 어둠이 다하여
한없는 지혜와 힘을 갖추고
언제나 대자비로써 모든 것을 베풀고 있도다.
이 썩고 썩은 삼계(三界)에 태어남은
생·노·병·사의 고뇌와
삼독(三毒)의 불에서부터 중생을 제도하여
부처의 깨달음에 이르도록 하기 위함이라.
중생들은 세간의 근심 걱정에 불타고
가난에 피로와하고 이별에 울고
어떤 때에는 원한으로 괴로움을 당하면서도
그 피로움에 잠겨서
오히려 기뻐하며 장난치며
염오에서 벗어나려고도 않고 그 괴로움도 모른다.
그러므로 부처는 저 장자가
방편으로 그 자식들을 구해낸 것처럼
중생들에게 말한다.
"그대들은 삼계의 화택(火宅)에
머물러서는 안된다.
만일 그것에 집착한다면 불태워지고 말리라.
속히 벗어나 3승(三乘)을 얻으라. "[12]

고통받고 있는 인생들에게 들려지는 불쌍히 여기시는 하느님의 음성이 아닌가? 신음소리로 가득 찬 이 세상에 사랑으로 가득 찬 하느님의 모습을 지시해 주고 있지 않은가?

이같은 질문에 무조건 그렇다고 대답하면 위선처럼 느껴질지도 모른다. 왜냐하면 우리로선 하느님의 그윽한 신비를 완전히 파악할 수 없는 존재들이기 때문이다. 그렇다고 아니라고 대답해도 역시 위선으로 느껴진다. 왜냐하면 우리 그리스도교인들이 성급하게 하느님의 사랑은 고통받고 있는 중생들의 가슴속에 희망을 넣어줄 리는 없다고 결론내리는 격이기 때문이다.

한 가지 분명한 사실은 있다. 다양한 문화 및 종교적 언어와 상징을 통해 표현되는 각양 각색 중생들의 신음소리에 하느님은 귀를 기울이시고 들으시며 응답하신다는 사실이다. 그리스도교 신학은 이러한 언어와 상징들을 듣고 이해하는 것으로 시작하여야 한다.

이들 언어와 상징들은 과연 우리 그리스도교 언어와 상징과는 전혀 다른 것일까? 그들의 영혼이 안고 있는 고뇌와 욕구는 우리들의 것과 전혀 다른 것일까? 그들의 소리가 우리 귀에 전혀 낯선 것으로 들린다면 우리는 우리와 같은 인생인 그들의 영혼 문제를 이야기할 수 없게 된다. 그들의 모습이 우리 눈에 그처럼 낯설게만 보여진다면 바울로의 말 "우리는 모든 피조물이 오늘날까지 다 함께 신음하며 진통을 겪고 있다는 것을 알고 있읍니다"(로마 8, 22)는 말을 무슨 수로 이해할 수 있겠는가! 모든 피조물이라 했는데 그의 말이 틀렸다는 말인가? 바울로가 말한 "모든 피조물"이란 결코 지중해 지방만을 의미할 수 없다. 예루살렘은 더더욱 아니다. 안티오키아나 로마 정도에서 그치는 것도 아니다. 로마 제국의 정치적 군사적 힘에 빌붙어 사는 자들에겐 지중해 지역이 "모든 피조물"의 세계라고 이해할 것이다. 그러나 바울로의 시계(視界)는 이같이 좁은 지역으로 제한되지 않는다. 그는 하느님께서 창조하신 우주 모든 곳에서 들려지는 인생들의 신음소리를 듣고 있었다.

지금까지 참으로 오랫동안 그리스도교 교회는 자기 교회의 신음소리에만 신경을 써 왔다. 잘 발달된 조직과 전통의 덕으로 그리스도교인들은 자기 교회의 교황, 사제 혹은 신학자들의 소리에 민감한 반응을 보이게 되었다. 그리스도교인들은 이들의 소리를 모든 피조물들을 향한 하느님의 소리로 받아들여 왔다. 그리스도교의 역사가 곧 모든 피조물들의 역사를 대변해 주는 것으로 교육받아 왔다. 하느님의 구원은 오로지 교회 안에만 있는 것으로 밖의 세상 어디에도 구원은 있을 수 없다고 강변하여 왔다. 하느님께서는 이들의 배면에서 전혀 엉뚱한 방향으로 활동하시며 그들의 신학자들의 주장과 어긋나는 일까지도 감행하신다는 사실을 믿지 않고 있다. 이같은 신앙 분위기 속에서 자라나 이같은 신학 전통 속에서 훈련받은 이들은 하느님의 신비를 이야기할 때 결코 하느님을 2차적인 대상으로 끌어내릴 수 없다고 믿고 있다.

부처가 가르친 열반은 하느님이 아니다. 절대 아니다. 고통과 피로움으로 찌들린 현실 삶 속에서 건강과 평화와 균등을 이루는 것, 이것이 곧 열반이다. 삶이 곧 고(苦)라고 느끼는 아시아의 민중들에게 하느님이 구원을 주신다면 바로 이런 식의 구원이 아닐까? 그들에게는 열반, 즉 건강·평화·균등이 곧 하느님이라 한다면 지나친 표현이 될까? 수많은 중생들이 불교식 방법으로 열반에 이르는 구원을 즐기고 있는 이같은 불교세계와 우리의 신앙 및 신학세계는 전혀 관련을 맺어서는 안되는가?

"나는 길이요 진리요 생명이다"(요한 14, 6). 예수의 말이다. 이 예수의 길과 진리와 생명이 부처의 길과 진리와 생명 속에서도 반영되어 있다고 한다면 신학적으로 (이는 물론 전통적 그리스도교 신학을 의미한다) 그릇된 것이라 할 것이다. 그러나 고통받고 있는 중생을 위한 부처의 마음은 곧 그리스도교인들의 눈을 열어 말씀이 몸이 되신 분, 즉 예수 그리스도를 볼 수 있게 하는 마음이라고 한다면 이를 무조건 신학적으로 (여기서는 모든 피조물을 창조하시고 구원하시는 하느님에 근거한 신학을 말한다) 그르다고 할 수 없을 것이다.

어쨌든 서양에서 그리스도교 신앙이 놀라운 침투력을 보인 것과 마찬가지로 동양에서는 부처의 가르침이 상당한 속도로 확산되어 나갔다. 부처가 가르친 것은 인도 사람들의 신앙 체험에서 유출된 것이었다. 그럼에도 그의 가르침은 인도 사람들의 경험에만 국한되지 않았다. 인도라는 토양에서 발생하였지만 그 토양에 묻히지는 않았다. 일단 요람을 벗어난 후에는 놀라울 정도의 신장과 적응력을 보였다. 분명한 자기 특성을 가지면서도 일단 어느 토양이나 문화와 접촉되면 이내 그 속으로 동화(同化)되는 강한 침투력을 보였다.

종교사학자 기타가와는 "결과적으로 불교는 아시아의 각종 문화와 밀접하게 접착되면서 범(汎)아시아 종교로 발전되었다."[13] 이 범아시아 종교 가운데 가장 중요한 부분이 중국 불교이다. 따라서 그리스도교가 유럽이나 북아메리카에 어떻게 침투하였느냐 하는 문제와 마찬가지로 불교가 중국에 침투하게 되는 과정을 살펴보는 것도 신학적으로 또는 역사적으로 중요한 의미를 갖는 문제이다. 인류 역사 속에 하느님이 어떻게 역사하시느냐를 알 수 있는 단서가 될 수도 있다.

명제(明帝)의 꿈

　중국에 불교가 유입됨으로 중국 인민의 역사는 새로운 장을 열게 되었다. 중국의 저명한 역사철학가 홍 유란은 "중국에 불교가 소개됨으로 중국 역사는 큰 변혁이 이루어지게 되었다. 불교가 유입된 후로 불교는 중국 문명의 주요인으로 작용하여 종교, 철학, 예술 및 문학 등 각 분야에 영향력을 미치기 시작하였다"[14]고 하였다.

　불교는 중국 안에 들어와 자신을 녹임으로 중국의 마음을 사로잡았다. "불교가 중국을 개종시킨 것이 아니라 중국이 불교를 개종시켰다"는[15] 주장도 일리는 있다. 불교와 중국 정신은 상호 작용하였다. 불교는 철저하게 자신을 "중국화"시킴으로 수백만 중국 정신을 사로잡을 수 있었던 것이다. 중국식으로 표현하면 불교가 "중국이란 집안"으로 장가들어 그 집안 사람이 되는 영광을 누린 것이다.

　하지만 결혼에는 긴장과 갈등이 따르게 마련이다. 소위 삼무일종액(三武一宗厄)이라 불리는 불교 탄압 때에는 불교는 거의 흔적조차 찾아볼 수 없을 정도까지 되었다. 삼무일종액이란 446년에 있은 북위(北魏) 무제(武帝)의 불교 탄압, 574년 북주(北周)의 무제(武帝)에 의한 탄압, 845년 당(唐)의 무종(武宗)에 의한 탄압, 955년 후주(後周) 세종(世宗)의 탄압을 의미한다. 845년 무종의 탄압이 그중 치열하였다. "4,600개 사찰과 40,000여개 암자가 파괴되었고 26만여 명의 승려와 비구니들이 환속을 강요당했고 수천만 평의 사찰소유 토지가 압류되었다."[16] 그러나 어떤 박해와 방해도 불교와 중국 사이의 혼인을 막을 수는 없었다.

　박해를 받을 당시엔 불교는 상당히 후퇴하고 시들어가는 것 같았지만 이미 중국인 마음과 "한 몸을 이룬" 관계로 그 집안에서 쫓아낼 수는 없었다. 일단 중국이란 집안의 문으로 들어온 이후에는 수세기가 지났음에도 그 집안에 좌정하고 있다.

　불교가 중국에 들어와 정착하게 되는 시기와 과정은 아직도 베일에 감추어져 있다. 불교 유입에 대한 이야기들은 다분히 전설적이고 묵시적인 냄새를 풍기고 있다. 그중 가장 널리 알려진 것으로 후한(後漢)의 명제(明帝)의 꿈이야기가 있다. 그 내용은 다음과 같다.

　　　명제는 어느날 밤 꿈속에서 금으로 된 상(像) 하나가 자기 궁 안으로 날아드는 것을 보았다. 이튿날이 되어 왕은 신하들에게 꿈 이야기를 하고 그 상이 무엇인지 설명할 자가 없느냐고 물었다. 그중에 부의(傳毅)란 자가 있어 그가 대답하기를 "인도에 한 성자가 있어 득도(得道)한 후 부처라 칭하게 되었으며 그는 날 수도 있고 그의 몸은 금빛깔이 난다고 합니다" 하였다. 그리고 명제가 꿈에 본 상이 필시 부처임에 틀림없다고 하였다. 왕은 그의 설명을 받아들인 후 사신을 보내 이 성인에 대해 좀더 자세히 알아 오라고 명하였다. 사신들은 인도에 갔다 돌아오면서 불경 사십이장경(四十二章經)을 가지고 왔으며 왕은 이를 기뻐 받아 수도인 낙양(洛陽) 성 밖에 백마사(白馬寺)를 건립하고 불경을 보관토록 하였다. [17]

왕의 꿈이야기 이면에는 어떤 역사적인 사실들이 깔려 있을 것이다. 무엇보다도 이 전설적 이야기를 통해 알 수 있는 것은 이미 당시 중국의 지도층으로부터 불교를 받아들이라는 "관료적" 압력이 궁전에 가해지고 있었다는 사실이다. 금불상이 날아들었다는 꿈이야기는 역사적 현실성이 거의 없는 이야기이다. 그리고 연대도 맞지 않는다. 예를 들어 "B.C. 2세기에 박트리아국을 여행한 바 있는 장 건(張騫)이란 인물까지도 사신의 일행으로 기록하고 있다."[18] 이같은 다소 전설적이고 묵시적인 이야기를 떠나 현존하는 중국 문헌들을 살펴볼 때 불교의 중국 유입은 "중국이 중앙아시아에서 그 세력기반을 확고히 하였던 B.C. 1세기 초반으로부터 문헌속 불교에 대한 분명한 언급이 나오기 시작하는 기원후 1세기 중반의 어간에 이루어진 것으로 보인다."[19]

흥미로운 사실은 불교의 중국 유입이 팔레스타인에 있어서 그리스도교 시작과 시대적으로 일치하고 있다는 것이다. 우리 그리스도교인들은 이 점을 간과해서는 안된다. B.C. 1세기로부터 기원후 1세기에 이르는 2백년간에는 아시아 대륙의 서반부는 로마제국이라는 강한 군사적 정치적 세력하에 있었다. 영국의 역사가 토인비(Toynbee)는 "헬레니즘 세계의 중심이었던 로마제국의 역사를 보면 아우구스투스 통치(Pax Augusta)의 형성과정을 목격한 세대들은 하나의 종교적 신념으로 그들이 세운 왕국과 도시들이 영원 불멸의 금자탑을 쌓을 것이라고 확신하고 있음을 알게 된다."[20] 로마 및 그 왕국은 권력과 영광 및 영원불멸을 향한 인간추구의 절정이었다.

그리이스의 식자(識者) 푸블리우스 아에리우스 아리스테이데스(Publius Aelius Aristeides)는 다음과 같은 말로 로마를 찬양하였다.

모든 신, 모든 신의 아들들에게 빌라. 이 왕국과 이 도시의 생활과 이 풍요한 세계에 종말이 오지 않도록 기도하라. 쇳덩이가 바다 위에 뜨기까지 나무가 봄이 되어도 꽃피울지 모르기까지 영원할지

어다. 황제와 그 자손에게 만세! 그가 다스리는 모든이에게 행복이
영원하도다.²¹
　세계의 관심은 로마에 쏠렸다. 문명 세계는 이곳으로 끌려 들어갔다.
세계의 구세주인 예수까지도 이 왕국의 속국에서 태어났다. 모든 길은 로
마로 통하였다.
　이와 같은 시기에 아시아대륙 반대편에 흩어졌던 국가들이 동맹을 이루
어 중국(中國)이란 강력한 국가가 등장하였다. 이가 곧 한(漢)나라(B.C.
206—A.D. 221)였다. 최초의 중앙집권적 국가였던 진(秦)나라의 시황제(始
皇帝)가 죽은 후 한나라가 이어지고 강력한 국가를 형성하면서 백성들
은 안녕과 번영을 누리게 되었다. 한나라는 중국 북부 전체를 정벌하고
북쪽 변방에 있던 야만족들을 멀리 추방하였다. 남쪽으로는 사천(四川)·
호남(湖南)·강서(江西)까지 병합하였고 동쪽으로는 황해안까지 이르렀다.
또한 서쪽으로는 중앙아시아 깊숙이 진출하여 대연(大燕, 현 페르가나),
대하(大夏) 또는 박트리아 등 한때 알렉산더 대왕이 정복하였던 지역까지
차지하였다.
　한나라가 가장 융성했을 때 그 문화와 풍요가 어느 정도였는가는 B.C.
1세기 무명의 시인이 지은 "황금궁"(黃金宮)이란 시에 잘 반영되어 있다.

　　　　　황금궁에 가세
　　　　　옥배(玉杯)를 드세
　　　　　귀한 손님으로 초청받았으니
　　　　　황금문으로 들어가서
　　　　　황금전(黃金殿)으로 가세.
　　　　　동쪽 부엌을 보세
　　　　　살찐 고기가 요리되어
　　　　　우리를 기다리네
　　　　　구운 쇠고기 찐 돼지고기에
　　　　　양고기까지 있네
　　　　　만찬 주인께선
　　　　　손수 술잔을 돌리시고
　　　　　악사들은 현묘한 소리로
　　　　　흥을 돋구네.²²

토인비가 부른 바²³ 한이라는 우주 국가는 그 권력이나 영광 및 문화에
있어 로마제국에 뒤지지 않는다. 오히려 능가하고 있다.
　그러나 예수 그리스도의 복음이 옮아간 곳은 한나라가 아닌 로마였다.

그리고 부처의 가르침이 들어간 곳은 로마가 아니고 한나라였다. 인도 및 중국과 로마 치하에 있는 팔레스틴 및 다른 나라들 사이에 넘을 수 없는 험준한 산맥들과 사막이 있어서 이런 결과가 나타났을까? 일리있는 말이다. 그러나 이처럼 자연적 장벽으로 가로막힌 두 세계 왕국 사이의 교류가 전혀 불통이었던 것만은 아니다. 명제 치하에 반초(班超)라는 유명한 한나라 장군은 서정(西征)의 길에 올라 로마제국 변방에까지 다다랐다는 증거가 있다. 이때 로마는 중국에 대진(大秦, 즉 큰 중국이란 뜻. 진은 한나라 이전의 왕조 이름이었지만 넓은 의미로 중국을 지칭하는 것이었으며 중국의 영어 명칭인 차이나(China)도 이 말에서 파생된 것이다)으로 알려졌다.[24] 그리고 이 두 왕국 사이에 비단 및 향료 등 무역 교류가 이루어졌음은 널리 알려진 사실이다.

아니면 역사적 상황 때문이었다고 할 수 있을까? 당시 팔레스타인은 로마 식민지였다. 유대인들은 로마의 통치를 받고 있으면서도 로마라는 거대한 도시를 동경하고 있었다. 그 예로 바울로도 자신의 전도 행각을 정리하려는 마지막 시기엔 이 "불멸"의 도시 로마에 눈을 돌리게 되었다. 동족 유대인들에게 체포되어 로마 재판에 회부되었을 때 만약 그가 로마에 있던 카이사르에게 상소하지만 않았더라면 그는 자유의 몸이 될 수도 있었다. 이것은 아그리빠왕의 해석이었다. 그는 페스도 총독에게 "그 사람이 카이사르에게 상소만 하지 않았더라면 석방될 수도 있었을 텐데요" 하였다(사도 26, 32). 그런데 바울로는 초지일관 뜻을 굽히지 않았다. 그는 페스도에게 분명히 밝혔다. "나는 카이사르에게 상소합니다!"(사도 25, 11). 그는 날 때부터 로마인이었다(사도 22, 27-28). 이제 그는 예수 그리스도의 복음의 증인으로 로마에 가야만 했다.

중국의 그리스도교

로마에로의 선회는 바울로 개인에게뿐 아니라 이후의 동·서양 종교역사에 있어 중요한 계기를 마련하였다. 아시아의 광대한 대륙에 있는 중국 인민들은 그리스도교와 연결되지 못한 채 오랜 시간을 지내야 했고, 17세기경 네스토리우스파 선교사들에 의해 비로소 그리스도교는 중국에 소개되었다. 네스토리우스파 그리스도교는 얼마간 황실의 보호를 받으며 성세를 누렸지만 그 개종자의 수는 심히 적었다. 845년에 일어난 불교 탄압을 즈음하여 네스토리우스파 그리스도교도 쇠퇴의 길에 접어들었다. "980년

교회를 재건할 목적으로 수도사들이 파견되었으나 이미 그때엔 그리스도교는 흔적조차 찾아볼 수 없었다."²⁵

이후 또다시 수세기가 지난 후에야 그리스도교가 중국에 소개되기 시작했는데 그때가 16세기 말이었다. 지리학, 수학 및 천문학 지식으로 무장한 예수회 선교사들은 상당수 중국인 학자나 관료들의 신임을 얻는 데 성공하였다. 강 희제(康熙帝) 연간(1661—1722)에는 로마 가톨릭교회와 중국 왕실이 우호적인 관계를 맺기까지 하였다. 예수회 선교사들과 도미니쿠스회 등 기타 선교사들 사이에 소위 전례(典禮) 문제로 논쟁이 심각하게 일던 1750년 당시 그리스도교인의 수는 20만에 달하였다.²⁶

이후 19세기에 접어들면서 프로테스탄트 그리스도교 교회가 책임을 맡아 중국의 "그리스도교 점령"이 시작되었다.²⁷ 이는 결코 평화롭게 진행된 과정은 아니었다. 프로테스탄트 선교사들이 선교를 시작할 당시는 중국은 내적으로는 부패로, 외적으로는 서양 열강들의 강력한 힘에 의해 반식민지적 상태로 강요받던 시기였다. 그럼에도 1930년대에 이르러 프로테스탄트 교인수는 567,390명에 이르렀다. 로마 가톨릭교회는 프로테스탄트 교회보다 오히려 숫적인 우세를 보였다. 1947년에는 가톨릭 교인수는 3,251,347명으로 보고되었다.²⁸

그러다가 거대한 돌풍이 불어닥쳤다. 서양 열강들과 서양 및 중국에 있던 그리스도교 교회가 가장 두려워했던 일이 일어나고야 말았다. 국민당이 이끄는 정부에 대항하여 중국 공산당이 주도한 농민혁명이 성공하게 됨으로 중국의 운명은 완전히 바뀌게 되었다. 서양에 의존한 자본주의 국가가 공산주의 국가로 바뀌었다. 2세기 전 별로 환영도 받지 못하면서 중국에 침입해 들어왔던 서양 세력들이 역시 환송받지 못한 채 중국을 떠나야 했다. 그리스도교도 예외는 아니었다. 몇 차례 심겨졌다가 뽑혔다가 하는 과정을 거친 뒤 중국에서 그리스도교 교회는 아주 뿌리뽑히고 말았다. 1951년에 이르러 모든 외국 선교사들이 중국을 떠났으며 중국인 그리스도교인들은 한편으로 중국인이며 다른 한편으로 그리스도교인으로 살아야 하는 이중의 어려운 과제를 안고 살아야 했다.

1970~80년대에 이르러 중국이 종래의 세계와 고립된 상태에서 서서히 벗어나려 할 즈음에 중국의 그리스도교인들도 서서히 지하에서 밖으로 그 모습을 드러내기 시작하였다. 당연히 중국 밖에 있는 세계 그리스도교 교회들은 오랫동안 헤어져 있던 이 믿음의 형제 자매들과 상봉하게 되기를 조급하게 기다리게 되었다. 그러나 그들은 중화인민공화국 안에 있는 그리스도교를 어떻게 다루어야 할지 전혀 알지 못하고 있는 것 같다. 중화

인민공화국이란 괴물은 바깥 세계에 있는 아직도 교파별로 나누어진 채 전투적 선교 자세를 버리지 않고 있는 교회들과는 결코 친해질 수 없다.

이상으로 중국 그리스도교 역사를 간략하게 살펴보았다. 서양의 그리스도교 역사와는 판이한 이야기이다. 서양 세계에 이상하게 들릴지 모르는 이같은 중국 그리스도교 역사와는 대조적으로 중국의 불교, 나아가서 아시아에서의 불교 역사는 전혀 다른 역사를 이루어 왔다.

이미 앞서 언급한 대로 다소 전설적인 이야기이지만 명제의 꿈을 **불교** 유입의 계기로 본다면 그 시기는 1세기 중엽이 된다. 바로 이 무렵 바울로는 카이사르의 죄인으로 로마에 도착한 것이다. 사도행전의 저자 루가는 바울로가 이곳에서 어느 정도 행동의 자유를 얻어 이 도시에서 복음을 전할 수 있었던 것으로 기록하고 있다. 지중해 지역에 복음이 퍼지게 되는 과정을 서술한 뒤 루가는 그 기록을 이렇게 끝맺고 있다. "바울로는… 거기에서 만 2년 동안 지내면서 자기를 찾아오는 사람을 모두 맞아들이고 아무런 방해도 받지 않고 하느님 나라를 아주 대담하게 선동하며 주 예수 그리스도에 관하여 가르쳤다"(사도 28, 30-31).

하지만 복음을 전할 수 있는 자유는 그리 오래 가지 못했다. 로마제국의 수도 로마는 네로라는 악명높은 독재자의 통치하에 들어가게 되었다. 네로는 정신착란적인 광태를 부렸고 로마를 불태운 후 그 범인이 그리스도교인들이라고 덮어 씌웠다. 그리스도교인들에 대한 참혹한 박해가 시작되었다. 이 사건이 있은 지 50년 후 역사가 타키투스(Tacitus)는 그의 《연대기》에서 그 상황을 이렇게 묘사하였다. "일단의 그리스도교인들은 묶인 채 동물 우리 속에 던져져 동물의 밥이 되었다. 어떤이들은 십자가에 묶여 화형에 처해졌으며 이런 광경은 수많은 관중들이 보는 가운데 공개적으로 이루어졌고 네로가 가장 높은 객석에 앉아 이를 관람하였다."[29] 그러나 이는 시작에 불과했다. 이후 2세기 동안 로마의 통치자들은 카이사르를 하느님으로 인정하고 절하기 거부하는 그리스도교인들을 뿌리뽑기 위해 온갖 악행을 자행하였다. 베드로와 함께 바울로도 네로의 박해 기간인 64년경에 순교한 것으로 전해지고 있다.[30]

그러나 바울로나 베드로의 죽음으로도 복음의 씨는 사멸되지 않았다. 이 복음이 박해자들의 칼, 불 및 맹수보다 오히려 더 강하다는 것이 드러나게 되었다. 일단 씨앗이 뿌려진 후 그것은 민중들 속에 싹이 트고 자라나 그들의 마음을 사로잡았고 점차 확장되어 아시아대륙 서반부를 장악하기에 이르렀다.

이는 로마 장군 콘스탄틴의 마음까지 사로잡았다. 그는 로마황제가 될 기회를 정적에게 빼앗긴 처지였다. 콘스탄틴 당시의 역사가로 이름을 날렸던 유세비우스에 의하면 콘스탄틴은 312년 로마 외곽에 있는 밀비안 다리 전투에서 결정적인 승리를 쟁취하였다. 그런데 이 전투에 임박했을 때 기구하던 중에 십자가 환상을 보았고 이 십자가를 그린 깃발을 자기 부대 제일 선두에 내세워 전투한 결과 승리를 얻었던 것이다. 이 이야기는 중국에 불교가 유입된 동기가 된 명제의 꿈이야기와 흡사한 점이 많다. 어쨌든 이를 계기로 그리스도교는 황제의 비호 아래 발전과 확장의 시기를 맞이하게 되었다. 소위 말하는 콘스탄틴 그리스도교 시대가 시작된 것이다.

중국의 불교

그리스도교가 새로운 역사의 전기를 맞이하여 황제의 특별한 총애를 받게 된 바로 이 무렵, 중국에서는 이미 불교가 종교 혹은 문화 세계의 주역으로 자리를 굳히고 있었다. 그리스도교와 마찬가지로 불교 역시 통치자의 비호를 받았다. "승려들은 정치적 군사적 또는 외교적 자문으로 추대되었고 그들이 지닌 요술적 마술적 위력으로 인민들 가운데서도 상당한 신임을 얻고 있었다."[31] 그러나 불교가 단지 왕실에 대한 자문과 무지한 인민을 위한 마술사 정도로만 그친 것이 아니다. 20세기 초반에 일어난 문화혁명의 기수 호적(胡適)은 불교의 영향력에 대해 "300년에 이르러 중국의 식자(識者)들은 불교야말로 인간이 만들어 낼 수 있는 가장 최고의 철학 체계를 지니고 있다고 인정하게 되었다"[32]고 하였다.

불교는 왕실 내부까지 깊숙이 침투하였고 학자들의 줄기찬 연구와 인민들의 마음을 사로잡아 4-5세기에 이르러 중국 전역에 확산되었으며 당나라 시대(618—907)에 이르러 최고의 성세를 누리게 되었다. "405년경 북조(北朝) 주민의 90%가 불교 신앙을 가지고 있었으며 … 다시 1백년이 지난 500년경에는 남북을 불문하고 중국 인민 전체가 불교도라 할 정도까지 되었다."[33] 5세기 초엽, 북조의 수도인 낙양에만 "사찰 1,367개에 신도수는 50만을 헤아렸다."[34] 845년 불교를 탄압하기 위해 교세를 조사했을 때에는 "25만 정도의 승려와 4,600개 사찰 및 4만개 이상의 암자가 있었다."[35]

호적과 같이 철저한 인본주의자로 종교에 대한 비판적 입장을 가졌던 인물까지도 이처럼 불교가 중국 전역을 장악하게 된 사실에 대해선 경이의 감정을 숨길 수 없었다.

중국과 같은 인본주의적 나라도 인도종교의 최면술에 걸려 철저히 종교적인 나라로 바뀌고 말았다. 우리 신체의 터럭 하나라도 부모에게서 물려받은 거룩한 것이므로 상해서는 안된다는 공자의 효(孝)에 대한 가르침을 생각하면 얼마나 불교가 철저히 중국을 점령하고 있는가를 쉽게 알 수 있을 것이다.[36]

최면술을 썼든 아니든 불교는 인도에서 낯선 종교로 들어와 전혀 다른 문화와 종교 토양 속에서 싹이 터서 성장하여 마침내 중국인의 삶과 문화 속에서 가장 강한 창조력으로 작용하기에 이른 것이다.

이는 실로 놀랄 만한 업적이다. 비교적 짧은 시간에 불교는 고도로 발달된 문화와 종교적 전통을 가진 자만으로 가득 찼던 한 나라의 정신과 영혼을 정복하였던 것이다. 바로 이 무렵 유럽은 암흑시기에 접어들었고 그리이스·로마 문화는 쇠퇴 일로에 있었으며 그리스도교 역시 "로마제국이 앓고 있는 불치병에 감염되어"[37] 결국은 "각종 세속화 및 왜곡된 사실들을 통해 그리스도라는 이름의 본래 의미까지도 변질될 수밖에 없는 나락의 과정"[38]을 걷고 있었다.

중국에서 불교가 성세를 누리고 있던 반면 서부 유럽에서 그리스도교는 10세기 중반에 이르러 "더 이상 타락할 수 없을 정도의 타락된 상태"[39]에 이르고 있었다. 그리스도교는 자기가 정복하여 개종시킨 문화 속에서 시련의 변동기를 겪고 있었다. 동쪽 끝에 있는 중국과 같은 나라에는 관심 둘 형편조차 못되었다. 유럽에서 그리스도교 신앙을 얻게 된 자들은 그리스도교가 그리이스·로마 세계에 어떤 일을 이루었는지, 불교가 유교와 도교가 지배하고 있던 중국에 어떤 일을 이루었는지에 대해 조금도 알지 못하고 있었다.

불교는 어떻게 해서 중국에서 이같은 업적을 낳게 되었을까? 불교의 이 업적은 그리스도교가 서양에서 얻은 업적에 비해 결코 적지 않다. 그 대답은 간단하다. 그리스도교와 마찬가지로 불교는 구원의 종교였으며 당시 인민이 요구하는 것은 구원의 방법이었다.

불교의 변용(變容)

불교가 처음 중국에 상륙하였을 때와 그후 당분간은 100% 외래종교 취급을 당하였다. 2세기 초, 월지국(月支國) 출신 역경가(譯經家) 지참(支懺)이 불경을 한문으로 번역할 때의 상황은 다음과 같았다.

중요한 교리들은 실천에 옮겨지고 있었으나 불경만은 아직도 "야만인"들 글로 남아 있어 중국인들은 거의 읽지 못하고 있었다. 중국의 글 즉 한문뿐 아니라 "야만인"의 언어에도 정통했던 그는 흩어져 있던 불경들을 모아 한문으로 번역하기 시작하였다.⁴⁰

야만인들의 언어를 통해 중국에 소개된 신앙이니만큼 한나라 최고의 성세를 누리고 있던 중국인들에게는 이 신앙이 "야만적"으로 보일 수밖에 없었다.

이 새로운 신앙에 대한 중국인들의 생소한 감정은 쉬 풀어지지 않았다. 중국인들이 신성한 것으로 여기고 있던 전통문화와 배치되는 점이 한두 가지가 아니었다. 다시 호적의 말을 들어 보기로 하자.

불교는 중국이 최고라 생각했던 전통과 모든 면에서 반대되었다. 독신생활은 가계(家系)를 잇는 것을 최대의 의무로 생각하는 중국사회에 근본적으로 배치되는 것이었다. 탁발제도는 중국의 정치적 사회적 사상가들의 혐오 대상이 되었다. 인민의 상당수가 일하지 않고 사회에 기생(寄生)하려는 풍조를 조성하기 때문이었다. 엄격한 금욕 및 극기(克己)생활 역시 유학의 인본주의적 전통에 상충하는 것이었다. 유학은 인체를 부모에게서 물려받은 거룩한 것으로 보고 있었다. 게다가 난해하기 짝이 없는 형이상학적 사고(思考)에다 자질구레한 사실들도 하나도 버리지 않으며 기기묘묘한 이념체계는 직선적이고 단순한 중국인 특유의 심성과 어울릴 수 없는 것이었다.⁴¹

이같은 신앙이었으니 도착 즉시 추방당할 것으로 누구나 생각하였을 것이다. 그러나 중국인들은 이를 받아들였고 자기 사회구조 속에 융화시켰으며 이를 소화시켜 자신의 영혼과 정신의 양식으로 삼았다.

불교가 이처럼 중국인들의 정신 속에 융화된 사실을 단지 중국인들의 종교에 대한 관용성만 가지고 설명해서는 안된다. 종종 중국인들은 외래 신앙이나 종교에 대해 놀랄 만한 관용성을 베풀고 있다고 칭찬을 받으면서도 동시에 멸시를 당해 왔다. 그러나 이미 앞서 살펴본 바와 같이 불교가 중국 사회에서 점점 그 세력을 확장하게 되자 학자와 관료층이 이를 경계하고 뒤이어 박해를 받을 수밖에 없었다.

그리스도교 역시 중국인들의 관용을 기대할 수는 없었다. 1900년 의화단(義和團) 사건이 터지자 가뜩이나 외국인에 대한 반감에 사로잡혀 있던 청나라 조정은 이를 정치적으로 종교적으로 이용하여 일대 폭동을 야기시킴으로 그리스도교 교회는 엄청난 타격을 받게 되었다. "이때 살해된 로마 가톨릭 선교사들로는 주교가 5명, 기타 유럽 사제가 31명, 수녀 9명, 마리아회 수도자 2명 … 등이며, 살해되었거나 옥중에서 죽은 중국인 가톨릭 교인수는 3만 이상이었다."⁴² 프로테스탄트교회 역시 큰 피해를 입었다. 이때 살해된 것으로 보이는 선교사 및 그 가족의 수는 2백명에 이르렀다. 중국인 프로테스탄트교인 1,912명이 살해되었다.⁴³ 다른 신앙에 대한 관용은 현실이 아닌 신화적 이야기에 불과했다.

불교는 도교적 의복으로 바꾸어 입음으로 그 생소함을 덜 수 있다고 한다. 종교체제로는 적합치 않은 것으로 여겨지고 있던 유교와는 달리 도교는 신비주의와 민속종교의 혼합 형태를 이루었다. 때로는 신비 중의 신비로 고도의 형이상학적인 체계로 인식되기도 했다. 도교의 중심 사상을 오천어(五千語)로 함축해 포용하고 있는 《도덕경》(道德經)은 다음과 같은 구절로 시작되고 있다.

    도(道)라 할 수 있는 도는 참 도가 아니며
    이름[名]부를 수 있는 이름은 참 이름이 아니다.
    이름없음[無名]이 천지의 시작이다.
    (道可道非常道 名可名非常名 無名天地之始)⁴⁴

도(道)를 깨칠 수 있는 길은 오직 깊은 침묵뿐이다. 침묵이 깨어지면 도는 사라진다. 우주와 인간 영혼의 깊은 침묵 속에 잠긴 도는 소리없이, 맛도 없이, 색깔도 없이, 냄새도 없이 세계 속으로 움직이며 인간의 마음을 두드린다. 5천어로 함축된 이 도는 인간의 말을 잠잠케 하며 인간의 상징과 은유까지도 초월한다. 따라서 오직 침묵 속에서 사람은 도의 세계 속에서 잃었던 자아를 찾으며 이와 합일을 이루게 된다.

그러나 보통 사람들은 이같은 신비의 침묵은 참지 못한다. 그들은 시끄러운 세계 속에 살고 있으며 입맛을 돋구는 음식을 즐기며 현란한 색채와 구미 돋구는 냄새를 맡으며 즐거워한다. 지고의 침묵 속에 잠겨 있는 신(神)에게는 신앙을 가질 수 없는 체질이다. 그들은 삶과 죽음에 대한 해답을 줄 가르침을 찾고 있다. 말하는 신에게 예배를 드린다. 하느님을 느끼고 만지고 싶어한다. 즉, 그들은 노래하고 외고 춤추는 신앙을 가져야만 한다. 이들을 비웃기라도 하듯 도교는 일반 민중의 종교가 되었다.

불교와 도교가 처음 만났을 때 둘은 주저함 없이 하나가 되었다. 그리고 이같은 상호 포용을 통해 "중국불교"가 탄생되었다. 이 중국불교는 불교 나름대로의 분명한 가르침과 신행(信行)을 유지하면서도 지자(知者)들의 학적인 호기심을 만족시켜 줄 뿐 아니라 거리의 인민들의 영적인 갈구도 해소시켜 주었다.

이같이 형성된 중국불교의 가장 발달된 형태가 선(禪)불교이다. 이 선불교는 분명 불교이면서도 역시 완벽하게 중국적인 것이다. 풍유 란은 이렇게 말하고 있다. "중국불교의 수많은 학파 중 가장 중국적이라 할 수 있는 것은… 선종(禪宗)이다."⁴⁵ 어느 면에서 불교와 도교의 가르침의 융합은 완벽하였다. 606년에 죽은 중국 선종의 제4대 조(祖) 도신(道信)이 지은 "신심명"(信心銘)이란 시의 마지막 두 연은 다음과 같다.

> 모든 것 안에 하나
> 하나 안에 모든 것 —
> 이것만 알게 되면
> 네 자신이 불완전하다고
> 두려워할 것은 없을 것을!
> 신심은 나뉘지 않는 법
> 나뉨이 없음이 곧 신심 —
> 말로는 이룰 수 없는 것이니
> 지나간 것으로도 장차 올 것으로도
> 현재의 것으로도 이루어지지 않는 것을.⁴⁶

인생은 원과 같다. 삶의 고뇌와 고난을 지나고 나면 깊은 심연의 침묵에 도달한다. 이 침묵에 싸여 이와 합일을 이룰 때 깨달음이 온다. 바로 이것이 열반이며 사랑으로 우리에게 평안과 완성을 허락한다.

전혀 생소한 외래신앙인 불교와 완전한 토착신앙인 도교와의 사이에 도대체 어떤 일이 일어났는가? 궁금한 일이다. 생겨난 것은 잡종, 엄격히 말하자면 도교도 아니고 불교도 아닌 것이 생겨났는가? 아니면 중국불교는 도교나 불교의 진수는 모두 삭제해 버리고 남은 것을 종합해서 만든 혼합주의가 아닌가? 그곳에서 파생된 문화는 튀기가 아닌가? 이 역시 혼합종교가 아니겠는가? 20세기 후반기를 살고 있는 우리는 우리 조상들에 비하면 인간 생활을 이해하는 데 있어 큰 혜택을 입고 있다. 우리는 인간의 삶은 한 문화와 다른 문화, 한 민족과 다른 민족, 한 신앙과 다른 신앙 사이에 이루어지는 창의적 수수(授受) 법칙에 의해 유지되고 개발된다는 사실을 알게 되었다. 인류학자들은 이를 "변용"(變容, acculturation)이라 부른다. 인간 사회, 인간 정신 속에는 항상 이러한 변용의 힘이 작용하고 있다. 이 힘 때문에 문화적 고립이나 신앙적 오만에서 벗어날 수 있다. 그리고 진정한 진리라면 그 진리는 위로하고 고치고 창조하시는 하느님의 사랑을 찾아 헤매는 인간들에게 밝히 드러나 빛을 비출 것이다.

격의(格義)— 외연(外延)의 방법

이같은 중국불교를 특별하게 지칭하는 말이 **격의불교(格義佛敎)**이다. 이 격의란 외연 (혹은 확장)의 한 방법으로 이를 통해 불교의 가르침은 중국 사상, 특히 노장(老莊) 사상과 융합하게 되었다. 4세기 유명한 승려 혜원(慧遠)이 이같은 격의불교의 대표적 인물이었다.

> 혜안은 하간(河間) 출신이었다⋯ 젊은시절 그는 외전(外典, 즉 불경 이외의 학문)에 능통하였으나 성장하면서 불교 개념을 이해하기 시작했다⋯ 당시 그의 제자들은 신행은 불교식으로 하면서도 언어나 문자는 외전에서 빌어다 쓰고 있었다. 이에 혜원은 혜영(慧永) 등과 함께 불경을 외전과 비유하여 번역하기 시작했다. 그렇게 함으로 불경의 뜻을 이해하기 쉽게 하였다⋯ 이처럼 외전과 불교 경전이 함께 섞이면서 서로 간의 이해를 풍부히 만들어 주었다.[47]

실로 과감한 주석 방법이다. 불교 밖의 경전에서 단어를 빌려오는 정도가 아니다. 격의, 즉 외연의 방법을 통해 불교신앙은 중국의 종교 및 철학 사상 속으로 파고들어갈 수 있었다. 불교는 중국인들의 심성 속으로 파고들어갔다. 그러나 이는 일방통행은 아니다. 역으로 중국 사상이 불교 신앙 속으로 파고들어가기도 했다. 중국의 사상과 신념이 불교 속으로 확산되어 들어간 셈이다. 이같은 상호 외연작용이 없었다면 불교는 영영 중국인의 지성과 신앙 속으로 들어오지 못한 채 이방인으로 남아 있을 수밖에 없었을 것이다. 그리고 중국은 호적이 지적한 바와 같은 "처절한 패배"를 당하지 않았을 것이며 "현혹당하고 당황케 하며 결국은 정복당하지" 않았을 것이고 "수백만 인민들이 가정을 버리고 승려나 수도승이 되지는 않았을" 것이다.[48]

이같은 치열한 변용의 과정을 겪은 후 불교는 승자의 모습으로 나타나게 되었다. 낯선 세계의 정신과 영혼 속으로 깊숙이 확산하고 침투해 들어감으로 불교 신앙은 중국 인민의 마음과 정신을 사로잡아 버렸다. 불교는 "인도적인 것"을 잃은 것이다. 중국옷을 입고 중국식 화장을 했을 뿐 아니라 진리와 구원을 추구하는 중국인들의 영혼까지 사로잡고 말았다. 중국에 들어온 불교는 이제 손님이 아니라 떳떳한 식구가 된 것이다. 피가름을 통해 중국과 혈맹관계를 맺게 되었고 중국이라는 거대한 인간 가족의 일원이 되었다. 불교는 이 혈맹관계를 더욱 공고히 만들었다. 공산혁명이 있기 전까지만 해도 "거의 모든 중국 평민들은 '잠정적 불교도'들이었다. 그들은 부모가 사망했을 때 특별한 경우가 아니면 으례 불교 승려를 불러다 죽은 영혼의 구원을 위해 빌게 하였다."⁴⁹ 중국 인민 대다수에게 불교는 구원과 삶의 방법을 제시해 주는 신앙으로 받아들여졌다.

우리 그리스도교인들의 눈에는 중국에서 일어난 불교의 변형과 발전 역사가 기이한 것으로 느껴지지는 않을 것이다. 그리스도교가 초창기 그리이스·로마 세계에서 이와 비슷한 역사를 진행시키지 않았던가? 그리스도교도 인도 게르만 민족과 앵글로 색슨 민족들 속으로 확산되어 들어갔다. 그리스도교는 서양 사람들의 심성 속 깊숙이 파고들었다. 그리스도교라는 특징을 그대로 간직한 채 서양에서 종교적 정치적 문화를 구성하고 꾸미고 만들어 냈다. 서양 문화의 뿌리는 그리스도교라 해도 지나친 말이 아니다. 그러면서도 동시에 그리스도교는 그리이스·로마 문화라는 요람 속에서 자라난 관계로 교회 건축, 미술 및 교회법과 신학 용어 등이 그 문화로부터 강한 영향을 받았다.

서양의 그리스도교 역사는 바로 이 격의(格義)의 한 예일 뿐이다. 그런데 바로 이 격의의 법칙에 의해 아시아 및 아프리카에서는 최근까지도 그리스도교 교회가 배척을 받고 있다.

아시아나 아프리카에 있는 그리스도교 교인들은 그리스도교 공동체와 자기 민족 공동체 사이의 문화적 신앙적 격차가 너무도 크다는 사실을 인식하고 이제 조심스럽게 그 거리를 잇는 교량을 놓기 시작하고 있다. 아프리카 신학자 세틸로운(Setiloane)의 시는 그리스도교 신앙과 토착문화 및 종교신앙이 어떤 방법으로 상호 외연과 침투 작용을 할 수 있는가를 암시해 준다.

그들은 나를 아프리카인이라 부른다오
그렇소, 나는 아프리카인이오
아프리카 흙에서 태어난 못난 아들이라오
내 아버지가 검었던 것처럼
우리 옛 조상들이 검었던 것처럼
이 세상에 살다 가는
내 어머니, 내 자매, 내 형제들처럼
그들은 내가 무엇을 믿느냐고
내 신앙이 무엇이냐고 묻는다오
어떤이들은 내가 아무것도 믿지 않는
들판의 짐승과 같다고 한다오
"창조주, 하느님이 누구냐?

그 옛날 유대인들을 통해 인간에게 나타나시어
나는 야훼니라: 나는 나이다
영원부터 영원까지 계실
그분을 너는 알고나 있느냐?"
내 조상이나 그들 조상이나
먼 옛날에는, 그분을 알았다오
그분 앞에 무릎을 꿇었고
여러 개 이름으로 그분을 불렀다오
이 한 분이신 오직 그분을
그들은 이렇게 불렀다오
우벨링콰키: 처음 분
그에게서 만물이 생겨났다오
웅쿨루쿨루: 크고 크신 분
너무도 커서 그를 잴 공간은 없다오
모디모: 하늘 높은 곳에 좌정하신 분
그들은 또 모디리로도 부른다오
만물을 창조하신 분이란 말이오
그리고 레사라고도 부르지
그의 영이 없이는 인간의 숨은 끊어지고 만다오. …50

아브라함, 이사악, 야곱 그리고 예수 그리스도의 하느님의 사생아인가? 그러나 이 시를 읽으면 아프리카의 토양과 친밀한, 아프리카의 영혼을 건드리는, 아프리카의 정신을 포용한 하느님을 느낄 수 있다. 하느님은 시간의 시작으로부터 아프리카 사람들의 하느님이었고 세계 종말에 이르기까지 그들의 하느님일 것이다.

하느님은 외연의 하느님이다. 하느님은 모든 피조물과 인간 공동체 모든 사람들에게 다다른다. 하느님의 외연에는 한계가 없다. 하느님의 영이 들어 있지 않는 피조물이란 없다. 창조하시고 구속하시는 하느님의 손길이 닿지 않는 인간 공동체란 있을 수 없다. 세계 모든 곳에 확산되기 위하여, 모든 피조물들에 파고들기 위하여 하느님은 독창적 문화와 역사를 지닌 민족들이 가지고 있는 토착 언어와 상징과 형상을 사용한다.

초대 그리스도교 교부들이 하느님을 로고스로 받아들였듯이 고대 중국인들은 하느님을 하늘 혹은 상제로, 아프리카인들은 웅쿨루쿨루 즉 크고 크신 분으로 받아들였다. 하느님이 이처럼 크고 크신 분이라면 어느 일정한 문화 환경 안에서만 유통되는 언어와 상징으로는 이 하느님을 충분히 묘사할 수 없을 것이다. 하느님께서 다른 문화와 민족의 삶과 정신 속에 어떻게 침투해 들어가시는가를 알게 되면 하느님의 형상을 좀더 잘 이해할 수 있게 될 것이다. 하느님이 우리 그리스도교 교인들에게 낯익은 방법으로 서양인과 긴밀한 관계를 맺었다면 역시 그 하느님이 비록 우리에게는 낯선 방법일지는 몰라도 아시아나 아프리카인들과도 긴밀한 관계를 유지하고 있다고 말할 수 있지 않겠는가?

하느님은 확산하고 확산하고 또 확산하신다… 또한 하느님은 침투하고 침투하고 또 침투하신다. 우리 그리스도교 교인들은 예수 그리스도의 인격을 통해 인류 속으로 확산되고 침투되어진 하느님을 발견하게 된다. 예수 그리스도는 우리 인간 크기로 축소된 하느님, 크고 크신 분이다. 이 **축소**야말로 하느님 입장에서 보면 외연이다. 하늘에서 땅으로, 신성(神性)에서 인성(人性)으로, 하느님되심에서 인간됨으로— 이것이야말로 크고 큰 외연이며 깊고 깊은 침투이다. 이것이 바로 성육신(成肉身)이 말하려는 바이다.

하느님께서 이처럼 세상을 향해 외연되고 있는 형편인데 어찌하여 우리는 우리 신앙과 신학에서 우리 자신을 외연시키기 두려워하고만 있는가? 그리스도교만이 유독 틀에 매인 종교를, 그리스도교 신학만이 유독 틀에 매인 신앙 체계를, 우리 그리스도교 교인만 유독 틀에 매인 신앙인임을 고수할 특별한 이유라도 있는가? 하느님은 예수 그리스도를 통해 우리 언어로 말씀하셨는데 무슨 이유로 우리는 불교도의 언어를 쓰기 두려워하는가? 하느님이 예수 그리스도를 통해 인간의 모든 고통을 포용하셨는데 이 세상 하느님의 외연 속에 포함되어 고난받고 있는 민중들이 안고 있는 자유와 목적의식은 어째서 받아들이지 못하고 있는가? 아시아 인민을 과거에 붙들어 매고 미래로부터 단절시키는 카르마(*karma*, 業)라는 사실을 풀기 위해 투쟁하는 아시아인들 속에 계신 하느님을 어째서 만나지 못하고 있는가?

카르마〔業〕의 사슬을 풀기 위하여

한 처음에 카르마가 있었다. 이것이 수세대를 살아오면서 아시아인들이 경험으로 체득한 삶의 지혜이다. 카르마는 삶을 원인과 결과라는 사슬로 묶어 놓는다. 현재의 나라는 존재를 결정하고 있다. 탄생, 죽음, 재생이라는 윤회의 수레바퀴에 휘돌아 감기게 한다. 나의 삶이나 세계 속에 일어나는 일은 우연이라곤 없다. 과거의 존재와 행동이 현재의 삶을 결정지어 준다. 카르마라는 바퀴〔輪〕가 도는 데 따라 나와 모든 인간도 따라 돌게 된다. 카르마는 "행동이고 일이고 업적이다." 그렇지만 카르마는 인격이나 도덕과 관계없는 것은 아니다. 그것은 "도덕적 행위로 그것이 선하냐 악하냐에 따라 미래의 보응이 결정된다. 이는 또한 개개인이 갖고 있는 도덕적 핵(核)으로 재생 즉 윤회의 과정에서 결정적인 역할을 하게 된다."[51]

카르마보다 강한 것이 또 있으랴! 모든 피조물은 "카르마의 영향력"〔業感〕아래 있다. 온 우주 삼라만상은 카르마로 숨쉬고 있다. 우주는 "카르마의 힘"〔業力〕으로 인해 움직이고, 변하고, 흥하고, 쇠하며 감히 이에 대항할 수 없다. 살아 있는 것이든 죽은 것이든 모든 만물은 "카르마의 그늘"〔業因〕아래 있어 우리의 발자국을 미행하며 "그림자처럼 우리의 발자취를 추적해 온다."

그러면 삶이란 무엇인가? 과거로부터 물려받아 미래로 전수해야 할 "카르마 열매들"〔業果〕이 아닌가? 역사란 무엇인가? "카르마의 그물"〔業綱〕로 "모든 존재를 고(苦)와 재생 속으로 쓸어 담는 것"이 아닌가? 그러면 우리가 가정이나 사회나 국가 안에 차지하고 있는 위치를 결정지어 주는 각종 관계들은 어떻게 해석될 수 있는가? 모든 인간을 "카르마의 끈"〔業繫〕으로 매는 "카르마의 묶는 힘"〔業伸〕에 의해 생겨나고 좌우되는 현상들이 아닌가? 간단히 말해 삶이란 "넓고 깊은 카르마의 바다"〔業海〕이며 그 안에서 중생들은 끝없는 "카르마의 고통"〔業苦〕을 느끼며 헛되이 구원을 기다리며 사는 것이다.[52]

카르마는 동양에 있어 종교 전통 속에 아주 밀착되어 있기 때문에 흔히 동양인들이 세계와 삶을 개조할 수 있는 힘과 의지를 상실하게 된 원인을 여기에서 찾고 있다. 동양의 모든 세계는 스토아적인 은둔의 심정으로 카르마라는 짐을 지고 산다. 모든 동양인들은 한숨과 신음 속에 막연하게나마 언젠가는 어떤 식으로든 이 카르마의 바퀴가 정지할 것임을 기대하고 있다.

삶과 역사를 이 카르마라고 하는 마술적인 어휘를 통해 조명하면 그것은 원의 형태로 나타난다. 이 원을 따라 돌면서 삶은 그 색깔과 생명력을 상실해 가며 역사는 그 역사의 생명인 시간 관념을 잊어버리게 된다. 삶이 반복되고 역사가 전개되는 곳은 공간이지 시간이 아니다. 세대가 오고 가지만 언제나 같은 일이 일어날 뿐이다. 인생이 태어나고 사라지지만 언제나 똑같은 인생뿐이다. 왕조가 흥하고 쇠하지만 언제나 같은 왕조일 뿐이다. 이 모든 것은 하나이고 같은 것이며 매일매일 뜨고 지는 태양도 같은 것이다. 카르마의 입장에서 삶과 역사를 이해할 때 시간은 중요한 의미가 없다. 역사는 텅 빈 공간으로 그 안에 모든 것을 흡수하나 위에는 흔적조차 남지 않는다.

구약성서에 전도서라는 "비전적(秘傳的)" 글을 남긴 전도자의 언어가 바로 이런 식이었다. "공허하고 공허하다, 전도자는 말한다. 공허하고 공허하다. 세상만사 공허하다. 사람이 하늘 아래서 아무리 수고한들 무슨 보람이 있으랴! 한 세대가 가면 또 한 세대가 오지만 이 땅은 영원히 그대로이다"(전도 1, 2-3). 그는 설득력있는 웅변가이다. 세계와 삶을 공허한 것으로 관조하는 그는 감성이 풍부해지고 그의 가슴에는 시(詩)적 기운이 감돌아 입을 열 때마다 심오한 진리를 토설해 내고 있다. 무엇보다 중요한 것은 그가 말하는 공허는 그저 막연한 공허가 아니다. 진리와 의미가 충만한 공허이다. 그는 이 공허의 의미를 신중하게 파헤쳐 나가고 있다. 그의 기분에 따라 시적 흥취도 더욱 고조되고 있다.

    떴다 지는 해는 다시 떴던 곳으로 숨가삐 가고
    남쪽으로 불어갔다 북쪽으로 돌아오는 바람은
    돌고 돌아 제 자리로 돌아온다
    모든 강이 바다로 흘러드는데
    바다는 넘치는 일이 없구나
    강물은 떠났던 곳으로 돌아가서
    다시 흘러 내리는 것을(전도 1, 5-7).

시적인 환상 정도일까? 모든 것에 기대를 걸었다가 모든 것이 수포로 돌아간 후 느낄 수 있는 실망과 낙심된 심정을 자연 속에 투사시킨 것에 불과한 것인가? 이 시의 단어들 속에는 환상이 있고 시귀 속에는 환각의 느낌이 있다. 그러나 동시에 꿰뚫는 통찰도 있어 진실 중의 진실, 진리 중의 진리를 찾아내고 있다. 삶과 역사는 카르마의 위력에 의해 카르마의 사슬에 매여 있다는 것이다.

카르마적인 삶과 역사의 원 안에서는 시간의 의미가 사라지고 만다. 한 처음에 카르마가 있었다. 한 처음에 시간이 있었다는 말을 할 수 없게 만든다. 카르마와 시간 사이의 투쟁에서 카르마가 이겼다.

전통적 신학의 역사관에서 본다면 이럴 경우 역사란 이루어질 수 없다고 판단할 것이다. 신학에 의하면 역사는 시간으로 시작해서 시간 안에서 이루어지는 것이다. 역사는 시간이라는 자(尺)를 통해 측정되어야 한다. 역사란 시간 안에서의 동작(動作)이다. 공간은 용기(容器)에 불과하다. 시간에 비하면 없어도 무방한 용기일 뿐이다. 그리스도교 역사 관념에 의하면 시간이 최고이다. 공간은 그 다음, 아니 그 다음 다음이며 모든 것의 평가 기준은 시간에 있다. 이같은 시간중심의 신학적 역사관은 아시아인들의 공간중심적 생활을 신학적으로 별로 가치없는 것으로 매도해 왔다. 아시아인들이 하느님의 구원계획 안에서 구속의 의미를 얻으려면 먼저 아시아인의 공간이 서양의 신학적 시간으로 탈바꿈되어야만 했다.

이같이 그리스도교 신학에 보조를 맞추기 위해서는 공간으로부터 시간으로 일방적 개종을 강요받게 될 때 아시아의 종교 심성뿐 아니라 전도서의 저자까지도 거북스런 입장을 취하고 있다. 전도자는 자기 표현 그대로 역사를 무시하거나 시간을 흘려버리는 태도는 취하지 않는다. 그는 "하늘 아래 벌어지는 모든 일을 알아 보아 지혜를 깨치려고 무척 애를 써 보았다" (전도 1, 13). 그는 자연을 배우는 데 어떤 비전적(秘傳的) 방법을 쓰지 않았다. 인간 심리의 근저에 있는 무의식의 세계를 파헤치려고 하지도 않았다. 대신 그는 사회와 나라 안에서 일어나는 사건들을 냉철하게 지켜보았다. 그는 행정부 안에 상당한 지위에 있던 인물이었을지도 모른다. 그러나 이 모든 것을 보고 그가 내린 결론은 다음과 같다.

지금 있는 것은 언젠가 있었던 것이요 지금 생긴 일은 언젠가 있었던 일이라. 하늘 아래 새 것이 있을 리 없다. "보아라, 여기 새로운 것이 있구나!" 하더라도 믿지 말라. 그런 일은 우리가 나기 오래 전에 이미 있었던 일이다. 지나간 나날이 기억에서 사라지듯 오는 세월도 기억에서 사라지고 말 것을(전도 1, 9-11).

사실 그대로다! 삶이란 옛날 일어났던 일들이 계속 반복되는 것에 불과하다. 역사란 옛 이야기가 계속 재현되는 것에 불과하다. 옛 일과 옛 이야기가 끊임없이 반복되는 동안에도 시간은 변함이 없다. 공간과 마찬가지로 시간도 카르마의 사슬에 매여 카르마의 힘이 쇠하기까지는 계속 반복을 되풀이할 뿐이다. 그리스도교 성서 안에서도 삶에 대하여 카르마적으로 현실을 통찰하고 있으니 놀라운 일이 아닌가!

그러면 우리 시대에 있어 최고의 기술문명과 빛나는 과학으로 건설된 현대 사회는 과연 카르마를 정복하고 그 사슬을 깨쳤는가? 시간이 흐르는 매단계마다 과연 우리는 우리 삶에 새로운 것들을 맞이하고 있는가? 과연 새 하늘과 새 땅을 기대하며 살고 있는가? 우리 주변에서 일어나는 일들을 살펴보건대 우리가 살고 있는 이 복잡한 세계는 카르마의 권력에 사로잡혀 헤어나지 못하고 있음을 알 수 있다. 오히려 카르마는 우리를 잡은 손아귀에 힘을 더욱 주면서 우리를 자기 권세 아래 굴복시키려 하고 있다. 태평양 출신 에티 사아가(Eti Sa'aga)의 노래를 들어 보자. 그는 현대 기술

도시와는 멀리 떨어진 곳에서 섬 주민들과 함께 살면서도 과학의 힘이라는 무시무시한 카르마에게 공포를 느끼며 살고 있다. 그 힘은 과학발전과 기술발달에 힘입어 생각과 작용·반작용의 법칙으로 나타나고 있다. 그가 지은 "어찌 될 것인가"란 시이다.

  이것이 그 해답이다
  언젠가는 그렇게 될 것을
  언젠가는 차디찬
  발전이라는 바이러스가
  이 섬에 서서히 퍼져
  소독하는 태양의
  열기마저 삼켜 버리고
  모든 인간들의 얼굴에도 퍼지리
  다시 말해
  언젠가는 좆같은 기둥들이
  하늘들의 자궁을 쑤시고
  제트기들은 모기떼처럼
  윙윙거리며 몰려들어
  내 꿈을
  차가운 자본주의의 악몽으로
  바꾸고야 말리
  언젠가는 산들이 무너지고
  그 위에 인조잔디가 깔려
  다시는 듣지 못하리
  정적 속에 들려 오는
  노인들의 노래를
  다만 나오는 것은
  플라스틱 쓰레기 태우며
  뿜어내는 들척지근한 냄새뿐
  거기서 바다가 거두어들이는 것은
  죽은 고기의 그림자뿐
  메마른 산호는 손가락으로
  흰 모래와 신 파도를 후벼댈 뿐…
  고향의 문화를 위해
  헛되이 충성을 맹세하는

나이들고 고도로 치장된 이들
나는 이 섬들을
오염된 폐허 속
공동묘지 속으로
처박아 버리리라.[53]

핵실험을 야만스럽게 "좆같은 기둥이 하늘의 자궁을 쑤시고"로 비유하고 있다. 외설이 아닌가? 절대 아니다! 음과 양, 여성과 남성의 힘은 창조의 행위에 동참한다. 이 행위는 성스러운 것이며 침해받아서는 안되는 것이며 영원한 것이다. 지저분한 것은 이 성스런 행위를 오염시키고, 이를 세속화시키며 재물과 악마의 면전에서 이를 실연(實演)하려는 추악한 인간의 의도이다. 오늘날 자본주의 문명이 안고 있는 가장 큰 골칫거리가 바로 이것이다. 이는 하느님 창조의 신비를 온 세계 목전에 폭로하려고 위협한다. 핵무기로 그 신비를 파괴한다고 위협하며 교활한 인간은 하느님 창조의 비밀을 밝혀냈노라고 기고만장 떠들고 있다. 이것이야말로 추잡스럽고 위험하며 파괴적인 것이다.

모든 인간은 카르마의 그늘 아래 살고 있다. 카르마는 인간의 자유·정의 및 사랑에 대한 모든 요구를 끝장낼 힘을 가지고 있다. 과연 인간이 현재와 다가올 미래에 이 카르마의 권세와의 싸움에서 승리할 것인가 두고 볼 일이다. 1979년 7월 미국 MIT 대학에서 신앙·과학 및 미래 연구 회의가 개최된 적이 있다. 세계 각국에서 수백명의 과학자·기술자·신학자들이 모여 회의한 결과 권력층에 대해 "과감한 핵무기 감축을 시행하여 과학이나 기술이 인간 생활의 파괴를 위협하는 데 이용되지 않도록 하며 평화를 위한 과학이 되라는 하느님의 지상 과제를 수행하도록 촉구하였다." 이제야 세계는 인류의 미래를 장악하고 있는 카르마의 위협을 느끼기 시작하게 되었다.

카르마의 그림자는 길게 드리워 있다. 그 그림자는 자기 파멸을 향해 치닫는 인류의 머리 위에 길게 드리워 있다. 카르마는 또한 우리가 살고 있는 이 시대의 고도로 발전되고 복잡한 사회 속의 개개인까지 그 그림자로 덮고 있다. 도시의 빈민가나 가난에 쪼들린 농촌지역 주민들이나 풍요한 사회 속의 주민들이나 일률적이고 무의미한 삶을 살아가기는 마찬가지이다.

개개인은 카르마의 관성(慣性)— 작용·반작용의 사슬에 매여 움직이고 있다. 그들은 관계라고 하는 그물에 매여 일정하게 결정하도록, 일정하게 행동하도록, 일정한 성과를 얻도록 강요당하고 있다. 그들은 스스로 생각하는 것만큼 그렇게 자유롭지는 못하다. 가족을 부양해야 하고 친구와 친척에게 책임을 져야 하며, 동료를 만나야만 하고 행복과 여유를 보이도록 강요당하며, 나날이 변하는 유행에 맞추어 살아가야 하는데 의복이나 집뿐 아니라 생각이나 신념까지도 유행에 맞추어야 한다. 이외에도 수많은 일들이 사람들을 전통이나 풍습의 노예로 만들어 버린다. 과거라는 부담과 현재라는 짐, 그리고 미래라는 의무 — 다시 말해 카르마의 힘 — 가 광활한 우주 속에서 자유롭게 움직이고 마음놓고 숨쉬며 마음과 정신을 모아 하느님의 창조 깊은 곳에서 발신되는 신호음을 청취할 수 있는 여유를 박탈해 버린다.

사회가 복잡해지면 질수록 우리는 점점 더 카르마의 노예로 전락해 버린다. 우리 자신을 보호하거나 남을 해치지 않으려면 될 수 있는 한 자신의 솔직한 감정은 숨기고 남에게 거짓말을 해야만 한다. 인구가 조밀한 지역에서는 사람들이 육체적으로는 아주 가깝게 지내면서도 정신적으로는 상당한 거리를 두고 살게 된다. 사람 사이의 의사교통이 참으로 어려운 기술임을 알게 된다. 우리는 항상 동료나 적들에게서 보복받을까 두려워하며 살아야 한다. 애써 얻은 특권을 빼앗기지나 않을까 노심초사하며 살아야 한다. 이처럼 거짓말장이가 되어 울어야 할 때 미소지으며 눈물을 흘려야 할 때 웃고 크게 외쳐야 할 때 침묵을 지키며 용서해 주어야 할 때 화를 내고 사랑해야 할 때 미워하게 된다. 우리는 이같은 거짓말 보따리를 꿰차고 깊고 어두운 낭떠러지 절벽 끝에 아슬아슬하게 몸을 흔들며 서 있다. 각종 분야의 현대 학설이 제시하는 지혜와 기술을 아무리 동원해도 우리는 우리를 사로잡고 우리의 의지와 전혀 배치되는 방향으로 몰고 가는 이 카르마의 그물을 벗어날 수는 없다.

우리 인간은 모두 카르마의 제물이다. 동양에 있는 사람이나 서양에 있는 사람이나, 현대의 과학 및 기술 시대에 살고 있는 사람이나 원시 시대 사람이나 구별이 없다. 인간의 역사는 이같은 카르마의 횡포에 대항해 싸운 모든 시대 모든 지역의 인물들의 투쟁 기록이다. 이 투쟁에서 인간이 승리했을 때엔 인간의 사기는 하늘만큼 치솟지만 졌을 때엔 반대로 사기는 저하될 대로 저하된다.

이처럼 카르마와의 투쟁은 궁극적으로 시간을 얻으려는 것이 아니라 공간을 얻으려는 데 그 목적이 있다. 좀더 시간을 벌고 좀더 시간을 단축시키고 좀더 시간을 완성시키려는 데 목적이 있는 것이 아니고 밀집된 인구가 살 수 있는 보다 넓은 공간, 아주 작은 공간이라도 마음놓고 안주할 수 있는 곳, 무거운 짐을 견디지 못하고 있는 괴로운 마음이 쉴 한 평의 공간이라도 얻어내려는 데 그 목적이 있다. 우리 몸을 움직이게 하기 위해서 그리고 자연의 리듬에 맞추어 몸을 흔들기 위해서는 좀더 넓은 공간이 필요하다. 측은히 여기시는 하느님의 부르심을 들으려면 우리 마음 속에 좀더 넓은 공간을 마련해 두어야 한다. 그리고 마음의 공간을 넓혀 피부색, 인종 혹은 신조에 구애받지 않고 우리의 형제들을 받아들여야 한다. 이렇게 될 때에 비로소 인간을 자기 파멸로 이끌고 가는 카르마의 속박에서 풀려날 길이 생기게 된다.

예수는 어느 누구도 막을 수 없는 사랑의 힘으로 이 카르마의 사슬을 풀었다. 전통과 풍습이라는 굴레에 씌워 자유를 갈망하던 수많은 사람들에게 예수는 "…고 옛 사람들에게 하신 말씀을 너희는 들었다. 그러나 나는 이렇게 말한다"고 하였다.[54] 여기서 중요한 것은 '그러나'이다. 이는 모세로부터 지금까지 내려온 유럽의 전통에 정면 도전을 하고 있는 것이다. 신학자들에 의해 설립된 사상 체계에 문제를 제기하는 것이다. 유대교인으로 태어난 사람이면 누구나 몸과 마음을 바쳐 복종해야 하는 거룩한 권세와 권위의 성채를 겁없이 공격하고 있는 것이다. 그러나 바로 이 위력있는 '그러나'로 예수는 이 모든 것을 깨뜨리고 말았다. 그는 가난한 자들과 하느님의 은총 밖으로 내쫓긴 자들을 내리누르고 있던 율법의 카르마를 분쇄하였다. 전생애를 통해 예수는 삶의 자유를 앗아가며 영혼을 병들고 불구로 만드는 각종 종교적 명령 및 윤리적 규율의 카르마와 대항해 싸웠다. 언젠가 간음하다 현장에서 잡힌 여인이 예수께 붙들려 왔다 (요한 7, 53—8, 11). 이 여인을 예수께 데려온 '율법학자와 바리사이파 사람들'은 과연 자기들 능력으로 이 사건을 처리할 수 없어 그에게 끌고 온 것일까? 대조적으로 간음 현장에 있었을 상대 남자는 언급조차 되지 않고 있다. 유대인 사회에서 천대받는 여자만이 비난의 화살을 맞고 있다. 많은 사람들이 보는 앞에 끌려나온 이 가엾은 여인이 지고 있는 율법의 카르마, 그 얼마나 무거운 짐일까!

율법학자들의 의도는 예수를 곤경에 몰아넣어 더 이상 자기식으로 외람되이 율법을 해석하지 못하게 하려는 데 있었을 것이다. 그러나 그의 입에서 나온 말은 "너희 중에 누구든지 죄없는 사람이 먼저 저 여자를 돌로 쳐라"(요한 8, 7)였다. 간단하고 쉬운 말이었다. 그러나 그 위력은 엄청났다. 이처럼 절대절명의 위기에 짧고 쉬운 말 한마디로 예수는 율법과 전통의 카르마를 부순 것이다. 예수 반대자들은 자기들 율법의 카르마가 여지없이 부서지는 것을 보고 이번 라운드에서는 승산이 없음을 알아차렸다. "그들은 다 어디 있느냐?" 겁에 질려 떨고 있는 여인에게 한 예수의 말씀이다. "너의 죄를 묻던 사람은 아무도 없느냐?… 나도 네 죄를 묻지 않겠다. 어서 돌아가라. 그리고 이제부터 다시는 죄짓지 말라"(요한 8, 11).

예수는 이 세상에서 카르마의 권세를 부술 수 있는 것은 사랑의 힘밖에 없다는 것을 말과 행동으로 보여 준 것이다. 그는 죄의 카르마와의 싸움을 십자가에까지 끌고 갔다. 십자가 위에서 사랑의 힘과 카르마의 권세는 가장 치열한 전투를 벌이게 되었다. 언뜻 보면 카르마의 권세가 사랑의 힘을 물리친 것같이 보인다. 예수는 제자들로부터, 하느님으로부터 버림을 받았다. 그러나 예수는 남은 힘을 모아 하느님께 마지막 기도를 드렸다. "아버지여 저들을 용서해 주십시오"(루가 23, 34). 그와같은 절박한 시기에 나온 기도치고는 너무도 짧고 미약해 보이기까지 하였다. 그러나 그 위력은 엄청난 것이었다. 창조 이전의 혼돈을 흔들며 위협하던 암흑의 권세가 무너지고 말았다. 인간을 죄와 죽음으로 묶어 놓고 있던 카르마의 사슬이 깨어졌다. 결국 용서하는 사랑의 힘이 카르마의 권세를 정복하고 말았다. 3일 후, 하느님은 사랑의 힘으로 카르마의 권세를 벗어나 자유를 얻은 온 인류와 함께 예수의 부활을 축하하게 되었다.

팔레스틴에서 훨씬 멀어진 곳에, 예수 그리스도보다 6세기 앞서 고대 인도에서는 부처 고타마가 수년에 걸쳐 꾸준히 노력한 결과 고(苦)의 카르마를 깨는 길을 터득하였다. 깨달음을 얻은 후의 그의 말이다.

밝은 지혜에 의해서 마음은 애욕과 무명에서 벗어나 이미 해탈하였다. 생은 다했다. 청정한 행은 성취되었다. 해야 할 일은 성취했다. 이것이 그 밤의 마지막에 얻은 제3의 지혜이다. 무명은 사라지고 지혜를 얻었으며 어둠은 사라지고 광명한 빛이 내 있는 곳을 비추었다.[55]

고(苦)의 사슬에서 풀려날 수 있다는 소식은 그야말로 중생들에겐 복음이었다. 생과 재생의 끊임없는 반복 속에 휘말려 두려움을 안고 살아야 하며, 미래는 희망의 약속이 아니라 과거의 수없는 전생(前生)들에 지은 죄의 업에 따른 심판으로 받아들여야 하는 중생들에게 기쁜 소식이 되었다. 운명의 횡포를 벗어날 수 있다는 이 확신이 수백만 아시아 사람들을 불교 신앙에 귀의하게 만들었다. 그들 대다수에겐 까다로운 교리에 대한 이성적 이해나 명상이나 극기를 통한 혹독한 자기 수련 같은 것은 별로 중요한 것이 못되었다. 그들에겐 단지 고통과 고뇌의 악한 카르마로부터 자유할 수 있는 힘만을 신앙하였고 그것이 희망의 전부였다. 그들은 대승불교(大乘佛敎)에서 이같은 신앙과 희망을 얻었다.

중국이 정치적 변동과 사회적 불안 및 자연의 재해로 말미암아 심한 압박을 받고 있을 때 중국인들의 정신을 유도해 나간 것이 바로 불교 신앙이었다. 한나라 이후 혼란에 빠진 시대적 상황 속에서 불교는 중국인들의 민중종교로 자리를 굳히게 된 것이다. 당시 상황은 다음과 같았다.

한(漢)나라(B.C. 206—A.D. 221)의 멸망 이후 1세기 동안은 단명(短命)의 나라들이 우후죽순처럼 일어났다 사라졌다. 그러고 나서도 250여년 동안은 각종 천재지변이 그칠 날이 없었다. 4-5세기에 이르러는 중국 문명의 발상지인 황하강 유역이 훈족, 몽고족, 퉁구스족, 심지어는 터키족에게까지 유린되었다… 이같이 어려운 시대에 있어 최악의 희생자들은 언제나 평민들이었다. 그들은 군대로 징병되어 피비린내나는 전투의 희생물이 되었고 또는 노무자로 끌려나가 강제 노역을 해야 했으며 남은 자들은 언제 끝날지 모르는 전쟁을 위해 과다한 세금을 물어야 했다. 이 모든 것은 오직 통치자의 욕구를 충족시켜 주기 위한 희생이었다. 이처럼 생명과 재산을 빼앗기는 것에 그치지 않고 복도 없는 평민들은 홍수에다 가뭄 등 중국역사에서 전례를 찾아볼 수 없는 자연 재해까지 겹치게 되었다.[56]

평민들이 져야 할 고난의 짐은 끝도 없고 한도 없었다. 이같이 기구한 운명 앞에서 과연 그들은 어디에서, 누구에게서 쉼을 얻을 수 있겠는가?

한나라의 국가종교, 즉 사회질서 및 신분계층에 대한 윤리적 지침이었던 유교는 통치권력이나 마찬가지로 별 도움을 줄 수 없다는 것이 드러나고 말았다. 도교가 말하는 비전(秘傳)의 신행법(信行法)도 마술적 제의(祭儀)도 그들을 고해(苦海)에서 견뎌낼 수는 없었다.

하느님의 섭리로, 중국에서 고통받고 있는 이들에게 고통으로부터의 해방을 선포하고 나선 것이 바로 불교 신앙이었다. 《중국사회의 종교》(Religion in Chinese Society)의 저자 양(C.K. Yang)은 이렇게 정리하고 있다. "중국사회의 구조적 이념적 체계가 무너져버린 상황 속에서 이방인의 신앙이었던 불교는 중국 속으로 파고들어 마침내 요원의 불길처럼 퍼져나갔고 끊일 줄 모르는 혼란의 연속 속에 살고 있던 인민들에게 먹혀들어갔다."[57]

그렇지만 그리스도교가 아니고 하필이면 왜 불교였는가? 이런 질문을 하는 그리스도교인도 있을 것이다. 그 이유는 아무도 모른다고 솔직히 대답할 수밖에 없다. 다만 우리가 알 수 있는 것은 그리스도교 신앙은 바울로에 의해 서양으로 옮겨졌고 그곳 그리이스·로마 세계 속에 뿌리를 내리려 온갖 노력을 경주하였다는 사실뿐이다. 아마 모든 피조물의 창조주

되시며 구속자가 되시는 하느님께서는 당시의 특수한 세계 역사적 상황에 맞추어 오른손으로는 유럽을 상대로 바울로를 로마로 보내 예수 그리스도 신앙을 심었고, 왼손으로는 동양을 상대로 불교를 중국에 보내 고통으로부터의 해방을 얻는 가르침을 펴신 것이 아닐까? 다만 추측에 지나지 않는 이야기라고 무시해 버릴 것은 아니다. 누구라 하느님의 마음을 알 수 있으랴?

불교는 고통받고 있는 이들에게 자유와 희망을 주는 것으로 끝나지 않고 사랑과 자비를 전하며 이를 실천하는 데 이른다. 불교 중에서도 대승불교에서는 사랑하시는 하느님의 힘에 사로잡힌 고귀한 인생의 모습을 특히 강조하고 있다. 불경에는 어둠 속에 있는 인간의 마음을 등불처럼 비춰 주는 글들이 수없이 많다.

> 들으라, 선남자여. 보살마하살관세음(菩薩摩訶薩觀世音)은 어둠 속에 있는 자에게 비치는 등불이며 태양의 열기 아래 고생하는 자에게 태양을 가려주는 양산이며 목마른 자에게 샘이며 병든 자에게 의사이며 불행한 자에게 부모이며 지옥에 있는 자에게 열반이다… 이 세상에 있는 자 중에 그의 이름을 기억하는 자 복있도다. 끝없는 고통에서 건짐받을 첫 사람이다.[58]

정치 사기꾼이나 종교 협잡꾼으로는 인간의 고해(苦海) 한가운데 서서 이같은 말을 할 수 없다. 위의 말 속에는 일종의 책임감 같은 것이 내포되어 있다. 고통받고 있는 자들에 대한 깊은 연민의 정이 담겨 있다. 중생들로 이 고통의 바다를 건널 수 있는 유일한 길, 사랑의 근원을 가지라고 호소하고 있다. 대승불교가 주로 신봉되고 있는 중국이나 기타 아시아 민족들은 자비의 가르침을 가져다 주는 보살을 믿음과 희망과 사랑의 화신으로 믿고 있다.

보살이란 무엇인가? 깨달음의 가장 높은 경지에 이르러 열반의 문턱에 도달했음에도 고통받고 있는 중생들이 불쌍하여 그들에게 고개를 돌려 구원을 보시(布施)하는 승려나 평신도들을 말한다. 그들은 헛된 카르마의 사슬을 부순 자들로 삶을 헛되게 만드는 온갖 욕(欲)의 환상에서 해탈한 자들이다. 그들은 자기 주변의 선남선녀들을 열반의 절정에 이끌려는 사명을 스스로 진 자들이다. 그들은 "속세인(俗世人)들을 구하기 위해 속세에 머물러 있는 자들이다."[59] 불경에 보살에 대해 이런 글도 있다.

> 보살은 대자비(大慈悲)의 마음을 갖고… 지은 죄의 결과로 아비지옥(阿鼻地獄)에 빠져 처절한 고통을 받고 있는 중생들의 괴로움을 돌아보고 있다. 이 지옥은 밑도 끝도 없으며 〔유정(有情)의 인

간이면 누구나 받을 수밖에 없는] 카르마의 보상〔業報〕을 끊임없이 받고 있는 중생들로 가득 차 있다. 보살은 대자비의 마음을 가지고 이 불쌍한 중생들을 위해 스스로 괴로움을 당하고자 한다.⁶⁰

보살이 지닌 이 "대자비의 마음"은 곧 하느님의 마음과 비천한 인생들의 마음이라 할 수 있다. 모든 피조물을 다루시는 하느님의 은밀한 계획도 이 자비의 마음을 통해 알려질 수 있다. 인생들로 하여금 투쟁과 고통의 늪에서 벗어날 수 있도록 하는 힘도 바로 이 마음에서 생겨난다.

이러한 대승불교 신앙은 어떻게 하든 빨리 이 세상에서 탈출하려는 몸부림 속에서 외치는 외침과는 거리가 멀다. 자기 혼자만의 구원을 이루기 위해 자선을 베푸는 그런 이기적인 노력과도 거리가 멀다. 보살이 부처 앞에서 진지하게 서원한 바는 다음과 같다.

제가 스스로 괴로움의 짐을 지겠읍니다. 〔그렇게 할〕결심이 되어 있읍니다. 그것을 견뎌 내겠읍니다… 이유는 이것입니다. 무엇을 희생시키더라도 중생들이 진〔괴로움의〕짐을 들어야만 합니다. 이 일로 내가 쾌락을 얻고자 함이 아닙니다. 〔오히려〕제 귀엔 구원을 호소하는 중생들의 탄원 소리가 들리고 있읍니다… 어떤 두려움의 자리에도 거하려 함은 사바세계 수천만 영혼을 위함입니다… 이 중생들이 두려움의 세계로 떨어지기보다는 차라리 저 혼자 괴로움의 짐을 지는 편이 낫습니다.⁶¹

우리 그리스도교인들에겐 약간 낯설게 느껴지는 말들일 것이다. 느껴지는 정감이 생소할 것이다. 비록 형식이나 외형으로는 낯설고 생소한 점이 있다 하더라도 뭔가 우리 귀에 익은 듯한 소리, 우리 가슴을 찌르는 듯한, 우리의 마음을 열어주는 듯한 소리라고 느껴지지 않는가? 여기 이 보살을 통해 우리는 "구원을 호소하는 중생들의 탄원"에 귀기울이는 자를 목격하게 된다. 구약성서에 나타난 우리 하느님이 바로 구원을 호소하는 이스라엘 백성들의 탄원에 귀기울이셨던 분이 아니었던가? 예수 그리스도 안에 나타나신 하느님이 바로 고통받는 인생들의 짐을 지신 분이 아니었던가?

이같은 보살의 서원을 들을 때 우리 그리스도교인들로서는 겸허한 자세를 취하기만 해도 그것으로 만족할 만한 일이다. 그것만 해도 엄청난 일이다. 보살이 과연 사랑하시는 하느님의 영감을 받아 그런 말을 했는지 아니면 사탄의 지혜를 얻어 그런 말을 했는지 이 문제는 학문적 관심일 뿐이지 하느님이나 고통받고 있는 인생들에겐 문제가 되지 않는다. 보살의 서원을 들을 때 우리가 놀란 것은 그의 말 속에서 예수가 그 시대 고통받고 있던 자들에게 한 말의 메아리를 들을 수 있었다는 사실이다.

고생하며 무거운 짐을 지고 허덕이는 사람은 다 나에게로 오너라. 내가 편히 쉬게 하리라. 나는 마음이 온유하고 겸손하니 내 멍에를 메고 나에게 배워라. 그러면 너희의 영혼이 안식을 얻을 것이다. 내 멍에는 편하고 내 짐은 가볍다(마태 11, 28-30).

    이는 온 인류에게 향한 하느님의 구원 만찬에의 초청이다. 예수 그리스도가 그 초청이다. 하느님께서는 세계 곳곳의 사람들에게 각각 그 형편과 사정에 따라 이같은 초청의 복제(復製)들을 보낼 수 있지 않을까? 많은 사람들이 이 초청을 무시하고 거절하고 받아들이지 못했지만 한편으로는 그리스도교인 이외에도 이같은 초청에 대해 자기들 방식으로 받아들이고 또한 자기의 힘이 미치는 한 이 초청을 남에게도 전한 자들이 있음을 알아야 할 것이다. 그들은 사랑과 자비로 이루어진 우주적 승가(僧伽) 공동체 안에서 중생들과 함께 고통을 나눌 것을 서원하였다. 그들은 더욱더 세상 속으로 들어가고 있다.

    하느님의 은혜로 불교는 중국의 마음을 사로잡았다. 그러면서도 중국은 하느님을 잃지 않았다. 잃을 리가 없다. 불교의 역사가 흥망성쇠의 과정을 겪는 동안 중국 인민들은 역시 자기 민족의 오랜 역사를 통하여 악의 세력보다 더 큰 힘이 있다는 것을, 파멸의 권세보다 더 센 힘이 있다는 것을 깨닫게 되었다. 이는 곧 사랑의 힘이었다.

    이것이 우리 그리스도교인들이 전세계 민족과 나라들을 다루시는 하느님의 섭리를 깨달을 수 있는 단서가 된다. 다름아닌 바로 이 사랑의 창조하고 구속하는 힘에 의해 온 세계 사람들은 함께 살 수 있는 방법을 터득하며, 이 사랑의 힘이며 원천이 되시는 하느님의 품 안에서 서로가 서로를 확인하고 서로를 용납하는 길이 열리게 된다. "하느님은 이 세상을 극진히 사랑하셔서 외아들을 보내 주셨기"(요한 3, 16) 때문이다. 바로 여기에서 하느님은 시작하신다. 우리 역시 여기에서 시작해야 하지 않을까?

제 10 장

태평천국 그리스도교의 비극

중국의 오랜 역사 속에는 종교단체 및 종파운동에 의해 주도된 크고 작은 반란과 혁명 사건들이 적잖게 포함되어 있다. "한(漢)나라 시대 (B.C. 206-A.D. 221)에는 도교 일파인 황건적(黃巾賊)의 난이 끊이지 않았고, 삼국시대(221-265)에는 크고 작은 불교도들의 반란이 있었으며, 진 (晋)나라(265-316) 및 원(元)나라(1280-1368) 시대에는 전진교(全眞敎) 라는 도교계열의 종파가 통치자들에 대항하여 치열한 민족주의적 반란을 주도하였다. 그리고 백련교(白蓮敎)의 난은 몽고족들의 통치를 약화시켜 결국은 새로운 왕조의 탄생을 보게 하였고 그 왕조의 이름을 명(明)이라 부르기도 하였다… 이상의 예는 크게 대두된 사건들에 불과하다. 이외에도 수많은 종교적 난들이 2천년 중국 역사를 얼룩지게 하였다."1

흔히 중국인들에 대해 너그럽다느니 혹은 종교 신념에 대해서는 무심하다느니 하는 평을 내리고 있는데 이는 결코 옳은 말이 아니다. 중국 사회는 고금을 막론하고 종교와 아주 밀착되어 있다. 왕조와 나라의 흥망 뒤에는 여지없이 종교가 작용하였다.

청(淸)나라(1644-1911) 말기, 나라의 기틀이 허물어지게 된 근본 동기였던 태평천국(太平天國)2의 난 역시 이런 범주에서 벗어나지 않는다. "청나라 왕조의 최전성기였던 건륭제(乾隆帝)의 통치기간(1736-1796)도 크고 작은 종교의 난으로 얼룩져 있다. 1774년 백련교의 난이 일어났고, 1786-88년에는 팔괘교(八卦敎) 및 구궁교(九宮敎)의 난이 일어났으며, 1786-1789년에는 천지회(天地會)의 난이 있었다. 특히 1794년에 다시 고개를 들기 시작한 백련교의 난은 전국 9성(九省)에 확산되어 이후 8년 동안 득세하며 정부에 대항하여 결국은 청나라 왕조가 쇠퇴의 길에 접어들게 되는 계기가 되었다."3

종교 신앙도 정치적으로 이용될 때엔 강력한 힘을 발휘하여 통치 권력을 뒤엎을 수도 있고 사회의 구조를 뒤흔들어 놓을 수도 있다. 중국 고금의 역사처럼 전제적 정치체제를 구축한 통치자들에겐 이같은 종교가 언제나 잠재적 위협으로 여기게 된다.

생생한 역사 체험

　태평천국의 난 역시 만주족들이 장악한 천명(天命)에 대한 도전에 불과하다. 정부 권력에 의해 잔혹한 압박을 받은데다 종교적인 환상에 사로잡힌 자들이 주도한 지역적 정치 소요라 할 수 있다. 영욕(榮辱)으로 물든 중국 역사 속에 흔히 있어 왔던 비극적 이야기의 하나라고 할 수 있다. 그러나 태평천국의 난은 이같은 평범한 이야기로만 볼 수 없는 특수성을 내포하고 있다. 악몽으로만 홀려 버릴 수 없는 중요한 의미가 포함되어 있는 사건이다. 사실 이 난은 "그 시대를 완전히 바꾸어 놓은 전무후무한 내적 동요였으며 중국 역사상 그 유례를 찾아볼 수 없는 최대의 난이었다."[4] 중국이 "현대세계에 적응해 들어가는 문턱이었다."[5]
　새 하늘과 새 땅을 찾아 끊임없이 투쟁하는 중국 인민들의 투쟁의 하나로 태평천국의 난을 평가해서는 안된다. "비록 태평천국의 난은 실패로 끝나 새 사회를 건설하지 못하고 새 왕조도 세우지 못했으나 그들이 가졌던 목적과 그들이 지녔던 사상과 계획, 그리고 비극적 종말로 끝난 그들의 왕조에 대한 열정과 충성심은 현대 중국을 이끌어 나가는 혁명가와 지도자들의 가슴 속에 그대로 살아 움직이고 있다."[6] 사실이다. "20세기 초엽 원형적 혁명가"였으며 중화민국의 실질적인 건설자였던 손 문(孫文)은 "젊은시절에는 태평군 세력과 밀접한 관계를 맺었던 것으로 보인다."[7] 모택동(毛澤東) 및 그의 혁명 동지들도 태평천국의 난을 "위대한 혁명운동이었으며 중국 공산당의 선봉자"로 찬양하였다.[8]
　태평천국의 난에 대한 역사 평가 문제는 앞으로도 계속 논란의 대상이 될 것이다. 이는 중국뿐 아니라 세계 역사에 있어서도 가장 논란할 점이 많은 사건의 하나임에는 분명하다. 숭고한 정신과 고결한 이념을 표방하며 마침내 1853년 남경을 함락시키고 이를 수도로 하여 새로운 왕조를 세우게 되자 중국·서양 세력 및 그리스도교 교회는 숨막히는 긴장 속에 빠지게 되었다. 그러나 이 "태평천국"이 10년이 못되어 유혈로 그 막을 내리며 꿈과 이상이 물거품이 되어버리자 만주 왕가(王家)는 가슴을 쓸어내리며 한숨을 쉬었다. 그러나 이미 그때의 만주 왕조는 쇠약해질 대로 쇠약해진 상태였다. 서양 열강들은 이때를 놓치지 않고 연약해진 중국을 독촉하여 정치적·경제적 이권을 따내려고 혈안이 되었고, 그리스도교 교회는 이 무서웠던 악몽을 한시라도 빨리 잊으려 몸부림쳤다.
　그러나 태평천국의 유령은 쉬이 사라지지 않았다. 이 유령은 수시로 나타나 혁명분자들을 충동하였고 19세기 중국에서 자본주의 및 자본주의 선전가로 인식되던 서양 교회를 멸게 만들었다. 앞서 들어온 불교와는 달리 그리스도교는 정문으로 중국에 들어오지 못했다.

태평천국의 난이 중요한 이유는 이것으로 현대 중국사(中國史)가 시작되며 서양 식민주의가 중국에서 뿌리를 내리는 계기가 되었으며 "그리스도교" 왕국과 "이교도" 나라 사이의 비극적 혼인이 이루어지는 과정을 담은 것이기 때문이다. 우리 그리스도교인들로서는 태평천국의 난을 특히 주목하여야 한다. 중국 역사 속에서 전혀 낯선 외국의 신앙에서 이념을 채집하여 통치 세력에 대항할 뿐 아니라, 그리스도교 신앙을 표방하는 새 왕국을 세우려는 정치운동으로서는 이 사건이 전무후무한 것이었기 때문이다. 태평천국의 수도가 남경에 건설된 직후 메도우스(Thomas T. Meadows)·테일러(Charles Taylor)·브릿즈먼(Elijah Bridgman) 등 수명의 선교사들이 초청을 받아 남경을 방문한 적이 있었다. 그런데 방문한 결과 그들은 너무도 놀라운 경험을 하였던 것이다. "충격은 너무나 컸다. 소문 그대로였다. 반도(叛徒)들이 표방하고 있는 것은 그리스도교와 조금도 다를 게 없었다."⁹ 그들은 그곳에서 과거시험까지도 유교의 경전이 아닌 그리스도교 성서에서 내려는 작업을 진행하고 있다는 말도 들었다. 그들은 제 정신이 아니었다. 일행의 한 사람이었던 메도우스의 말을 들어 보자.

> … 3억6천만이나 되는 이 엄청난 이교도들이 재산이 좀 있거나 아직은 배울 수 있는 나이의 사람이라면 누구나… 성서를 처음부터 끝까지 외어버리려 심혈을 기울일 것이다. 만일 그렇게만 된다면 이는 그 신속함이나 완벽함 및 범위에 있어 세계 역사상 유례를 찾아볼 수 없는 혁명이 될 것이며 중국에 있어서도 그 응집력과 동원된 인원수에 있어 전례가 없는 혁명이 될 것이다.¹⁰

중국이 서양의 눈에 뜨게 된 이래 중국은 서양의 정치적 또는 경제적 세력의 거대한 꿈이 되었다. 특히 서양의 선교사 세력의 꿈이 되었다. 이처럼 광대한 나라, 무수한 사람들이 그리스도의 것이 되기만 한다면 얼마나 좋을까! 이들이 그리스도교로 개종하기만 한다면!

중국에서 선교 사업이 시작된 이래 이 거대한 꿈과 소원이 항상 선교본부와 그 책임자들을 장악하고 있었다. 이제 중국도 조심스럽게 바깥 세계에 문호를 개방하여 선진공업국가들을 따라잡으려 하는 이때에도 아직도 그리스도교 세계에서는 이같은 거대한 꿈과 소원을 견지하고 있는 인상이 엿보인다.

그러나 꿈이건 현실이건, 소원이건 약속이건간에 태평천국의 난이 일어날 당시 4억의 인구를 가진 중국은 "이방인"의 나라였으며 그 백성은 이교도들이었음은 틀림없는 사실이다.

오랜 역사와 문화를 지닌 중국에 대한 이같은 선교사들의 판단 때문에 결국 그리스도교 교회는 중국인들의 마음을 사로잡는 데 실패하고 만 것이다. 그리고 태평천국의 난에서 우리는 이같은 실패의 가장 비극적인 예를 볼 수 있게 된다. 중국에 들어온 불교와 중국에 들어온 그리스도교는 너무도 대조를 이루고 있다.

홍 수전(洪秀全)의 환상

이 태평천국의 난은 어떻게 시작되었는가? 역사 연대표에서 특이한 사건으로 기록된 이유는 어디에 있었나? 그처럼 비극적인 최후를 맞은 원인은 무엇인가? 태평군(太平軍) 지도자들이 그리스도교를 자신들의 정치 이념 및 이상으로 삼고 있다고 주장하였다는 사실만으로라도 우리 그리스도교인들은 이 난에 비상한 관심을 가질 만하다. 그들이 그리스도교를 배반한 것인가? 아니면 그리스도교가 그들을 배반한 것인가? 그들의 정치적 이념적 사상이 그릇된 것이었기 때문에 그리스도교 신앙이 피해자라 할 수 있는가? 아니면 도와주기로 약속한 그리스도교가 약속을 어겼으므로 그들이 피해자인가? 아니면 그리스도교적 하느님의 나라에 대한 꿈은 중국과 같이 유교 질서가 뿌리깊은 나라에서는 이루어질 수 없는 것이었나? 그리이스·로마 세계 및 서양에서는 그리스도교가 성공했는데, 유교를 신봉하던 중국에서 불교도 성공했는데 왜 태평천국의 그리스도교는 실패했는가? 서양주도의 선교시대를 지나 오늘에 살고 있는 우리 그리스도교인들은 이 태평천국 그리스도교라는 현상을 어떻게 이해해야 할 것인가?

이야기는 1837년부터 시작된다. 홍 수전이란 인물이 자기 꿈을 사람들에게 펴 보일 기대를 안고 과거시험[11]에 응시하였다. 홍 수전은 1813년 중국 남부 광동성 화현(花縣)의 작은 객가(客家)[12] 농부의 아들로 태어났다. 어려서부터 서당에 나가 유교 경전을 배웠고 과거에 급제하기 위한 학문연구에 몰두하였다. 당시 관직에 나가 "가문에 명예와 조상에 영광"을 돌릴 수 있는 유일한 길은 과거급제뿐이었다.

장래가 촉망되는 이 청년에 대한 가족들의 기대는 엄청난 것이었다. 그러나 그는 몇 차례 낙방하였고 이는 자기 자신뿐 아니라 자기 가족, 친족들에게도 큰 실망이 되었다. 1837년 세번째 낙방을 맞은 후 그는 육신으로는 탈진된 상태에 이르렀고 신경은 날카로와질 대로 날카로와졌다. 광동(廣東)에서 집으로 돌아온 후 며칠 동안을 흥분상태 속에서 보냈다. 가족들은 그가 병이 났다고 생각하고 생명을 잃을지도 모른다고 근심하게 되었다. 이같이 비정상적인 상태 속에서 그가 주장하는 "꿈과 환상의 연속"이 진행되었다.

어느 때엔 홍 수전이 하늘에 가서 "수많은 성인 군자들과 함께 있는" 자신의 모습을 보기도 했다고 한다.

… 어떤 노파가 그를 강가로 데리고 갔다. 그러곤 "이 더러운 친구야, 어찌하여 그대는 차안(此岸)의 사람들과 어울려 그대 몸을 더럽히고 있는가? 내 그대를 깨끗이 씻어 주리라" 하였다. 목욕이 끝난 후 수전(秀全)은 큰 궁으로 들어갔다. 그곳에서 그의 몸은 칼로 절개되어 심장과 다른 내장들을 꺼내고 붉은 색이 나는 새것으로 교환되었다…

연륜이 깊은 한 노인이 붉은 수염과 검은 도포를 입고 가장 높은 자리에서 위엄있게 내려다보고 있었다. 그는 수전을 보자마자 눈물을 흘리며 입을 열었다. "온 세상에 있는 인간들은 모두 내가 창조하였고 지금까지 보호하였다. 그들은 내가 주는 음식을 먹었고 내가 주는 옷을 입었다. 그런데도 그들 가운데 한 사람도 나를 기억하고 나를 섬길 마음을 가진 자 없다. 이보다 더 안타까운 것은 그들이 내가 주는 선물을 가져다가 그것으로 우상들에게 예배하고 있다. 그들은 의도적으로 나에게 대항하며 내 화를 돋우고 있다. 그대는 그들과 같은 인간이 되지 말지어다." 이 말과 함께 그는 수전에게 검을 주며 그것으로 우상들을 파멸시키라는 명령을 내렸다… 이와 함께 악령들을 물리칠 수 있는 부적도 얻었다. 또한 노란 과일을 주어서 먹으니 그 맛이 꿀과 같았다… 이 일 후에 그는 그곳에 모여 있던 성인·군자들을 향하여 "이제 수전은 이 일을 할 수 있으리라" 하였다. 그러고 나서 그는 수전을 데리고 바깥으로 나가 땅 아래를 보라고 하였다. "보라, 땅 위에 있는 저 인간들을! 그들의 마음은 꼬일 대로 꼬여 있다." 수전의 눈앞에 전개되는 땅 위의 온갖 불의와 만행은 눈뜨고 볼 수 없을 정도였고 어이없이 벌어진 입은 다물어지지 않았다. 이때 그는 환상에서 깨어났다. …[13]

바로 이 환상이 태평군을 동원시킬 수 있는 결정적 역할을 하였으며 또한 15년 후 그들의 정치세력이 비참한 최후를 맞게 되는 데도 결정적 동기가 되었다.

그가 꿈속에서 본 "위엄있는 노인"에 대해 홍 수전이나 그의 측근자들
은 이를 하느님 아버지로 보고 있다. 그가 병중에 본 또다른 환상 속에
서는 "그가 형님이라 부르는 또다른 중년 남자도 가끔 만났다."¹⁴ 이 "하
늘에 있는 형님"(天兄)을 홍 수전은 예수 그리스도라 하였다. 환상에서
깨어난 홍 수전은 전혀 다른 인물이 되었다. 그는 우상들을 쳐부수라는
하늘의 명령을 받은 자였다. 주변에 있던 사람들은 그의 정신 상태를 보고
걱정하면서도 그가 자신의 몸을 가눌 때 보여준 "진지함과 자기 억제와
위엄"¹⁵에 깊이 감명을 받았다.

홍 수전이란 인물을 어떻게 풀이해야 할 것인가? 명예와 재산에 대한 야
망을 품고 있다가 그것이 좌절되자 깊은 절망 속에 빠지고 만 젊은이로 보
아야 할까? 그럴지도 모른다. 그가 조상들에게 끼친 것은 명예가 아닌 수
치였다. 그가 가족들에게 안겨준 것은 부(富)가 아닌 가난이었다. 수치와
절망이 그를 초조하게 만들었고 결국은 정신이상 상태로까지 몰고 간 것
이다. 1837년 환상을 본 이후의 홍 수전의 행동은 이성적인 것이라고 보
기는 어렵다. 그는 발작 상태가 되었다. 바로 이것이 홍 수전을 치료하기
위해 그를 잠재우고 살펴본 심리학자 얍(P.M. Yap)의 결론이다. 그의 진
단은 이렇다.

> 분명한 사실은… 홍 수전이 특이한 정신 상태 속에서 자신의 돌
> 파구를 이념의 문제를 통해 얻으려 했다는 것이다. 심리적 불안증
> 세가 뚜렷이 보였으며 과거에 받았던 정신적 타격에 의해 불안한
> 정신 상태를 유지하면서 일종의 강박관념에 사로잡혀 있었다.¹⁶

정신분석학자 얍의 진단이 정확한 것일지도 모른다. 그러나 홍 수전을
단지 정신분열증이나 과대망상증 환자로 볼 수만은 없을 것 같다. 얍마저
도 이 점에 동의한다. "비록 홍 수전의 종교가 배척을 받고 그의 혁명이 실
패로 끝나기는 했지만 역사의 빛에서 보면 그가 주창했던 많은 이념들이
후대에 중국을 근대세계 속으로 이끌어나간 중국의 지도자들이 추구한 바
가 되었으며 바로 이 점이 그의 천재성을 증명하며 동시에 그의 정신 이
상이 단순한 정신이상만은 아니었음을 암시해 준다."¹⁷

이에 대한 평가야 어떻든간에 이 환상으로 인해 홍 수전의 인생은 완전
히 바뀌었다. 그의 조카인 홍 인간(洪仁玕) — 그는 태평천국이 쇠퇴 일
로에 접어들었던 말기에 이를 견지기 위해 용감하게 온갖 노력을 경주
하였으나 결국 실패로 끝나고 말았다 — 은 홍콩에 있던 선교사 햄버그
(Hamberg)에게 환상을 본 이후 변한 홍 수전의 모습을 이렇게 전하였다.
"그는 만사를 조심성있게 처리해 나갔다. 행실에 있어 친절하면서 개방적

이 되었고 키도 커졌을 뿐 아니라 몸무게도 늘었다. 그의 걸음걸이는 당당하고 흔들림이 없었으며 그의 안목도 훨씬 넓어지고 거침이 없었다."[18]

천재이든 아니면 정신이상자이든 우리가 홍 수전에게서 발견할 수 있는 것은 한 마음이 위대한 생각을 해 낼 수 있으며 동시에 그 생각들을 파괴할 수도 있다는 사실이다. 역사가 바로 이렇게 이루어진다. 역사는 이와같은 시도와 좌절의 과정을 통해 이루어진다. 역사는 특정한 인물들로 하여금 자신의 힘과 능력과 생각한 바를 마음껏 펴 보라고 부추긴다. 그들이 일단 올라갈 데까지 올라가 더 이상 올라갈 수 없는 단계에 이르면 그들의 마음은 불안해지고 분열증세를 일으켜 결국은 자기가 지금까지 쌓아 올린 업적을 자기 손으로 산산조각을 내고야 만다. 이같은 역사의 분열기에 역사가들이 할 일이란 부서진 단편들을 모아 그것을 짜맞추어 그 역사의 질서를 색출해 내는 것이다. 그리고 이같은 분열된 역사를 통해 인간 능력의 한계성과 역사 속에 일하시는 하느님의 궁극적인 능력을 깨닫게 해주는 것이 신학자의 할 일이다.

이상하게 들릴지 모르겠으나 홍 수전이 본 환상은 우리 그리스도교인들에게 생각할 과제를 제시하고 있다. 그 속에는 《천로역정》(Pilgrim's Progress)에서 느낄 수 있는 그리스도교적 경건 신앙을 엿볼 수 있다. 《천로역정》의 저자 존 번연(John Bunyan, 1628-1688)은 영국 벳포드의 침례파 전도인으로 그는 "오랜 투쟁과 깊은 좌절을 맛본 후 따뜻한 그리스도교 신앙을 소유하게 되었다."[19] 번연은 결코 평온한 마음의 소유자는 못되었다. 그의 혼란스런 신앙 역사는 홍 수전에 결코 뒤지지 않았다. 긴장감 넘치는 번연의 신앙심에서 볼 때 이 세계는 사탄의 손아귀 안에 있어 파멸을 향해 치닫고 있는 것으로 보였다. "계속해서 치열한 영적 투쟁에 시달리게 된 그는 정신 상태가 최고의 흥분 상태에 도달하게 되었고 그가 생각하는 것이 현실로 생생하게 보이게 되었고 외부세계로부터 도저히 받을 수 없는 강한 내적인 충동에 의해 행동하게 되었다. 꿈꾸는 것과 같은 상태 속에서 음성이 들려 왔고, 꿈꾸는 것과 같은 상태 속에서 바깥으로는 전혀 소리가 나지 않는 내적인 대화를 나눌 수 있었으며, 그것은 현실 속의 대화처럼 조리있게 진행되었다. 이같은 체험은 그에겐 실제적인 것으로 받아들여졌고 그 영향력은 오래 지속되었다. 이같은 체험 후에 그의 영혼은 평온을 얻었으며 이는 자연적인 것이 아니라는 것을 믿게 되었다."[20]

이상과 같은 존 번연의 심적 상태는 그대로 홍 수전에게도 적용될 수 있을 것이다. 고도로 흥분된 정신 상태에서는 현실과 비현실, 상상과 사실 사이의 구별은 모호해지게 마련이다. 바로 이러한 비정상적인 심적 상태에서 보고 듣고 깨닫는 것을 범속인의 눈으로 깨닫기란 불가능한 것이다.

홍 수전이 1837년 이전《천로역정》과 같은 그리스도교 고전을 접했다는 뚜렷한 증거가 없지만 어쨌든 홍 수전과 번연의 꿈과 환상이 서로 일치되는 점이 많다는 사실이 상당한 충격을 준다. 홍 수전이 본 환상 속에 그리스도교적 요소가 상당히 많다는 사실이 우리를 놀라게 한다. 그가 본 환상을 진술하는 과정에서 언어와 상징을 중국인의 것으로 사용하였지만 이들 속에서 그리스도교적 요소를 분명히 발견해 낼 수 있다.

우선 눈에 띄는 것은 홍 수전을 강가로 데리고 가 씻어 준 노파 이야기이다. 몸을 정결하게 씻는 것은 중국인들의 종교 풍습에서는 좀처럼 볼 수 없는 것이다. 종교단체 또는 비밀결사(秘密結社)에 들어갈 때 흔히 취하는 의식은 회원들이 함께 팔이나 손가락에서 피를 내는 소위 혈맹(血盟)을 맺고 초월적인 신의 힘을 가르친 뒤 공동체에 충성을 다할 것을 맹세하게 한다.[21] 그러나 몸을 씻는 의식은 중국의 종교 전통 속에는 보이지 않는 것이다. 그런데 홍 수전은 몸을 씻는 의식을 행하였다. 이 의식은 분명 세례를 의미한다. 그는 "성인들의 모임"에 들어가기 전에 오욕에 물든 자기 몸을 먼저 씻어야 했다.

이 세척의식이 후에 태평천국운동에 있어 중요한 요소의 하나로 등장한 것을 보아 홍 수전이 이 의식을 얼마나 중요하게 생각하였는가를 알 수 있다. 1843년에는 홍 수전과 또다른 그의 조카 이 수성(李秀成) 등이 "스스로 세례를 행하였는데… 그들 머리 위에 물을 부으면서 '전에 지은 모든 죄를 사하며 옛 것을 벗어버리고 새로 거듭 날지어다'라고 주문을 외었다."[22] 바로 그해에 홍 수전은 "풍 운산(馮雲山)·홍 인간 등 첫 추종자들을 얻어 그들에게 세례를 베풀었다. 이 세 사람은 마을 밖으로 나가 다시 우물에서 침례를 행하였다."[23]

후에(1847년) 홍 수전은 미국 남침례회 광동선교부 주재 선교사 로버츠(I. T. Roberts)에게 다시 "정식" 세례를 받고자 했으나 뜻을 이루지는 못했다.

비록 로버츠의 세례를 받지는 못했으나 이 일로 그나 그의 운동에서 세례가 차지하는 비중은 조금도 줄어들지 않았다. 주일성수(主日聖守)와 함께 세례는 "태평천국 종교의 요체가 되었으며… 반도(叛徒)들의 신앙생활에 불가결의 요소가 되었다."[24]

홍 수전의 환상을 좀더 세밀히 관찰하면 그 속에서 보다 분명한 "그리스도교적" 종교 심성을 찾아낼 수 있다. 세례를 외적인 형식으로만 받아들인 것이 아니라 옛 심장 및 기타 몸조직들이 새것으로 교체되는 의미로까지 해석하고 있는 것이다. 중국인 홍 수전으로서는 전혀 뜻밖의 경험이었을 것이다. 유교에서는 심장을 "도덕 기능이 자리잡은 곳이며 인간 영혼의 가장 깊은 곳으로 그 정점이 될 뿐 아니라 인간이 하느님을 만날 수 있는 장소이자 인간의 자유와 책임의 원리와 근본"[25]으로 풀이하고 있다. 과거시험을 준비하면서 유교 경전에 통달해 있었을 그가 이같은 사실을 몰랐을 리는 없었을 것이다. 그런데 환상 체험에서는 심장을 단지 도덕적 원리 및 철학적 인식의 기능으로만 보지 않고 있다. 그의 심장이 교환되었고 이를 통해 그는 "전혀 새로운" 인간이 된 것이다. 그의 전(全) 존재가 변한 것이다. 이같은 종교적 체험은 분명 유교라는 테두리를 넘는 것이다.

환상의 내용은 이같이 중국인에게는 전혀 낯선 체험이 이루어지게 된 근거를 그리스도교 성서라고 분명하게 지시하고 있다. 여기에서 에제키엘이 포로생활중 동족들에게 주 하느님에 대해 증거한 말이 기억난다. "새 마음을 넣어 주며 새 기운을 불어 넣어 주리라. 너희 몸에서 돌처럼 굳은 마음을 도려내고 살처럼 부드러운 마음을 넣어 주리라"(에제 36,26). 이는 전격적인 회심이다. 이 환상을 보기 전까지는 홍 수전의 눈에 비친 그리스도교는 복잡하기 그지없는 것이었을 것이다. 종교적 회심을 체험하더라도 이상야릇한 방법으로 했을 것이며 이를 문자적으로 혹은 심장이식수술과 같은 의학적 용어를 써서 설명하려고 애썼을 것이다. 그러나 전혀 색다른, 근본부터 흔들어대는 강한 변화가 환상을 통해 자신 속에서 생겨난 것이다.

완전히 새사람이 된 홍 수전은 한 노인과 다른 중년 사내를 만나게 되고 그들이 하느님 아버지와 예수 그리스도임을 알게 되었다. 그들에게서 그는 죄악에 물든 이 세상을 구해내라는 명령을 받게 되었다. 그런데 그 명령은 군대명령 바로 그것이었다. 그 명령을 수행하기 위해 그는 노인으로부터 "우상을 쳐부술 검과 악령들을 제어할 부적"을 받았다. 세계 — 타락한 만주왕조의 통치하에 있는 중국이 곧 홍 수전의 세계였다 — 는 바야흐로 우상과 악령들로 가득 차 있었고 이들을 정복하려면 칼이 있어야 했다. 후에 보게 되겠지만 이 선교적인 무력은 정치적인 무력으로 변질되고 말았다. 그리스도교와 밀접한 연관성을 가지고 있는 한 사나이의 환상에서 이제 중국 역사상 그 유례를 찾아볼 수 없는 십자군의 진군 역사가 시작되고 있는 것이다. 아뭏든 홍 수전은 자신의 환상을 기점으로 근대 중국의 그리스도교 선교 역사 제1장을 열었다.

천하를 진동시킨 책

태평천국운동에 그리스도교가 관련되어 있다는 것은 명백한 사실이다. 홍 수전의 환상에서 나타난 세례, 마음의 개조 및 악한 세계에 대한 선교사명 등은 저절로 생겨난 것은 아니다. 그는 아마도 중국인 개종자 양 아발(梁阿發)이 쓴 최초의 중국어 전도문서 《권세양언》(勸世良言)에서 이같은 관념들을 얻었을 것이다.26 홍 수전은 이같은 문서들을 통해 그리스도교라는 전혀 다른 정신세계에 접하게 된 것이다.

1836년의 일이었다. 광동 근처 과거시험이 열리던 때였다.27 홍 수전은 이미 몇 차례 낙방의 쓴맛을 보았음에도 또다시 시험장에 나타났다. 시험장은 "만복경륜"(滿腹經綸)의 뜻을 지닌 젊은이들로 초만원을 이루었다. 시험장 밖에 몰려 있던 많은 응시자들 가운데서 홍 수전은 "소매가 넓은 옷을 입고 머리를 위로 상투를 틀고, 명나라 의장을 한 낯선 사내를 발견하였다. 그 사내는 중국말이 서툴렀고 본토인 통역인을 한 사람 데리고 있었다."28 사람들은 이 낯선 사람 주위로 몰려들었다. 그는 "프로테스탄트 선교사"였다.29 아직도 중국의 기성세대는 완고하여 복음을 받아들이지 않고 있었으므로 젊은 지성인들에게 복음을 전하려는 선교정책의 일환으로 그는 이곳에 나타난 것이다.

의상은 분명 중국인의 것이었으나 중국말을 하지 못하는 묘한 상황이 전개되고 있었다. 바로 이것이 중국에 들어온 그리스도교가 처한 심각한 상황 그대로를 반영한 것이었다. 고도로 발전한 문화를 지닌 중국이 서양의 그리스도교에 대해 취한 태도는 북방의 외세를 막기 위해 수축된 견고한 만리장성의 모습 그대로였다. 중국 복장을 한 것 가지고는 하등 도움이 안되었다. 중국인들은 호기심으로 쳐다보기는 하였다. 중국 문화의 핵심까지 파고들어 그 정신을 장악할 수는 없었다. 그 결과 대다수의 선교사들은 중국 문화를 이교도적이고 비그리스도교적인 것으로 결론짓고 등을 돌리게 되었다. 중국 문화를 희생시키더라도 복음을 전하겠다는 태도로 나간 결과 그리스도교는 중국에서는 무력한 종교로 전락되고 말았다. 중국은 선교사들로 대변되는 그리스도교 문화에는 도저히 친해질 수 없었던 것이다.

홍 수전은 두 사람을 만난 것이다. 한 사람은 중국 의상을 한 서양 선교사이고 다른 한 사람은 중국인 통역인이었다. 그들은 그에게 전도문서 《권세양언》을 주었다. 바젤 선교회 파송 선교사로 태평천국운동을 최초로

서양에 알린 인물의 한 사람이었던 햄버그의 기록에 의하면 홍 수전은 "시험이 끝난 후 고향으로 돌아갈 때 이 전도서도 같이 가지고 갔으며 고향에 도착하여 그 내용을 대략 훑어본 후 자기 서가에 꽂아 놓았다. 당시만 해도 그 책을 그다지 중요하게 여기지 않았다."[30] 햄버그의 기록대로 홍 수전은 향후 7년 동안은 이 책을 심각하게 숙독할 기회가 없었다. 이같은 이유에서 홍 수전의 태평천국운동에서 이 책이 차지하는 비중은 크지 못하다는 평가를 내리고 있다.

그러나 과연 그럴까? 1837년 그가 환상을 통해 얻은 제의적 세척작업, 마음의 개조 및 우상타파 등의 관념들은 어디에서 얻어 냈을까? 그리스도교에 대한 선지식(先知識) 없이 홍 수전이 그와같은 그리스도교적 요인들을 환상을 통해 추출해 낼 수 있었을까? 그리스도교 신앙에 대한 이해가 없었다면 이같은 요소들이 그에게 그처럼 오래 영향을 미치지는 못했을 것이다. 어쨌든 《권세양언》과 홍 수전의 환상 사이에는 간과할 수 없는 관계가 있음이 분명하다. 보드먼(Eugene P. Boardman)은 "홍 수전은 이 전도문서들을 열독하였을 것이고 그 내용이 환상으로 나타났다"고 보았다.[31] 이것이 사실이라면 태평천국의 난에 대한 그리스도교의 영향은 분명해지게 된다.

여기에서 혁명은 싹트기 시작한 것이다. "《권세양언》이란 작은 책 모양으로 꾸며진 시한 폭탄이 1830년대 광동의 좁은 골목에 던져졌다." 이 작은 책자의 저자 양 아발은 "태평천국 지도자들에게 그리스도교를 최초로 소개한 인물이었다."[32]

이 폭탄은 마침내 중국 남부 광서(廣西)에서 터지고 말았다. 그때가 1851년 1월 11일, 홍 수전은 태평천국의 건국을 선포하였고 자신을 천왕(天王)이라 하였다. 《권세양언》은 긴 여정을 거쳐 태평천국에 연결된 것이다. 최초의 중국어 전도문서에 나타난 하느님의 나라가 실제로 중국에서 이루어지는 듯하였다. 그러나 종국에 가서는 이 모든 것이 크나큰 오산이었음을 알게 되었다. 그것은 태평군들에게뿐 아니라 중국에서 선교활동하고 있던 선교부에게도 큰 타격이 되었다.

《권세양언》을 통해 알려진 그리스도교는 어떤 것이었나? 도대체 어떤 내용이었길래 홍 수전과 그의 추종자들이 그처럼 광범위하게 만주 통치자들에 대항하여 혁명을 전개할 수 있었을까? 초기 프로테스탄트 선교사 및 초기 개종자들을 통해 소개받은 그리스도교 안에 그들을 매혹시킨 요소가 있었다면 그것이 도대체 무엇인가? 그들이 정치적 목적에 맞게 적당히 변색하여 채용한 그리스도교 신앙이 내포하고 있던 힘은 어떤 힘이었나? 또

다른 근본적인 의문이 있다. 예수 그리스도 안에서 온 인류를 위한 하느님의 사랑과 화해의 말씀인 그리스도교가 어떻게 해서 그들이 무력을 사용하는 근거로 이용되고 결국은 그들을 파멸의 길로 이끈 결과를 낳게 되었는가?

《권세양언》은 설익은 신앙의 소유자에 의해 급조된 엉성한 작품이었다. 저자의 문장 실력은 형편없었고 "그가 충분한 교육을 받지 못한 인물임"을 한눈에 보여주고 있다.[33] 그는 "모국어인 중국어보다는 외국어의 표현과 용법에서 더 많은 영향을 받은 관계로 중국어 구사 능력에 있어 상당히 낙후된 모습을 보여주고 있다."[34] 이는 뜨거운 열정은 가지고 있었을지 몰라도 하나의 새로운 신앙이 모국어로 표현되기까지는 우선 문화적인 의식화 작업이 선행되어야 한다는 점은 전혀 고려하지 못한 성급한 개종자의 작품이었다.

이 문서에 담겨진 개념들이 "불교・도교・유교 및 민간신앙의 요소들이 혼합을 이룬 것"이라 할지라도 이는 "분명 그리스도교적인 것이다."[35] 양 아발은 창조, 홍수, 출애굽, 산상수훈 및 하느님의 아들이며 세상의 구원자인 예수의 교훈 등을 정리하였다. 이 모든 것들은 태평천국 어간의 문서들에서 수없이 반복되어 나오는 내용들이다.

양 아발은 천국을 두 가지 측면에서 이해하고 있다. 하나는 천당(天堂), 즉, 낙원으로 보아 그곳에서는 "선한 사람들이 육적인 죽음 이후에 영원한 행복을 누리게 된다." 두번째 의미는 "예수를 믿는 자들이 모인 단체 혹은 공회(公會)로… 함께 모여 예배드리는 곳"으로 보았다.[36] 이 두번째 공회의 의미에서 태평군들은 자기들 공동체를 상제회(上帝會)라 칭하게 된 것이다. 그리고 그들 국가의 칭호인 태평천국은 낙원으로서의 천당의 의미와 지상의 그리스도교 신자들의 동지 모임체로서의 의미를 모두 포괄한 것이다.

《권세양언》이 그 표현에 있어 조잡하게 그리스도교 신앙을 표현하며 성급한 우상파괴주의자의 논조가 짙게 깔려 있는 것임에 틀림없으나 이 책으로 인해 홍 수전이 받은 "그리스도교" 영향은 과소 평가할 수 없다. 홍수전 자신이 이 문서에서 상당한 그리스도교 주제들을 발췌하여 그것을 문장으로 잘 다듬어 발전시킨 후기 문서들이 이를 증명한다. 1843년 그가 직접 지은 회개권고 시가 그 예이다.

　　　우리 죄가 하늘에 가득 찰 때
　　　우리에게 내린 예수의 완전한 속죄함!
　　　마귀를 좇지 말고 거룩한 계명을 지키라

오직 한 분 하느님만 섬기고 우리의 마음을 갈자
백성들은 하늘의 영광을 찬미할지어다
지옥의 괴로움을 한탄하노라
늦기 전에 진정한 회개의 열매를 맺으라!
세상 풍속에 마음을 두지 말라. [37]

아시아나 기타 지역에서 오늘도 들을 수 있는 복음 전도자들의 음성을 이 시에서 느낄 수 있지 않는가? 죄를 회개하라, 예수 그리스도를 믿으라, 장차 올 세계에 희망을 두라— 많이 듣는 소리다. 아시아 각 고을마다 임시 천막을 설치하고 설교가, 전도자, 부흥사들이 청중들을 모아 놓고 열을 올리며 미사여구를 동원하고 기발한 이야기를 꾸며내며 갖가지 비유를 들어 외쳐대는 주제들이 바로 이것이 아닌가!

홍 수전 역시 웅변술이 뛰어난 전도자였을 것이다. 그 이상도 그 이하도 아니다. 사실 그와 그의 첫 동조자 풍 운산은 새로 발견한 이 신앙의 전도자로 첫 사업을 시작하였다. 광서 남쪽에 있는 전략 요충지의 하나인 자형산(紫荊山)에서 상제회를 조직한 인물이 바로 풍 운산이다. 상제회란 새로운 신앙 공동체에 모인 군중들이 결국은 "후에 일어난 무장 봉기의 주역들"이[38] 된 것은 당연하다.

태평군이 봉기하기 시작한 1851년, 바로 그해에 만들어진 《청년부》(靑年賦)에 수록된 "예수 존경"이란 시를 읽어 보아도 얼마나 태평군의 지도자들이 그리스도교 신앙에 철저하려 하였는가를 쉽게 알 수 있다.

예수, 하느님의 장자인 그는
그 옛날 하느님에 의해 보내심을 받았네
우리를 죄에서 구하기 위해
그는 아낌없이 자기 생명을 바쳤지
진정으로 우리가 알아야 할 것은 이것, 그의 공로라네

그의 십자가는 지기 힘든 것
슬픔에 잠긴 구름이 태양을 가렸네
하늘은 그 훌륭한 아들을 찬양하네
그는 너를 위해, 세상의 백성들을 위해 죽었다네

부활 후 그는 하늘로 올라갔네
영광에 둘러싸여 가장 높은 권좌에 앉으셨다네
구원을 얻고 높은 하늘에 오르기 위해서는
우리는 다만 그를 믿어야 한다네. [39]

얼마나 단순한 그리스도교 복음인가! 중국의 그리스도교 역사상 이보다 더 간결하게 그리스도론을 정리한 중국 글은 보지 못하였다. 예수에 대한 신앙의 근본 요소는 구원에 있다고 이 시는 노래하고 있다. 한 단어 한 단어가 신중하게 선택되어 적절하게 자리를 잡고 있다. 쓸모없는 단어가 없으며 덧붙일 단어도 없다. 비록 과거시험에는 낙방하였지만 홍 수전과 그의 무장동지 및 신앙동지들은 갈고 닦은 유학 실력을 새 신앙 진술에 멋있게 발휘한 셈이다.

몇몇 선교사들이 흥분하게 된 것도 무리는 아니다. 런던 선교회 소속의 노련한 선교사 메드허스트(Walter H. Medhurst, 1796-1857)가 그런 인물이었다. 그는 《청년부》에 대해 칭찬을 아끼지 않았다.

《청년부》는 창조주 되시며 만인의 아버지 되시는 하느님께 영광을 돌리는 좋은 예를 보여주고 있다. 인류의 구원을 위해 이 세상에 오신 예수로 시작하여 그가 십자가에서 피를 흘린 일을 말한 후 우리들 개개인의 의무까지도 자세히 서술하고 있다. 부모와 자녀, 형제와 자매, 남편과 아내, 친척과 친구로서 해야 할 책임을 논하고 있다. 마지막으로 마음과 외적 감정을 어떻게 다스릴 것인가를 가르치고 있다. 한마디로 놀라운 책이다. 그리스도교 선교사들이 버릴 말은 한 마디도 없다. 중국인들을 위한 전도서로 손색이 없다. [40]

전에 언제 중국 그리스도교인들의 작품에 대해 선교사들이 이처럼 아낌없는 찬사를 보낸 적이 있었던가? 거의 없었다. 홍 수전이나 다른 태평군 지도자들이 서양 선교사들로부터 교육이나 도움을 받은 것 없이도 이처럼 그리스도교 신앙의 맥을 정확하게 잡고 있다는 사실이 우리를 더욱 놀라게 한다.

하나 불행하게도 그들이 처음 잡았던 순수한 그리스도교 신앙은 정치 권력의 투쟁 과정을 겪으면서 통치권을 장악하려는 야망에 물들어 어쩔 수 없이 타락의 길로 들어서게 되었다. 권력이 그들의 눈을 멀게 하였고 그들의 마음을 비뚤게 만들었다. 권력이 그들을 혼란 속에 몰아넣었고 하느님 대신 카이자르를 찾게 만들었다. 이같은 부정적인 면이 있다손 치더라도 태평천국 그리스도교를 참 신앙에서 벗어난, 정죄받아야 할 이단으로 몰아버릴 수는 없을 것이다.

과연 태평군이 얼마나 복음의 핵심과 가까왔는가? 그리고 얼마나 거기에서 멀어졌는가? 산더미처럼 쌓인 왕겨 속에서 쌀알을 골라낼 수 있는 능력이 있었더라면! 양 아발의 《권세양언》에는 골라내야 할 왕겨들이 많이 포함되어 있었다. 그러나 그 속에는 쌀알도 있었다. 양 아발은 "예수를 하느님의 아들로 이 땅에 온 인류의 구세주로 묘사하였다. 그는 기적도 행하고 자신의 고난과 죽음으로 인간의 죄를 대속하였고 사흘 만에 무덤에서 부활하여 40일 동안 땅에 있으면서 제자들에게 복음을 땅 끝까지 전하라고 가르친 후 하늘로 승천하였다."⁴¹

비록 양 아발의 신학이 미숙하고 중국어 표현이 매끄럽지는 못했을지라도 이는 분명 쌀알이다. 그의 말하려는 핵심이다. 홍 수전과 다른 동지들도 왕겨 속에서 이 쌀알을 골라낼 수 있었다. 그들은 발견한 이 쌀알을 깨끗이 닦은 후 우아한 중국식 표현으로 옷을 입혔다. 그러나 불행하게도 홍 수전이나 그의 운동에서는 이 복음의 진수가 작용하여 중국인들을 하느님의 고난받으시는 사랑의 포로로 만드는 데는 실패하고 말았다. 오히려 반대로 태평군 지도자들은 세상 나라 권세의 포로가 되어 하느님의 치유하시는 사랑을 가장 잔혹한 폭력으로 바꾸어 놓고 말았다. 19세기초 초기 프로테스탄트 선교사들의 전도를 받아 개종한 한 중국인 그리스도교인의 작품으로 중국은 발칵 뒤집혀 십자가와 부활의 하느님의 나라가 될 뻔하였다. 그러나 운이 없었던지 오히려 중국은 뒤엎어져 분노한 파괴와 죽음의 잡신이 중국을 장악하게 되었다.

광적인 극단주의

왕겨와 쌀알— 결국은 왕겨가 쌀알을 덮어버렸고 쌀알은 모습조차 보이지 않게 되었다. 《권세양언》에서 양 아발은 중국의 종교 및 문화 전통을 닥치는 대로 마구 헐뜯고 있다. 바로 이 점을 착안하여 홍 수전과 그의 추종자들은 광범위한 우상파괴운동을 전개한 것이다. 홍 수전과 그의 추종자들이 벌인 이 운동은 광적인 극단주의 색채를 띠고 추진되었다.

양 아발의 저술에 대한 보드먼의 평가를 들어 보자.

> 양 아발의 주요 관심은 3교(三敎), 즉 불교·유교·도교의 가르침에 대한 비난에 있었다. 우상숭배와 잡신신앙, 미신행위 등 역시 그의 혐오감을 부채질하였다. 그의 주장으론 과거제도까지도 야만적 신앙이었다. 중국인들은 금제하기 위해 아까운 시간들을 허비하고 있다고 보았다. 불교의 서구적 낙원(극락)개념, 도교의 3신론, 각종 불교의 불상과 화상에 대해 못마땅하게 생각하고 있다.⁴²

중국 문화라는 전혀 낯선 동네에 와서 노는 어린아이와 같은 무심한 심정에서 나온 불평 정도가 아니다. 오늘의 중국과 중국 인민이 있게 한 전통에 대한 의도적 도발이었다. 중국문화 전체를 겨냥하여 발사된 그리스도교 미사일이었다.

과거제도를 "야만적 행위"로 풀이한 것은 물론 어려운 시험을 뚫고 한 자리 차지하려고 모여드는 젊은 유학자들을 겨냥하여 한 말이다. 홍 수전과 같이 쓰라린 좌절을 맛본 학자들에게는 그야말로 하늘로부터 내린 계시로 받아들여졌을 것이다. 그들 마음에 꼭 들어맞는 말이었을 것이다.

선교사들과 통역인들이 종교서적을 뿌릴 장소로 광동에 있는 과거시험장을 선택한 것은 당연한 일이다. 시험장에 모인 이들은 각 고을에서 내노라하는 실력자들이었을 것이며 전통깊은 중국의 장래가 그들 어깨에 메어져 있었다. 이 젊은이들이 자기 문화와 전통의 감옥에서 풀려나기만 한다면 이 고집센 이교도 국가도 결국은 복음의 발 앞에 꼬꾸라지고 말 것이다! 너무도 단순한 선교 전략이다! 그러나 예상은 빗나가고 말았다.

홍 수전이나 그의 동지들은 큰 감명을 받았을 것이다. 마침내 그들은 골치아팠던 문제의 해결을 얻었다. 수년이 지난 후 그들은 본격적으로 중국문화를 파괴하는 일에 물불을 가리지 않고 달려들었다. "상제회 회원들이 구습타파에 열을 올리게 된 데는 홍 수전이 《권세양언》에서 받은 강한 영향력 때문이라고 보면 무리가 없을 것이다. 유교를 비판하는 글만 보이면 이를 서슴없이 취하였다."⁴³

양 아발은 자신의 글 속에서 자신의 개종을 서술하였다.

> 그후로 나는 부처나 보살 혹은 다른 우상들에게 절하지 않았다. 뿐만 아니라 우상들에게 절하는 사람들을 볼 때마다 안타까운 심정을 금할 수 없었다. 그들을 불쌍히 여기는 마음이 솟구쳤으며 어떻게 하든 그들에게 참된 성서의 말씀을 전해 그들의 어리석은 마음이 깨침을 받고 오직 한 분이신 하느님, 하늘과 땅과 인간과 그 외의 만물을 창조하신 창조주 하느님만을 존경하며 섬기며 부처, 보살 등 우상을 섬기지 않고 이를 배척하게 되기를 바라는 마음뿐이다.⁴⁴

요즈음의 중국 그리스도교인들에게서도 흔히 들을 수 있는 말이다. 그리스도교 신앙으로 개종한 중인들이면 으례 밝히는 신앙고백의 한 유형을 보여준다. 언뜻 보면 우상타파는 미신타파 정도로 쉽게 이해하기 쉬우나 사실은 보다 근본적인 문제가 게재되어 있다. 우상타파는 곧 중국문화 타파로 이해되었다. 중국문화는 그리스도교 복음정신과 양립할 수 없는 것으로 여겼기 때문이다.

이렇게 해서 홍 수전의 공격 대상에 우상뿐 아니라 자기 민족의 문화적 유산까지도 포함되기에 이른 것이다. 그 기회는 쉽게 찾아왔다. 1844년 정월, 그의 고향인 광동성 화현(花縣)에서 불꽃놀이가 벌어졌다. 이는 마을 전체가 동원되어 벌이는 축제 중의 축제였다. 마을 장로들은 그의 문장 실력을 익히 알고 있었던 터라 그와 조카 홍 인간에게 제신(諸神)을 축하하는 시를 지어 줄 것을 요청하였다. 홍 수전과 조카는 이들의 요구를 거절하였다. 장로들은 당황했을 것이다. 자기 동리의 자랑이었으며 장래가 촉망되던 두 젊은이에 대한 기대가 순식간에 허물어지고 말았다. 그들은 당황하고 실망한 자신들의 심정을 시로 표현하였다.

　　　늙고 우둔한 우리 이젠 쓸모조차 없다네
　　　젊은이들이 우릴 도와줄 줄 알았지
　　　그러나 오늘 보니
　　　그들과 우린 더 이상 관계가 없다네
　　　조금이라도 재능있는 자들은
　　　기꺼이 그들에게 찾아가 빌붙는다네
　　　악담을 많이도 들었거니
　　　자네 생각대로 밀고 가게나.[45]

요즈음 흔히 말하는 세대차이 정도가 아니다. 장로들은 홍 수전의 거부를 마을 전체에 대한 도전, 종교적일 뿐 아니라 문화적으로 전통있는 공동체에 대한 도전으로 받아들였던 것이다. 그들은 홍 수전을 사로잡고 있는 새로운 종교란 것이 결국은 중국인들이 지닌 근본 가치체계를 허물고 있다고 생각하게 되었다.

홍 수전이나 조카는 그들 나름대로 기대 이하의 장로들의 행위에 안타까운 심정을 느꼈을 것이다. 그래서 그들은 다음과 같은 답시(答詩)를 지었다.

　　　비방하기 위해서
　　　어른네들의 명을 어긴 것은 아닙니다
　　　오직 한 가지
　　　하느님의 계명을 지키고 따르려는 것뿐입니다
　　　천당과 지옥의 두 길이
　　　확연히 다르게 놓여 있는데
　　　어떻게 이 세상 삶 속에서
　　　두 길을 혼동할 수 있으리오.[46]

이 시에 나타난 그들의 각오는 대단하다. 타협의 여지가 없다. 그렇지만 장로들에 대한 존경심만은 아직 남아 있다. 후에 그가 우상타파운동에서 보여줄 무분별한 행동은 아직 보이지 않고 있다.

시를 통한 대화― 이를 통해 사상의 교환이 이루어지고 있다. 이같은 식의 대화가 더 계속되었더라면 얼마나 좋았을까! 중국의 식자(識者)층에서는 시로 대화를 나누는 것이 일상적 대화의 한 유형이었다. 아름다운 새, 웅장한 산악, 흐르는 물소리, 오색영롱한 자연을 보고 한 사람이 시로 운을 떼면 다른 사람이 이를 받아 역시 시로 화답한다. 삶의 과정 속에 만나는 갖가지 기쁨과 슬픔을 시로 읊으면 이내 이를 받아 연결시킨다. 술을 마시고 얼큰하게 취해 취흥이 일 때엔 함께 시를 외며 기쁨을 나누기도 한다. 이런 경우 산문은 어울리지 않는다. 삶의 깊은 의미를 깨닫거나 마음 속에 큰 감명이 일 때엔 산문은 어울리지 않는다.

마음의 여운을 실어 나르고 영혼의 소원과 인간의 슬픔을 표현할 수 있는 것은 시(詩)이고 부(賦)이고 송(頌)이다. 여기에서 문화는 생겨난다. 여기에 삶이 있다. 여기에 장구한 역사가 있다. 그리고 무엇보다 장로들의 기대와 열정을 젊은이들에게 넘겨주려고 하는 공동체가 있다. 스스로 자랑은 하고 있지만 그래도 아직 부족한 점이 많은 한 문화 속에 새로운 신앙이 발을 들여놓는 시발점도 바로 이곳이다. 바로 이곳을 통과하여 보다 풍부한 사랑의 메시지를 간직한 신앙이 중국인들의 정신 속으로 파고들어 이를 구하고 새롭게 할 수 있는 것이다.

그런데 안타깝게도 시를 통한 대화는 끊어지고 말았다. 서양 선교사와 중국인 개종자를 통해 얻은 홍 수전의 신앙은 참을성 없는 신앙이었다. 서둘기만 하였다. 그리스도교 교회가 서양에서 18세기에 걸쳐 이룬 과정을, 문자 이후의 역사만 해도 3천년이 넘는 광대한 나라 중국에서 수년 안에, 아니 수십일 내에 이루고 말겠다고 대들었다. 시란 모름지기 여유 속에서 진행된다. 그렇다고 진행되는 과정이 틀에 맞추어진 것도 아니다. 그때그때의 분위기, 기분, 충동에 의해 멋대로 흐른다. 생각대로 안되는 것이 시다. 어떤 틀에 맞출 수가 없다. 더우기 서양문화의 논리나 어법에 맞게 구성된 신앙을 중국의 시어(詩語)로 표현하기는 상당히 어렵다.

선교사들은 문화를 문제삼아 개종을 지연시키는 것을 참지 못한다. 그들은 시간이 없다. 그러나 하느님의 시간은 다르다. 그들은 이교도의 땅 중국에 들어와 이를 정복하려 하였다. 그러나 이미 중국 안에는 하느님이 계셔서 중국을 구원하고 새롭게 하셨다. 그들의 목표는 중국을 그리스도교화하는 것이었다. 그러나 하느님께서는 그 백성들의 고뇌와 영광을 통해 구속하시는 사랑을 비춰주시려 하신다. 이 백성들은 귀를 기울여 하느님의 음성을 들었고 인류와 우주의 원동력인 덕(德)을 소유한 자들이었다.

광적인 그리스도교 개종자들에겐 문화에 대해 소중하게 생각하는 면이 없다. 홍 수전은 자기 동족의 문화 및 종교적 유산에 대해 반감을 갖고 대하게 되었다. 1847년 광동에서 미국인 침례회 선교사 로버츠를 만나고 돌아온 홍 수전은 광서에서 풍 운산과 합류하였다. 이미 그때엔 풍 운산이 조직한 상제회가 상당한 세력을 구축하고 있던 때였다.

주란 마을에 관우를 모신 사당이 있었는데 홍 수전의 첫번 우상타파 운동이 여기에서 시작되었다. 홍 수전은 "큰 대나무창으로 우상을 때리며 호되게 꾸짖기 시작했다." 그러곤 추종자들에게 명해 "우상의 눈을 파내고 그 수염을 깎아버렸으며 관(冠)을 벗기고 용을 수놓은 도포를 찢었으며 몸체를 둘러엎고 팔뚝을 부러뜨렸다."

이같은 행위는 미신의 "비신화화"(非神話化) 정도가 아니다. 이는 인민의 신앙파괴 행위이다. 홍 수전과 그의 일당들은 이런 행위를 통해 쾌감을 느꼈을 것이다. 천박한 농민들은 공포와 두려움을 느꼈을 것이다.

비단 중국이나 아시아에서만 그리스도교 개종자들이 이처럼 우상을 파괴하며 쾌감을 느낀 것만은 아니다. 서양의 그리스도교인들도 마찬가지였다. 특히 16세기 유럽의 종교개혁가들이 더 그랬다. 유럽에서도 우상타파 운동이 미친 듯이 추진되었던 적도 있었다. 제네바에서 있었던 과격한 개혁파 그리스도교인들의 우상타파는 홍 수전의 그것에 결코 뒤지지 않는 것이었다.

"개혁파들의 눈엔 중세 교회는 필요 이상의 짐들로 가득 찬 시장바닥이나 골동품 상점 같아 보였다. 예배드리는 자들은 자질구레한 장식품, 벽제단, 사도상(使徒像), 채색된 창문, 화려한 행렬, 의복, 교인들 그리고 의식 때문에 오히려 참된 예배를 드릴 수 없으며 예배 의식중에 일어나는 각종 소음 때문에 하느님의 음성을 들을 수 없었다."⁴⁷ 그들은 재미삼아 이러한 상(像), 형상, 장신구들을 교회 밖으로 던져 버렸으며 교회를 텅 비게 만들었다. 골수 칼빈주의자들은 "자신들이 성전 숙청(肅淸)의 현장에나 있었던 것처럼 정신적으로 격양된 상태에 이르렀으며 히브리적 정결의 바람이 교회를 휩쓸었다고 생각하였다. 그리고 자신들이 인간의 영을 땅에다 매이게 만든 온갖 탐욕과 미신과 사치를 말소했다고 자랑스럽게 여기고 있었다."⁴⁸

종교개혁시대 이후, 이같은 우상타파 정신은 프로테스탄트 교회의 근간을 이루어 왔다. 200여년이 지난 후, 프로테스탄트 선교사들 속에 강하게 뿌리박힌 이같은 우상타파 정신이 서양 세계를 벗어나 중국에 들어왔고 중국인을 개조시켜 그를 통해 홍 수전과 같은 인물의 정신 속에 파고들어 그로 하여금 이교도 신전에 침입하여 각종 우상과 형상들을 대상으로 전쟁을 선포하게 만들었던 것이다. 옛 가톨릭교회와 새 개혁파교회 사이에 있었던 성상논쟁은 이제 그리스도교와 타 종교간의 논쟁거리로 바뀌게 된 셈이다.

여기에 그치지 않고 태평천국의 난을 겪으면서 그리스도교의 우상타파운동은 정치적 파괴운동으로 변질되어 수만명 목숨을 앗아갔고 "이교도" 국가를 뿌리에서부터 흔들어 버렸다. 종교개혁자들은 자기들이 시작한 개혁운동이 훗날 중국이란 먼 곳에서 이와같은 엄청나고도 비극적인 결과를 낳으리라고는 예상조차 못했을 것이다.

홍 수전이나 그 추종자들은 전투적 우상타파운동을 전개하면서 기고만장, 시적인 여흥까지 즐기게 되었다. 홍 수전은 우상을 부수고 난 후 그 신전 벽에다 다음과 같은 시를 적어 놓았다.

  감(龕) 귀신을 물리치고
  시를 적어 이를 선포하노라
  너는 천벌받아 소멸되어 마땅하다
  더 이상 눈에 띄지 말지라
  너는 네 어미를 죽였으니
  이미 나라의 법을 어긴 셈이다
  하느님을 속이고
  하늘의 계명을 어겼다
  선남선녀(善男善女)를 속이고 노예로 만들었으니
  벼락맞아 마땅하도다
  세상 인민들을 해하였으니
  불에 타 마땅하도다
  어서 빨리 도망치라
  지옥으로 사라져라
  어찌 네 그 더러운 몸을
  용포(龍袍)로 싸고 있느냐?[49]

우상의 허구성이 폭로되고 이젠 새 신앙의 길이 활짝 열려 그리로 민족과 나라의 새로운 미래가 펼쳐지는 것 같았다.

그러나 문화개조에 비하면 축귀(逐鬼)는 훨씬 쉬운 일일 것이다. 사실 축귀나 축사(逐邪)는 복음선포의 핵심이 될 수 없다. 과학도 이런 기능을 발휘할 수 있다는 것이 현대과학 및 기술세계에서 증명되고 있다. 오늘날 벼락이나 번개를 노한 신의 징벌이라 생각하는 사람은 아무도 없다.

축귀나 축사는 정치인들도 할 수 있다. 공산화된 중국에서 그 예를 찾아 볼 수 있다. 아주 궁벽한 지역에 살고 있는 소수의 사람들을 제외하곤 어느 누구도 인간이나 나라의 운명이 운명의 신에 의해 좌우된다고 믿지 않는다.

중국이나 아시아에 있어서 초기 그리스도교 개종자들이 믿은 하느님은 거의가 축사 혹은 축귀 하느님이었다. 중국에 오는 선교사들도 백성들의 축사 혹은 축귀를 목적으로 삼고 왔다. 축귀의 과정 속에서 그리스도교인이 된 초기 개종자들은 자기들이 얻은 새로운 신앙을 축귀 또는 축사에만 시험한 것이 아니라 중국문화까지 축출하는 행위를 서슴지 않았다. 하느님은 도대체 우상이나 거짓 영을 보아 넘기지 못하는 분이다. 그렇지만 하느님은 중국문화라고 하는 나름대로의 통로를 통해 자신의 고뇌와 욕망을 표현해내는 중국인들의 정신은 돌보아 주실 것이다. 그러나 우상타파 정신으로 중무장한 초기의 선교사들과 그들에 의해 개종된 중국인 그리스도교인들은 선교사들이 가르쳐 준 그리스도교만 알고 배운바 축사 및 축귀술을 문화 영역에까지 확대 적용하게 된 것이다. 그 결과, 그리스도교와 중국 미신 사이에 일어난 싸움은 그리스도교와 중국문화 사이의 싸움으로 발전하였다.

너무 지나치게 축귀 및 축사술을 부린 결과로 그리스도교는 아시아의 대다수 민족들에겐 영원한 낯선 종교로 남을 수밖에 없었다. 그리스도교는 언제까지 손님 종교에 지나지 않았다. 그리스도교 하느님은 손님 하느님이었다. 손님인 이상 그 하느님은 인민의 가슴으로부터 우러나는 말씀을 할 수가 없다. 단지 인민들을 대상으로 말할 뿐이다.

아시아의 토착문화에 대한 그리스도교가 공포증을 가지게 된 이유를 납득할 수 없다. 유럽의 그리스도교를 조금이라도 알면 그리스도교와 유럽 문화가 한데 어울려 그리스도교 문화라는 독창적인 산물을 만들어 냈다는 사실을 쉽게 알 수 있을 것이다. 한 예로 크리스마스 축제를 살펴 보자.

우리가 지금 지키는 크리스마스 축제는 이교도들의 축제에서 유래된 요소들이 많이 있다. 크리스마스 날만 하더라도 이날은 본래 시리아의 팔미라에서 행해지던 무적의 신, 태양신의 축제날이었다. 그러던 것을 아우렐리안 황제가 시리아에서 로마로 유입한 것이다… 그리스도교인들은 그리스도와 태양과를 동일시하게 되었고… 결국은 태양신의 축제일인 12월 25일이야말로 정의의 태양이신 예수 그리스도의 탄생을 축하하는 날로 손색이 없다고 생각하게 되었다.[50]

예수 그리스도의 탄생을 축하하는 시기는 시리아-로마의 태양신 숭배에서 따 왔으나 그외의 다른 요소들은 또 다른 문화에서 빌려 온 것들이다. "우리가 크리스마스 때마다 즐기고 먹고 마시며 선물을 교환하고 촛불을 켜는 풍습은 로마인들의 농신제(農神祭)에서 비롯된 것"임은 이미 널리 알려진 사실이다.51 그리스도교가 이교도적 환경 속에 처할 때 문화적으로 서로 연결됨은 불가피한 것이었다. 그런데도 아시아에서만은 그리스도교 및 교회가 이같은 연결을 부인하고 나서니 이는 타당치 않은 일이 아닌가.

유교 아성을 무너뜨리다

홍 인간이 1848년 집필한(발행은 1862년에 됨) 《태평천국연대기》는 홍 수전이 1837년 경험한 환상 체험 중 한 번은 공자가 "엄위하신 주 하느님, 천부(天父)" 앞에서 심판받는 광경을 목격한 것으로 기록하고 있다. 하느님께서 직접 이 성인에게 죄를 묻고 계셨다.

> 너는 어찌하여 백성들을 그토록 혼란스럽고도 복잡하게 가르쳐 그들로 하여금 나는 알지 못하게 만들면서도 너 자신은 그토록 유명하게 만들었느냐?

처음 공자는 자기 죄를 인정하지 않고 "어리석게도 고집을 부리다가 결국엔 입을 다문 채 아무 말도 못하고 말았다."

공자가 입을 다물게 되자 "천형(天兄) 그리스도"가 재차 그의 죄상을 폭로하기 시작했다.

> 그대는 이같은 책들을 지어 백성들에게 가르쳐 나와 피를 나눈 동생(즉 홍 수전)까지도 네가 지은 책을 읽고 크게 해를 입었노라.

홍 수전은 자기 이름이 거론되자 이제는 자기 차례라 생각하고 그야말로 공자의 저서로 해를 입은 분풀이로 공자에게 준엄한 죄책을 물었다. 그는 목소리를 높여 꾸짖었다.

> 그대, 백성들을 가르친다고 하며 이같은 책들을 썼다고 하는데 정말 그대에게 책을 쓸 수 있는 능력이 있기나 한 것이오?

공자는 궁지에 몰렸다. 심지어 "천사들까지 그의 죄를 들추고 나섰다." 더 이상 피할 수 없게 된 공자는 하늘의 재판정을 뛰쳐나와 땅 위의 사당 속으로 도망치려 하였다. 그러나 그것마저 마음대로 되지 못했다. 하느님은 홍 수전과 천사들을 보내 추격하여 그를 사로잡아 다시 데려온 후 묶어 버렸다. 그러고 나서 다음과 같은 판결이 내려졌다.

> 엄위하신 주 하느님 천부께서는 크게 노하시어 천사들에게 그(공

자)를 치라고 명하셨다. 공자는 천형 그리스도 앞에 무릎꿇리었고
그는 제발 살려달라고 빌기 시작하였다. 수없이 매질이 가해지고
공자는 애처롭게 계속 애원하였다. 엄위하신 주 하느님 천부께서는
그가 행한 덕행(德行)이 있어 그것으로 그의 죄과를 탕감하시겠다
고 하시며 그에게 하늘에서 함께 행복을 누릴 수 있도록 윤허하셨
다. 그러나 아래 세상으로 내려가는 것만은 금하셨다.[52]

이 이야기를 읽다보면 웃지 않을 수 없다. 과거시험에 낙방한 홍 수전
의 자격지심이 그대로 반영된 이야기이다. 어려서부터 공자의 고전들을
외다시피 배웠으면서도 이 고전에서 나온 시험에 합격하지 못했으니 그가
이 고전들에게서 받은 중압감은 능히 짐작하고도 남는다. 얼마나 이 중압
감에서 벗어나고 싶었을 것인가? 이 이야기가 순전히 꾸며낸 이야기가 아
니었더라면 홍 수전의 면전에서 공자가 곤욕을 치르는 광경이야말로 더없
는 쾌감을 주고도 남았을 것이다. 그는 득의만만하여 이같은 사실을 자기
추종자들, 특히 과거에 낙방한 자들에게 해 주었을 것이다. 중국에서 가
장 존경받는 성인이 중죄인(重罪人)이 되어 하느님한테 매를 맞고 예수
그리스도에게 자비를 구하는 광경을 상상해 보라! 외경의 책들이 오류와
헛된 가르침으로 가득 차 있다는 사실을 상상해 보라!

제임즈 레그: 광야에 외치는 소리

불행하게도 이처럼 유교문화에 대한 홍 수전의 반감은 19세기 프로테
스탄트 선교사들의 일관된 태도였다. 그들은 중국문화를 아예 말살시키려
했거나 아니면 궁지에 몰아넣었다. 그런데 아주 드물게 예외적 인물도 있었
다. 스코틀랜드 출신 제임즈 레그(James Legge, 1814-1897)가 그런 인물
로 그는 런던 선교회 파송으로 홍콩에서 1839년부터 1873년까지 활약하였
다. 그는 중국 고전 연구에 탐익하여 이에 일가견을 이루었다. 그가 번역
하여 펴낸 《중국 고전》(*The Chinese Classics*)은 오늘날까지도 그 학문적
가치가 그대로 인정받고 있는 작품이다. 그는 오래 끌었던 "어휘 논쟁"[53]에
있어 중국어 성서번역에 "하느님"(God)이란 단어를 번역할 때 "신"(神)이
란 단어 대신 "상제"(上帝)란 단어를 써야 한다고 주장했던 극소수의 선
교사 중의 한 사람이었다.

1877년 상해에서 제1회 선교사회의가 개최되었을 때 레그는 "유교는 그
리스도교에 배치되는 종교가 아니라 보완의 종교"라는 관점을 피력하였다.

유교 경전에 가까이 가려는 노력을 아무리 경주하더라도 지나침이 있을 수 없다. 중국에서 활동하는 선교사들은 최선을 다해 이들 경전들을 이해하기 위해 노력하여야 할 것이다. 공자의 묘를 마차를 타고 성급하게 지나치지 않고 자세히 살펴보면 그곳, 중국인들의 가슴 속에도 예수가 좌정하고 있음을 알게 될 것이다.[54]

영국에선 그가 불참한 가운데 그의 보고서가 낭독되었고 그곳에 참석했던 대표들이 크게 당황한 것은 자명한 일이었으며 결국 그의 보고서는 기록에서 삭제하기로 결의하였다. 이처럼 유교에 대하여 동정적인 관점을 지닌 글이 발표되자 조야가 시끄러워졌다. "회의석상에서 유교를 옹호하는 듯한 발언이 나오자마자 이를 '미친 짓'이라 몰아붙였으며 이에 대한 선교정책이 제시되기가 무섭게 다른 데서 이를 반박하고 나왔다."[55]

레그의 외침은 광야의 외침이었다. 그는 "자신들을 가르친다고 했던 자들보다 유교 학자들이 훨씬 더 지적인 훈련을 받았다는 사실"을 알고 있었다.[56] 복음전도의 열정이 지나쳐 다른 민족의 문화적 업적은 제대로 보지 못하는 맹인이 되었으며 생소한 악기로 연주되는 음율의 아름다움을 듣지 못하는 귀머거리가 되었고 신앙이란 이름 하에 굳디굳은 마음들이 되고 말았다.

레그 역시 이를 경고하였다. "토착 종교를 연구하는 데 시간낭비할 필요가 없고 … 단지 '복음만 전해야 한다'는 성급한 생각때문에 선교사나 선교사업이 조잡하고 빈약하게 되었다."[57] 레그의 이같은 경고에 귀기울이는 자는 아무도 없었다. 그의 반대자들은 기다리지 않고 그를 정죄하기 시작했다. 그는 동료 선교사들이 가지고 있던 반유교적 태도가 유교적 과거시험에 환멸을 느낀 수험생들에게 그대로 전위되는 현상을 보게 될 때 크게 당황하였을 것이다. 홍 수전과 그의 추종자들이 우상타파운동을 벌이며 반(反)유교라는 무기로 황실(皇室) 세력을 제거하려 할 때 그는 전율감을 느꼈을 것이다.

태평천국의 종말

태평천국의 멸망은 결국 그들의 반유교적 태도 때문이었다. 성급한 홍수전과 그의 일당이 벌인 폭동은 결국 중국문화라는 아성에까지 도전하고 말았다. 태평천국의 난이 중국 역사상 수없이 많았던 반란이나 폭동과 다른 점이 바로 이 점이었다. 유교문화에 대한 태평천국의 도전에 대해 중국인들은 놀랐고 당황했으며 마지막에는 분노를 느꼈다. 그들의 성급한 폭동이 그칠 줄 모르고 계속됨에 따라 "홍 수전의 의도가 전통적인 반란의 범주를 벗어나 전통을 말살하려는 종교운동"임이 드러나게 되었다.[58]

중국 인민들은 홍 수전의 목표가 만주 왕권이 아니라 중국의 문화와 전통이었다는 것을 알게 되었다. 그들이 처음 태평운동을 보았을 때는 오랜 만주 야만족들의 통치에서 벗어나게 될 것이라는 희망을 가졌으나 나중에 나타난 결과는 그저 두려움과 공포뿐이었다. 태평군들의 일관적인 노력은 자기들 나름대로 이해하고 받아들인 왜곡된 그리스도교 신앙에 입각하여 중국의 문화적 전통을 말살하려는 데 집중되었다. 결국 이때문에 강력한 유교 지도자 증 국반(曾國藩)이 유교 보호를 주창하며 나서 태평천국의 난을 평정하기에 이르렀다.

태평천국의 난을 평정하는 구실은 흔들리는 만주 왕조가 아닌 중국문화 옹호였다. "수천년 동안 중국을 지탱하여 온 도덕적 규범, 인륜(人倫) 행실, 경전 및 제도"[59]를 말살하려는 태평군의 난은 만주 타타르족들의 학정보다 훨씬 위험한 것이었다.

증 국반은 태평군에 대하여 선포한 포고문에서 태평천국의 용서받을 수 없는 죄를 중국 역사를 들어가며 나열하고 있다.

    이 자성(李自成)은 곡고(曲阜, 공자의 탄생지)에 이르렀을 때 성인의 사당을 헐지는 않았다. 장 헌충(張獻忠)도 재동(梓潼)에 이르러는 문창(文昌, 문[文]의 신)에 제사를 지냈다. 그런데 오(奧, 즉 廣西省)의 반도들(즉 태평군)은 유주(柳州)에서 서당을 불태웠고 공자의 위패를 박살냈으며 그곳에 함께 모셔져 있던 10성(十聖)의 위패마저도 흐트러 놓았고 앞마당에 두 줄로 모셔 있던 제현(諸賢)들의 위패마저 부숴버렸다. 그런 다음 주저하지 않고 사당을 파괴하였다. 관제(關帝)나 악왕(樂王)같이 지성으로 모셔야 할 거룩한 사당마저도 여지없이 파괴되었다. 불교나 도교 사당은 물론이고 동신(洞神)을 모신 사당까지도 불지르고 상(像)이란 상은 모두 부숴버렸다.[60]

중국의 문화를 수호해야 한다는 사명감에 불탄 복수심은 철저하였다. 지금까지 허용되지 않던 일이 벌어진 것이다. 유교적 중국에 들어온 지금까지의 모든 외세(外勢)들은 우선 먼저 자신이 거처할 중국문화를 무시하지는 못했었다. 이 자성이나 장 헌충 같은 폭도들도 유교 전승에는 경의를 표하였다. 그런데 태평군은 전혀 달랐다. 서양에서 온 새로운 신앙이란 것으로 무장한 채 "예의지방"(禮義之邦) 중국을 송두리째 무너뜨리려 하는 것이다. 증 국반이 통탄해 마지않는 것도 일리가 있다.
　　　　이는 비단 우리 청나라의 비극만이 아니라 전체 중국 전통의 비극이며 공자와 맹자께서 지하에서 우실 일이다.[61]
　그런 다음 그는 동료 유림(儒林)들에게 태평군에 대항하여 싸울 것을 호소하였다. "어찌 배운 자로 가만히 앉아 팔짱을 낀 채 보고만 있으리오?"[62]
　증 국반의 호소에 많은 인민들이 호응하여 저항운동에 참여하였다. 그가 모집한 호남(湖南) 군대는 1858년 태평천국의 수도인 남경을 공략하기 시작하여 1864년에 이르러 완전 손아귀 속에 넣었다. 이미 내적 갈등과 권력 투쟁으로 힘이 약해진 태평천국은 이로써 종말을 고하였다. 천왕인 홍 수전은 증 국반의 군대가 도성에 침입하던 날, 즉 1864년 7월 19일 자살하였다. 이어 피의 숙청이 전개되었다. 10만명 이상이 살해된 것으로 보고하고 있다. "그리스도교적" 하느님의 나라 꿈은 이처럼 잔혹한 피흘림으로 그 막을 내렸다.

평화 대신 칼을 들다

　중국사회가 정치・사회적으로, 신앙적으로 큰 위기에 처해 있을 때 인민들에게 새 희망을 불어넣어 주고 새롭게 변화시킬 수도 있었던 그리스도교 신앙이 태평군들의 수중에 빠져 오히려 그 위기를 더욱 심화시킨 결과를 낳았다는 사실은 분명 크나큰 비극이다. 땅 위에 평화를 심어 주겠노라고 외치며 등장한 태평천국이 결국은 평화를 주지 못했고 뿐만 아니라 중국의 대부분 지역 주민들을 도탄에 빠지게 한 것은 엄청난 모순이 아닐 수 없다. 평화 대신 칼을 들었다— 중국 역사상 전례를 찾아볼 수 없었던 색다른 운동으로 등장하여 백성들의 기대를 모으더니 결국은 나라에 해를 끼침에 있어 전무후무한 운동이었다는 평을 받고 말았다.
　태평군들의 무분별한 파괴행위는 1859년 홍 인간이 남경에 도착하기 전까지는 저지받음 없이 자행되었다. 홍 수전의 조카이며 초기 개종자 중의 한 사람이었던 홍 인간은 태평운동이 그 지도자들 사이의 권력투쟁 및 내부갈등으로 이대로 가다가는 와해되고 말 것임을 알아차렸다. 그는 서둘러 태평왕국을 건설하였고 자신이 그 행정의 수반이 되어 스스로를 간왕(玕王)이라 칭하였다. 그는 "종교적 신앙이 투철한 인물로 개성이 강했고 정치적 역량도 뛰어난 자였다." 그리고 "태평운동의 지도자 중 당시 세계정세를 비교적 정확히 파악하고 새로운 국가 질서의 근간을 그리스도 교 신앙에서 얻으려 했던 최초의 인물이었다."⁶³ 그는 홍콩에 머물렀던 4년 동안 런던 선교회 교인으로 있으면서 신앙을 체득했고 이를 근거로 하여 태평운동을 그리스도교 운동으로 변화시키려 했던 것이다. 그는 처음 태평천국 과거제도에 유교의 경전들을 포함시키려 했으나 홍 수전을 비롯한 태평군 지도자들의 강력한 반발로 뜻을 이루지 못했다. 이로써 태평운동의 운명은 바꿀 수 없는 것이 되고 말았다.

중국 역사상 가장 특이했고 피를 많이 흘렸던 반란은 이로써 종말을 고하였다. 그러나 중국 전역에는 그리스도교를 생각할 때 공포의 대상으로 생각하게 되는 또다른 결과가 생겼다. 중국에서도 청나라를 정복하고 "그리스도교적" 국가를 건설하는 중국식 콘스탄틴 황제는 나타나지 못한 셈이다. 홍 수전이 던진 주사위는 실패로 끝나고 말았다. 유럽 대륙에서는 가능했던 콘스탄틴식의 그리스도교가 중국에서만은 그대로 이루어지지 못했다.

서양에서도 초기엔 그리스도교 신앙이 이교도들을 구슬리며 거기에 기초를 잡고 그 위에 서양 문화를 건설하고 꽃피웠던 것이다. 그런데 중국에서는 이 일이 이루어지지 않았다. 태평천국의 난이 있은 후에도 중국은 사회·정치적으로는 유교체제를, 종교적으로는 불교와 도교체제를 그대로 유지하였다. 1세기가 지난 후 중국이 중일(中日)전쟁 및 내란으로 위기에 닥쳤을 때 중국 및 그 백성들에게 정치 이념 및 반(半)종교적 이상을 제공해 준 것은 그리스도교가 아닌 마르크스 사상이었다.

마르크스 사상과 같이 서양에서 온 전투적 정치이념은 칼로 아시아 민족을 정복할 수 있었으나 그리스도교는 그런 식으로 아시아를 정복하지 못하였다. 이것이 하느님의 뜻이다. 아시아 인민의 마음은 칼로 다스릴 수 없다. 얼마 전 인도지나 반도가 공산화된 직후 수백만 인민들이 살해당했다는 보도를 듣게 되었는데 이것이 바로 좋은 증거이다. 오직 사랑과 자비만이 인민을 구속하시는 하느님께로, 진정한 평화로 이끌 수 있다.

이제 태평천국의 난에 대하여 종교적 혹은 "그리스도교적" 운동이라는 면에서 평가해야 할 과제가 남아 있다. 이 운동에 대한 정치적 평가는 그리 문제되지 않는다. 정치적으로는 실패한 것이다. 그러나 이 운동은 앞서 언급한 대로 많은 근대 중국의 혁명지도자들을 자극하여 국권을 회복시키고 영광과 권위가 넘치는 통일 중국을 이루기 위해 헌신할 수 있는 계기를 마련해 주었다. 태평운동을 찬양하는 시를 읽으면 좀더 알 수 있다.

반짝이는 별빛과 번개의 섬광은
영원히 사라지지 않으리
찬란하고 빛나는 그 정신은
일백 년이 지나고 일천 년이 지나도
사라지지 않으리
영웅적인 권세는
사백여주(四百餘州, 中國全土)를 휩쓸었고
우리 구대조(九代祖) 할아버지의 원한을
풀어 주었으며 명예를 회복시켰네
휘날리는 깃발에
타타르족들은 가슴이 철렁하였고
용호(龍虎) 깃발 나부끼며
남경에 도읍을 정하였네
남자 여자 영웅들
당대의 빼어난 호걸들이었네
그들의 시문(詩文)은
천추(千秋)에 길이 남으리
지금도 남경 하늘엔 왕기(王氣)가 서리고
이제 60년 지난 오늘
우리는 비로소 통일된 중국을 이루었노라. [64]

 중국 인민들의 가슴 속엔 태평천국의 난이 반만흥한(反滿興漢)의 기치를 내세운 용감했던 선구적 운동으로, 그러나 결국은 실패하고 말았던 운동으로 길이 기억될 것이다. 홍 수전은 분명 정치적 메시아였다. 그러나 그가 지녔던 꿈과 이상은 수십년이 지나야 이루어질 수 있는 그런 것들이었다. 그러나 그는 중국에서 하느님의 나라를 건설할 만한 종교적 메시아는 분명 아니었다.

 하느님의 사랑의 힘과 칼의 힘과는 연결될 수가 없다. 치유하고 구속하는 사랑은 전혀 다른 종류의 혁명을 야기시킨다. 이는 곧 십자가 혁명이다. 십자가는 십자가에 달린 사람을 무력하게 만든다. 그러나 이같은 무력함을 통해 새 생명이 탄생하고 새 빛이 비춰지며 백성들의 가슴 속에 새 희망이 점화되는 놀라운 기적이 일어나는데 이것이 곧 하느님의 구속하시는 사랑이다.

 이것이 하느님의 정치이다. 칼의 정치보다 훨씬 힘든 것이 바로 이 하느님의 정치이다. 인내를 요구하고 자제(自制)를 요구하며 무엇보다 사랑의 힘을 요구한다. 십자가 위에서 칼의 세력을 무력하게 만든 것이 곧 사랑의 힘이다. 우리가 이 세상에 사는 동안 겪어야 할 권력의 지배 앞에서 우리가 하느님께 구해야 할 것은 바로 이 사랑의 힘에서 나오는 무한한 인내와 자비인 것이다.

그리스도교의 정치 지혜는 칼의 힘에서 나오는 것이 아니라 하느님의 사랑에서 나와야 한다. 이때문에 "그리스도교" 정치가 다른 정치와 다르다 할 수 있는 것이다. 이는 억눌린 자들의 가슴 속에서 응답송(應答頌)이 울려퍼지게 하는 정치이다. 이는 치료하고 구원하며 창조하는 정치이다. 이는 제3세계를 포함, 전세계 민족들과 함께 하시는 하느님의 비밀을 밝혀 주는 정치이다.

제 11 장

5대 현대화 계획

　태평천국의 난은 실패로 끝났고 공산주의 혁명이 그 뒤를 이었다. 1949년 10월 1일 중화인민공화국이 선포되었고 마르크스-레닌주의와 모택동 사상이 그 국가 이념으로 선포되었다.

　태평군 지도자들은 전제주의 중국과 대항하였으나 패하고 말았다. 그러나 공산주의 지도자들은 자본주의 중국과 대항하여 승리를 거두었다. 태평천국 그리스도교라는 외래 이념은 유교 전통과 대적하였다가 패하였다. 그러나 마르크스-레닌주의라는 외래 이념은 유교 전통을 정복하고 이를 대치시켜 버렸다. 태평군들은 농민들을 군대로 삼아 잔학한 만주 정권에 대항하여 싸웠으나 결국은 피비린내나는 패배를 맛보았다. 그러나 공산주의자들은 통치 세력에 대항하여 농민전쟁을 벌였고 결국 승리하였다. 태평반란은 중국을 개조하여 땅 위에서 가장 훌륭한 "그리스도교적" 태평천국을 이루려 하다가 14년을 못 채우고 종말을 고했다. 그러나 공산주의 혁명은 세계에서 가장 인구가 많은 나라에다 사회주의적 정치체제를 확고하게 수립하는 데 성공하였다. 공산주의 혁명과 태평반란 사이의 차이점은 이외에도 수없이 많다. 그 차이점을 분석해 보면 처음부터 끝까지 서로 대조되는 운동이었음을 알 수 있다.

　중국이 공산화됨에 따라 국민당 정권은 지난 30여년을 대만이란 좁은 땅 안에서 칩거해야 했으며 전세계 그리스도교 교회 역시 큰 부담을 안게 되었다. 국민당 사람들은 천명(天命)이 자기들에게서 떠나 천벌받아 마땅할 적들의 손에 들어갔고 결국 중국은 철의 장막 안에 갇히게 되는 과정을 안타까운 심정으로 보고만 있을 수밖에 없었다. 그들은 구시대의 잔재인 시민전쟁을 계속 추진하였다. 그들은 이제 핵무기를 보유한 나라, 미국을 포함한 전세계 대부분의 국가가 인정을 한 나라, 이제는 유엔 안전보장이사회의 이사국으로 거부권을 행사할 수 있게 된 나라(즉 중공)를 향하여 언제까지고 공허한 고함만 지를 뿐이다. 그들은 이제 기정사실화된 자립 섬국가로 국제사회에 다시 진출할 것을 계속 거부하고 있다. 대만 안팎으로 진행되는 모든 정치 현실은 이를 인정할 수밖에 없음에도 고집을 부리고 있다. 그러나 머지않아 그들에겐 1천 8백만 대만 주민들의 정치 안정을 택할 것인가 아니면 이미 지나가버린, 되돌릴 수 없는 역사를 회복하겠노라고 헛된 꿈을 계속 가질 것인가 양자택일해야 할 순간이 도래할 것이다.

중국 밖에 있는 그리스도교인들 역시 중국의 현대화 과정에서 일어난 각종 사건들을 목격하며 딜렘마에 빠지게 되었다. 1839년~42년의 아편전쟁, 그 뒤를 이은 비극적 태평천국의 난, 1951년의 선교사업의 종말 등은 모두 충격적인 큰 사건들이었다. 서양의 그리스도교 국가들은 중국을 하느님께 바치겠노라고 선언하였다. 때로는 조급하게, 때로는 소심하게 어떤 때는 진심에서 동정하는 마음으로 중국을 개종시키려 노력하였다. 그러나 중국은 눈이 붉게 물들기 직전 선교사들을 추방하였고 그리스도교 교회를 지하로 파묻어 버렸다.

모택동 사후, 중국이 서방에 문호를 개방한 뒤에도 이 딜렘마는 풀어지지 않았다. 중국의 그리스도교인들과 접촉이 가능해지기는 하였지만 이는 소련에 빼앗긴 "주도권"을 되찾고 현대화 계획에 박차를 가하기 위해 서양에 우호적인 태도를 보이게 된 중국 당국의 정책 변화로 얻어진 부산물에 불과하다. 이것을 가지고 다시 중국대륙에서 선교 활동을 할 수 있는 것이라고 낙관한다면 이는 성급한 생각이며 현 중국의 정치·사회 현실로 보아 가능성없는 추측에 불과하다. 1980년 조직된 중국 그리스도교 교회협의회 의장 팅(K. H. Ting)도 이 점을 분명히 지적하고 있다.

> 우리는 9억 중국 인민들 가운데 복음을 전하고 교회를 세우는 일을 외국인들에게 맡길 수는 없다. 우리는 오늘 중국 토양 속에 교회의 뿌리를 내리자. 그리하여 내일 거기서 꽃피고 열매맺게 하자. 중국 안에서 제멋대로 행해지는 외국 교회들의 선교 사업은 지난 30년간 중국 그리스도교가 지향해 온 방향에 어긋나는 것이 될 것이며 결과적으로는 3자(三自)(즉, 자치제도〔自治制道, self-government〕, 자급운영〔自給運營, self-support〕, 자력전도〔自力傳道, self-propagation〕) 정신에도 크게 해를 끼칠 것이다.[1]

하느님께서 자기에게 하신 식이 아닌 다른 식으로도 역사하신다는 사실을 깨닫지 못하고 있는 그리스도교인들에 대한 간곡한 경고의 말이다. 그러나 태평운동을 통해 중국이 "그리스도교화(化)"되는 것을 용납하지 않으신 하느님께서 현재 제3세계에서 자행되고 있는 온갖 불의와 빈곤의 책임을 져야 할 서양의 풍요로운 국가들이 보낸 선교사들 손에 과연 중국의 복음화를 내맡기실까 의심스럽다.

그렇다면 중국 안에서 중국에 이루어질 하느님의 선교는 어떤 것이 되어야 하는가? 중국 안팎의 그리스도교인들은 그 선교에 어떻게 대응해야 하는가? 중국의 정세변화를 통해 우리 그리스도교인들에게 하시는 하느님의 말씀은 무엇인가? 우리는 계속 그리스도교를 세계 중앙에 두고 거기에서 사방에 사격명령을 내리는 자세로 미래 세계를 정복해 나갈 수 있는가? 서양 문화와 혼인한 복음을 가지고 세계를 복음화한다는 것이 과연 역사의 현 시점에서 볼 때 정말 가능한 일인가? 이제 바야흐로 제3세계가 역사의 촛점으로 부각되어 가고 있는 이때에 그리스도교 교회가 담당해야 할 "메시아적" 사목이란 과연 어떤 것인가? 그리스도교인이란 오늘과 같은 비인간적 세계 속에서 인권을 위해 투쟁하는 전인류의 작은 한 부분일 뿐이라고 인식되고 있는 현실 속에서 과연 우리가 지향해야 할 바 "메시아적" 공동체는 어떠한 것인가?

다가오는 수년 동안은 이같은 질문들이 끊임없이 우리를 괴롭힐 것이다. 우리는 이 문제들을 가지고 씨름하며 고민하며 살아야 한다. 그리고 하느님께서 중국 내부로부터 이같은 질문들을 우리에게 던지고 계시다는 사실 때문에 더욱 심각하고 숙연해진다. 우리는 이제 세계 속의 하느님 선교를 다르게 이해해야 할 단계에 이른 것이다. 이같은 생각을 가지고 우리는 오늘의 중국 인민들이 어떻게 살고 희망을 가지고 있는가를 보고 들어야 하며 나아가 가장 획기적인 혁명, 즉 마음의 혁명에 참여해야 할 것이다.

"모 택동 주석은 썩은 달걀이다."

이제 문화혁명 이후 중국 안에서 일어난 중국 인민들의 인간 드라마를 엮은 이야기를 들어 보기로 하자. 1966년부터 1969년까지 3년 동안 중국 전역을 공포와 전율의 회오리 속에 몰아넣었던 무시무시한 대혁명, 대(大)프롤레타리아 문화혁명이 끝났다. 모 택동의 가장 뚜렷한 후계자였던 유소기(劉少奇) 및 그의 자본주의적 도당들이 지니고 있던 수정주의를 분쇄하고 정부 관료주의를 타파하며 나아가 계급없는 사회를 만들어 애오라지 프롤레타리아 독재가 이루어지기까지 계속 추진될 혁명의 부름을 받아 가정에서 교실에서 모여든 수백만 홍위병(紅衞兵)들은 혁명이 끝난 후 그들 손으로 폐허로 만든 고향 땅에 돌아가 그들이 한 일을 곰곰이 생각하게 되었다. 그러나 소요의 시대는 이것으로 끝난 것이 아니다.

중국은 모 택동의 야심 넘치는 부인 강 청(江靑)과 그녀를 따르는 극좌파의 손아귀에 들어갔다. 그들은 부하들에게 "능률"보다 "적성(赤性)"을 더 요구하였다. 소위 4인방(四人幇)이 최고의 권력을 장악하였다. 그러나 이들 4인방도 1976년 9월 모 택동이 죽은 후 3주일도 못되어 권력에서 축출당하고 말았다. 그러나 이들이 득세하게 되면서 중국은 위험스럽기 짝이 없는 역사 궤도에 오르게 되어 인민을 혁명의 도구나 계급투쟁의 희생제물 정도로 여기며 완벽한 정치로 통제되는 사회를 향해 돌진하기 시작했다. 인민은 철저한 통제 속에 정부 권력에 복종을 강요당하였다. 그들은 행여나 무의식중에 반(反)혁명적 언사가 튀어나올까봐 신경을 곤두세우고 살아야 했다. 서로가 서로를 감시하였고 웃음 속에도 가시가 포함되었으며 인사할 때에도 당지도부가 지시한 법도에 맞추어 절도있게 해야 했다. 서로가 서로를 감시하는 통제된 사회 속에서의 생활은 긴장의 연속일 수밖에 없다.

이런 이야기가 있다. 1971년 어느 가을 저녁, 남경의 어느 보육원 가까이 있는 주택가에서 긴장 속에 유지되던 평화가 깨어지는 불상사가 일어났다. 한 여교사가 이웃에 사는 왕 아운티의 방문을 받았다. 평범한 인사말이 오고 갔다. 그러나 왕 아운티의 마음 속엔 특별한 방문 목적이 있었다. 그녀는 조심스럽게, 우회적인 방법으로 속에 있던 말을 꺼내기 시작했다.

왕 아운티는 내 귀에 대고 "지금부터 얘기하는 것은 아무한테도 말하지 말아요" 하고 속삭였다.

"물론이지요." 나도 약속하였다. 나는 문이 잘 닫혔나 확인한 후 그녀를 식탁 모서리에 앉게 하고 나는 침대 모서리에 앉았다.

그녀는 내게 다가와 속삭이듯 말을 이었다. "어젯밤 10시였어요. 우리 애들이 다 잠들었을 때인데 당 정치부 왕 라오가 당 선전부 소속 녹음기사 샤오 라오를 데리고 나타난 것이 아니겠어요? 보육원 원장도 그들과 함께 있었어요. 그들은 내게 홍 샤오(그녀는 부모가 없는 동안 왕 아운티가 돌보고 있던 어린 소녀였다)를 깨우라고 하였어요. 그 아이는 너무도 잠이 깊게 들어 깨우는 데 애를 먹었을 뿐 아니라 부엌으로 데리고 가 찬물로 얼굴을 씻어 주어야 했지요… 샤오 라오가 녹음기 스위치를 넣었어요. 당 정치부장 왕이 문을 닫은 후 그와 원장이 홍 샤오에게 질문을 던지기 시작했어요. 그들은 먼저 '네 아버지 이름은 무엇이냐? 네 어머니 이름은 무엇이냐?'고 물었지요. 그런다음 '누가 네게 반동적 구호를 가르친 적은 없느냐?'고 묻더군요. 아직도 눈이 반쯤 감긴 상태에서 홍 샤오는 고개를 저었읍니다. 얼마가 지나고 나자 원장은 더는 참지 못하겠다는 듯이 윽박지르기 시작했어요. '네가 반동적 구호를 외치는 것을 들은 친구들이 있다는데도…' 운운 하더군요." 왕 아운티의 입술은 거의 내 귀에 닿을 정도로 가까와졌다. "'모 택동 주석은 썩은 달걀이다.' 이렇게 말하지 않았느냐 말이다." 이 말에 아이는 눈을 동그랗게 뜨고… 당 정치부장과 원장을 한참 쳐다보더니 고개를 계속 가로젓더군요.

그들은 계속해서 아이에게 자백하라고 사실대로 말하라고 그래서 당 주석의 총애받는 소녀가 되라고 을러대더군요… 참다못한 원장은 그에게 와서 고자질한 친구의 이름을 대더군요. 그제서야 기억이 났는지 그 아이는 갑자기 울음을 터뜨렸어요… 나는 이것으로 사건은 일단락될 줄 알았지요. 그런데 그들은 계속해서 아이에게 질문을 퍼붓는 것이 아니겠어요? '무슨 이유에서 그같은 반동적 구호를 외쳤느냐? 어디서 그런 구호를 들었느냐? 네 아버지가 가르쳐 주었느냐? 네 어머니가 가르쳤느냐? 아니면 선생님이 그런 말을 하더냐?' 홍 샤오는 어떤 질문에도 고개를 가로저을 뿐이었어요."[2]

홍 샤오는 네살박이 아이였다. 나중에 밝혀진 바로는 아이들끼리 놀다가 "그들이 생각나는 사람들마다 '썩은 달걀'이라 부르기로" 한 것이다. "우리 아빠는 썩은 달걀! 우리 엄마도 썩은 달걀!" 하다가 급기야 "모 택동 주석도 썩은 달걀!" 하게 된 것이다.[3] 이같은 아이들의 놀이까지도 "반동적 구호"로 규제할 도리는 없었던 것이다. 사실 모 택동 당 주석의 이름을 모르는 사람은 아무도 없었다. 어딜 가나(공공기관이든 가정이든) 그의 초상화가 걸려 있고 그의 이름이 거론되지 않는 때가 없었으므로 4살박이 아이들까지 그의 이름을 익히 알아 놀면서 무심결에 자기 아빠 엄마를 부르듯 당 주석의 이름을 부르게 된 것이다.

그러나 이로써 야기된 전체사회에 미친 영향력은 상당한 것이었다. 당이나 학교 관리는 물론이고 부모들까지 신경이 곤두섰다. 그들은 이 소문의 근원을 찾아내 그 뒤에 숨겨 있을 반동적 요소와 음모사건을 적발해내려고 온갖 노력을 기울였다. 당 주석 모 택동의 신성한 이름을 그같이 불경스럽게 부른 것은 도저히 묵과할 수 없는 일이었다. 설혹 어린 아이라도 이를 용서할 수는 없다!

그 마을에 있는 아이들 거의가 이같은 "반동적 구호"를 입에 올리게 되자 어떻게든 국가와 당 주석을 비방하는 이같은 반동적 행위로부터 한 사람이라도 구출하려던 그들의 광란에 가까운 행동들이 갑자기 중단되었다. 그들은 갑자기 시작했던 그대로 갑자기 중단하였다. 비난하던 손가락들이

사라지고 일종의 묵계처럼 정전상태를 이루게 되었다.

당시 임신 8개월이었던 교사는 큰 충격을 받았다. 그녀는 첫째 아이의 생일날에 둘째 아이를 조산하고 말았다. 그녀의 동료들이 "부러운 듯이 '웬 라오시, 당신 두 아들이 같은 생일이구려'" 하면 그녀는 미소를 띠며 "그게 다 모택동 주석의 덕이죠" 할 뿐이었다.⁴

이념의 독재

국가 전체를 하나의 통제 아래 두고 전인민을 하나의 조직체 속에 묶어 두며 모든 사람들로 국가 권력에 절대 복종하도록 한 혁명의 대가는 엄청난 것이었다. 인민들을 위한 혁명이라고 말하면서도 결국 인민들의 지지를 얻지 못한 것이 모순된 결과였다. 인민을 압제자의 멍에에서 풀어내주겠다고 하면서 또다른 새로운 굴레를 씌운 비극적 모순을 빚고 말았다. 인민의 생활을 풍요하게 해주겠노라고 약속한 혁명이 인민의 정신을 황폐케 만든 무서운 결과를 낳고 말았다.

소련, 동부 유럽, 베트남 및 캄보디아에서 추진된 공산혁명의 결과는 하나같이 이같은 모순 덩어리였다. 중국도 예외는 아니었다. 《모택동 주석은 썩은 달걀이다》(*Chairman Mao Is a Rotten Egg*)라는 책의 저자 자신도 처음엔 자진해서 중국에 들어가 기대했던 혁명적 이상이 그대로 이루어질 날을 기다리며 살았으나 문화혁명 및 그 후유증을 겪고 난 후에는 단호하게 부정적인 태도를 갖기에 이른 것이다.

그녀가 본 것이 정확했다는 것은 다른 기록들을 통해서도 확인되고 있다. 혁명이 한창 진행될 때 중국을 방문하고 돌아온 일단의 일본인 기자들도 다음과 같은 충격적 보고를 하고 있다.

> 나라 전체가 온통 붉었다. 속속들이 붉었다. … 들판에서 땅을 파는 농부들 곁에도 여지없이 붉은 기가 나부끼고 있었다. 가옥의 벽들도 붉은 색으로 칠해졌다. 그리곤 그 위에 모택동 주석의 적색 어록이 기록되었다.⁵

중국 전체가 붉은색으로 염색된 듯싶었다. 붉은색이 갖는 상징적 힘은 대단한 것이다. 존재를 규정하고 생각을 지배하며 행동을 규제한다. 텔리비젼이나 사진에서 북경의 천안문 광장이 온통 붉은 기들로 가득 차 있고 수천 수만의 젊은이들이 손에 작고 붉은 책을 들고 흔들어대는 광경을 보고 기가 질리고 놀라지 않는 사람이 없다. 붉은 세력에 감히 맞설 자는 아무도 없었다. 중국 인민들은 붉은 힘에 압도되어 넋을 잃고 말았다.

붉고 붉고 붉었다… 온 천지가 붉었다! 정치뿐 아니라 미술도 시도 산문도 모두 붉은 것 일색이었다. 본디 북경에서 공연되던 가극(歌劇)들은 중국 역사 5천년을 그대로 반영하여 동작이 느렸고 우아한 몸짓에 목소리도 길게 여운을 남기는 고전적인 것이었다. 그러나 이 가극마저도 분노하는 전투극으로 바뀌어 혁명의 적들을 사정없이 제거하며 혁명투사들을 겁없고 용감무쌍하며 영웅적 인물로 묘사하는 데 급급하였다. 연극예술을 사회주의 이념과 이상 및 공산주의 중국에 봉사자로 전락시킨 장본인 강청은 1964년 7월 북경에서 열린 현대 가극제 임원 연석회의에서 다음과 같이 선언하였다.

우리는 가극을 통해 중화인민공화국 창설 15년의 역사를 있는 그대로 반영하며 현재의 혁명적 영웅들의 업적을 기리는 소위 혁명적 주제에 입각한 내용을 강조하여야 한다. 이것이 우리의 지상 과업이다.[6]

그녀는 자기가 정한 목표를 이루기 위해 물불을 가리지 않았다. 중국 인민들은 물론이고 중국을 방문한 외국 사절이나 관광객들까지도 혁명적 가극이나 무용극을 관람하도록 강요하였다. 《홍등》(紅燈), 《백호단 검거》(白虎團檢據), 《여성 홍위대》(女性紅衛隊), 《백발 소녀》(白髮少女) 등이 당시 주로 상영되었던 혁명극들이었다.

중국과 같이 광대하고 인구 구성이 복잡한 나라에서 이같은 통제를 이룰 수 있었다는 것은 분명 놀라운 일이었다. 전체 중국 인구가 한가지로 사회주의 목표를 향해 돌진하는 것 같아 보였다. 중국 사정에 정통한 로쓰 테릴(Ross Terrill)은 다음과 같이 분석하고 있다.

최고 권력층에서 내린 명령은 시장바닥에까지 그대로 전달되었다. 인민들은 오직 이러한 행정부의 명령만을 지켜야 했다. 다른 것은 있을 수 없었다. 광동에서 북에 이르기까지, 동쪽 해안으로부터 신경에 이르기까지 중국 전토(全土)는 적어도 표면적으로는 정신 통일(精神統一)을 이룬 듯싶었다. 중국 역사상 전례없는 현상이었다… 말로 다스렸고 말로 묶었으며 말로 통제하였다. 한 처음에 말씀이 있었다…[7]

정신통일에서 끝나지 않고 획일적 행동강령까지 시달되었다. 남녀 할 것 없이 푸른 외투에 자루같이 생긴 바지를 입어야 했고 정부가 지정한바 국민생활에 필요한 가장 최소량의 가구를 들여야 했으며 노소를 불문하고 국민체조를 해야 했다. 적어도 표면적으로는 20세기 세계 어느 국가도 이루지 못했던 통일된 사고구조(思考構造)와 생활방식을 중국이 이룬 것 같아 보였다. 테릴의 말을 계속 들어 보자. "중국에서는 개개인들이… 하나의 이념, 즉 모 택동의 사상에 철저히 봉쇄되어 있다. 모 택동 사상의 신화는 가정 속으로 심지어 정신 속으로 파고들었다(이는 레닌 사상이나 스탈린 사상이 러시아에서도 이루지 못했던 현상이다)."⁸ 그는 이를 "이념의 독재"라 불렀다.

그리스도교를 포함하여 종교도 이같은 말이나 이념의 독재를 피할 수 없었다. 종교는 혁명주의자들의 파괴 대상이었으며 특히 문화혁명 기간 중에는 더욱 그러했다.

   … 북경에 있던 가톨릭교회와 프로테스탄트교회는 폐쇄되었다. 성화나 성상은 제거되었으며 그 대신 적기(赤旗)나 모 택동 사진이 걸렸다. 그 도시에 있던 제일 큰 사원도 이틀 후에 폐쇄되었다… 1966년 8월 25일 이후엔 이같은 소요사태가 다른 도시에서도 일어나기 시작했다는 보고가 나왔다. 8월 27일엔 광동의 모든 교회들이 폐쇄되었고 가톨릭교회 하나는 소실(燒失)되었다. 라사(티베트의 수도)에서는 8월 25일 홍위병들이 주교좌 성당에 난입하여 집기물들을 파괴하였다.⁹

바로 1세기 전에 태평군들이 불교 및 유교 사당에 자행했던 그대로 이제 모 택동 사상이란 종교적 열정으로 무장한 홍위병들이 그리스도교 교회에 만행을 저지르고 있는 셈이다. 현대 중국사에 찾아보기 힘든 반복이 아닌가!

문화혁명으로 모든 종교는 종말을 고한 것처럼 보였다. 그리스도교도 예외일 수는 없었다. 1966년 8월 22일 전에 YMCA 회관으로 쓰였던 북경의 어느 건물 벽에 다음과 같은 벽보가 나붙었다.

   신은 없다. 영도 없다. 예수도 없다. 마리아도 없다. 요셉도 없다. 어른된 자들로 어떻게 이런 것을 믿을 수 있는가?… 사제들은 사치하며 노동자들의 피를 빨아 먹는다… 마호멧교나 가톨릭교와 마찬가지로 프로테스탄트교 역시 반동적 자본주의 이데올로기이며 인민의 아편이며 외국에 밀착된 첩자들이다… 우리는 무신론자들이다. 우리는 오직 모 택동만 믿을 뿐이다. 인민들이여, 성서들을 불태우라, 성상들을 파괴하라, 종교적 집회를 해산시키라. 우리는 호소한다.¹⁰

중국은 하느님께 선전포고하였다. 그들은 자신들의 하느님, 즉 모 택동을 만들어 냈다. 《사우드 차이나 모닝 포스트》지(홍콩) 상해 주재 특파원은 이렇게 보고하였다. "1966년 8월 24일, 이날은 상해의 그리스도교 역사 마지막 장으로 기록될 것이다. 이날 '홍위병'이란 완장을 찬 혁명 학생들은 자본주의 전제주의 및 식민주의 잔재들을 말소한다고 선포하며 모든 교회의 십자가를 뜯어냈고 성상과 벽화, 장식품 및 기타 교회 비품들을 압류하였다."[11]

물론 특파원의 보고는 성급한 것이었다. 후에 밝혀지겠지만 문화혁명의 열광도 결국은 진정한 인권회복을 향한 중국 인민들의 투쟁에 새로운 장을 맞이하기 위한 전초작업으로 하느님께서 마련해 주신 섭리였다. 정신의 혁명은 이미 시작되었다.

어느 면에서 문화혁명은 자신의 한계성을 인정하지 않으려는 한 거대한 혁명가— 모 택동의 마지막 발악이었다. 이 혁명가는 자신이 죽음이라는 필연을 향해 가고 있음을 알아차렸다. 그는 자신 속에 남아 있던 여력(餘力)을 기울여 불멸의 혁명을 성취하려고 몸부림 쳤다. 1966년 8월 18일부터 11월 26일까지[12] 북경에서 1천1백만 홍위병들을 사열했을 때 그는 마음 속으로 이 젊은 투사들은 자기의 형상을 그대로 닮은 모 택동들이 되어 인간의 생명과 사업에 치명적 한계선을 그어 놓은 불멸의 하느님에 대항하여 영원한 혁명을 전개해 주리라 생각했을 것이다. 젊은 투사들이 광활한 대륙을 종횡으로 누비며 그의 어록이 하느님의 말씀도 눌렀다고 환호하는 소리를 듣게 될 때 자신이 자신이 아닌 것 같은 환상에 젖어들었을 것이다. 그는 중국의 신화적 영물(靈物)인 용(龍)이었다. 그는 창세 전 혼돈의 세계를 정복할 전능자로서 마지막 전투를 벌이고 있었던 것이다. 혼돈으로부터 나온 용은 용왕(龍王)이 되어 용좌(龍座)에 앉을 것이다.

문화혁명은 깊이 들여다보면 종교적인 것임을 알 수 있다. 모 택동이나 홍위병들에게는 인간의 한계를 극복하고자 몸부림치는 인간의 영적인 갈망이 크게 작용하고 있다. 성전이나 교회 파괴, 종교에 대한 공박, 종교인들 박해 및 살해 등의 행위는 이같은 맥락에서 이해하여야 한다. 문화혁명을 통해 모 택동이나 그의 추종 홍위병들은 겁없이 이 세상의 모든 권세 위에 있는 전능한 권세에 대항하여 싸움을 벌인 것이다. 이 싸움통에 인간의 영은 하늘의 영과 뒤엉켜 사생결단 치열한 전투를 벌였다. 그러나 그 결과는 아무리 노(老)혁명가가 불굴의 정신을 가지고 있는 힘을 다해 투쟁하더라도 결국은 신도 인간도 굴복시키지는 못한 것으로 판가름 났다. 그는 힘을 너무 쏟아 기력이 쇠하였다. 그는 결국 인민해방군을 풀어 홍위병을 해산시켰으며 이것으로 전투는 끝나고 말았다.

문화혁명이라는 공포극은 이렇게 막을 내렸다. 그러나 인민들 가슴 속에 자리잡고 있던 또다른 강력한 힘이 기지개를 켜며 작동하기 시작했다. 이는 개개인 남녀를 순수한 인간으로 되돌려 놓기 위해 혁명 대신 "인간성"을 회복시키려는 힘이다. 새로운 혁명― 정신 혁명이 시작되었다.

민주주의 벽(壁)

그리스도교 성서에 수록된 이스라엘 역사를 비롯, 세계 역사를 살펴보면 모 택동과 유사한 인물들을 많이 찾아볼 수 있다. 우리는 하느님께서 아시리아 왕 산헤립을 "분노의 지팡이"(이사 10, 5)로, 바빌론 왕 느부갓네살을 "나의 종"(예레 27, 6)으로, 페르시아 왕 고레스를 "나의 목자"(이사 44, 28) 및 "내가 기름부은 자"(이사 45, 1)로 부르신 사실을 기억하고 있다.[13] 모 택동도 중국 사회 및 종교 속에 내포되어 있는 낡은 장벽들을 흩어버리기 위해 채용된 "하느님의 분노의 지팡이"로 볼 수 있을 것이다. 그는 자신이 건설했던 당이란 요새까지도 공격을 서슴지 않았다. 그는 자신이 만든 전투적 이념에 근거하여 정착된 관료주의 타성을 깨버렸다. 그리고 무엇보다 그는 정지상태에 있던 자신의 혁명에 다시 불을 당긴 것이다. 그러나 모 택동은 이같은 행위를 통해 오히려 인민들로 하여금 그가 제시하는 이념, 그의 혁명, 계급없는 사회를 약속하는 그의 유토피아라는 굴레에서 벗어나도록 정신차리게 한 것이 크나큰 업적이었다. 이는 물론 그가 바라던 바가 아니었다. 그는 하느님께 거센 반항을 하였고 하느님을 권좌에서 몰아내려 하였다. 그러나 이러한 그 역시 하느님의 도구가 되어 모든 민족들을 향한 하느님의 선교 사업에 쓰임받게 되었고 동족 중국인들로 하여금 혁명의 현실을 직시하며 사회주의 국가 안에서 인간으로 살 권리를 정부에 요구할 수 있게 만들었다.

대자보(大字報)는 사실 모 택동이 먼저 시작한 것이다. 1966년 8월 5일 중국공산당 중앙위원회가 개최되었을 때 그는 "본부를 폭격하라"는 대자보를 내붙였다. 이것이 문화혁명을 발진시킨 대자보였다. 모 택동은 "인민들에게 유 소기가 이끄는 당내 '부르조아 본부'를 파괴하고 자신의 '프롤레타리아 본부'로 집결하라"고 호소하였다.[14] 모 택동은 처음 자신의 권위를 인정치 않으려는 당내 세력과 실권파들만을 대상으로 투쟁을 선언한 것처럼 보였다. 그러나 대자보의 내용을 보면 이보다 훨씬 광범위한 차원의 혁명을 의도하고 있음을 알 수 있다. 그중에 이런 내용도 있었다.

부르조아지들에게 반격의 기치를 들라. 그들 〔중앙에서부터 지방에 이르는 당 지도자들]은 부르조아 독재를 자행하며 프롤레타리아의 위대한 문화혁명의 기운을 말살시키려 한다. 그들은 사실을 왜곡시키며 흰 것을 검은 것이라 억지쓰며 혁명투사들을 감금하고 압제하며 자기들 생각과 다른 의견들은 묵살하고 백색 테러를 일삼으며 자만의 쾌락에 빠져 있다.[15]

이 벽보의 주인공은 누구인가? 다름아닌 모 택동이다! 그는 자신이 1957년에 있었던 "백화운동"(百花運動)의 주역의 하나였다는 사실을 잊고 있는 것인가? 1957년 그 자신이 학자들에게 도전장을 냈다. "백화는 만발하고 백교(百校)는 투쟁하라!" 그러나 모 택동은 지식인들 및 지식인들의 뿌리깊은 불만과 원한을 과소 평가하였다. 이 점에 있어선 모 택동은 과거 중국역사 속의 황제나 임금들보다 나을 것이 없는 인민재판관이었다. 지식인들은 이같은 도전에 즉각 반격하여 공산주의 정치체제의 근본 원칙 및 공산당의 세습적 권력독점에 대해 신랄한 비판을 서슴지 않았다. 모 택동은 놀랐고 화를 냈다. 그는 자신을 비판하는 자들을 가차없이 숙청하고 "사상 개조" 수용소로 보냈다.

1957년이면 그가 모든 권력을 장악하고 있던 때였다. 백화와 백교가 자기에게 해를 끼치는 것은 도저히 용납할 수 없었다. 그후 10년이 지난 1966년의 사태는 많이 변해 있었다. 그는 당 주석 및 국가 주석으로서 가지고 있던 권력을 거의 상실하였다. 당 및 국가는 그가 후계자로 지목했던 유 소기 수중에 들어가 있었다. 그는 거리를 거니는 시민이나 하등 다를 바 없는 무력한 자신의 모습을 발견하였다. 그가 다시 권력을 잡고 권좌에 오를 수 있는 유일한 길은 일반 인민들을 충동하여 유 소기를 비롯한 실권파에 대항케 하는 것뿐이었다.

모 택동은 어느 누구도 생각하지 못했던 기발한 생각으로 불굴의 정신으로 인민의 정신을 충동하여 자신의 정적을 제거시키는 데 성공한 것이다. 이 모든 것은 오직 모 택동 한 개인만을 위한 투쟁이었다. 그러나 문제를 달리 보는 중국인들도 있었다. 문화혁명 전과정을 해방의 체험으로 인식하는 자들도 있다. 그들의 정신은 불의 연단을 받은 후 수많은 고뇌를 거쳐 북경에 있는 유명한 민주주의 벽에 이른 것이다. 이 벽은 자유와 인권을 향한 인간 정신의 상징이 되었다. 우리는 여기서 또 한번 중국에 대한 하느님의 역사를 발견하게 된다. 전세계 인구의 4분의 1을 차지하는 10억의 공산주의 국가 속에서도 하느님은 활동하시고 있다.

1966년의 모 택동 대자보는 문화혁명의 기점이 되었다. 그러나 이때로부터 인민들은 통치 권력에 대한 불만을 토로하며 억눌렸던 자기 의사를 발표할 수 있는 분위기를 만들어가기 시작했다. 의견이 다른 자들을 위한 유일한 공개 토론장이 되었다. 모 택동 자신도 미처 몰랐을 것이다. 벽보가 권력없는 대중의 손에 들려졌을 때 자유와 민주를 향해 투쟁하는 강력한 무기가 될 줄은! 돌이켜보면 문화혁명은 중국이라고 하는 전체주의적 정치 체제 안에서 민주주의를 향한 힘들고 오랜 혁명의 준비작업의 하나였음을 알게 된다. 모 택동은 이같은 의미를 알지 못한 채 혁명에 불을 붙였던 것이다. 그는 1957년의 백화운동의 경우에서처럼 일단 정치목적을 달성했으면 더 이상의 혁명이 전개되지 않도록 미연에 방지했어야 했다. 그는 결국 1976년 사망함으로 이 새로운 혁명으로 숙청되고 말았다.

1974년, 중국 역사 속에 혁명의 온상으로 알려진 광동에 2천어(語) 대자보가 나붙었다. 발표자는 "리 이제"로 기록되어 있는데 이는 리젱티엔 제 이양 및 황 시제 등 세 청년의 암호명이었다.[16] 이 벽보의 주제는 "민주주의와 법통치"였다. 이들은 물론 모 택동 문화혁명의 산물이었다.

헌법(憲法)이 규정하고 있는 발표의 자유, 언론의 자유, 집회의 자유 및 헌법에는 규정되지 않은 혁명경험 교환의 자유는 위대한 혁명기간 동안 진정한 의미에서 누려졌으며 모 택동 주석이 이끄는 당 중앙위원회에 의해 보증되었다. 이는 실로 중국 인민이 지난 수천년 동안 누리지 못했던 것이다. 이는 실로 능동적이고 생동적인 것이다. 이는 예기치 못했던 혁명의 업적이다.[17]

대자보에 언급되고 있는 자유들이 문화혁명 이전에는 전혀 없었다고 단정하는 것은 지나친 판단이다. 그러나 지금의 세 청년들에게 있어선 역사적 증거 같은 것은 별로 문제가 되지 않고 있다. 그들은 자기들 식으로나마 국가 권위를 무너뜨릴 수 있다고 생각하며 이를 시험하고 있는 것이다. 그 내용을 계속 읽어 보자.

그러나 프롤레타리아 문화대혁명은 위대한 프롤레타리아 문화혁명의 과업을 완수하지는 못했다. 왜냐하면 인민들의 손에 모든 인민을 위한 민주주의라는 무기를 들려주지 못했기 때문이다.

"인민을 위한 민주주의"— 이것이야말로 벽보의 기자를 포함한 수천 젊은 청년들이 문화혁명에 기대했던 바였다. 그들이 중국 전역을 누비며 광란에 가까운 파괴행위를 벌이면서도 그들 마음 속 한구석에는 그들이 만들고 있는 폐허더미 속에서 민주주의가 싹틀 것이란 기대가 있었다. 물론 오산이었다. 수십만 젊은이들이 고향을 떠나 황폐해진 조국을 청소하며 상처를 어루만지도록 먼 타향으로 소환되어 끌려갔을 때에야 그들은 자기들을 혁명의 열기 속에 몰아넣은 지도층이 결국은 배반자였다는 사실을 알아차리게 되었다. 그들은 이제야말로 진리가 밝혀 드러날 시기가 되었다고 느꼈다. 그들은 질문하기 시작했다. 심오하고도 대답하기 어려운 질문을 던지기 시작했다.

   무슨 권리로 혁명가는 대중을 감독하며 당이나 국가의 권력 서열을 정할 수 있는가? 인민 대중의 신임을 얻지 못한 당원들, 인민의 버림을 받은 당원들이 과연 떳떳하게 나설 수 있는가?

이 겁없는 세 젊은이는 당의 핵심인 당원들에게까지 서슴없이 공격을 퍼붓고 있는 것이다. 그들은 지배자의 권력에 대항하여 피지배자의 권리를 주장하고 있다. 예상대로 그 지방의 고위층은 이 벽보를 베껴 떨리는 손으로 "반동두령"(反動頭領)이란 네 글자를 쓴 뒤 북경으로 급송하였다.[18]

대자보 주인공들은 계속 질문을 던졌다. 그들은 곧바로 문제의 핵심에 들어갔다.

   헌법과 당헌(黨憲) 및 중앙위원회 강령 속에도 분명 인민의 민주주의 권리가 명기되어 있지 않은가? 그렇다. 그렇게 기록되어 있다. 그뿐만 아니라 "인민의 민주주의를 보호하고", "악의품은 공격이나 복수를 금하며" "고문이나 심문을 통한 자백을 금하도록" 명백히 밝히고 있다. 그러나 이러한 권리는 사실상 무용지물이었으며 단지 파시스트 독재자들에게만 "허용"되어 온 것이 사실이다.

많은 사람들이 혁명에 참여하면서 정치적으로 눈을 뜨게 되었다. 대자보에 있는 표현대로 "대중은 아두(阿頭)가 아니다."[19] (아두란 3국시대〔A.D. 221-265〕 수나라에 있던 어리석은 왕자의 별명으로 무식하고 변변치 못한 인물을 표현할 때 쓰는 말이다.) 독재 정권으로서는 사람들이 민주주의를 흠모하여 이를 얻으려 시도하는 것보다 더 큰 위협은 없다. 북경의 통치권력은 이렇게까지 발전할 줄 몰랐던 것이다. 용감하게 나서 인민의 민주적 권리를 주장했던 세 젊은이는 체포되어 감옥에 갇히게 되었다. 그러나 그들이 당긴 민주주의의 불꽃은 수백만 중국 인민들의 가슴 속에 당겨져 타오르기 시작했다.

이런 식으로 모택동 사후 북경의 민주주의 벽은 자유와 인권의 상징이 되었다. 당의 지도이념에 의해 철저하게 통제되는 정치사회의 강요에 대항하여 진리를 파헤치는 장(場)이 되었다. 가장 고귀한 인간의 본성을 추구하는 중국인들의 정신을 반영시키는 시험대가 되었다. 인민들은 가슴속 깊숙이 숨겨진 것들을 꺼내 가장 우렁찬 소리로 외칠 수 있게 되었다. 수없이 많은 벽보들이 민주주의 벽에 나붙었다. 흥분한 군중은 벽에 몰려들어 자신의 사상을 읽었고 자신의 심장 고동소리를 들었으며 그들이 겪고 있는 온갖 부당한 대우를 심각하게 느끼게 되었다. 민주주의 벽은 민주주의란 서양 국가들의 전유물이 될 수 없으며 공산당의 통치를 받고 있는 중국인들도 다른 자본주의사회 국민들과 다름없이 자유 정신을 존중하며 이를 지키려 애쓰고 있다는 사실을 웅변으로 증언하고 있다. 북경의 민주주의 벽에서 동양과 서양이 만났고 서로 피부 색깔이 다른 사람들이 한데 어울렸으며 믿음과 희망과 사랑 위에 건설된 인간공동체의 꿈이 현실로 나타나기 시작하였다.

바로 이 민주주의 벽에서 우리 그리스도교인은 중국 인민에 대한 하느님의 선교를 깨닫게 된다. 한 나라 안에서, 그 나라가 사회주의 국가이건 자본주의 국가이건 따지지 않고 모든 백성들이 자유롭게 행동하며 서로 돌볼 수 있는 환경을 만들려는 것이 곧 하느님의 선교이다. 민주주의 벽은 곧 하느님의 벽이다. 중국의 만리장성에 비하면 그다지 견고해 보이지 않는 벽이다. 사실 그 벽은 빈약하기 짝이 없다. 벽보를 쓴 주인공들이 잡혀갈 때에도 속수무책이다. 반체제운동자들이 투옥되는 것을 막을 도리가 없다. 그럼에도 불구하고 그 벽은 어느 벽보다 강하다. 인민들의 정신과 마음 속에 깊이 뿌리를 내리고 있기 때문이다.

민주주의 벽은 중국 및 중국 인민들의 가슴 속에 있는 수천만 다른 민주주의 벽들과 밀접하게 연결되어 있다. 그 벽은 중국 밖의 다른 독재 및 반(半)독재국가 민족들 속에 있는 민주주의 벽들과도 연결되어 있다. 그 벽은 점점 강하고 거대해지고 있다. 민주주의 벽의 선교이다! 중국 내부에 있는 그리스도교인들, 특히 외부의 그리스도교인들은 언젠가 이것이야말로 온 인류에 있어 위대한 기념비가 될 것임을 알아야 한다. 그리고 우리가 살고 있는 이 세계 안에 독재 정권을 휘두르는 모든 통치자들은 심판대에 서게 될 것이다. 이같은 심판을 통해 하느님은 인류의 가슴 가장 가까이로 접근하신다.

5대 현대화 계획

또 한 차례 중국 인민의 가슴 속에서 우러나온 한 소리가 분명하고도 단호하게 들렸다. 이 소리는 당 지도부를 당황하게 하였고 북경 거리를 왕래하던 인민들을 떨게 만들었다. 그 소리의 주인공은 웨이 칭셍이라는 31세의 북경 근로자로 그는 1978년 12월, 민주주의 벽에다 "5대 현대화 계획"

이란 문제의 대자보를 붙였다. 대자보의 내용에 나타난 그의 입장은 단호하였다. 그는 추호도 흔들림 없이 자신의 입장을 피력해 나갔다. 이미 당이나 국가의 숙청을 예감한 듯 거침없이 자기 주장을 펼쳤다.

우리 젊은이를 아시아의 병자로 보지 말라. 우리 젊은이에겐 벽보를 붙일 수 있는 용기가 있다. 그 벽보를 읽을 수 있는 용기도 있다. 금기로 생각했던 문제들까지도 서슴없이 의견을 말할 수 있는 용기가 있다 … 어떤 자들은 젊은이들의 독창성도 나이든 이들의 계략에 의한 것이라고 믿고 있다. 그렇지 않다. 독립적 사고(思考)를 하는 데 필요한 것을 모두 몰수해 보라. 그러나 젊은이의 열정만은 막지 못할 것이다 … 물론 당신들은 민주주의 벽을 폐쇄할 수는 있겠지. 그러나 당신들은 우리, 파괴자들 앞에서 떨지 않고는 못견딜 것이다.[20]

웨이 칭솅은 젊은 층을 대변하여 말하고 있지만 기실 이는 모든 사람들의 고통을 대변하는 것이었다. 그는 1979년 3월 체포되었고 그해 10월 16일 15년 징역형을 선고받았다. 그나마 이같은 재판은 중국에선 30년 만에 처음 있었던 정식 재판이었다. 그는 재판정에서도 자신은 "잘못한 것이 전혀 없다고 생각한다"는 진술을 한 것으로 전해지고 있다.[21]

통치자의 눈으로는 웨이는 민주주의를 어긴 범죄자로 비쳤다. 민주주의 벽에 붙인 대자보에서 그가 주장한 것은 "중국은 우선 먼저 민주주의를 성취하지 않는 이상 4대 현대화 계획은 성공할 수 없다. 이 민주주의가 그의 글 '5대 현대화 계획'의 주제이다"는 것이었다.[22] 중국의 현대화 전제조건으로 서슴없이 민주주의를 들고 나선 그야말로 반혁명분자로 볼 수밖에 없었으며 그래서 재판에 회부되었다. 그런데 이러한 기소 이유에 대해 그는 "내가 대자보에 쓰고 지금도 주장하는 바는 오직 민주주의뿐이다 … 민주주의 물결을 거슬러 그 반대편에 서는 자야말로 반혁명분자이다"고 진술하였다 한다.[23]

웨이 같은 인물이 서슴없이 5대 현대화 계획을 들고 나오자 국가 지도자들은 크게 당황하였을 것이다. 중국은 이제 비로소 4대 현대화 계획을 수립하고 있는 처지가 아닌가? 1978년 12월 북경에서 개최된 제11기 3차 중국 공산당중앙위원회 전체회의에서는 중국을 미국이나 소련과 맞먹는 공업국가로 발전시키기 위한 대장정(大長征)을 선포하였다. 장문으로 된 코뮤니케에서 정책 결정자는 다음과 같이 선언하였다.

… 전체회의는 만장일치로 추후의 모든 정책 결정권을 당 중앙위원장 화 국봉(華國鋒) 동무에게 일임하여 이제 결정할 시기가 도

때한바 국내외의 발전을 위하여… 우리 당의 모든 사업과 국가 전체인민의 관심을 모아 사회주의 현대화에 경주하도록 하였다. 그 중에도 특히 중요한 것은 … 농업·공업·국방 및 과학기술의 현대화 및 이 나라 안에서의 프롤레타리아 통치 강화이다."[24]

상당한 정책변화이다. 모 택동 치하에서 "붉을 대로 붉어 보고" 4인방 치하에서 극좌에로 치우칠 대로 치우쳐 본 후에야 중국은 이제 제 정신이 든 것 같다. 이제 비로소 "적성"(赤性)보다 "능률"이 중요한 것으로 인정받게 되었다. 위트있으면서도 빈틈없이 일을 처리하는 등 소평(鄧小平) 부수상의 말을 빌리면 4대 현대화 계획, 즉 농업·공업·국방 및 과학 기술의 현대화에 못지않게 중요한 것으로 당장 중국이 해결해야 할 문제는 식량문제이다. 그의 표현대로 "검은 고양이건 흰 고양이건 쥐만 잡을 수 있으면 상관없다."[25] 등 소평은 이같은 실용주의적 노선때문에 전에는 수정주의자로 몰려 푸대접을 받아야 했다. 그러나 모 택동의 죽음으로 중국은 변하기 시작했다. 이제 모 택동의 혁명지상주의는 등 소평의 정치실용주의로 대체되고 있다.

등 소평은 다음과 같은 말로 자신의 소신을 분명히하고 있다. "매일같이 계급투쟁을 말할 수는 없다. 뭐 그리 많은 계급투쟁이 있는가? 실제 생활 속에 모든 게 다 계급투쟁일 수는 없다"[26] 이같이 현실 파악이 가능해질 때 비로소 중국은 서양 세계와 대화를 나눌 수 있는 입장에 서게 된다. 이제 중국은 낙후된 과학과 기술을 개발하여 세계 열강의 하나로 주도적 역할을 하겠노라고 선언한 셈이다. 21세기의 세계 정세를 두고 볼 때 이는 상당히 흥미를 끌면서도 공포심을 갖게 하는 선언임에 틀림없다.

5대 현대화 계획을 들고 나선 웨이 칭셩의 선언은 중국 내부뿐 아니라 외부에서도 큰 반응을 일으켰다. 웨이는 근본적인 질문을 제기하고 있는 것이다. 인민들이 4대 현대화 계획을 국가통치의 한 수단에 불과하다고 여기게 될 때 과연 그것이 "가장 큰 정치과업"이라고 평할 수 있겠는가?[27] 백성들이 자기 의사를 자유롭게 발표할 수 없는 상황 하에 이루어지는 정치가 과연 "큰" 것일 수 있는가? 자유와 민주주의를 향한 죄없는 인민들의 권리를 희생시키면서 추진해 나가는 정치가 과연 "가장 큰" 것이 될 수 있는가? 지배자와 피지배자 사이에 신뢰와 정의의 관계가 이루어지지 않은 상태에서 과연 "가장 큰 정치과업"이 수행될 수 있겠는가? 4대 현대화 계획이 계획대로 추진된다면 9억 6천 6백만 인민의 먹을 식량은 마련될지 모른다. 고도의 기술문명 국가가 되어 무력에 있어 미국이나 소련까지도 능가하는 초강대국이 될지도 모른다. 하지만 인민들이 사고(思考)의 자유를 박탈당하고 건설적인 비판이 허용되지 않으며 자유와 인권을 누릴 힘마저 거세된 상태에서 과연 중국이 강한 나라가 된다면 얼마나 강하겠는가?

인민의 참여를 제한하는 정치는 "작은" 정치이다. 이상이 웨이가 말하려는 바이다. 그가 본 바로는 4대 현대화 계획은 "작은" 정치일 뿐이다. 그 계획대로 밀고 나가면 중국 인민들은 역사적으로 자본주의의 산물이라고 평가받고 있는 "경제적 동물"로 전락되고 말 것이다. 국가나 당이 제시한 이념체제 속에 매이지 않고 자유로이 행동할 수 있는 정신능력을 거세할 것이다. 간단히 말해 웨이는 미래에 자유와 민주주의라는 기초 위에 서야할 강한 국가를 거부하는 현 독재체제에 강한 도전을 하고 있는 것이다. 그는 정치체제로서의 사회주의를 거부하는 것이 아니다. 그의 신념은 사회주의가 독재로 변해서는 안된다는 것이다. 민주주의 위에 기틀을 둔 사회주의를 신봉하고 있는 것이다.

이상과 같은 이유에서 웨이는 4대 현대화 계획이란 당의 정책에 의문을 제기하고 있다. 웨이가 편집 책임을 맡고 있던 지하신문《탐색》(探索) 특집판(1979년 1월)의 "민주주의냐 새로운 독재냐"라는 논설에서 그의 주장은 보다 뚜렷하게 나타나고 있다.

> 과연 등(소평)은 인민의 신뢰와 보증을 받을 만한 인물인가? 어떤 지도자도 인민들로부터 무조건 신뢰를 요구할 수 없다. 만약 그가 인민들에게 유익을 주고 평화와 풍요를 주는 정책을 펴나간다면 물론 얻을 것이다[… 그러나 그렇지 못하면 얻지 못할 것이고]… 만약 등 소평이 가장 기본적인 권리를 찾으려는 인민의 요구를 묵살하거나 순수한 민주주의운동을 자신이 정치적 방해물로 보아 이를 억압한다면 이는 곧 그가 민주주의를 원치 않고 있다는 말이 된다. 어째서 인민의 신뢰를 얻지 못하고 있는가? 도대체 발표의 자유, 비판의 자유가 허용되지 않은 민주주의가 있을 수 있는가? 우리에게 설명하라. 민주주의라는 것과 모 택동의 독재 사이의 차이점이 무엇인가?[28]

웨이는 주저하지 않고 민주주의란 인민의 신임을 얻을 행정부라고 단언하고 있다. 강한 정부는 인민을 믿을 수 있는 정부, 인민의 신뢰를 얻은 정부이다. 반대로 인민을 믿지 못하거나 인민의 신임을 얻지 못한 정부는 약한 정부가 될 수밖에 없다. 마찬가지로 강력한 정치란 인민의 신뢰와 신임을 얻은 정치이다. 인민을 배반하고 인민을 불신하는 정치는 약한 정치이다. 이것이 바로 독재이다.

강한 정치와 강한 정부— 이것이 웨이와 그의 동지들이 바라는 바이다. 그러나 등 소평을 비롯한 집권층은 민주주의 및 인민의 신뢰를 요구하는 그들을 체포와 투옥이란 징벌로 다스렸다. 이렇게 함으로 중국의 통치자들은 스스로 자신의 정부를 약한 정부로, 자신의 당을 약한 당으로, 자신의 정치를 약한 정치로, 자신들을 약한 정치인들로 만드는 위험을 자초하였다. 중국의 장래는 전적으로 얼마나 그가 약한 정치에서 벗어나 강한 정치, 즉 민주정치를 추구하느냐에 달려 있다.

중국에서 일어나고 있는 약한 정치와 강한 정치 사이의 갈등이 지니고 있는 깊은 의미는 우리 그리스도교인들에게도 시사하는 바가 크다. 성서의 신앙은 하느님의 정치가 강한 정치임을 증언해 주고 있다. 구약의 예언자들은 이스라엘과 유다 통치에서 보여 준 하느님의 강한 정치를 웅변으로 증언하고 있다. 하느님은 남이나 북이나 어떤 통치자의 귀에도 분명히 들릴 수 있는 큰 소리로 말씀하셨으며 백성들의 신임을 한 몸에 받았다.

>저주받아라!
>시온을 믿고 안심하는 자들아,
>언덕 위에 자리잡은 사마리아를 믿어
>마음놓고 사는 자들아,
>일등 민족이라고 으시대는 유지들아…
>상아 침상에서 딩굴고
>보료 위에서 기지개를 켜며
>양떼 가운데서 양새끼를 골라 잡아 먹고
>외양간에서 송아지를 잡아 먹는 것들…
>몸에는 값비싼 향유를 바르고
>술을 대접으로 퍼 마시며
>요셉 가문이 망하는 것쯤
>아랑곳도 하지 않는 것들(아모 6, 1-6).

아모스 시대 이스라엘은 바야흐로 현대화의 최첨단을 걷고 있었다. 나라는 부요해졌다. 신흥 상업 및 귀족 계급이 생겨났다. 술과 음식이 진창이었다. 그야말로 이스라엘은 경제적 부요를 성취한 "가장 큰" 정치를 이룬 것같아 보였다. 그러나 아모스는 이 모든 성취를 약한 정치로 몰아붙이고 있다. 칼날같이 예리한 비판이 서슴없이 펼쳐지고 있다.

>모두들 사마리아 언덕에 올라 와 보게
>그 안엔 억울한 일들뿐
>온통 뒤죽박죽일세

바른 일 하려는 사람은 하나도 없구나
— 야훼의 말씀이시다
궁궐에는 권력으로 남을 등쳐먹는 자들뿐이다(아모 3, 9^b-10).

아모스는 "억울한 일들뿐"인 백성들에게 귀를 막고 있는 정부, 권력없는 자들의 등을 쳐먹는 정치를 폭로하고 있었다. 사마리아나 벧엘 어디에도 민주주의 벽이 있었다는 기록은 없다. 아모스가 민주주의 벽에 대자보를 붙였다는 기록 또한 없다. 그러나 아모스 자신이 민주주의 벽이었다. 그 자신이 벽에 붙은 대자보였다. 그 자신이 이처럼 "강한" 민주주의 벽이었고 "강한" 벽보였기에 집권층에 의해 자행되는 "약한" 정부 "약한" 정치가 판치는 곳에선 설 땅이 없었다. 그는 결국 다시는 돌아오지 말라는 명령과 함께 이스라엘 밖으로 추방되었다.

또다른 거대한 민주주의 벽과 대자보가 있었으니 그가 바로 이사야였다. 처음부터 끝까지 농부였던 아모스와는 달리 그는 정치가로서 백성들의 마음을 대변하였고 그로 인해 왕이나 각료들로부터는 존경과 함께 공포의 대상으로 여김을 받았다. 그는 정치에 깊숙이 참여하였다. 그는 하느님의 강력한 정치를 대변하였고 이를 실천하였다. 그는 담대하게 통치자와 입법자들에게 선포하였다.

아, 너희가 비참하게 되리라.
악법을 제정하는 자들아,
양민을 괴롭히는 법령을 만드는 자들아!
너희가 영세민의 정당한 요구를 거절하고
내가 아끼는 백성을 천대하여 그 권리를 짓밟으며
과부들의 재산을 털고 고아들을 등쳐먹는구나(이사 10, 1-2).

그야말로 약한 정부가 하는 짓들이다. 백성들을 감시하기 위해 시시한 법령들을 만든다. 권력없는 자들을 더욱 비참하게 만든다. 백성들을 기만하는 약한 정치인들의 죄악을 폭로함으로 이사야는 스스로 이스라엘 역사 및 세계 역사상 거대한 민주주의 벽으로 서게 된 것이다.

그러나 뭐니뭐니해도 가장 강했던 하느님의 정치는 예수 그리스도이다. 예수는 바로 하느님께서 이 세상 안에 땀과 피를 흘려 건설한 민주주의 벽인 것이다. 예수는 하느님이 손수 써서 붙인 대자보였다. 예수는 권력정치를 행한 적이 없다. 하느님 정부를 세운 적도 없다. 어떤 정당에도 가입한 적이 없다! 그러나 그가 행한 것은 강력한 정치였다! 그는 사랑과 정의의 정치를 했다. 사랑없는 정치는 비록 그것이 국가지도층이 하는 것이건 종교지도자들이 하는 것이건 파괴적인 것이 될 수밖에 없다. 가장 귀한 인간의 존엄성을 파괴하고 순결해야 할 인간 공동체를 와해시키며 백성들을 권력 투쟁의 희생제물로 삼는다. 정의가 없는 정치는 그것이 개인의 정치건 집단의 정치건 위협과 통제의 도구로 전락될 수밖에 없다. 양심의 소리를 억누르고 반체제운동가들을 제거하며 정의를 구하는 백성들의 소리를 반역자의 소리로, 정부전복음모자의 소리로 듣는다. 사랑과 정의 없는 정치는 "법도 하늘도 없다"(無法無天)고 생각하는 자들이 저지르는 약한 정치이다.

하느님의 가장 강한 정치였던 예수는 그 시대의 약한 정치를 무력하게 만들었다. 그 앞에선 유대 종교지도자들이나 로마 식민주의 권력도 약하디약한 정치로 규명되었다. 종교지도자들은 예수 안에 있는 하느님의 무한한 사랑의 힘을 율법이란 약하디약한 끈으로 묶어 보려고 애썼다. 그러나 실패하였다. 로마 법정도 죄없는 예수를 석방하고 자유를 주지 못할 정도로 나약한 자신의 모습을 깨닫고는 아연 실색하였다. 결국 예수를 십자가에 처형함으로 사랑과 정의로 이루어진 하느님의 강력한 정치 앞에서 유대 종교지도자들의 약한 정치와 로마 식민주의의 약한 정부는 무너지고 말았다. 그런데도 그들은 십자가를 하느님의 강한 정치가 실패로 끝난 증거라고 우겨댔다. 그러나 결국 패한 것은 자신들의 약한 정치였다는 것을 후에야 깨닫게 되었다. 골고타 위에서 예수가 십자가 처형을 당한 지 이미 오랜 세월이 지났건만 그 십자가는 지금도 여전히 온 세계 민족의 가슴 속에 하느님이 쓰신 강하디강한 "대자보"가 되어 남아 있지 않은가!

골고타에서 북경— 이 둘의 공간적 시간적 거리는 상당하다. 그러나 이 둘은 사랑과 정의로 이루어진 하느님의 정치 안에 하나가 되고 있지 않은가? 실로 5대 현대화 계획은 이방세계 속에서 이루어져야 할 하느님의 강력한 정치를 나타낸 것이다. 5대 현대화 계획이 성공할 때 비로소 4대 현대화 계획이 성공할 수 있을 것이다. 5대 현대화 계획이 실패하면 4대 현대화 계획도 실패하고 말 것이다. 중국이 계속 자유와 민주주의를 무시하며 물질적 이념의 노예가 된다면 하느님의 안타까운 심정은 끝이 없을 것뿐 아니라 중국은 세계의 평화와 안정의 위해요소로 등장할 것이다. 그러나 5대 현대화 계획에 입각하여 재건된다면 인류공동체의 책임있는 구성요원으로 부끄럼없이 나갈 수 있을 것이다. 그렇게만 된다면 중국과 세계 사이에 이해와 복리의 가교(架橋)가 놓아질 것이다. 이 가교를 통하여 경제적, 문화적, 정치적 교류가 이루어질 뿐 아니라 가장 중요한 신앙의 교류도 이루어질 것이다. 이같은 가교를 먼저 이야기하지 않고 중국 안에서의 복음 전도를 말하는 것은 구름잡는 이야기가 될 뿐이다.

지금은 중국 밖의 그리스도교인들이 그 열정을 억제해야 할 때이다. "그리스도교적 인내"를 시험할 때이다. 인류와 세계 역사에 대해 하느님께서 보여주신 무한한 인내, 그 인내를 배워야 한다. 우선 우리가 해야 할 선교 사명은 5대 현대화 계획에 입각한 가교를 가설하는 일을 돕는 것이다. 우리 그리스도교인들이 먼저 나서서 이 일을 한 것은 아니다. 현재 중국에서는 웨이 칭셍이란 인물이 이 일을 시작하였다. 그러나 내막을 들여다보면 이 일이야말로 하느님께서 시작하신 일이라는 것을 확신하게 된다. 따라서 우리가 할 수 있는 일은 중국 및 아시아에서 5대 현대화 계획을 이루시려는 하느님의 선교에 우리 힘 자라는 대로 돕는 것뿐이다.

1979년 여름, 어느 홍콩 출신 그리스도교인이 중국에 들어가 그리스도교인들을 만나고 온 후 흥분해서 다음과 같은 보고를 했다.

30년 만이었다! 우리는 마침내 새 생명의 상징인 교회를 중국 대륙에서 다시 보게 되었다. 아직은 미미한 존재이나 이는 분명 하느님의 영광과 9억 중국인들의 영적 열망을 이루어 줄 보배임에 틀림없다. 우리는 이 교회를 도와야 한다. 기도로 행동으로 그들을 일깨워 마침내 훨훨 타올라 튼튼히 설 수 있게 해 주어야 한다.[29]

인간의 시간 계산법으로 볼 때 30년은 진정 긴 시간이다. 어린 아이가 중년이 되고 중년이 노년이 될 긴 시간이다. 이들에겐 중국의 그리스도교인들과 헤어져 있던 30년은 한 세기 혹은 1천년으로 느껴졌던 것 같다. 그들은 지나간 30년은 이제 망각 속에 가두고 다가올 30년을 따뜻하고 긴밀한 "그리스도교적" 우애를 누리며 살고 싶어한다. 오늘날 중국을 방문하는 많은 그리스도교인들이 중국의 교회 형편과 그리스도교인들의 생활상태에 우선 신경을 쓰고 조급해하는 것은 충분히 이해가 간다.

30년이나 되는 긴 세월을 기다렸는데! 인간, 특히 그리스도교인들은 시간에 관한 한 상당히 자기 중심으로 생각하는 경향이 있다. 우리는 우리가 가진 시간 계산법으로 역사 과정을 측정하려 한다. 우주의 신비를 인간의 연대표에 맞추어 재보려 한다. 심지어 하느님의 선교까지도 우리가 지닌 달력으로 계산하려 한다.

얼마나 조급한 자들인가! 우리 그리스도교인들이 특히 더 조급해한다. 조급함이 그리스도교의 칭찬받는 덕으로 인정받기도 한다.

그러나 바로 여기에서 그리스도교인들이 걸려 넘어지기 쉽다. "당신(하느님) 앞에서는 천 년도 하루와 같아"(시편 90, 4), "주님께는 하루가 천 년 같고 천 년이 하루 같습니다"(2베드 3, 8). 하느님의 시간계산법은 색다르다. 천 년이 하루와 같다. 하느님의 수학은 괴상하다. 천 년이 하루

같고 하루가 천 년 같다. 그러나 이같은 하느님의 수학이 모든 것의 기초가 된다. 그 계산법에 의해 창조의 질서가 이루어졌고 우주의 정신이 확립되었으며 고난받는 인류의 구속이 이루어졌다. 우리가 가지고 있는 일상적 수학으로는 이런 일을 해낼 수 없다. 우리 수학으로는 시공간(時空間)을 단편적으로 추정할 수 있을 뿐이다. 그럼에도 우리는 우리가 가지고 있는 단편적 시간과 공간 개념으로 전체 시간과 전체 공간을 보려고 애를 쓴다.

마찬가지로 하느님의 달력이야말로 가장 근원적인 달력이다. 시간의 본질을 다루고 있는 달력이다. 이에 따라 창조의 시간이, 구속의 시간이, 완성의 시간이 정해졌다. 하느님의 달력은 영원 전부터 영원 후까지 수록되어 있다. 우리가 가진 달력으로는 이와같은 엄청난 일을 측정할 수 없다. 우리 달력은 날〔日〕·주(週)·달〔月〕로 구분되어 있다. 해가 바뀌어도 똑같은 날들이 반복된다. 주간과 달이 단조롭게 반복될 뿐이다. 우리 달력 안에는 경이라곤 없다. 시간과 영원 속에서 역사하시는 하느님의 계획과 섭리를 측정하기엔 우리들의 달력이 너무도 빈약하다.

우리 수학을 하느님 수학에 맞추고 우리 달력을 하느님 달력에 맞추어야 한다. 그리스도교 선교가 할 일이 바로 이것이다. 우리는 하느님을 앞지를 수 없다. 하느님보다 앞서 걸을 생각은 아예 하지 않아야 한다. 단번에 승부를 내겠다는 생각일랑 버려야 한다. 현재 중국 내부로부터 일어나는 현상을 살펴볼 때 그 속에서 그리스도교인들로 하여금 중국 인민의 영적 복리에만 급급한 나머지 5대 현대화 계획이란 선교 사명을 망각할까 경고하는 하느님의 신호를 알아차려야 한다.

물론 하느님도 중국 인민들이 충분한 양식과 따뜻한 옷, 영과 육이 편히 쉴 안락한 집을 얻는 데 깊은 관심을 두고 계시다. 그러나 이것 못지 않게 중요하고 근본적인 것이 있다. 그것은 신앙의 자유와 인간으로서의 살 권리이다.[30] 이것이 얻어졌을 때에야 비로소 그들이 먹는 음식이 배만 불릴 것이 아니라 영혼도 살찌게 하며 그들이 입은 옷이 몸만 따뜻하게 할 뿐 아니라 마음도 따뜻하게 할 것이며 그들의 사는 집이 그들 육체의 쉴 곳일 뿐 아니라 이웃과 하느님과 함께 평화로이 지낼 수 있는 삶의 공간이 될 수 있는 것이다. 따라서 중국 안팎의 그리스도교인들은 진정 복음의 진리를 전하려 한다면 우선 5대 현대화 계획을 추진해야 할 것이다. 창조와 구속이라는 하느님의 선교가 중국에서는 5대 현대화 계획으로 나타나 이에 하느님께서 직접 참여하고 계시다는 사실을 잊어서는 안될 것이다.

대통령의 죽음

5대 현대화 계획에 대한 강한 요망은 비단 중국만의 것이 아니며 기타 아시아 나라들 가운데서도 요구되고 있다는 사실을 암시하는 일들이 많이 일어나고 있다. 아시아의 나라와 민족들이 이젠 경제가 아닌 민주주의를 위해 용감하게 전쟁을 벌여야 할 역사의 단계에 이른 것이다. 1979년 10월 26일 한국 대통령 박 정희(朴正熙)의 급작스런 죽음이 바로 그 신호였다. 그는 그가 가장 신임했던 측근의 한 사람이었던 중앙정보부장 김 재규(金載圭)의 손에 살해되었다.

박 대통령의 시해사건은 전세계를 놀라게 만들었다. 그가 반대당에 의해 살해된 것이 아니라 정적들을 체포하고 고문하기 위해 스스로 만든 정부기관의 책임자 손에 의해 살해되었다는 데서 그 충격은 더욱 컸다. 18년 동안 철통같은 독재정치를 펴는 동안 그는 패배를 용납하지 않았고 혁명도 용납하지 않았다. 그러나 총알만은 막을 수 없었다. 20여년의 통치기간을 거치는 동안 그는 자기에게 무조건 충성을 맹세한 자들로 심복을 삼아 전제정치를 펴 나갔다. 그는 그들에게 자신의 야망에 무조건 찬사를 보내며 자기 권력에 무조건 승복할 것을 명령하였다. 그런데 바로 이들 심복 중의 하나가 그에게 치명적 무기를 들이댄 것이다. 그야말로 모순이고 비극이 아닌가!

박 대통령의 죽음은 두 가지 점에서 비극이랄 수 있다. 그가 이룬 경제적 발전과 공업 발달은 아무도 부인할 수 없다. 그는 자신이 성취한 업적을 자신있게 선전할 수 있었다. 그리고 그럴만도 하다.

한국동란 이후 개인당 소득은 3배로 늘어났다. 공산품이 주종을 이루는 수출액도 1961년의 4천1백만 달러에서 오늘(1979)에는 13억 달러에 이른다. 이제 새로 건설된 공업단지에서 2백만 이상이 새 직장을 얻게 될 것이다… 필리핀이나 태국과 같은 인구를 가지고 있으면서도 국민총생산(GNP)에 있어서는 필리핀보다는 50%, 태국보다는 75% 이상을 기록하고 있다.[31]

과연 놀랄 만하다. 그러나 박 대통령은 이에 만족하지 않고 그가 계속 통치하여 1990년까지 간다면 한국은 세계의 중요 경제공업국가가 되리라 내다보았다. 다른 아시아 개발도상국가들에 비교할 때 그가 이룬 업적은 상당한 것임에 틀림없다. 불공평한 세계경제체제와 급변하는 경제질서 속에서 용케도 견디며 이를 극복하여 경제성장을 이룬 것은 상당한 업적임에 틀림없다. 《워싱턴 포스트》지의 편집인조차도 박 정희가 "개발도상국가로서 의심할 여지없는 경제적 성장을 성취함으로 한국 안에서는 신임을 얻었다"[32]고 인정하였다.

　박 대통령 정권이 무너지고 난 후에도 세계 여론은 그가 이룩한 "4대 현대화 계획"의 찬란한 업적을 인정하는 데는 인색하지 않았다. 그러나 그는 자기 생명을 값으로 치러야 할 치명적 실수를 범하고 말았다. 즉, "5대 현대화 계획"에 실패한 것이다. 하나밖에 모르는 대통령은 "입법기구를 무력화시켰고 사법부를 장악했으며 언론을 철저히 통제하고 자신의 통치에 반대하는 자들이 설 땅이 없도록 헌법까지 뜯어 고쳤다."[3] 정치발전을 희생시켜 얻은 경제발전— 여기에서부터 박 정희 개인의 비극과 그의 통치하에 있던 한국인들의 비극은 시작되었던 것이다.

　박 정희의 권력정치 밀실 안에서 이루어진 암살의 정치 드라마는 상당한 기간 동안은 베일에 감추어져 있게 될 것이다. 그러나 암살의 직접 동기가 무엇이었느냐 하는 것은 그리 중요한 문제가 아니다. 중요한 것은 박 대통령이 자신의 권력에 마취되고 자신의 전제적 충동에 사로잡혀 시대의 징조를 제대로 보지 못했다는 점이다. 그는 의식적으로 벽에 쓰인 낙서들을 무시하였다. 부산과 마산에서 그의 정권에 반대하는 대대적인 학생 데모가 일어나자 그가 더욱 잔인한 인간으로 변했다는 사실은 그의 전제적 통치 속에 뭔가 치명적인 약점을 안고 있다는 것을 암시하는 것이었다. 그는 데모대에 즉각적인 반응을 보였다. 힘으로 밀어붙였다. 계엄령을 선포하고 정치범들을 잡아들였으며 거리에서 사상자들이 속출하였다. 한국 안팎에서 이 사태를 지켜보는 많은 사람들은 머리 속으로 1960년 이승만 정권을 붕괴시켰던 학생 데모를 떠올렸다. 그러나 박 정희는 두려워하지 않았다. 그는 자신도 주체할 수 없는 엄청난 권력의 노예가 되어 있었다.

　인간의 권력이 독재자의 손아귀 속에 집중되면 여기서 비극은 싹이 튼다. 하느님의 힘은 자유케 하며 치유하는 힘이다. 그러나 독재자의 힘은 굴종시키고 감옥에 가두는 힘이다. 타협이 없으며 파괴할 뿐이다. 난폭하며 증오하며 죽음을 부르는 힘이다. 하느님의 힘은 사랑 안에서 형성된다. 그러나 독재자의 힘은 미움으로 나타난다. 하느님의 힘은 고난 속에서, 고난받는 자와 함께 함으로 자신을 드러낸다. 그러나 독재자의 힘은 백성들을 고난 속에 밀어 넣음으로 그 자신을 드러낸다.

　사실 박 대통령이 총을 맞고 쓰러지기 수년 전부터 한국에서는 5대 현대화계획 사업이 추진되고 있었다. 한국에서 민주주의를 위해 투쟁하는 반체제운동가들과 관심있는 성직자들은 국가의 장래를 함께 걱정하고 있었다. 그들은 박 정희 정권의 전체주의적 통치가 국가와 민족을 망치고 말 것이라고 내다보았다. 이북의 공산주의 국가와 대치하고 있다는 정치적 상황을 이용해 결국 한국은 파시스트 국가가 되어 백성들의 신임을 얻지 못하고 국가의 신뢰를 파괴해 버리면서도 반(反)전체주의 세력의 공격을 용케 피해 나갈 수 있을 것이라고 보았다. 언젠가는 정치 화산이 폭발하여 그동안 이룬 경제적 업적이 얼마가 되든 그것들이 잿더미 속에 파묻히는 피의 날이 올 것이다. 이같은 재앙의 날이 오는 것을 막기 위해 예언자적 용기를 가진 자들은 인권을 위해 투쟁하였다. 그러나 박 대통령은 움직일 줄 몰랐다. 안타깝게도 멀리 내다보지 못하고 자기 권력은 든든하다고 단순히 믿고 있던 순간에 폭력으로 제거되고 만 것이다. 권력만이 ― 쇠하거나 타협하지 않는 ― 자기 국가를 안정과 번영 속으로 이끌고 갈 수 있다던 그의 망상은 그의 죽음과 함께 사라지고 말았다.

박 대통령의 죽음은 아시아에 있는 다른 국가들뿐 아니라 오늘의 전세계 국가에 심각한 문제를 던져 주고 있다. 전세계 국가들이 하나같이 "4대 현대화 계획"에서 "5대 현대화 계획"에로의 발전을 의도적으로 거부하고 있다. 경제 발전을 이룬 나라들이 인권 발전을 거부하는 일련의 현상들은 그 앞날이 어두울 수밖에 없다. 우선 눈에 띄는 나라로 필리핀, 대만, 아르헨티나 등을 들 수 있는데 이들은 박 정희 대통령의 급작스런 죽음이 의미하는 비극적 상황에 아주 접근해 가고 있는 나라들이다.

한 예로 필리핀을 살펴 보자. 한국과 비교할 때 필리핀의 경제 발전이나 풍요는 비할 것이 못된다. 경제는 불안하고 외국 무역도 지지부진하다. 그러나 수년을 계엄령 하에서 국가를 통치해 온 마르코스 대통령 정부는 이제 공업발전에 박차를 가하기로 결정하였다. 멋들어진 에너지 개발정책이 수립되었다. 도로, 고속도로, 교량건설 계획이 수립되었다.[34] 그러나 마르코스는 상당히 위험한 상황에 처하여 있다. 이는 전적으로 자신의 탓이다. "정부는 지속적인 공업 및 농업 발전을 이루기 위해서 이미 추진되어 오던 복지사업도 중단할 것으로 알려졌다. 특히 도심지에 두드러지게 나타나는 빈부의 격차에서 야기되는 대중의 불만을 누르기 위한 미봉책으로 도시재개발사업, 시범부락조성계획, 식품개발계획, 교육개혁안들이 꼬리에 꼬리를 물고 요란을 떨며 계속 쏟아져 나오고 있다. 그러나 새로운 경제적 독재를 겪으며 쌓이고 있는 불만을 이같은 정책들이 과연 언제까지 막아낼 수 있을런지 두고 볼 일이다."[35]

그렇다, 언제까지 버틸 것인가? 분명한 것은 마르코스 대통령이 권좌에 앉아 있는 이상 필리핀 국민들이 자유로이 경제 발전으로 해서 얻은 여유를 즐기며 살 수 있는 현대적 민주주의의 날은 도래하지 않을 것이다. 지독한 독재자 마르코스는 1971년 8월 21일 구속적부심사를 위해 피구속자를 법정에 출두시키는 출정영장 법을 폐기시켰다. 1972년 9월 21일에는 계엄령을 선포했다. 그의 정적들은 투옥되거나 가옥연금상태에 들어갔고 그렇지 않으면 숨어서 때를 기다리는 수밖에 없었다. 전체 인구의 85%를 차지하는 로마 가톨릭 교인들 역시 불안해졌다. 온건파로 알려졌던 마닐라 대주교 하이메 신 추기경도 마르코스에게 그의 정권이 계속 강압적인 통치로 밀고 나간다면 위험한 폭력사태가 야기되고 말 것이라고 경고하고 나섰다.

5대 현대화 계획을 위한 투쟁은 이처럼 중국공산주의 권력의 산실인 북경에서만 있는 것이 아니다. 아직도 민주주의의 힘을 모르고 있는 아시아의 수도 마닐라에서도 일어나고 있다.

인구 1천8백만의 섬나라 대만 역시 이러한 투쟁의 산 증거를 보여주고 있다. 중국 해안에서 1백마일 정도 멸어져 있으며 일본과 필리핀 사이에 끼여 있는 대만이 보여 준 경제 기적은 한국의 것보다 훨씬 놀라운 것이었다. 정치적으로 곤경에 처해 있으면서도 이처럼 경제 성공을 이루었다는 점에서 더욱 놀라운 것이다. 1971년 11월 25일 유엔총회는 75대 36으로 대만을 축출하고 대신 중국을 회원국으로 가입시켰다. 1972년 2월 닉슨 대통령이 북경을 방문한 것은 대북의 국가지도자들에겐 충격적인 사건이었다. 1979년 1월 1일부로 워싱턴과 북경 사이의 관계가 정상화됨에 따라 대만은 재기불능이 된 듯싶었다. 그런데 대만은 재기하였고 재기했을 뿐 아니라 풍요를 이루었다.

대만이야말로 역경을 딛고 풍성한 수확을 거둔 신비에 가까운 나라이다. "1977년 순국민생산이 8.48% 성장을 보였다. 1978년 1/4분기에는 11%, 2/4분기에는 11.43%, 3/4분기에는 15.98% 성장률을 보였다. 국민 1인당 소득은 1,300달러를 기록, 오히려 1977년 미국의 국민소득 1,088달러를 앞질렀다. 거의 모든 경제 지수는 목표를 초과 달성하였다. 농업만이 예외였다. 그러나 농업분야도 그렇게 실망적인 것은 아니다. 쌀 생산량도 경작면적에 비하면 기대를 훨씬 넘는 것이며 더구나 정부는 경작지를 축소하였다. 실직률도 2% 미만이다. 미국 달러에 맞추어 통화율을 재조정한 결과 1978년 1-8월 사이에 소비자물가는 1977년 같은 기간에 비해 1.1%, 도매물가는 2.4% 정도 증가한 것으로 나타났다."[36] 이같은 현상, 특히 1.1% 또는 2.4% 정도의 인플레율은 라틴아메리카 국가들로서는 도저히 믿기지 않는 현상일 것이다. 그들 나라에서는 100% 혹은 150%의 인플레율을 보이고 있는 실정이기 때문이다. 정치적으로 곤경에 처해 있으면서도 대만은 이같이 놀라운 경제 성장을 보인 것이다. 비록 땅은 작지만 대만은 이제 한국과 어깨를 나란히 하며 일본의 뒤를 쫓는 아시아의 경제강국으로 변모하였다.

그럼에도 똑같은 질문을 던질 수밖에 없다. 얼마나 갈 것인가? 대북의 정치지도자들 역시 "5대 현대화 계획"의 압력을 받기 시작했다는 조짐이 여러 곳에서 나타나고 있다. 대만은 경제 발전에는 뛰어난 실력을 보였다. 그러나 인권 발전에는 그렇지 못했다. 정치적 반대자들은 역시 다른 나라에서처럼 고난을 받고 있다. 국민당이 내세운 정치 강령 — 실지(失地) 회복 — 을 비판하는 자는 처벌을 면하지 못한다. 대만의 장로교회는 인권을 주장하고 대만의 장래에 대해 함부로 입을 열었다는 이유로 정부의 탄압을 받아야 했다. 이러한 사건들은 지금까지 30년간 권력을 독점해 온 국민당 지도자들이 뭔가 큰 잘못을 저지르고 있다는 것을 암시하는 것들이다.

장로교회는 박 대통령 비극이 대만에서 현실로 일어나지 않게 하기 위한 심정으로 경고하였던 것이다. 이것만이 섬나라를 폭력사태에서 구해낼 수 있는 유일한 길이라 믿었던 것이다. 대만 인민 전체의 복리를 위한 사랑의 정치를 밝힌 것뿐이었다. 다른 사건들도 있었지만 장로교회는 국내외적으로 "5대 현대화 계획"에 참여하고 있는 대만의 새로운 정치 현실을 깨우쳐 준 셈이다.[37]

대만은 아시아 및 세계 각곳에서 자행되는 권력정치의 횡포에도 불구하고 다시 일어나 지속적인 경제 발전을 추진하며 언젠가는 유엔에 다시 가입하게 될 날이 올 것이다. 그러나 여기엔 "단서"가 있다. "5대 현대화 계획"이 이루어질 경우에만 그럴 것이다. 무시해서는 안될 "단서"이다. 대만의 장래는 전적으로 이 "단서"에 달려 있다.

이같은 현상은 기타 여러 나라에서 나타나고 있다. 경제 및 기술의 현대화와 발전을 이룩한 많은 나라들은 이제야 "5대 현대화 계획"이라는 교차로 위로 밀집해 몰려들고 있는 것이 오늘의 역사적 현실이다. 그들은 다투어 무역을 늘이고 국민소득을 높였으며 좀더 많은 고속도로를 건설하고 좀더 많은 칼라 텔리비전을 만드는 데 심혈을 기울였다. 기술정치 심장부와 정부의 정책심의실은 짙은 비밀에 싸여 있어야 했다. 어떻게 하면 좀더 많이, 좀더 빨리, 좀더 나은 제품을 만들어 세계시장에 내놓을 수 있는가 그 방법은 철저히 비밀리에 붙여져야만 했다.

그러나 "5대 현대화 계획"이란 교차로 위에선 더 이상 감출 비밀이 없다. 거기에서 그들은 진리의 빛 아래 적나라하게 드러날 수밖에 없다. 거기에서 "4대 현대화 계획"도 일단 정지해야 한다. 거기에서 과연 그들이 이끌어 나가는 정부가 인민의, 인민에 의한, 인민을 위한 정부인가, 인민의 신임을 얻고 있는 정부인가를 시험받아야 한다. 시험에 합격한 정부는 강한 정부이며 시험에 합격한 정치는 강한 정치이다. 미래의 정부와 정치는 이러한 강한 정부, 강한 정치여야 한다. 이러한 미래라야 평민들이 거기에 운명을 걸고 그것을 믿게 될 것이다. 그리고 하느님께서도 그러한 미래라야 민족과 국가를 그곳으로 인도해 나가실 것이다.

만약 내일…

중국 남부 광주(廣州)에서 발행되는 지하신문《미래》(未來)의 1979년 제1호에 "만약 내일― 소시민 제1호의 환타지아"란 제목의 시가 게재되었다. 작은 퐁이란 필명으로 발표된 이 시의 한 부분을 소개하면 다음과 같다.

> 만약 내일 지도자 동무가 이곳을 순시하신다면
> 나는 얼른 옷을 꿰매 입어야지
> 만약 내일 장모를 만난다면
> 나는 나팔바지를 입어야지
> 만약 내일 인플레가 멎는다면
> 오늘 당장 이 도시 전체를 살 거야
> 만약 내일 봉급이 오른다면
> 내 "적들"을 술집에 초청할 거야
> 만약 내일 내게 12평 집이 떨어진다면
> 작은 부엌 하나만 더 달라고 해야지
> 만약 내일 공장장 아파트가 내 것이 된다면
> 손 하나 대지 않아야지
> 만약 내일 내가 다시 애기가 된다면
> 어른들의 위선을 폭로할 거야
> 만약 내일 호호백발 노인이 된다면
> 젊은 애들을 모이라고 명령하지는 않을 거야
> 만약 내일 아무 일도 안 일어나면

내일도 오늘이나 똑같은 날이 된다면
만약 6시 정각 아침식사하러 식탁에 앉았을 때
1전짜리 쌀죽에
1~2전짜리 찐빵밖에 없다면
만약 내일 7시 정각 일하러 나갈 때
구닥다리 도시락 통을 옆에 끼고
만원 버스를 타야만 한다면…
만약 오늘 밤 느낀 흥미진진한 열정과 야릇한 공포가
내일이면 흔적도 없이 사라진다면
나는 그 실망을 욕설에 담아 내뱉을 거야
그리고 그 욕설로
나는 더욱 미쳐 버릴 거야!³⁸

  이 시를 읽으면 누구나 쉽게 억압받으면서도 격렬한 영혼의 소리를 들을 수 있으며 희망없는 오늘을 떠나 희망찬 내일을 향해 달리는 인간의 영혼을 발견하게 된다.

  자유가 넘쳐 주체못하는 자나 물질의 풍요를 마음껏 누리는 자들에겐 내일은 또다른 오늘일 뿐 별다른 의미가 없다. 내일도 여전히 칵테일 파티가 열리고 스테이크로 저녁식사를 하며 온갖 종류의 술들을 마실 것이다. 내일도 여전히 투표하러 나갈 것이고 경찰과 주 헌법의 보호를 받으며 손에 플래카드를 든 채 시위를 벌이고 반정부구호를 외쳐댈 것이다. 내일이면 여전히 우리 그리스도교인들은 새옷으로 갈아 입고 주일예배에 참석하여 죄송스런 자세로 설교를 들을 것이며 우리 양심이 미동은 할 것이나 충격은 받지 않을 것이고 괴로와할 것이나 뒤집어지지는 않을 것이다.

  그러나 이 세상에는 작은 풍파 같은 "소시민"들이 아직도 수백만이 있어 그들의 내일은 불길한 징조로 가득 차 있다. 베트남 학정을 피하여 바다로 몸을 숨기는 난민들을 생각해 보라. 그들은 성난 파도에 자신을 맡긴 채 언제 이루어질지 아무도 모르는 같은 인간들의 구조만을 기다리고 있을 뿐이다. 살아날 수 있을까? 아니면 이대로 죽을 수밖에 없을까? 해적을 만날까? 아니면 구조자를 만날까? 우리 운명은 어떻게 될까? 우리에게 운명이란 것이 있기나 한가? 그들은 이런 질문들을 끝없이 자신에게 던진다.

  그리고 캄보디아의 폴 포트 정권 치하의 정치 희생자들을 생각해 보라. 이 불쌍한 나라에선 전체 인구 7백만 중에 3백만명이 그들에게 새로운 미래를 약속했던 혁명분자들의 손에 의해 처형되었다 한다. 이는 실로 제2차

세계 대전중 나치 독일이 보여준 유태인 학살에 버금가는 잔인하고 처절했던 살육행위였다. 텔리비전 화면을 통해 수없이 많은 캄보디아의 남자·여자·어린이들이 여윈 몸을 이끌고 양식과 주택을 얻기 위해 태국 국경지대로 몰려들며 그중 상당수가 도중에 숨을 거두어도 주위에 있는 이들이 손 하나 쓸 수 없는 비참한 광경이 비쳐지게 될 때 우리는 과연 내일이 있을 수 있겠는가 의심할 수밖에 없고 미래는 공허한 것이라는 주장에 동의할 수밖에 없음을 느끼게 된다.

하지만 내일은 뭔가 다른 날이 되어야 한다. 꼭 그럴 이유가 있다. 오늘은 어제의 연속이어선 안되고 내일도 오늘의 연속이어선 안된다. 고통에 시달리고 있는 이들에겐 너무도 잔인하고 너무도 무심하며 너무도 비인간적인 것이기 때문이다. 그들의 내일은 오늘과는 달라야 한다. 모든 문명국가들은 이러한 변화를 줄 수 있도록 최선을 다해야 한다. 오늘이 어제와 같은 날이 아니고, 내일이 오늘과 같은 날이 아닐 때 비로소 우리의 시간은 살아 있는 시간, 생동감 넘치는 시간, 창조적 시간, 구속의 시간— 간단히 말해 성취된 시간이 될 수 있는 것이다. 성취된 시간이야말로 우리 시간이다. 왜냐하면 이는 곧 하느님의 시간이기 때문이다.

작은 퐁은 뭔가 다른 내일을 기다리고 있다. 그는 하나의 놀랄의 사건을 기다리고 있다. 그러나 그의 기대하는 바는 아주 적은 것이다. 장모 방문, 아주 작은 집 하나를 얻는 것, 1전짜리 찐빵이 아니라 2전짜리 쌀죽으로 아침식사를 하는 것, 새 점심 도시락 등이다. 그러나 이같이 보잘 것없는 소원들이 이루어지기만 한다면 그의 오늘은 기대와 꿈으로 가득 차게 될 것이다. 그에게 오늘을 사는 의미가 충만해질 것이 분명하다.

그러나 그가 궁극적으로 바라는 내일은 더 이상 권력자들이 위선을 부리지 않으며 권력있는 자들이 소시민들의 소리를 무시하지 않고 인간답게 살고 싶은 "작은" 욕망을 뿌리치지 않는 그런 내일인 것이다. 사실 그대로만 된다면 그날은 거대한 내일이 될 것이다. 인간 정신은 자유로이 진리와 고귀한 것을 추구하며, 인간 영혼은 선하고 가치있는 것을 취하며 인간은 정의와 사랑의 빛에서 그 인간성을 회복하게 되는 귀중한 내일이 될 것이다. 이것이 바로 작은 퐁의 내일이다. 이는 또한 우리 자신의 내일이어야 한다. 오늘을 사는 세계 모든 나라 백성들의 사명은 바로 이 내일을 향한 수고와 쟁취인 것이다. 이것이 바로 교회의 사명이며 모든 그리스도교인들의 사명이 아닐까?

이것이 바로 자기 동족들과 함께 포로생활을 하고 있던 제2 이사야가 진 사명이었다. 하느님에 의해 온전히 사로잡힌 바 된 한 영혼의 우렁찬 메시지를 들어 보자.
한 소리 있어 외친다.
"야훼께서 오신다.
사막의 길을 내어라.
우리의 하느님께서 오신다.
벌판에 큰 길을 훤히 닦아라.
모든 골짜기를 메우고,
산과 언덕을 깎아 내려라.
절벽은 평지를 만들고,
비탈진 산골길을 넓혀라.
야훼의 영광이 나타나리니
모든 사람이 그 영화를 보리라.
야훼께서 친히 이렇게 약속하셨다"(이사 40, 3-5).
이 놀라운 메시지! 이 놀라운 꿈! 이 놀라운 내일!

오늘 우리가 살고 있는 이 세계는 포로된 유대인들의 생활과 같이 깊은 절망의 골짜기같이 암담하다. 20세기를 살고 있는 우리들의 삶이나 B.C. 5세기 바빌론에 잡혀간 유대인 공동체의 삶이나 한결같이 인간을 노예로 만들려는 권력의 횡포, 인간성을 좀먹는 증오와 불의가 산과 언덕처럼 둘러싸고 있다. 제2 이사야는 예언자적인 눈으로 직시하며 이대로 가서는 안된다고 우리에게 경고하고 있다. 그는 언젠가 이러한 골짜기가 메워지고 산과 언덕이 깎아 내려져 정의의 평지가 이루어지고 그 위에 사랑의 고속도로가 건설될 날이 올 것을 내다보았다. 그에 따르면 바로 그 일이 이루어지는 날이 하느님의 영광이 세계 속에 드러나는 날이 될 것이다.

오늘 전세계 선진국가들은 다투어 공업이란 고속도로를 건설하는 데 열중하고 있다. 그들은 머리를 짜내고 온갖 노력을 경주하여 무지라고 하는 산과 언덕들을 허물었고 과거의 봉건주의라는 골짜기들을 메웠다. 그리곤 땅과 바다, 심지어는 하늘에까지 고속도로를 건설하였다. 그뿐 아니라 우주 공간에도 고속도로를 건설하여 달까지 연결시켰으며 지금도 계속 확장시켜 나가고 있다.

많은 제3세계 국가들은 이같은 인간의 업적에 경탄을 금치 못하고 있다. 그들은 자기 국가들의 공업 및 국가 경제의 낙후성을 깨닫고 수치를 느끼고 있다. 그래서 그들도 대량 건설계획을 세우기 시작하였다. 고속도로를 건설하고 공장, 경제 센터, 동력 발전소, 심지어 원자력 발전소까지 건설하고 있다. 그런데 대부분의 경우 이들 국가들은 국민의 복지와 자유를 희생시키며 그 대가로 이들 계획을 추진하여 왔다. 이제 시급하게 요청되고 있는 과업은 인간 발전이라는 고속도로 건설이다. 한국에서, 필리핀에서, 대만에서 그리고 기타 아시아 국가들 안에서 이 어렵고 어려운 고속도로 건설이 이미 시작되었다. 중국에서도 시작되었다.

제 12 장

사랑의 사귐

1865년, 미 합중국 정부군이 남군(南軍)의 항복을 받았다는 소식이 전 미국에 알려졌다. 처음 이 소식이 흑인사회에 알려질 때 처음엔 그 기쁨을 바깥으로 나타내지 못하고 있다가 이내 오랜 세월 억눌렸던 감정이 폭발하며 환희로 물결쳤다. 알렉스 헤일리(Alex Haley)가 쓴 감명의 소설 《뿌리》(Roots)에 당시의 광경이 생생하게 기록되어 있다. 백인 노예주인 마싸 머레이(Massa Murray)는 "남부가 전쟁에서 패했다는 소식을 실은 신문을 손에 들고 천천히 읽어 내려갔다. 그는 자기 앞에 모여 선 흑인 노예들에게 더 이상 사실을 숨길 수 없음을 깨닫고 마침내 입을 열었다. '너희 모두가 자유가 된 것 같다. 우리와 똑같은 자유인이 되었다. 가고 싶은 자는 가도 된다. 원하는 자는 남아 있어도 된다. 남아 있는 자들에겐 급료를 지급해 줄 것이다.'"

백인에게든 흑인에게든 진리가 선포되는 엄숙한 순간이었다. 백인들에겐 역사가 정지한 것같이 느껴졌다. 그들의 역사는 흑인과 그들의 삶을 무시한 역사였다. 흑인들에게는 바야흐로 역사가 제 궤도에 올라 정상으로 돌아가는 듯싶었다. 지금까지의 역사는 잔인하게 절단당한 역사였고 흑인들은 역사에서 강제로 거세당한 자들이었다. 노예주인의 말은 고뇌에 가득 차 있었다. 지금까지 오랜 세월 흑인들이 살아 온 비참한 역사에 비할 때 너무도 달라진 백인 노예주인의 말투에 흑인들은 반응을 나타내기 시작했다.

머레이의 흑인 노예들은 달음질치고 노래하고 기도하고 소리치기 시작했다. "자유다!"… "마침내 자유가 왔다!"… "예수님, 고맙습니다!"… 미친 듯이 외쳐대는 고함소리는 수주 동안 열병으로 방 안에 누워 있던 릴리 수(Lilly Sue)의 아들 여덟 살박이 우리아(Uriah)의 귀에도 들려 왔다. "자유다! 자유다!" 하는 소리를 들은 그는 침상에서 벌떡 일어나 잠옷을 걸친 채 밖으로 뛰쳐나왔다. 제일 먼저 돼지우리로 달려갔다. "돼지야, 이제 꿀꿀거리지 마! 너도 자유야!" 다음엔 소우리로 뛰어갔다. "소야, 우유를 안 짜도 돼! 너도 자유야!" 또 다시 닭우리로 달려 갔다. "닭아, 갇혀 있지 마! 너는 자유야! 나도!"[1]

여덟 살짜리 흑인 소년이 외친 자유의 함성이다! 출애굽의 장면이며 제2

이사야가 본 새 세계의 꿈이다! 돼지, 소, 닭까지 자유 축제에 참여하고 있다.

그러나 가장 극적인 것은 마지막 소년이 외친 묵시의 절정이다. 그의 외침 "나도!" 여기의 "나"는 더 이상 노예가 아니다. 여기의 "나"는 더 이상 노예주인을 두려워할 "나"가 아니다. 여기서 "나"는 역사의 그늘 밖으로 탈출해 나온다. 이 "나"는 역사의 주체가 된다. 역사의 그늘 밖으로 나오는 것, 역사의 주체가 되는 것, 이것은 곧 한 인간이 하느님이 부여하신 바 고귀한 인권을 회복하는 것이다.

한차례 기쁨과 환희의 소용돌이가 휘몰아친 후, 흑인들은 미래라고 하는 피할 수 없는 문제에 직면하게 되었다.

그리고 그날 밤, 환희의 순간이 지나가고 모두들 지쳐 있을 때 톰 머레이는 자기 식구들을 곳간에 모으고 그동안 그토록 기다렸던 "자유"를 얻었으니 이제 어떻게 해야 할지를 의논하였다. 톰이 입을 열었다. "자유가 우릴 밥먹여 주지는 않는다. 다만 우리가 스스로 먹을 양식을 얻는 방법을 결정할 수 있도록 해 줄 뿐이다." "우린 돈도 많지 않다. 내가 할 수 있는 일은 대장간일뿐이고 어머니는 요리하는 것 밖에 모른다. 우리가 할 수 있는 일이라곤 들에서 일하는 것뿐이다." 그는 자신들의 막한 처지를 그대로 밝혔다.

속박으로부터 자유를 얻는 그 순간 불확실한 미래라는 고민을 얻게 된 것이다. 해방된 노예들이 직면한 것이 바로 이것이다. 역사는 불확실한 미래와 함께 시작되었다.

노예로 있는 동안에는 흑인들은 적어도 먹을 걱정을 하지 않았다. 주인들이 알아서 먹을 것은 대주었다. 물론 그 음식이 그들에게 육체적 노동을 할 수 있는 힘뿐 아니라 영적으로도 건강해질 수 있게 하는 사랑이 담긴 음식은 아니었다. 그렇지만 음식은 음식이었다. 이는 굴종의 음식이었으며 주인에게 예속시키고 전적으로 주인에게서 벗어나지 못하게 만드는 음식이었다. 그렇지만 이는 적어도 보장받은 음식이었다.

그러나 자유가 도래함으로 굴종의 음식과 함께 보장받은 확실한 음식은 사라졌다. 그들의 텅 빈 배를 자유로 채울 수는 없었다. 그들은 스스로 음식을 찾아 나서야 했다. 이는 자유의 음식이었다. 보장받지는 못할지라도 약속된 음식이었다. 그들이 찾아 얻고 보존해야 할 음식이었다. 이같이 자유가 갖다준 냉엄한 현실에 직면하여 머레이의 흑인들은 자유를 얻은 바로 그날 밤 서둘러 곳간에 모였고 그동안의 비천하고 비굴하였던 노예 생활을 청산하며 그 위에 불확실하나 거대한 미래를 설계하기 시작하였다.

보장이 아니고 약속이다

자유가 도래함으로 약속이 체결되었으나 보장은 사라졌다. 두려운 현실이다! 자유를 얻기는 얻었으나 광야에 머무는 동안 두려움을 느낀 이스라엘 백성들은 그들의 지도자인 모세에게 다시 에집트 노예로 되돌려 달라고 졸랐다. 물과 음식이 없는 상태에서 자유가 무슨 소용이 있는가? 모세는 그들의 불평에 깜짝 놀랐다. 그러나 이런 불평은 이후로 텅 빈 배를 자유로 채우는 것보다는 음식만큼은 보장된 노예생활을 더 그리워하는 그들의 입에 바른 공식처럼 되었다. "차라리 에집트 땅에서 야훼의 손에 맞아 죽느니만 못하다. 너희는 거기에서 고기가마 곁에 앉아 배불리 먹던 우리를 이 광야로 데리고 나와 모조리 굶겨 죽일 작정이냐?"(출애 16, 3). 자유를 얻었으나 음식을 보장받지 못한 광야의 생활에서는 노예주들이 던져 주는 찬밥 덩어리가 보글보글 끓어 오르는 고기국밥같아 보였고 아주 보잘것없는 1일용 빵조각도 더없이 풍성한 것으로 보였다.

새로운 미래를 약속은 하지만 보장까지는 해 주지 못하는 자유란 불만 투성이 인간들에겐 다만 그림의 떡에 불과했다. 강력한 힘을 갖고 백성들을 억압했던 파라오도 그들을 에집트에 묶어 놓지는 못했다. 용기있는 지도자 모세의 인도 하에 그들은 에집트에서 탈출하는 데 성공했다. 홍해를 건너 저편 해안에 무사히 도착한 후 그들은 환희에 넘쳐 서로 얼싸안고 춤을 추며 큰 목소리로 노래하였다. "야훼를 찬양하여라. 그지없이 높으신 분, 기마와 기병을 바다에 처넣으셨다"(출애 15, 21). 그러나 이러한 출애굽의 영웅적 환성도 광야에서 먹을 것이 떨어지자 시들어 버리고 말았다. "에집트에서 먹던 빵 덩어리"가 그들을 다시 자유가 아닌 노예상태로 되돌아가게 만들었다.

그러나 진실된 역사는 보장이 아닌 약속에서 시작된다. 보장된 역사는 우리 자신의 역사가 아니다. 이는 우리를 노예로 삼은 주인의 역사이며 전제군주의 역사이며 독재자의 역사이다. 이러한 역사는 우리와 함께 시작하는 것이 아니라 다른 무엇으로 시작한다. 그 역사의 기쁨이나 영광은 우리와 상관이 없다. 그 역사는 할당받은 음식의 모습으로 오며 절대 복종과 굴복을 요구한다. 그 역사는 우리를 비굴하게 만들며 모욕적인 대우를 받게 만든다. 그 역사는 우리를 파괴하고 무시하며 우리를 하찮은 존재로 만들어 버린다. 이스라엘 사람들이 광야에서 비록 배는 고프지만 이렇게 외쳤어야 했다. "우리가 이제 자유의 광야에서 배고파 죽을지언정 에집트의 고기 남비로는 돌아가지 않겠다!"

괴롭지만 우리가 깨달아야 할 사실은 하느님을 우리의 안전과 풍요를 보장하는 분으로 예배해서는 안된다는 것이다. 우선은 당황하고 불안할 것이다. 그렇지만 하느님을 그런 식으로 믿으면 종교는 어느 종교든 우상숭배로 전락될 위험이 있기 때문이다. 우상숭배란 어떤 형상이나 조각을 진짜 하느님으로 삼고 예배하는 것만을 의미하지 않는다. 보다 근본적인 의미에서 우상숭배란 하느님을 우리의 현실 축복과 이익의 보장으로 삼는 종교를 의미한다.

그러한 종교에서는 하느님을 우리 인간들의 가변(可變) 법칙에 따라 적당히 움직일 수 있다. 하느님은 자유로이 행동하실 수 없으며 우리가 생각하여 그에게 제시한 약속에 맞추어 따라야 한다. 우리는 하느님이 어떻게 하실지 빤히 알고 있다. 우리 교회의 지도자 및 신학 전문가들에 의해 하느님의 일거수 일투족은 낱낱이 감시받고 있다. 우리는 하느님께 선교의 사명을 지시하고 하느님이 그대로 움직여 주시기를 기대한다. 우리는 하느님이 우리 등뒤에 들어가 우리 모르게 구속사업을 벌이시는 것은 용납할 수 없다.

그런 종교에서는 하느님의 행위란 제사장이나 레위 사람 같은 것이지 선한 사마리아 사람의 행위는 될 수 없다(루가 10, 29-37). 제사장이나 레위 사람은 그들이 세운 종교적 율법과 규율에 매인 자들이다. 그들은 이 규율을 엄수해야 할 자들이다. 어떤 이유로든 이 규율은 어길 수가 없다. 그들이 상처입은 자를 돕지 못한 데는 나름대로 충분한 이유가 있었다. 규율 수호자는 그들 역시 바쁜 사람들이었다. 그들은 부지런히 다녀야 할 당받은 예배를 인도할 수 있었다. 이곳이 끝나면 즉시 저곳으로 떠나야 했다. 그들 일과표는 빈틈없이 짜여져 있다. 긴급사태를 위한 공간이란 상상도 못할 일이다.

그러나 예수는 이같이 자신을 위해 봉사하는, 자신을 섬기는 종교를 말하지 않았다. 그가 말한 하느님은 약속의 하느님이지 보장의 하느님이 아니다. 그가 말한 하느님은 제사장이나 레위 사람이 아닌 선한 사마리아 사람과 같은 분이다. 예수의 하느님은 빡빡하게 짜여진 일과표를 손에 들고 쫓기듯 사는 그런 분은 아니었다. 꽉 짜여진 일정표에 맞추어 살아야 했던 당시의 종교지도자들과는 달리 하느님은 필요에 따라 중단할 수 있는 그런 분이었다. 긴급상황이 발생하면 언제라도 정지할 수 있는 그런 분이다. 제네바에서 로마까지 1시간 걸리는 제트 비행기로 여행하는 그런 분이 아니다. 기차를 타고 12시간 걸리며 도중에 온갖 사람들도 다 만나 이야기 나누는 그런 분이다. 하느님은 도보여행을 즐기신다. 머드라스에서 방갈로아까지 걸으신다. 며칠이 걸리든 상관없다. 싱가포르에서 쿠알라룸푸르까지 걸으신다. 몇 시간이 걸리든 상관없다. 하느님은 서로 얼굴을 대면하여 진짜 사람들을 만나신다. 하느님은 그들이 어떻게 사는지 어떻게 죽는지 알아 보신다. 먹지 못해 비쩍 마르고 공포에 사로잡혀 있는 피난민 수용소 안에서 하느님을 발견한다. 사치와 이기심으로 가득찬 풍요한 자, 가진 자들에게서도 하느님을 발견한다.

예수의 하느님은 그와 함께 거닐면서 진정한 역사는 고통과 괴로움 속에서 시작된다는 약속을 하신다. 왜냐하면 하느님도 천지가 창조되기 전, 이 세상의 시작 때엔 어둠과 혼돈의 권세 속에 잠겨 있었기 때문이다. 고난의 역사 그 한가운데 하느님이 계실 것이다. 이것이 그의 약속이다. 그 자신이 예수 그리스도를 통해 십자가 고난을 지시지 않았던가? 그러나 이는 또한 우주를 다시 혼돈으로 되돌려 놓으려는 온갖 광란이 언젠가는 끝나고야 말 것임을 약속해 준다. 물론 우리는 그때가 언제인지 알지 못한다. 예수 자신도 몰랐으니까. 제자들이 질문했을 때에도 예수는 고작 이렇게 대답할 뿐이었다. "그러나 그 날과 그 시간은 아무도 모른다. 하늘의 천사도 모르고 아들도 모르고 오직 아버지만이 아신다"(마태 24, 36).

하느님은 말레이지아, 태국, 홍콩에 있는 피난민 수용소의 형편이 어떤지 잘 알고 계시다. 그는 또한 폴 포트 정권이 들어서면서 프놈펜의 주민들을 학살하고 추방하여 주민들이 굶어죽게 된 모든 사정도 알고 계시다. 하느님은 이 아시아 사람들의 고난을 하느님 자신의 고난으로, 그들의 고뇌를 하느님 자신의 고뇌로, 그들의 불행을 하느님 자신의 불행으로 여기고 계시다. 하느님께서는 우리에게 약속이라곤 2천년 전 예수 그리스도가 진 십자가의 약속밖에 없다고 알려 주신다. 얼마나 값이 비싼 약속인가!

무정한 고통

최근 동남아시아에서 겪은 인간의 고통은 상상을 초월한 것들이다. 사람의 손으로 어떻게 그렇게 잔인한 고통을 같은 사람에게 입힐 수 있을까. 믿어지지 않는 일들이 일어나고 있다. 인간성이라곤 철저히 배제된 잔인한 사건들이 벌어지고 있다.

1975년 말 인도지나 전쟁이 미심쩍은 닉슨-키신저의 "영예로운 평화" 선언으로 종지부를 찍게 되자 세계도 한숨 돌렸다. 이제 아시아 사람들은 평화로이 뒷마당은 가꾸어 채소 농사를 짓고 앞마당에는 닭우리를 지으며 시장엔 먹을 것이 쌓이고 마음껏 즐기며 살 수 있는 미래를 맞으리라 기대하며 꿈에 부풀어 있었다. 그러나 그들의 운명이 그대로 되지는 않았다. 특히 베트남이나 캄보디아 국민에게는 더욱 그러했다. 그들은 지옥 한가운데 떨어지게 되었다.

시간이 지나면서 증오에 찬 하노이 정권 하에서는 도저히 살 수 없음을 깨달은 수만명의 화교들은 남지나 해상으로 탈출, 작은 배에 몸을 실은 채 무작정 구조의 손길만을 기다렸다. 그러나 그들 중 대다수는 구조의 손길을 얻지 못하였다. 1975년 5월부터 1979년 8월까지 탈출한 30만이 넘는 "보트 피플" 중에 10~50%가 목숨을 잃은 것으로 보고하고 있다.[2]

이들 보트 피플의 이야기는 그야말로 끝없는 전율 속에 빠지게 한다. 여기 그 한 예가 있다.

    단발 엔진의 작은 거룻배 KG0729 한 척이 다른 소형 선박 3척과 함께 베트남을 떠났다. 그러나 타이 해안을 조금 벗어나 기관 고장이 생겼다… 그때 한 척의 어선이 다가 왔다… KG0729에 타고 있던 마흔 두 살 난 타 티크 부인은 "다행이다. 우리를 구해 주겠지…" 하였다.

    그러나 그 어선은 잔인한 해적선으로 돌변했다. KG0729호는 무차별 공격을 받았다. 오랜 악몽이 지나고 해적들이 물러갔을 때엔 살아 남은 자는 극소수였고 그나마 남자들은 심한 부상을 당하였고 아이들은 피범벅이 되었으며 여인들은 겁탈당하였다. 그들 소지품은 모두 강탈당하였다. 배 역시 크게 부서졌다.

    다행히 살아 남은 자들은 눈물을 흘리며 뒷정리를 하였다. 그들은 입고 있던 남루한 옷들을 벗어 배 옆에 난 구멍을 막았다. 아이들도 옷을 벗었다. 마지막엔 여자들까지 벗어야 했다… 줄로 묶고 나무 토막으로 막고 가지고 있던 연장을 총동원하여 엔진을 수리한 결과 해뜰 녘 엔진에 시동이 걸리고 아침 8시에야 다시 움직이게 되었다.[3]

이같은 잔인한 행위에 몸을 떨지 않을 수 없다. 이처럼 힘없는 자들에게 고통의 짐을 더하는 권력의 횡포를 정부에서부터 도적떼에 이르기까지 당연한 것으로 여기는 것 같다. 동남아시아에서 휘도는 이같은 잔인한 폭력은 날이 갈수록 기승을 부려 인간 공동체 속에서 선한 것이라곤 싹조차 찾아 볼 수 없게 철저히 파괴하려 하고 있다.

그러나 이것으로 끝나는 것이 아니다. 1975년 4월 17일 론놀의 5년 정권을 무너뜨린 폴 포트 정권의 캄푸치아에서 대량 학살이 자행되었을 때 세계는 더욱 놀랐다. 1979년 1월 7일 베트남 군대의 힘을 빌어 헹 삼린 정권이 살인마 폴 포트 정권을 축출하였다. 그러나 폴 포트 정권에 충성하는 자들과 헹 삼린의 캄푸치아 인민공화국 사이의 게릴라식 전투는 계속되어 파괴와 살육이 끊이지 않고 있으며 앞으로도 이 나라는 얼마 동안 이같은 고통을 겪어야 할지 모르는 형편이다.

캄보디아 국민들이 당하고 있는 이러한 비극의 깊이는 어느 누구도 측정할 수 없다. 다만 다음과 같은 보고를 통해 표면적으로나마 감지할 뿐이다.

나라 전체가 피로 물들었고 전쟁으로 폐허가 되었으며 주민들은 굶어죽어 가고 있다. 매일같이 국경을 넘어 태국으로 탈출하는 캄보디아인들의 긴 행렬이 그 비극의 도를 더욱 깊이 만들고 있다. 대나무같이 가는 다리에 몸을 지탱한 채 국경지대에 자생하고 있는 코끼리 숲을 거쳐 검은 넝마조각을 몸에 걸치고 나타나는 피난민의 행렬은 말 그대로 유령의 집단이었다. 그들 대부분은 영양실조 상태에 빠져 있으며 이질·결핵·말라리아와 같은 병에 들린 자들이었다. 가장 눈뜨고 볼 수 없는 비참한 광경은 촛점을 잃은 채 죽어가는 어린아이를 안고 있는 어머니들의 모습이다. 아이들은 팔과 다리가 마른 나뭇가지처럼 앙상했고 배는 가스가 차 잔뜩 불러 올랐으며 이미 죽음의 그림자가 아이 얼굴 위에 깊이 드리워 있었다. 1979년 10월 이래 8만명 이상의 캄보디아인들이 국경을 넘어 탈출하였으며 25만명 이상의 사람들이 서부 국경지대에 몰려 탈출의 기회를 노리고 있다. 그나마 이들은 운이 좋은 자들이다. 난민 구조 본부에 의하면 지금 당장 대량 식량원조가 이루어지지 않으면 앞으로 수개월 내에 225만명이나 되는 캄보디아 국민들이 굶어죽게 될 것이라고 경고하고 있다.[4]

이같이 비참한 인간 고통의 현장을 목격할 때 우린 인간 본성의 성결함이라든지 인간의 선함이나 미래에 대해 다시 한번 생각하지 않을 수 없게 된다. 그 두렵던 불의 심판이 지금 바로 내려진 것같이 느껴진다.

보트 피플이나 캄보디아 국민들의 고통과 비극에 대해 우린 뭐라고 입을 열 수 있겠는가? 그들이 당하고 있는 고통은 문자 그대로 무정(無情)한 것이다. 감정을 느낄 수 없다는 의미에서 무정한 것이 아니라 인간의 모든 감정과 의미를 송두리째 앗아간다는 의미에서 무정하다고 할 수 있다. 이는 인간 계획의 비합리성을 폭로하고 있다. 인간들에 의해 이룩된 역사 속에 내재하고 있는 어둠을 그대로 내보이고 있다. 자기 한계를 무시하고 거침없이 정치 폭력을 휘두르는 국가의 비정한 면을 냉엄하게 고발하고 있다. 이같은 비극적 사건들은 강대국이 약소국가를 정복하면서 자기 행동을 합리화하기 위해 꾸며낸 역사의 의미를 송두리째 뒤집어 놓고 만다. 이는 강하고 부요한 자가 약하고 가난한 자를 착취하는 세계 공동체에 대한 강력한 고발인 것이다.

아시아인들의 고통을 통해 우리는 강한 자들에게 좋게 보이는 것이 약자들에겐 무정(無情)한 것이 될 수 있다는 것을 알게 되었다. 보트 피플이 겪은 고통이나 캄보디아인들의 비극은 역사를 다시 쓰라고, 인간 공동체를 다시 조직하라고, 인간의 운명을 새로 형성하라고 강력하게 항의하고 있다. 새로 씌어진 역사와 새로 조직된 공동체 및 새로 형성된 운명은 전(前)식민통치자와 신(新)식민통치자, 전독재자와 신독재자에게만 좋은 것이 되어서는 안되며 아시아 및 세계 각국의 피식민 통치자, 피지배자, 정치권력의 희생자들에게도 좋은 것이 되어야 한다.

《현대화의 물결 속의 극동》(*East Asia, The Modern Transformation*)의 저자들이 말한 바 "제국주의 시대"를 상고할 필요가 있다. 거기에 이런 글이 있다. "1880년대 유럽의 세력 팽창은 결국 '제국주의 시대'를 창출하여 한 민족이 어떤 수를 만든 다른 민족을 지배할 수 있는 이론적 근거를 제공해 주었다. 특히 19세기 말에서 20세기 초에 이르는 기간 동안 동아시아 및 동남아시아 민족들은 이같은 유럽의 지배를 가장 절실하게 피부로 느끼며 살아야 했다."[5] 비서구세계는 강력한 서양 열강의 팽창정책의 희생자들이 된 셈이다.

한 예로 영국인들이 아시아 및 아프리카에 세력을 확장시켜 "전세계 5분의 1"이 대영제국 세력 밑에 들어가게 되었다.[6] 1900년 당시 약관의 정치인이었던 윈스턴 처칠은 이렇게 말했다.

      개발된 국가가 기름진 땅과 많은 인구를 가진 저개발국가의 야만성을 제거해 주는 수고야말로 가장 값지고 고귀한 것일 것이다… 이보다 더 값어치있는, 칭찬받아 마땅한 인간의 노력은 없을 것이다. 이같은 행위는 덕(德)이며 그 실천은 고무적인 것이며 얻어지는 결과는 큰 유익이 될 때가 많다.[7]

식민주의 팽창정책을 합리화시키는 미사여구이다. 이러한 정책이 유럽 국가들에게는 "큰 유익"을 가져다 줄지 모르지만 식민지화된 국가에게는

"말할 수 없는 수치"가 되었다. 식민주의는 결코 고귀한 것이라 말할 수 없다. 반대로 이는 수치스러운 것이다. 싸울 의사없는 민족에게 강압적인 폭력을 휘두르는 것이기 때문이다. 마찬가지로 덕이라 칭할 만한 것은 전혀 없다. 반대로 이는 비도덕적인 것이라 비판받아야 한다. 식민통치를 받는 국민들의 정신과 마음 속에 문화적 정신적 열등감을 심어주기 때문이다.

위에서 살펴본 식민주의 이데올로기야말로 오늘날 동남아시아 사람들이 겪고 있는 고통과 비극의 근원적 원인의 하나였다. 처칠과 같이 용의주도한 정치인도 식민정책에서 얻어지는 "큰 유익"이 수십년 후에 아시아 민족들에겐 크나큰 비극이 될 것을 내다보지는 못했던 것이다.

안팎의 세력들에 의해 끊임없이 고통받아야 하는 것이 인도지나 국민들의 운명인 것 같다. 2차세계대전 후 그들이 벌인 탈(脫)식민지운동과 독립운동도 평화와 풍요라는 결실을 맺어주지 못했다. 그들은 내적으로 심각한 정치적·이념적 투쟁을 벌이고 있는 자신의 모습을 발견하였다. 그들의 나라가 미국과 소련이라는 초강대국의 피흘리는 전쟁의 대리전투자가 되어 있다는 사실을 깨닫고 난 후에야 비로소 자신들의 위치를 알게 된 것이다.

이같은 대리전쟁의 첫 희생제물이 남부 베트남이었다. 10여년을 끈 베트남 전쟁을 겪으면서 베트남은 약해질 대로 약해졌고 피폐해질 대로 피폐해졌다. 그 다음은 라오스였다. 가까스로 전쟁들이 끝나고 난 다음 세계는 인도지나에서 일어난 각종 지정학적 권력투쟁의 결과는 공산 세력에 유리한 방향으로 종결지어졌음을 인정해야만 했다. 태국을 제외한 인도지나 국가들은 모두 공산주의 정치 및 이념 체제 속에 묶이게 되었다.

그런데 이상한 일이 일어났다. 이미 오래 전 공산주의 진영으로 정착된 베트남과 캄보디아가 이번에는 공산주의 초강대국—중국과 소련의 대리전쟁터로 변하여 서로 물고뜯는 현상이 전개된 것이다. 러시아가 뒤를 미는 베트남과 중국이 뒤를 미는 캄보디아는 말로 표현할 수 없는 잔인한 전쟁을 벌여 수많은 난민들이 잔혹한 비인간적 세계를 탈출하는 사태가 일어나고 있는 것이다. 이들 민족과 보트 피플들의 불행을 목격할 때 우리는 동·서양을 막론하고 권력잡은 자들이 자신들의 정치적·경제적·이념적 승리를 쟁취하기 위해 물불을 가리지 않고 인간성을 파괴하는 작태에 전율을 느끼지 않을 수 없다.

세계 열방에 보이는 하느님의 시범

그럼에도 우리는 오늘날 동남아시아 사람들이 겪고 있는 고통에 대해 이를 지정학적으로, 권력 정치의 관점에서 또는 역사적 이념적 차원에서 설명하고 이해하려고 노력해 왔다. 그리고 우리는 마땅히 이를 신학적으로 설명하여 이는 하느님께서 세계 열방의 양심을 깨우치려는 시범 케이스의 하나였음을 말해야 할 것이다. 18세기 이후 동남아시아와 관계를 맺었던 모든 나라 — 동·서양을 막론하고 — 는 현재 인도지나에서 일어나고 있는 피비린내나는 혼돈과 관계없다고 말할 수 없다. 이들 나라들은 "제국주의 시대"가 "고난의 시대"로 바뀐 현실에 모두 책임져야 한다. 어떤 정부도 현재 자행되고 있는 잔인한 비인간적인 비극에 대해 책임을 회피할 수 없다. 동남아시아에서 일어나고 있는 모든 비극은 우리에게 인간성이 비인간성에 의해 위협을 받고 있으며 인간의 최대의 적은 바로 인간 그 자신이라는 사실을 소리높여 외치고 있는 것이다. 그리고 인간이 인간 자신에게 가하고 있는 이같은 공포와 비극에 대해서는 하느님 자신도 속수무책인 듯 가만히 계시는 것 같다.

인도지나 국민들이 겪고 있는 이 엄청난 고난은 결국 인간성의 위기를 우리에게 경고해 주고 있다. 이는 동남아시아 사람들에게만 국한되는 것이 아니라 지구촌에 살고 있는 모든 사람들에게도 적용되는 위기 경고이다. 인도지나에서 일어난 인간 생명의 파괴행위는 세계 다른 곳에서도 파괴행위이다. 동남아시아에서 저질러지고 있는 인간 가치에 대한 모욕은 역시 다른 지역에서도 모욕인 것이다.

이같은 파괴와 모욕으로 가득이나 무너지기 쉬운 인간성은 최대의 위기에 봉착하게 되었다. 결국 결정적 순간을 맞아 인간성이 파멸되면 인간의 흔적은 영영 사라지고 말 것이다. 인간은 자신도 주체할 수 없는 탐욕과 권력욕, 광기에 사로잡혀 어쩔 줄 모르고 방황하는 처지가 되었다. 보트 피플은 심판대에 오른 인간성이다. 캄보디아의 학살은 우주의 도덕질서라는 재판정에 선 인간의 모습이다.

그러나 인간이 미친 듯이 자기 파멸을 향하여 돌진할 때 하느님도 역시 미친 듯이 그 인간을 구하기 위해 역사하실 것이다. 난민들의 고뇌에 찬 얼굴 표정 속에서 누군가 역시 고통으로 일그러진 하느님의 표정을 읽을 수 있어야 한다. 굶어죽거나 총맞아 죽은 어린이들의 처참한 시체 속에서 누군가 역시 처절한 모습으로 누워 있는 하느님의 형체를 볼 수 있어야 한다. 인도지나 사람들이 겪는 이 모든 무정한 고통 속에서 누군가 십자가 위의 고통 속에 있는 하느님의 모습을 발견해내야 한다.

인간성의 위기는 하느님의 위기이다. 그러나 인간성의 위기가 세상에는 절망이 되지만 하느님의 위기는 세상에 희망이 된다. 위기 속의 하느님은 세상의 희망이다. 인간은 위기를 당하고 있는데도 이에 무심한 하느님이라면 그 하느님은 희망없는 하느님, 기대할 것 없는 하느님이다. 그러나 인간의 위기를 자신의 위기로 받아들이는 하느님은 희망있는 하느님, 기대할 수 있는 하느님이다.

세계를 도덕적 파멸로부터 구해낼 수 있는 하느님은 바로 이 희망있는 하느님이다. 1979년 7월 제네바에서 난민문제를 주제로 한 국제회의가 열렸다. 이들은 40만에 육박하는 인도지나 난민문제를 다루기 위해 모인 것이다. 65개국에서 모여든 참석자들은 그래도 아직은 여유가 있어 미국 부통령 월터 먼데일(Walter Mondale)의 연설을 듣고 환호의 박수를 보낼 수 있었다. 먼데일은 "난민문제를 단지 인간 생명의 구조 정도로 생각할 것이 아니라 '문명 세계의 부패와 자만심'에 대한 시험으로 받아들여 전세계가 이들의 구호에 나설 것을 호소하였다. 그의 말로는 가장 최근의 문명 세계 시험은 1938년 독일 난민들을 구조하기 위한 에비앙(Evian) 회의에서 실행되었으나 그때엔 실효를 거두지 못하였다. 히틀러의 학살을 피해 도망쳐 나온 유태인들을 맞겠다고 나선 나라는 거의 찾아볼 수 없었다."[8] 역사를 돌이켜보면 이같은 시험에 문명 세계는 번번이 낙제하였다. 그러나 이젠 마지막이다. 더 이상 낙제할 수는 없다.

제네바 회의가 모든 문제를 다 해결하지는 못했다. 그러나 적어도 동남아시아 사태를 세계열방에게 보이신 하느님의 시범 케이스로 등장시킨 공적은 남겼다. 최우선으로 다루어야 할 것은 정치도, 경제 성장도, 이념적 승리도 아니며 바로 인간이다. 정치나 모든 다른 것보다 인간이 우선해야 한다! 바로 여기에서 시작하여 다음 세기의 인간공동체 건설이 추진되어야 한다. 국가들간의 개편이 이루어져야 한다. 민족들간의 개편이 이루어져야 한다. 미래 세계의 질서는 인간— 하느님의 형상을 지닌 인간을 존중하는 차원에서 민족과 국가들을 개편하는 데서 이루어져야 한다.

미약하지만 이같은 미래세계 공동체 구성작업은 이미 시작되었다. 어느 통계에 의하면 32만3천명의 인도지나 난민들은 1979년 중반 현재 세계 각국에 흩어져 정착된 생활을 하고 있는 것으로 밝혀지고 있다. 그 분포상황은 다음과 같다.[9]

      미   국: 223,000명

프 랑 스:	62,000명
오스트레일리아:	13,781명
홍 콩:	13,516명
캐 나 다:	9,500명
말 레 이 지 아:	1,500명
뉴 질 랜 드:	362명
일 본:	3명

당시 예상으론 1979-1980년 사이에 보다 많은 난민들이 세계 각국에 분배되어 정착할 수 있을 것으로 추정하였다. 예상으론 미국에 35,000명(1개월에 7,000명), 오스트레일리아에 20,000명, 뉴질랜드에 600명, 일본에 300명이 정착할 것으로 보고되었다.

위 통계수자는 수자 놀음에 지나지 않을지 모른다. 그러나 이는 국민들의 양심 및 국가의 도덕적 부패성을 측정하는 척도가 될 수도 있다. 인도지나 난민 수용 인원수가 바로 이와같은 척도이다.

물론 난민 수용으로 인도지나 문제가 모두 해결된 것은 아니다. 전쟁에 찌들린 이 반도(半島)에 영구 평화를 정착시키기 위해선 각별한 노력이 경주되어야 한다. 대대적인 구호사업도 추진되어야 한다. 세계교회협의회(WCC), 아시아기독교교회협의회(CCA), 유엔 및 기타 기구들은 캄보디아 국민들이 제발로 설 수 있도록 원조하는 데 도움을 아껴선 안된다. 국제사회에서 자신을 희생시키는 봉사활동을 펼 때 이러한 목표가 달성될 수 있다. 이는 어느 특정한 국가를 재건하거나 어느 특정한 사회를 구조하는 것으로 그치는 것이 아니다. 인간보다 정치와 이념을 앞세워 폭력을 휘두르는 정치 권력의 공격에도 흔들리지 않고 버티어 낼 수 있는 강한 인류 공동체를 건설하는 일이다.

인간에게 가장 필요한 것은 작은 방이다. 하느님의 창조 속의 방, 이 세계 속의 방, 한 나라 안의 방, 한 단체 속의 방, 민족 가슴 속의 방인 것이다. 인도지나에서 벌어진 이같은 처절한 파괴행위에 직면하여 과연 세계 열방은 이러한 인간 비극의 희생자들을 받아들일 수 있는 방을 얼마만큼이나 가지고 있는가 판가름나고 있다. 인도지나 국민들의 이같은 비참한 처지를 목격한 동·서양 국가들은 얼마나 가슴을 열고 사랑과 자비로 이들을 맞아들일 수 있는가?

홍콩의 화교들이야말로 이들 같은 핏줄의 난민들을 받아들일 수 있는 능력이 충분하다고를 말한다. 이미 홍콩이란 좁은 "영국 식민지"에는 수많은 인구가 몰려 밀집형태를 이루고 있다. 그러면서도 언제나 한 사람 정도는 더 받아들일 수 있는 방을 가지고 있다. 홍콩 시내의 아파트는 이미 만원이 되었다. 그러면서도 언제나 한 사람 정도 들 수 있는 방은 마련되어 있다. 코울룬 거리는 그야말로 "인산 인해"(人山人海)이다. 그러면서도 거기엔 한 사람 정도 낄 수 있는 여유가 언제나 있다. 4~5인 가족이 사는 작은 집에도 방이 두 개밖에 없어 거실로도 침실로도 부엌으로도 쓰는 형편에도 언제나 한 사람 정도는 받아들일 수 있는 방을 가지고 살고 있다.

언제든 한 사람 정도는 받아들일 수 있는 방! 홍콩의 화교들이 이러할진대 다른 세계 가족들, 특히 독일, 스위스, 영국 또는 일본의 그리스도교 공동체는 무얼 하고 있는가? 스칸디나비아의 풍요한 마음에는 과연 인도지나 난민 한 사람, 남지나 해상에 표류하고 있는 보트 피플 한 사람, 인도의 집없는 사람 한 명을 받아들일 방 한 간조차 없단 말인가? 동·서양의 권력 투쟁에서 희생당한 자들을 받아들일 수 있는 방이 일본·영국·프랑스·독일 국민들의 가슴 속엔 조금도 없단 말인가?

서양의 그리스도교인과 그리스도교 교회는 어떠한가? 오랫동안 서양의 그리스도교 교회는 구원의 복음을 아시아에 전하기 위해 수고하였다. 잘 했든 못했든, 안목이 깊었든 얕았든 선교사들은 나름대로 아시아 사람들에게 그리스도의 사랑을 전하는 데 최선을 다했다. 본국 그리스도교인들도 이같은 선교 사업이 가능하도록 기도와 물질로 후원을 아끼지 않았다는 사실 역시 잊어서는 안된다.

그러나 오늘의 서양 교회들은 옛날 선교적 소명에 응하여 세계 구석구석에 선교사들을 보내 선교하던 그 열정을 상실하였다. 그들이 그리스도께 인도하려 했던 바로 그 사람들이 최근 동남아시아에서 벌어진 일련의 사태를 겪으며 지치고 지친 모습으로 그들을 찾아왔다. 그런데 그들 대부분은 그리스도교인들이 아니었다. 불교도이고 유교도이며 조상숭배자들이었다. 서양 그리스도교 공동체는 이들을 받아들일 방이 있는가? 서양의 그리스도교 교인들은 이들을 사랑으로 맞을 수 있는가? 과연 그들은 이 집잃은 자들을 자기 사회 속에 받아들여 그 속에서 새 희망을 찾을 수 있게 해 주는 것이 그리스도의 선교적 사명임을 깨닫고 있을까? 과연 그들은 이들 아시아 사람들을 형제와 자매로 받아들이도록 자기 동포들에게 설득하는 것이 그리스도인의 사명임을 깨닫고 있을까? 그들은 과연 "저 먼" 극동에서 온 이들을 자기들과 같은 하느님의 자녀로 볼 수 있을까? 전혀 아무도 예상 못했던 일이 벌어지고 있다. 하느님은 교회의 선교를 서양에 대해 하고 계시다. 이러한 선교에 대해 서양 교회는 과연 은혜와 활력소로 받아들일까?

사실 2천년 전 하느님께서 인간에 대한 선교 사업을 시작하신 방법도 바로 이같은 식이었다. 베들레헴이란 고을에 요셉과 마리아가 가서 묵으려 할 때 "여관에는 그들이 머무를 방이 없었다"(루가 2, 17). 이 밤이 지나기 전에 해산할 것 같은 한 여인을 위해 방 한 간, 아주 작은 방 한 간을 마련해 주는 여관주인 한 사람 없었다. 북쪽에서 온 이 지친 나그네들에게 따뜻하게 문 열어 맞아주는 이 한 사람 없었다. 오랫동안 이리저리 찾은 끝에 그나마 마굿간이라는 아주 작은 공간을 마련할 수 있었다. 이런 식으로 예수는 탄생하였다. 세상의 구원자가 될 이가 이렇게 태어났다. 그는 자기가 구원할 사람들에 둘러싸여 태어난 것이 아니라 소나 양들에 둘러싸여 태어났다. 모순이 아닌가! 제4복음서의 저자 요한은 이 광경을 다음과 같이 간단히 표현하였다. "그분이 자기 나라에 오셨지만 백성들은 그분을 맞아 주지 않았다"(요한 1, 11). 예수 그리스도를 통해 오신 하느님은 우선 먼저 사람들의 마음 속에, 인간 공동체 속에 방을 마련해야 하였다.

이것이 곧 하느님의 구원의 선교인 것이다. 즉, 이 세계 속에 방을 만드는 선교이다. 이 우주를 창조하신 하느님인데 하느님이 머물 방 한 간조차 없다니 이런 모순이 또 있을까? 하느님의 자녀들이라는 바로 그 사람들 가슴 속에 하느님이 드실 방 한 간 없다는 사실을 어떻게 설명할 수 있을까? 예수를 통해 하느님은 방을 만들기 시작하셨다. 닫힌 문을 열어 제키고 인간이 쌓아올린 담장들을 무너뜨리기 시작하였다.

하느님에 있어 구원은 지진과 같이 일어나지 않는다. 전 "이교도" 부락 및 전 "이방인" 나라를 한순간에 뒤집어엎어 그리스도교라는 종교로 개종시키는 그런 식으로 이루어지지는 않는다. 하느님에 있어 구원은 잰 체하지 않으면서 힘들게 힘들게 방 한 간, 한 사람 더 받아들일 수 있는 방 한 간 들이는 것같이 진행된다. 한 사람 더 받아들일 수 있는 방 한 간이 마련되면 거기에서 비로소 하느님의 구원이 이루어지고 사람들은 공포에서 해방되며 기아(飢餓)에서 풀려나며 집없는 신세를 벗어나게 된다. 바로 거기에서 하느님의 사랑이 예수 그리스도를 통해 하느님과 함께 사는 자들의 사랑으로 임하게 된다.

아시아 난민들이 흩어지는 과정 속에서 하느님은 이와같은 한 사람 더 받아들이기 위한 방 만들기 선교사업 추진에 더욱 박차를 가하실 것 같다. 앞으로도 많은 난민들이 각국 해안과 대도시 공항에 내려야 할 것 같다. 난민수용소엔 앞으로도 많은 어머니들이 도움을 구하며 손을 벌려야 할 것 같다. 그리고 앞으로도 많은 아시아 사람들이 눈물 글썽이는 눈과 연약한 육체를 이끌고 나와 권력 투쟁 및 이념 분쟁의 쓰라린 과정이 종식되기를 간구하는 사태가 계속될 것이다. 바로 이 사람들을 통해 하느님께서는 민족주의나 인종주의에 근거하지 않고 모든 인간은 하느님의 영광을 위해 하느님의 형상대로 지음을 받았다는 공동인식에 근거하여 새롭게 인간공동체가 건설될 시기가 마침내 도래하였다는 사실을 말씀하시는 것 같다. 이같은 선교가 이루어질 때 비로소 인간은 파괴와 증오에서 벗어난 새 생활, 새 인간성을 성취할 수 있게 된다. 과연 그리스도교 교회는 현 세계 역사 속에 이루어져야 할 이 막중한 하느님의 선교사명에 얼마나 적극적인 자세를 취하고 있는가?

마른 뼈 골짜기

인간들의 가장 비참한 비극 한가운데서 하느님은 희망의 복음을 선포하고 계시다. 과연 우리 그리스도교인들은 하느님께서 인간 공동체를 재편성하시려 한다는 사실을 믿고 있는가? 희망의 복음을 선포하시는 하느님을 철저히 믿고 있는가? 이같은 재창조와 구속이란 막중한 선교사업을 이끌어가시는 하느님의 인도하심에 보조를 맞출 수 있는 강한 믿음이 있는가?

어떻게 보면 우리에게 그러한 믿음이 있느냐 없느냐 하는 것은 그다지 중요한 문제가 되지 못하는 것 같다. 하느님의 선교에 대한 우리 신앙이 강하냐 약하냐 또는 교회가 하느님의 복음 전도를 수행할 수 있는 태세가 되어 있느냐 아니냐 하는 문제는 그다지 중요한 것이 아니다. 문제되는 것은 우리 "그리스도교적" 신앙이 아니다. 문제는 인간의 장래이다. 최고의 관심 대상은 어떤 특정한 종교 공동체의 재활(再活)이 아니다. 온 인류 공동체의 파멸을 생각해야 한다. 세계가 위기 속에 처해 있을 때 엎친 데 덮친 격으로 우린 위험천만의 권력 앞에 서게 된다. 즉, 하느님의 이름을 내걸고 재생하려 몸부림치는 인류 공동체를 훼손시키는 세력이다. 이는 종교적 교리주의로 몸을 감싸고 정치적 열광주의로 단단히 무장한 채 달려든다. 세상이 이러할진대 과연 이런 와중에 우리는 어디에서 삶과 희망의 하느님을 만날 수 있단 말인가?

예언자 에제키엘은 지금으로부터 2600여년 전 포로로 잡혀갔던 땅에서 마른 뼈 골짜기 환상을 통해 이러한 삶과 희망의 하느님을 만났다. 전혀 뜻밖의 환상이었다. 바빌로니아 포로로 살던 유대인들뿐 아니라 오늘 우리에게도 생소한 충격을 주는 환상이다. 예외적인 사건은 예외적인 해석으로 풀이해야 한다. 바빌로니아 포로생활의 종지부라는 예외적 사건을 해석하기 위해서는 예외적 방법이 동원되어야 했다. 일반 상식이나 일반 논리 가지고는 한 민족의 엄청난 불행을 충분히 설명할 수 없다. 바로 이같은 예외적 메시지가 에제키엘에게 밝혀진 것이다.

"야훼께서 손으로 나를 잡으시자"(에제 37, 1)— 이런 식으로 에제키엘의 환상은 시작되었다. 그는 강한 하느님의 힘에 이끌렸다. 인간적 한계를 초월하여 현실세계를 극복하고 절망뿐인 현재를 넘어 미래의 약속을 발견하는 일은 인간만의 힘 가지고는 도저히 할 수 없는 것이다. 미래에 관한 한 우리는 우리 자신의 무능을 고백할 수밖에 없다. 우리의 현재는 과거로 가득 차 있으며 미래를 위한 여유는 조금도 없다. 예언자들도 예외는 아니다. 그래서 하느님의 손이 에제키엘을 잡아야만 한다. 하느님의 손이 그를 현재 밖으로 끌어내 과거에서 해방시키고 현재 속에서 미래를 살 수 있게 해 주어야 한다.

에제키엘이 황홀경 속에 본 환상은 너무도 예외적인 것이었다. 마른 뼈들이 살아움직이는 사람들로 바뀌는 광경이 전개되었다. 그의 진술을 들어 보자.

… 야훼의 기운이 나를 밖으로 이끌어 내셨다. 그래서 들 한가운데 이끌려 나가 보니 거기에 뼈들이 가득히 널려 있는 것이었다. … 그 들바닥에는 뼈들이 굉장히 많았는데 그것들은 모두 말라 있었다. 그분이 나에게 말씀하셨다. "너 사람아, 이 뼈들이 살아날 것 같으냐?" 내가 "주 야훼여, 당신께서 아시옵니다" 하고 아뢰니 그분이 또 나에게 말씀하셨다. "이 뼈들에게 내 말을 전하여라. '마른 뼈들아, 이 야훼의 말을 들어라. 뼈들에게 주 야훼가 말한다. 내가 너희 속에 숨을 불어 넣어 너희를 살리리라. 너희에게 힘줄을 이어 놓고 살을 붙이고 가죽을 씌우고 숨을 불어 넣어 너희를 살리면 그제야 너희는 내가 야훼임을 알게 되리라. 나는 분부하신 대로 말씀을 전하였다. 내가 말씀을 전하는 동안 뼈들이 움직이며 서로 붙는 소리가 났다. 내가 바라보는 가운데 뼈들에게 힘줄이 이어졌고 살이 붙었으며 가죽이 씌워졌다. … 모두들 살아나 제 발로 일어서서 굉장히 큰 무리를 이루었다"(에제 37, 1-10).

아마 에제키엘은 환상에서 깨어난 후에 한참 동안은 제 정신을 차리지 못하고 있었을 것이다. 그런데 바로 여기에 우리를 놀라게 할 미래의 암시가 들어 있지 않을까? 과거는 더 이상 우리를 놀라게 하지 못한다. 이미 끝장난 일이기 때문이다. 현재도 마찬가지로 놀라게 할 것이 없다. 이미 지금 이루어졌기 때문이다. 그러나 미래는 비록 볼 수 없고 알 수 없는 것이지만 우리를 놀라게 할 수 있다.

에제키엘이나 그의 포로 동료들은 한참 지난 후에야 충격에서 벗어나 이 환상이 지닌 비유적 의미를 깨달으려 노력했을 것이다. 그들은 아직도 예루살렘 함락과 유형지까지의 길고 힘든 여행길에서 얻는 정신적 충격에서 벗어나지 못한 상태였다. 이스라엘과 그 백성은 마른 뼈들이 되었다. "마른"이란 간단한 형용사가 이들이 처한 절망의 상태를 그대로 반영하고 있다. 그들은 완전히 죽은 상태에 이르렀기 때문에 마른 뼈라 하였다. 속속들이 죽은 상태이다. 그들 속에는 생명의 징후라곤 손톱만큼도 보이지 않았다.

예루살렘 함락은 이스라엘이란 국가와 민족의 종말을 가장 분명하고 철저하게 알려 준 사건이었다. 말할 수 없는 절망 속에서 포로로 잡혀간 유대인들은 슬피 울었다. "뼈는 마르고 희망은 사라져 끝장이 났다"(에제 37,11). 국가로서의 이스라엘은 그 막을 내렸다. 민족으로서의 이스라엘은 들판에 널려진 마른 뼈들처럼 되었다.

우선 마른 뼈 환상이 우리에게 주는 교훈은 캄캄한 절망이다. 이 땅 위엔 이 마른 뼈들을 다시 살릴 수 있는 힘이 전혀 없다는 것을 알려 주고 있다. 인간의 힘 가지고는 절망 속에서 희망을 끄집어 낼 수 없다. 죽음에서 생명을 불러 낼 수 있는 힘이 없다. 절망 속에 있는 국가에 희망을 심어 주고 죽어가고 부패해 가는 인류에게 새 생명을 넣어 주는 일은 인간으로서는 도저히 할 수 없는 일이다. 그러한 힘은 하느님에게만 있다. 하느님만이 하실 수 있다. 그 힘은 하느님에게서만 나올 수 있다. 하느님이 곧 그러한 힘이다. 민족이 헤어날 수 없는 위기에 처하였을 때 예언자 에제키엘이 깨달은바 그의 사명은 낙심하고 사기가 멸어질 대로 멸어진 자기 민족에게 바로 이같은 하느님, 미래의 힘과 생명의 힘을 지닌 하느님을 알려 주는 것이었다.

이는 또한 보트 피플이나 캄보디아 난민들로 황폐해진 오늘의 세계 속에서 그리스도교인들이 담당해야 할 선교의 사명인 것이다. 인도지나의 정경은 바로 마른 뼈들로 가득 찬 골짜기와 다를 게 없다. 인간들의 잔학한 행위로 희생당한 이같은 광경을 목격할 때 이들을 다시 살려 영원한 희망찬 세계로 만들 수 있는 능력이 인간들에겐 절대로 있을 수 없다는 사실을 깨닫게 된다. 인간들이 내건 약속이란 것은 모두 이기심이 가득 찬 것이며 우리 안팎에 있는 파괴적 권력에 의해 좌우되는 것임을 솔직히 고백하여야 한다. 아시아 및 세계 각처의 고통받고 있는 이들 가운데서 하느님은 그 옛날 에제키엘에게 던지셨던 것과 똑같은 질문을 우리에게도 던지고 계시다. "이 마른 뼈들이 살아날 것 같으냐?" 오늘과 같은 역사의 와중 가운데서 하느님이 우리에게 던지시는 질문은 이것밖에 없을 것이다.

이는 인간성 회복에 대한 질문이다. 이는 미래 세계에 대한 질문이다. 그러나 하느님은 우리에게 질문을 던져 놓고 우리가 그 질문을 안고 쩔쩔 매는 것을 보고만 계시는 그런 분이 아니다. 그분은 우리 대답이 시원찮을 것을 뻔히 아시므로 우리 대답이 나오기까지 기다리시지 않는다. 질문과 동시에 하느님은 우리에게 명령을 내리신다. "이 뼈들에게 말을 전하라!" 이 마른 뼈, 죽어 자빠진 이들에게 무슨 말을 전해야 할까? 그들에게 뭐라고 전해야 한단 말인가?

그런데 이번엔 하느님이 손수 바삐 움직이신다. 우리가 문제를 안고 씨름하다 결국 포기할 때까지 기다리시는 분이 아니다. 하느님께선 스피드를 높여 달리신다. 숨돌릴 사이도 없이 하느님의 말씀은 간결하고도 분명하게 우리 귀에 들려 온다. "이 뼈들에게 내 말을 전하라. '내가 너희에게 숨을 불어 넣어 너희를 살리리라!'" 거역할 수 없는 명령이다. 마른 뼈와 같은 우리의 세계를 향해 전해야 할 메시지는 생명의 메시지, 하느님의 사랑하시는 능력의 기쁜 소식 바로 그것이다. 이것이 오늘의 그리스도교 교회의 선교이다.

정치적으로든 종교적으로든 더 이상 분열하지 말라. 경제적인 것이든 사회적인 것이든 더 이상 파괴하지 말라. 인종, 성별 혹은 문화적으로 더 이상 서로를 배척하지 말라— 이것이 교회가 말로 행동으로 선포해야 할 생명의 메시지이다. 이것이 오늘 우리가 해야 할 선교이다.

이러한 선교는 옛날 예언자 에제키엘에서부터 시작되었다. 그리고 오순절 바로 그날에 베드로와 그의 동료 제자들에 의해 새롭게 추진되었다.

사랑의 사귐

예수의 부활 후 50일이 지나면서 십자가의 두려움은 오순절의 감격으로 변하였다. 부활한 주님의 능력에 의해 변화받은 그들은 용감하게 예수 그리스도를 통하여 이루어진 하느님의 놀라운 구속사업을 증언하기 시작했다. 그들은 그들이 얻은 변화를 행동으로 즉시 옮겼다. 오순절 그날 아침 베드로와 다른 제자들은 "세계 각국에서 온"(사도 2,5) 많은 무리들 앞에 섰다. "세계 각국"이란 표현은 물론 과장이다. 이는 고대문명의 주요 발상지의 하나였던 지중해 연안의 나라들을 지칭한 것이다. 당시 예루살렘에 모여든 이들 지중해 연안 문명국가들은 "바르티아, 메대, 엘남, 메소포타미아, 유다, 갑바도기아, 본도, 아시아, 프리기아, 밤필리아, 에집트, 키레네에 가까운 리비야, 로마"(사도 2,9-10) 등이었다. 이것이 전부는 아니었다. 이들 모두가 디아스포라 유대인들로 대명절 오순절을 지키러 성도(聖都) 예루살렘을 찾은 자들은 아니었다. 그들 가운데는 "이방인들이 있고 그레데 사람들과 아라비아 사람들"도 있었다(사도 2,10-11). 예루살렘은 알지 못할 신비한 힘에 이끌려 각양 각색의 종교와 언어를 가진 자들로 가득찬 대도시를 이루었다.

바로 이같은 상황 속에서 오순절 그 영광의 날에 그리스도교 공동체가 탄생하기에 이르렀다. 교회는 처음 시작하던 때부터 이방인들과 함께 있었다. 교회는 그 역사의 초창기부터 서로 다른 언어를 가진 무리들로 구성되었다. 바로 이같이 세계 축소판 같은 곳에서 그리스도교인들은 구속하시는 하느님의 사랑을 증언하기 시작하였다. 바로 이러한 국제적 공동체를 향하여 베드로는 거기에 모여든 모든이들이 자기 나라말로 알아들을 수 있는 이상한 언어로 첫 설교를 시작하였다. 거기에 모인 무리들이 깜짝 놀랐다. "지금 말하고 있는 저 사람들은 모두 갈릴래아 사람들이 아닌가? 그런데 우리는 저 사람들이 하는 말을 저마다 자기가 태어난 지방의 말로 듣고 있으니 어찌된 셈인가? … 그런데 저 사람들이 지금 하느님께서 하신 큰 일들을 전하고 있는데 그것을 우리는 저마다 자기네 말로 듣고 있지 않은가?"(사도 2,7-8.11).

이는 소위 말하는 방언(方言) 현상이 아니다. 방언은 성령의 은사라고 바울로도 인정을 하였지만 이를 권장하지는 않았다. 바울로는 구원의 메시지가 듣는 자에게 알아들을 수 있게 전달되는 것이 가장 중요하다고 지적하였다. 신비경험의 하나인 방언은 알아들을 수 없는 말일 뿐이다. 소용없는 것이다. 고린토교회 어느 누구보다도 방언의 은사를 크게 받았다고 자부하는 바울로가 고린토교회 교인들에게 한 말은 "…교회에서 남을 가르치기 위해서는 이상한 언어로 일만 마디의 말을 하느니보다는 차라리 내 이성으로 다섯 마디 말을 하고 싶습니다"(1고린 14,19)였다.

오순절에 베드로가 행한 설교는 그 설교를 들은 모든 사람이 알아들었을 뿐 아니라 "하느님께서 하신 크신 일들"을 깨달은 것을 보면 분명 그의 말은 "이상한 언어로 일만 마디 한 것"이 아님을 알 수 있다. 새로운 공동체의 생일이 그곳에 모인 자들에겐 전혀 알아들을 수 없는 이상야릇한 말로 시작된 것이 결코 아니다.

그렇다면 이 기념할 만한 날에 거기에 모인 모든 사람들이 깨달아 알 수 있을 만큼 하느님의 구원 메시지를 전해 준 그 언어는 도대체 어떤 언어일까? 베드로와 그 무리들 사이에 어떤 종류의 의사소통이 이루어졌을까? 이처럼 "즉시 알아들을 수 있는" "동시통역"의 비밀은 무엇인가? 의아할 뿐이다. 그러나 이렇게도 생각해 볼 수 있다.

> 그날 말하는 자는 입술을 열고 마음을 열어 숨김없이 말할 준비가 되어 있었고 듣는 자 역시 진지하게 이해하려 했으며 그래서 그들 속 깊은 곳에 있는 갈망을 풀어주는 그 말에 즉각적인 반응을 보이고 이는 그들이 지금까지 경험하지 못했던 바이라 그들은 놀라 말하는 자가 "자기 나라 말"로 하고 있다고 솔직하게 **표현한 것이** 아닐까?[10]

뭔가 깊이 생각하게 하는 설명이다.

우선 "열린 입술"을 살펴보자. 이런 입술을 가진 자들에겐 의사소통이 비교적 쉽게 이루어진다. 정계에 진출하려고 선거운동을 하는 정직하지 못한 정치가들의 입술은 항상 열려 있다. 걸으면서도 그들의 입은 일단 열리면 닫힐 줄 모르고 입을 놀린다. 그들은 사회에 대한 자신의 야망을 토로하고 국가에 대한 약속을 서슴지 않으며 이 모든 꿈이 이루어질 수 있도록 자신을 밀어 줄 것을 부탁한다. 그런데 어쩐 일인지 다른 사람들은 그들의 말을 알아듣지 못한다. 그들의 화려한 웅변에도 멍하니 쳐다볼 뿐이며 거침없이 제시하는 공약에 대해서도 믿기기 어렵다는 듯 오히려 불안해한다. "열린 입술"에 의해 이루어지는 의사소통이 껍데기로 **끝날** 때가 종종 있다.

독재자의 입술 또한 얼마나 시원하게 열려 있는가! 그는 폭력으로 장악한 자기 나라에 대한 분명한 꿈을 지니고 있다. 그는 강제로 굴복시킨 국민들에게 꿈을 펼쳐 보이기도 한다. 그는 미래 사회를 멋있게 그려 놓고 이를 위해서 국민들에게 자유와 인권을 포기하라고 강요한다. 이념적 독재주의 및 계엄령으로 통치받는 나라 안에서는 통치자의 입술만 움직인다. 신문이나 텔리비젼 라디오를 통해 그의 입술은 열심히 움직인다. 그의 입술은 또한 공공 게시판이나 벽보를 통해서도 열심히 움직인다. 그러나 백성들의 입술은 철저히 막혀 있다. 그들은 행동의 제약을 받고 있다. 백성들은 침묵하고 말이 없다. 통치자의 항상 열린 입술과 백성들의 굳게 닫힌 입술 사이엔 의사 소통이 있을 수 없다. 야만적이고 파렴치한 독재 세계에서는 쉴사이 없이 독재자의 입술이 움직이며 백성들을 협박하고 공포에 떨게 만들며 비인간화하고 있다.

물론 베드로의 입술은 위에서 살펴본 거짓 정치가나 독재자의 입술과는 판이하게 다르다. 우리는 여기서 "열린 마음"의 다음 단계를 살펴보게 된다. 인간 사이의 의사소통에 있어 가장 어려운 것이 이것임을 인정해야 한다. 마음이 열리지 않은 상태에선 진실된 의사소통이란 있을 수 없다. 독재자의 입술이 자기 의사를 충분히 전하지 못하는 원인도 여기에 있다. 거짓 예언자의 입술이 의사소통을 이루지 못한 이유도 바로 여기에 있다.

그러나 베드로는 입술뿐 아니라 마음도 열고 있었다. 그의 마음은 십자가 위에서 죽은 예수의 고뇌로 가득 차 있었다. 뿐 아니라 그리스도의 부활이 영광으로도 가득 차 있었다. 그의 마음은 이러한 고뇌와 영광으로 열려 있었고 이는 그의 열린 입술과 멋있는 조화를 이루었다. 그의 입술이 움직이기 전에 먼저 그의 마음이 움직였다. 그의 마음 그의 입술은 하느님의 영에 사로잡힌 바 되었다.

오순절 그 위대한 날에 베드로의 마음만 열려 있던 것은 아니다. 거기에 모여 있던 자들의 마음도 열려 있었다. 그들의 마음이 열려 있었기에 그들은 오랫동안 속에 품고 있던 소망이 이제야 이루어짐을 알았고 그들 마음 속에 잠겨 있던 어둠이 사라지고 빛이 비추임을 알았으며 뜬구름같은 이 세상 속에서 하느님을 더듬어 찾을 수 있었던 것이다. 바로 이들 열린 마음에 베드로는 자신의 열린 마음 속에 담긴 하느님의 구원하시는 사랑을 말로 전달할 수 있었던 것이다.

그러니 베드로가 의사전달에 실패할래야 할 수 없었고 모인 자들도 깨닫기에 실패할래야 할 수 없었다. 열린 마음은 인종, 국적 및 언어의 장벽을 넘는다. 이는 종교란 장벽도 넘는다. 이는 증오의 국경선을 넘어 사랑의 영토 깊숙이 침입해 들어간다. 이 모든 장벽을 넘을 때 하느님의 사랑에 마취된 마음과 마음들이 비로소 사랑의 사귐을 이루어 나가게 된다.

이 모든 것은 오늘과 같은 냉엄한 권력정치 세계 속에서는 결코 실현될 수 없는 환상의 유토피아에 불과한 것인가? 이는 단지 희망 사항에 그치는 이야기들이 아닌가? 아니다, 결코 그렇지 않다. 세계가 비록 — 아직도 인도지나의 고통이 끊이지 않고 있으며 — 계속 위기에 위기가 겹친다 할지라도 우리는 과감하게 아니다라고 외쳐야만 한다. 미국과 이란이 충돌하고 소련이 아프가니스탄에 침공함으로 세계평화가 위협 받는 등 위기는 끊이지 않고 이어진다. 이란 사태만 하더라도 이는 "미국이 베트남 전쟁 이래 겪은 가장 심각한 국제적 위기"[11]로 평가되고 있다. 그런데 뒤를 이어 소련이 무력으로 아프가니스탄을 침공하였다. 이는 그동안 유지되어 왔던 동·서간의 데탕트를 물거품으로 만들 위기를 초래하였다.

이란 위기는 1979년 10월 22일 이란 국왕이 미국에 도착함으로 시작되었다. 그는 1979년 1월 이슬람 혁명지도자 아야톨라 호메이니에 의해 축출된 후 멕시코로 피신, 그곳에서 얼마동안 피해 있다가 신병치료차 미국에 들른 것이다. 30년 동안 잔혹한 독재를 편 이란 국왕 팔레비는 고국에 남긴 것이라곤 증오의 복수뿐이었다. 증오는 증오를 낳는다. 호메이니가 이끄는 이슬람 공화국에서는 눈에는 눈이라는 옛 복수의 계율이 재차 확립되어 복수극이 전개되었고 팔레비는 그들이 원하는 가장 극악무도한 죄수였다. 그는 이란으로 송환되어 이슬람 법정에 서야만 했다. 이같은 배경에서 테헤란의 미국 대사관 인질사건이 일어난 것이다. 국제법을 무시한 채 무장한 학생들은 미국 대사관에 침입, 직원들을 인질로 잡고 이들 인질과 팔레비를 서로 교환하자고 주장하였다. 이는 미국으로서는 도저히 받아들일 수 없는 주장이었다.

시간이 흐를수록 위기는 더욱 심화되었다. 카터 행정부는 인질들을 석방시키기 위해 온갖 외교적 노력을 경주하였으나 번번이 호메이니와 그의 열광적 추종자들에 의해 거부되었다. 이대로 가면 미국과 이란 사이의 무력 충돌은 불가피한 것 같아 보였다. 이같은 충돌 사태가 의미하는 바는 무엇인가?

이러한 사태를 지켜보는 세계 각국의 눈은 사태를 충분히 이해는 하면서도 속수무책일 수밖에 없었다. 이때에 세계를 위험 속에서 구출할 책임이 종교지도자들에게 있다고 말하고 나선 인물이 있으니 미국의 유명한 칼럼니스트인 제임스 레스턴(James Reston)이다. 그는 이미 이런 일이 일어나기 전에 종교지도자들은 뭔가 말했어야 한다고 지적하였다. "이란에 잡혀 있는 인질들을 석방하기 위해 카터 대통령은 할 수 있는 최선의 힘을 기울여 정치적으로 해결해 보려고 애썼다. 유엔을 통해, 세계재판소를 통해 심지어 크레믈린을 통하기도 했다. 그러나 아직도 문제의 해결은 요원하기만 하다. 그런데 납득이 가지 않는 것 하나는 카터처럼 신실한 신앙을 가진 인물이 어찌하여 세계의 신앙지도자들을 움직여 그들로 하여금 이슬람의 이름과 코란의 원칙에 의거해 아야톨라 호메이니에게 호소하게 하는 방법을 생각해내지 못했는가 하는 것이다."[12]

여기서 레스턴이 제시한 원칙이란 것은 정의나 법률의 원칙이 아니다. 자비와 동정의 원칙이다. 이같은 정치적 곤경을 타개해 나가는 데는 정치적 언어 가지고는 부족하다. 정치 평론가인 레스턴 자신이 이런 말을 하고 있다. 이같이 위험천만의 대결사태를 풀어나갈 수 있는 힘은 결코 외교적 수단에서 얻어질 수 없다. 하지만 이 위기는 해소되어야 한다. 미국인 인질들은 석방되어야 하며 미국과 이란 이슬람 공화국 사이의 대결은 풀어져야만 한다. 레스턴은 정치와 군사력이 해결하지 못한 것을 자비와 동정이 할 수 있다고 말하고 있는 것이다.

이러한 중대한 정치 위기를 해결하는 길을 종교에서 찾도록 주장한 인물은 레스턴 한 사람만이 아니다. 그는 사실 케임브리지 철학자 허버트 버터필드(Herbert Butterfield)를 인용하고 있을 뿐이다. 버터필드는 이란 위기를 종교적 차원에서 명확하게 분석하고 있다.

여기엔 심각하고도 깊은 의미가 담긴 인간 문제가 게재되어 있다. 세계 역사의 중대 위기라 해도 과언이 아니다. 이 문제는 지금까지 해오던 대로 정부와 정부간, 군사전문가들간의 상례적인 회담으로 해결될 성질의 것이 아니다. 그들은 자기들이 어떤 방향으로 가는지 알지도 못한 채 지금까지 해왔던 전례에 비추어 그저 그렇게 계속 밀고 나가는 것밖에 모른다. 이같은 세계 역사상의 위기에 처하게 될 때 인간의 진실성에 대해서 털끝만한 믿음도 갖지 않고 있던 우리들까지라도 인간성에 호소하고픈 어떤 신앙 — 의사를 전달하려는 뜨거운 열망 — 을 가지고 세계의 모든 철의 장막을 뚫고 깊숙이 파고들고자 하는 우리 자신을 발견하게 된다.[13]

버터필드는 인간 현실을 철학적으로 종교적으로 파악하고 있다. 종교적 열광주의, 정치적 광란, 군사적 충돌 그 속에는 "의사를 전달하려는 뜨거운 열망"이 있다고 보았다. 이는 바로 사랑과 이해를 바라는 뜨거운 갈망일 것이다. 이는 인간 창조의 본래 의미인 고귀한 삶을 향한 뜨거운 갈망일 것이다.

버터필드는 나아가 이 뜨거운 열망이 "깊숙이 파고들기"를 바라고 있다. 바로 여기에서 인간과 인간이 함께 만나고 이해하며 포옹해야 하지 않겠는가? 우리 인간들은 세계 곳곳에 각종 철의 장막들을 세워 놓았다. 정치라는 철의 장막, 이데올로기라는 철의 장막, 인종차별이란 철의 장막, 성(性)이란 철의 장막, 게다가 종교라는 철의 장막까지 세워 놓았다. 도대체 어떤 식으로 이들 장막 저쪽의 사람들과 만날 수 있을까? 무력을 써서? 아니면 정치적 수완을 통해? 종교적 교리를 통해? 이런 식으로는 도저히 이루어질 수 없다. 장막만 더욱더 두껍게 할 뿐이고 진실된 의사소통은 점점 더 어려워질 뿐이다. 깊숙이 파고드는 것밖에 없다. 사랑과 사랑으로 만나고 마음과 마음으로 만나게 될 때 인간을 가두어 놓았던 철의 장막은 걷히게 된다. 앞으로의 인류의 미래는 전적으로 이러한 사랑의 사귐을 이루느냐 못 이루느냐에 달려 있다.

사랑의 사귐은 곧 하느님의 꿈이다. 그곳에서 하느님은 인간 역사 속에 담긴 하늘의 뜻을 완전히 이루실 것이다. 사랑의 사귐은 삶 속의 사귐이며 희망 속의 사귐이다.

아프리카에서 독립교회를 형성한 어느 개척자가 본 환상이 곧 사랑의 사귐을 원하시는 하느님의 꿈이었다.

> 나는 세계를 보았다. 거대하고 큰 뱀 한 마리가 지구를 칭칭 감고 있었다. 지구는 멀지않아 터져버릴 것 같아 보였다. 이내 조금씩 갈라지기 시작하였다. 그런데 그 갈라진 틈으로 지구 속에 불빛이 있음을 보았다. 나보고 들어가라는 음성이 들려왔다. 그러나 나는 들어가지 않았다. 밖에 머물러 있으면서 어떻게 되는가 보고 싶었다. 그 불빛에 들어가면 내가 재가 될 것 같아 두려웠다. 그 불빛은 거역할 수 없는 힘이 있었다. 나는 그 빛으로 끌려 들어갔다. 가면서 보니 나 외에도 많은 이들이 빛 속으로 들어가고 있었다. 그 즈음에야 잔뜩 조였던 뱀의 힘이 서서히 약해지기 시작했다.[14]

힘센 뱀이 지구를 칭칭 감고 부숴버리려 할 때 멀지 않을 사람이 어디 있겠는가? 인류가 거대한 사탄의 세력에 매여 고통을 받게 될 때 정신 잃지 않을 자 누가 있으랴?

사실 세계는 이미 붕괴되기 시작했다. 인류의 진실을 밝힐 순간이 도래한 것이 아닐까? 우리는 이제 우리 손으로 우리 자신을 파멸시킬 운명 속에 살고 있다. 그런데 보라, 기적 중의 기적같이 그 갈라진 틈으로 빛이 비추고 있다. 독을 가득 품은 뱀도 그 빛은 어쩔 수 없었다. 빛이 비친다. 따스해진다. 희망이 비친다. 꿈꾸는 자가 조심스레 그 빛을 향해 나갈 때 그는 그외에도 많은 사람들이 각기 다른 방향으로부터 나와 역시 그 빛을 향해 가고 있음을 보았다. 철의 장막 뒤편에서, 인간적인 장벽을 넘어 경직된 우리 영혼의 담을 넘어 사람들이 모여들기 시작했다. 그렇다. 우리에게 필요한 것이 바로 이 빛이다. 이 빛만이 우리의 희망이다. 가난한 자든 부자든, 억눌린 자든 억누른 자든, 유신론자든 무신론자든, 그리스도교인이든, 모슬렘교도이든, 유대교인이든, 불교도이든, 힌두교도이든 모두 우리가 되어 이 빛을 향해 나간다. 우리는 이 빛을 얻어야 한다. 이 빛이야말로 사랑과 생명의 빛, 희망과 미래의 빛이기 때문이다. 사람들이 그 빛을 찾아 모일 때 거기엔 큰 힘이 생겨 마귀인 뱀도 지구를 감았던 힘을 잃고 만다. 뱀의 세력은 무너진다. 뱀의 공포는 사라진다.

이런 식으로 하느님도 움직이신다. 바벨탑에서 오순절로, 이스라엘에서 바빌론으로 움직이신다. 하느님은 움직이실 때마다 사람들과 같이 고통받으시고 그들과 같이 눈물 흘리시며 그들과 같이 희망을 갖고 어느 곳에서든 사랑의 사귐을 이루신다. 이같은 하느님의 움직이심은 그 날 "새 하늘과 새 땅"이 보이고 "거룩한 도성 새 예루살렘이 신랑을 맞을 신부가 단장한 것처럼 차리고 하느님께서 계시는 하늘로부터 내려오는 것"이 보일 때까지 계속될 것이다. 우리도 이같이 하느님과 함께 움직이라고 권고하신다. 이 모든 비극과 위기를 극복하여 마침내 옥좌로부터 울려나는 큰 음성을 듣기까지 계속 하느님과 함께하라고 하신다.

　　　이제 하느님의 집은 사람들이 사는 곳에 있다! 하느님은 사람들과 함께 계시고 사람들은 하느님의 백성이 될 것이다. 하느님께서는 친히 그들과 함께 계시고 그들의 하느님이 되셔서 그들의 눈에서 모든 눈물을 씻어 주실 것이다 (묵시 20, 9).

　갈등과 분쟁이 그치지 않고 괴로움과 고통이 사라지지 않은 이 세상 속에 사랑의 사귐이 완전히 이루어지기까지는 하느님께서 계속 자비하심으로 역사하실 것이다. 우리 앞에 다른 길은 없다. 오직 하느님과 함께 자비의 공동체, 사랑의 사귐이 이루어지는 그날을 바라보며 나갈 뿐이다.

주 (註)

머리말
* Wing Tsit Chan 역편, *A Source Book in Chinese Philosophy* (Princeton, N.J.: Princeton University Press, 1969), pp. 209—10.

서설
1. *The Life of Sri Ramakrishna*, 6판 (Almora: Advaita Ashram, 1948), pp. 253ff. Richard V. Taylor, *Jesus in Indian Paintings* (Madras: Christian Literature Society, 1975), pp. 75—76에서 재인용. 스리 라마크리슈나의 종교사상을 알려면 M.M. Thomas, *The Acknowledged Christ of the Indian Renaissance* (London: SCM Press, 1969), pp. 112—17, 327을 보라.
2. Swami Nikhilananda, *The Gospel of Ramakrishna* (New York, 1942), M.M. Thomas, *The Acknowledged Christ*, p. 113에서 재인용.
3. Swami Ghanananda, *Sri Ramakrishna and His Unique Message*, 3판 (London; Ramakrishna Vedanta Centre, 1970), pp. 91—92, Richard V. Taylor, *Jesus in Indian Paintings*, pp. 77—78에서 재인용.
4. "몽고인종이란 코카서스인종, 흑인종 등과 같이 세계 인류를 일종의 특성에 맞추어 부를 때 쓰이는 어휘이다 … 몽고인종의 얼굴 특색은 유럽인이나 아프리카인들보다는 둥글둥글하다는 데 있다 … 광대뼈가 약간 튀어 나오고 턱이나 이마가 뚜렷하지는 않으며 콧등이 낮은 데 있다"(*Encyclopaedia Britannica*, London, 1962, Vol. 15, p. 716C).
5. Gayraud Wilmore, "Black Theology-Its Significance for the Christian Mission Today" in *Bangalore Theological Forum*, Vol. IV, No. 1, 1974, pp. 41f. Richard V. Taylor, *Jesus in Indian Paintings*, p. 7에서 재인용.
6. Richard V. Taylor, *Jesus in Indian Paintings*, p. 77.
7. Masao Takenaka, *Christian Art in Asia* (Tokyo; Kyo Bun Kwan, 1975), plate 10, pp. 36—37 참조.
8. 위의 책 plate 26, p. 59.
9. 위의 책 plate 27, p. 60.
10. *Webster's Third International Dictionary* (Chicago: Lakeside, 1966), p. 2431.
11. Walter Bühlmann, *The Coming of the Third Church* (Slough: St. Paul Publ., 1976), p. 20 참조. 뷜만의 표현을 빌자면 "제1의 교회는 … 동방교회라 할 수 있다. 동방교회는 장자의 특권을 가지고 있으나 (1~8차 에큐메니칼 공의회는 동방에서 개최되었다) 현대에 이르러는 침묵의 교회가 되고 말았다. 제2 교회는 서양교회라 할 수 있다. 오랜 역사를 통해 아무도 질문을 제기할 수 없는 절대적 교회의 위치에 서서 신생국에 교회를 낳은 모교회(母敎會)로서 특권을 향유하고 있다. 마지막으로 제3 교회는 신생국들의 교회로, 세계 역사와 교회사 속에 새로운 요소로 등장하고 있다. 제3 교회는 멀지않은 장래에 충격적인 폭탄이 될 것이다(pp. 3—4).
12. Dietrich Bonhoeffer, *Letters and Papers from Prison*, enlarged edition, Eberhard Bethge, ed. (London: SCM Press, 1970), p. 360.
13. Chow Tse-tsung, *The May Fourth Movement* (Harvard University Press, 1960), p. 13. 지금까지 나온 영어로 된 책 중에는 5·4운동에 대해 가장 정확하게 해석한 책이다.
14. 위의 책 p. 14.
15. Gayraud S. Wilmore, *Black Religion and Black Radicalism* (Garden City, N.Y.: Doubleday, 1972), pp. 212—13에서 인용.

16. James Cone, *Black Theology and Black Power* (New York: Seabury, 1969), pp. 39—40.
17. Gayraud Wilmore, *Black Religion and Black Radicalism*, p. 297.
18. Clare Benedicks Fischer, Betsy Brenneman and Anne McGrew Bennett eds., *Women in a Strange Land: Search for a New Image* (Philadelphia: Fortress, 1975), pp. 7—8 참조.
19. Agnes Loyall, "Asian Women: A New Image," in Kiran Daniel and Lee Soo Jin, eds., *Asian Woman* (Special issue of Asia Focus, Singapore: Christian Conference of Asia 1977), p. 9.

제 1 장
1. Gerhard von Rad, *Genesis* (Philadelphia; Westminster, 1961), p. 144.
2. 위의 책 p. 146.
3. S. R. Driver, *The Book of Genesis*, John Skinner, *A Critical and Exegetical Commentary on Genesis* (Edinburgh: Clark, 1930), p. 229에서 재인용.
4. 쿨만은 *Salvation in History* (London: SCM Press, 1967)에서는 아직도 "구속 역사"를 선의 개념으로 파악하고 있다. 이 책 서문에서 그는 이렇게 밝히고 있다. "구속 역사라는 특이한 역사의 본질을 보다 잘 이해하기 위해서는 그 역사를 회고함으로 그 역사 속에서 신약성서 기자들이 견지해 왔던 하나의 개념을 추출해내는 수밖에 없다. 나는 이를 하나의 '선'으로 규정짓는 바이다"(p. 15). 그러나 그는 직선 대신 곡선 개념을 차용하고 있다. 다시 그의 말을 인용하면, "구속 역사를 지칭하는 개념으로 선을 차용하고 있기는 하지만 내가 의미하는 선은 직선이 아니다. 오히려 폭넓은 변동이 가능한 곡선이다"(같은 면). 그러나 곡선도 직선의 변형일 따름이다.
5. Oscar Cullmann, *Christ and Time*, rev. ed. (Philadelphia: Westminster, 1964), p. 177.
6. 위의 책 p. 109.
7. 위의 책 p. 179.
8. 위의 책.
9. 위의 책 pp. 117—18.
10. John S. Mbiti, *Introduction to African Religion* (New York: Praeger, 1975), p. 61.
11. Christopher Dawson, *The Dynamics of World History*, John J. Mulloy, ed. (New York: Mentor Omega, 1962), pp. 232—33.
12. Von Rad, *Genesis*, p. 154.
13. Michael Collins Reilly, S.J., *Spirituality of Mission* (Maryknoll, N.Y.: Orbis, 1978) p. 124.
14. Walther Eichrodt, *Theology of the Old Testament* (Philadelphia: Westminster, 1961), Vol. I, P. 51.
15. 아시리아에 대한 예언은 계속된다. "아시리아는 정복욕에 마취되어 온 세상을 쓸어버릴 것 같은 자만심에 빠지게 되며 결국은 이스라엘의 하느님도 다른 신들과 다름없는 힘없는 존재이라 하며 기고만장 떠들어 댈 것이다. 그리하여 아시리아가 하느님의 목적을 수행하고 난 후에는 자신이 저지른 만행과 거만의 대가를 받아 역사를 주관하시는 분이 누구라는 것을 깨달을 날이 올 것이다"(R.B.Y. Scott, *The Book of Isaiah, Chapters 1—39* [*The Interpreter's Bible*, Vol. V], Nashville: Abingdon, 1956, p. 240).
16. Ernst Ludwig Ehrich, *A Concise History of Israel* (New York: Harper Torchbooks, 1962), p. 44 참조.
17. John Bright, *A History of Israel* (Philadelphia: Westminster, 1959), p. 324.
18. 위의 책 p. 325.
19. 위의 책 p. 416.
20. Nicholas Berdyaev, *The Meanings of History* (New York: Meridian, 1962), p. 98.

제 2 장

1. 묵시사상이 "악하고 왜곡된 현재의 인간 역사에 대한 소극적인 자세"라는 평가를 받고는 있으나 역사를 전적으로 부인한다고는 볼 수 없다. 유대교와 그리스도교의 경우 묵시사상은 "유대인들이 시리아에 의해, 그리스도교인들이 로마에 의해 박해를 받던 어려운 시기에 이들에게 용기를 불어넣어 주었다"(*The Interpreter's Dictionary of the Bible*, Nashville: Abingdon, 1962, Vol. I, p. 161).
2. 다니엘서의 저자 문제에 대하여 학자들은 대체로 다음과 같이 의견을 일치시키고 있다. "… 이 책은 본래 여러 개의 작은 책들로 흩어져 있던 것을 익명의 편집자 혹은 교정자가 하나로 묶어 하나의 책명을 붙인 것으로 보인다"(Louis F. Hartman and Alexander A. DiLella, *The Book of Daniel [Anchor Bible]*, Garden City, N.Y.: Doubleday, 1978, p. 9).
3. Norman W. Porteous, *Daniel, A Commentary [Old Testament Library]* (Philadelphia: Westminster, 1965), p. 25.
4. E. Schürer, *The History of the Jewish People in the Age of Jesus Christ 175 B.C. to A.D. 135*, rev. ed. (Edinburgh: Clark, 1973), p. 147, Hartman and DiLella, *The Book of Daniel*, p. 40에서 재인용.
5. Hartman and DiLella, 위에 인용한 책 pp. 41—42.
6. James Barr, "Daniel", in *Peakes Commentary on the Bible* (London: Nelson, 1962), p. 591.
7. G. W. Anderson, "The Historical Books of the Old Testament," in *Peake's Commentary on the Bible*, p. 285.
8. J.N. Shofield, "Judges" in *Peake's Commentary on the Bible*, p. 304.
9. 이사야 42,1-4; 49,1-6; 50,4-9; 52,13—53,12에 나오는 소위 종의 노래를 참조하라.
10. James Muilenberg, *The Book of Isaiah Chapters 40—66 [Interpreter's Bible*, Vol. V]* (Nashville: Abingdon, 1956), p. 413.
11. 위의 책 p. 449. 클라우스 베스터만은 여기에서 지칭하는 인물이 고레스라고 본다 (*Isaiah 40—66*, London: SCM Press, 1969, p. 63). 그러나 이와 다른 견해도 있다. 한 예로 존스(Douglas E. Jones)는 여기에서 지칭하는 인물은 모세이며 고레스는 확대 해석이라고 본다("Isaiah II and III", in *Peake's Commentary on the Bible*, p. 518).
12. Westermann, 위의 책 p. 65.
13. 위의 책 p. 184.
14. P문서의 창조설화는 다음과 같은 문장으로 끝난다. "하늘과 땅을 지어내신 순서 (*toledoth*)는 위와 같았다"(창세 2,4a). *toledoth*란 단어는 "계통수"(系統樹), "계보" 또는 문자 그대로 "세대"(世代)를 의미한다. 똑같은 단어가 창세기 5,1절에 아담의 계보에서도 사용되고 있다. "아담의 계보(*toledoth*)는 이러하다." 창조를 하느님의 계보로 보아도 지나친 해석이랄 수는 없다. 그런데 본 라드는 "창세기 2,4a에 나오는 *toledoth*이란 단어는 '기원의 역사'의 확대 개념으로 볼 수 있다"고 하였다(*Genesis, A Commentary*, Philadelphia: Westminster, 1961, p. 68).
15. *The Interpreter's Dictionary of the Bible*, Vol. I, p. 89 참조.
16. 바가밧 기타 (*Bhagavad Gita*), 이는 인도에서 가장 높이 받들고 있는 종교 고전의 하나이다. 모두 8부로 나뉘어 700여 편의 시로 꾸며진 이 책의 내용은 아르주나(Arjuna)가 그의 동족과 전쟁을 벌이기 전에 그가 크리슈나(Krishna)와 나눈 대화를 엮은 것이다.
17. *A Source Book in Indian Philosophy*, Sarvepalli Radhakrishnan and Charles A. Moor, eds. (Princeton University Press, 1957), p. 141 참조.
18. M.C. Chang, *Chinese Literature: Popular Fiction and Drama* (Edinburgh University Press, 1973), p. 166 참조.
19. Wolfhart Pannenberg, *Basic Questions in Theology*, Vol. I (Philadelphia: Fortress, 1970), p. 42.
20. 위의 책 p. 15.
21. 위의 책 p. 159.

22. James M. Robinson, "Revelation as Word and History," in *Theology as History*, James M. Robinson and John B. Cobb, Jr., eds. (New York: Harper & Row, 1967), p. 63 참조.
23. Carl E. Braaten, *History and Hermeneutics* [*New Directions in theology*, Vol. II] (Philadelphia: Westminster, 1966), pp. 29—30.
24. Oscar Cullmann, *Salvation in History* (London: SCM Press, 1967), p. 57.
25. Westemann, *Isaiah 40—66*, p. 11. 참조.
26. T.K. Thomas, "Bad Language", in *One World* (Geneva: World Council of Churches), No. 40, October 1978, p. 11.

제 3 장

1. James Barr, "Daniel," in *Peake's Commentary on* the Bible, Matthew Black and H. H. Rowley, eds. (London: Nelson, 1962), p. 591. 역사적으로 정확한가 그 여부는 규명되어야 한다. 본문의 주제는 느부갓네살(B.C. 604—562)의 경우라기보다는 나보니두스(Nabonidus, B.C. 556—539)의 경우로 보는 것이 타당하다. Louis F. Hartman and Alexander A. DiLella, *The Book of Daniel* [*Anchor Bible*] (Garden Ctiy, N.Y.: Doubleday, 1978), p. 153 참조.
2. Nicholas Berdyaev, *The Meaning of History* (New York: Meridian, 1936), p. 37.
3. 느부갓네살의 꿈은 7장에 나오는 독수리 날개가 달린 사자, 곰, 표범, 뿔이 달린 짐승 등 다니엘이 본 네 짐승과 유사한 점이 많다. 이 네 짐승은 열강 제국들로 풀이되고 있다. 결론은 짐승과 같은 나라들은 멸망될 것이고 "사람의 아들"이 나타나 왕국을 계승할 것으로 내려지고 있다. 7장의 다니엘 환상은 2장에 나오는 환상보다는 후대에 이루어진 것으로 풀이되고 있다.
4. James A. Montgomery, *The Book of Daniel* [*Inernational Critical Commentary*] (Edinburgh: Clark, 1927), p. 171 참조.
5. 존 브라이트의 지적대로 "느부갓네살에게 이같은 칭호를 붙인 것은 상당한 반감을 불러일으켰다. 70인역(LXX)에서는 이 칭호를 빼거나 아니면 예레미야서에 나오는 칭호로 대체하였다… 70인역에서는 이 칭호를 빼기도 하였으며 단지 '그를 섬겼다' 정도로 바꾸어 표현하기도 하였다"(*Jeremiah* [*Anchor Bible*], Garden City, N.Y.: Doubleday. 1965. p. 200).
6. Montgomery, *The Book of Daniel* pp. 177-78.
7. 바실레이아(*Basileia*)는 "영토보다는 통치"를 뜻한다. 이 통치는 "이 땅 위에서 자연스럽게 이루어지는 관계 및 인간적 노력에 의해 형성되는 영역이 아니라 하느님의 간섭에 의해 내려지는 통치이다"(*Theological Dictionary of the Bible*, Gerhart Kittel, ed., Grand Rapids; Eerdmans, 1964, Vol. I, p. 582).
8. Ans van de Bent, *What in the World is the World Council of Churches?* (Geneva: World Council of Churches, 1978), p. 60.
9. 위의 책 p. 61.
10. Bryan Wilson, *Religion in Secular Society* (London; Watts, 1966), p. 2.
11. London: Edinburgh House, 1964.
12. 위의 책 p. 101.
13. 위의 책 p. 419.
14. 위의 책.
15. 위의 책.
16. 위의 책 p. 420.
17. 위의 책 p. 18.

제 4 장

1. 일본 신약성서학자 세이키야기가 그의 저서 《キリスト と イエス》(그리스도와 예수, Tokyo: Kodansha International, 1969)의 서문(p. 3)에서 지적했던 대로 "부활은 신약성서

이해의 열쇠이다. 예수는 하느님의 나라를 선포하였다. 그리고 사도들은 예수를 그리스도라 선포하였다. '부활'이 이러한 전환의 분기점이 되었다"(필자가 일본어에서 번역).
2. Oscar Cullmann, *Jesus and the Revolutionaries* (New York: Harper & Row, 1970), pp. 3-4 참조.
3. 위의 책 p. 58.
4. T.W. Manson, *The Servant-Messiah* (Cambridge University Press, 1953), p. 36.
5. 위의 책.
6. 올브라이트(W.F. Albright) 및 만(C.S. Mann)은 예수 죽음 직전의 암흑을 "에집트에 내린 암흑" 및 아모스 8,9에 언급된 암흑으로 연결시키고 있다(*Matthew* [*Anchor Bible*], Garden City, N.Y.; Doubleday, 1971. p. 353 참조).
7. 여기서 루가는 마르코 및 마태오의 기록을 따르지 않고 있다. 루가의 기록에 의하면 암흑은 성전 휘장이 찢어진 직후에 나타났다(루가 23,44-45 참조). 이같은 예외적 현상이 일어난 후에 예수는 숨을 거두었다.
8. Pierre Benôit, *The Passion and Resurrection of Jesus Christ* (New York: Herder & Herder; London: Darton, Longman & Todd, 1969), p. 201.
9. 위의 책.

제 5 장
1. Werner G. Kümmel, *The Theology of the New Testamemt* (Nashville: Abingdon, 1973), p. 116.
2. Jürgen Moltmann, *Theology of Hope* (London; SCM Press, 1967), p. 165.
3. 막달라 마리아가 예수를 알아보지 못했다는 설명에 납득이 간다. 예수는 변형되었기 때문이다. 브라운(Raymond Brown)은 "예수가 변형되었기 때문에 부활한 그를 알아보지 못했다는 요한복음서의 기록은 다른 복음서에서도 적용되어야 한다"고 하였다(*The Gospel According to John XIII-XXI* [*Anchor Bible*], Garden City, N.Y.: Doubleday, 1970, p. 989).
4. 위의 책 p. 1026.
5. R.V. G. Taske, *The Gospel According to John* [Tyndale New Testament Commentaries] (London: The Tyndale Press, 1960), p. 230.

제 6 장
1. 히브리어에 있어 거룩함이란 단어의 어근은 qds이다. 몇몇 셈족 언어에서 공용으로 쓰이는 어휘이다. "어떤 경우에는 '구별'의 의미가 강하게 내포되어 있다 … 그리고 이 의미는 종교 역사 … 구약 및 신약에서 가장 많이 쓰이는 단어들 속에 함축되어 있다"(*The Interpreter's Dictionary of the Bible*, Nashville: Abingdon, 1962, Vol. E-J. p. 617). 나아가 "거룩함에 대한 성서적 이해 속에는 공포·겁남·놀람·경이 및 두려움의 의미까지도 포함되어 있다"(위의 책 p. 618).
2. G. van der Leeuw, *Religion in Essence and Manifestation* (New York: Haper & Row, 1963) Vol, I, pp. 43-44.
3. S. Mowinckel, *He That Cometh* (Oxford: Blackwell, 1959), p. 34.
4. 천명(天命)의 개념에 대해선 본서 제8장을 보라.
5. Kim Chi Ha, *The Gold-crowned Jesus and Other Writings* (Maryknoll) N.Y.; Orbis, 1978), p. 118.
6. 위의 책 p. 120.
7. 위의 책 pp. 122-23.
8. 위의 책 p. 126.
9. Joachim Jeremias, *New Testament Theology I: Proclamation of Jesus* (London: SCM Press, 1971), pp. 276-99.
10. 위의 책 p. 283.
11. 위의 책 p. 284.

12. 위의 책 p. 277.
13. 위의 책 p. 293.
14. Joachim Jeremias, *The Parables of Jesus* (London; SCM Press, 1963), p. 142에서 인용.
15. 위의 책 p. 132.
16. Norman Perrin, *Rediscovering the Teaching of Jesus* (London: SCM Press, 1967), p. 102.
17. Jeremias, *New Testament Theology I*, p. 115.
18. 위의 책 p. 115.
19. 위의 책 p. 290.
20. *One Eaptism, One Eucharist, and a Mutually Recognized Ministry*, Faith and Order Paper No. 73 (Geneva: World Council of Churches, 1975), p. 20.
21. Jeremias, *The Parbles of Jesus*, p. 126.

제 7 장
1. Johannes Munck, *Paul and the Salvation of Mankind* (London: SCM Press, 1959), p. 276.
2. Krister Stendahl, *Paul among Jews and Gentiles* (London: SCM Press, 1977), p. 9.
3. 위의 책 p. 11.
4. 위의 책 p. 22.
5. 중국사회의 5대 기본 관계는 군신(君臣)간, 부자(父子)간, 형제(兄弟)간, 부부(夫婦)간, 붕우(朋友)간이다.
6. Norman Perrin, *Rediscovering the Teaching of Jesus* (London: SCM Press, 1967), pp. 123-24.

제 8 장
1. *The Book of Poetry*(詩經), VV. v. iii. I, James Legge, *The Chines Classics* (Hongkong University Press, 1960), Vol. 4, p. 336.
2. *The Book of Historical Documents*(書經), V. i. ii. 3, *The Chinese Classics*, Vol. 3, p. 290.
3. 위의 책 p. 295.
4. *The Works of Mencius*(孟子), VII. ii. xiv. 1, *The Chinese Classics* Vol. 2, p. 483.
5. *The Book of Historical Documents*, p. 290.
6. 위의 책 p. 292.
7. 인도네시아의 렌드라(W.S. Rendra)의 기도문. Ron O'Grady and Lee Soo Jin, eds., *Suffering and Hope* (Singapore: Christian Conference of Asia, 1978) p. 30에서 인용.
8. *The Book of Historical Documents*, p. 158. 번역자 레그는 "The Songs of Five Brothers"(五子歌)로 부르는 것이 더 타당하다고 지적하고 있다. "가수들은 태강(太康)의 5형제로 그들은 학정과 불운 속에 살면 자들이었다"(*The Chinese Classics*, Vol. 3, p. 156).
9. *The Book of Historical Documents*, p. 268 및 p. 271.
10. C.P. Fitzgerald, *China, A short Cultral History* (London: Cresset Press, rev. ed., 1950), p. 16 참조. 주왕(紂王)의 횡포는 말할 수 없을 정도였다. "그의 숙부인 비간(比干)이 그의 학정을 성토하고 나서자 그는 '내가 듣건대 성인(聖人)의 심장엔 7개의 구멍[竅]이 있다고 들었소' 하며 비간을 살해하고 그의 심장을 꺼내 실제로 그러한가 살펴보았다" (Fitzgerald, 위의 책 p. 15).
11. D. Howard Smith, *Chinese Religions* (London; Weidenfeld and Nicolson, 1968), p. 17. 천명(天命)이란 어휘는 운명 혹은 운세라는 뜻으로도 쓰일 수 있다. 그러나 중국 고전에서는 전적으로 하느님의 뜻으로 쓰였다. Julia Ching, *Confucianism and Christianity* (Tokyo: Kodansha International, 1977, p. 122).
12. *The Book of Historical Documents*, pp. 188-90.

13. 위의 책 p. 183.
14. 위의 책 pp. 89-90.
15. 위의 책 pp. 213-14.
16. D. Howard Smith, *Chince Religions*, p. 24. 이에 대해 중국의 저명한 학자 양 계초 (梁啓超, 1873-1929)는 "상나라 및 주나라 왕조시대에 하느님께 대한 경배와 존숭은 그 극에 달했다. 상서(商書)는 구약의 신명기처럼 낭송되었다"(*History of Chinese Political Thought during the Early Tsin Period*, London: Kegan Paul, 1930, p. 148).
17. *The Works of Mencius*, p. 167.
18. Kuo-cheng Wu, *Ancient Chinese Political Thought*(Shanghai: Commercial Press, 1928), p. 322.
19. *The Works of Mencius*, p. 318. 언젠가 맹자가 제(齊)나라 선왕(宣王)에게 이런 말을 하였다. "'국군(國君)에 큰 과오가 있으면 간(諫)하고, 그것을 되풀이하여도 들어 주지 않으면 국군의 지위를 바꾸어 버립니다.' 왕이 이를 듣고 발끈하자 '왕께서는 이상하게 여기지 마십시오. 왕께서 제게 물으시는 것인데 제가 감히 바른 말로 대답하지 않을 수 있겠읍니까?'"(위의 책 pp. 392-93).
20. *The Book of Poetry*, p. 598.
21. *The Works of Mencius*, pp. 125-26.
22. 위의 책 p. 132.
23. 위의 책 p. 133.
24. H.H. Rowley, *Prophecy and Religion in Ancient China and Israel* (London: Athlone, 1956), p. 56.
25. *The Analects*(論語), VII. 22, *The Analects of Confucius* (London; Allen & Unwin, 1938), p. 127.
26. 위의 책 p. 139.
27. *The Analects of Confucius*, p. 257.
28. Legge, *The Chinese Classics*, Vol. 1. pp. 217-18.

제 9 장

1. Daisaku Ikeda, *The Living Buddha* (New York/Tokyo: Weatherhill, 1976), p.50.
2. *Majjhima Nikaya*, Pali Text Society (London) edition, 36, I, p. 247, Hans W. Schumann Buddhism, *An Outline of its Teaching and Schools* (London: Rider, 1973), p. 19에서 재인용. 산스크리트어 다르마(*dharma* 覺)는 "체계, 교리, 율법, 진리, (상황에 따라서는) 우주 질서 및 불교 가르침을 뜻한다"(Christmas Humphreys, *Exploring Buddhism*, London; Allen & Unwin, 1974, p. 186 참조).
3. Schumann, *Buddhism*, p. 20.
4. *Samyutta Nikaya*, 5.421ff (Pali Text Society edition), William T. de Bary, ed., *The Buddhist Tradition in India, China and Japan* (New York: Vintage, 1972), pp. 16-17에서 재인용.
5. *Mahavagga of the Vinayapitaka* (Pali Text Society edition) II, I, Vin I, p. 21, Schumann, *Buddhism*, p. 22에서 재인용.
6. 팔리어 *dukkha*는 보통 "고"(苦, Suffering)로 번역된다. 그러나 험프리즈(C. Humphreys)의 지적대로 "팔리어의 *dukkha*를 그대로 번역할 만한 영어 단어는 없다. 단지 편합 혹은 잘 있는 상태를 의미하는 *sukha*의 반대 의미로 불안한 상태 또는 주위 환경과의 불편한 관계 속에서 생겨나는 피로운 형편을 의미하는 것으로 볼 수 있다." 나아가 *dukkha*는 존재의 3태(三態) 중 하나로 지칭되기도 한다. "존재의 표징은 … *anicca*(無常), *anatta* (無我) 및 *dukkha*(苦)이다. *dukkha*는 anicca 및 *anatta*에 대한 인간의 반응 결과이다. 인간 존재는 *dukkha*에서 완전 벗어날 수 없다. 여기서 벗어나는 길은 오로지 윤회의 굴레에서 벗어나는 길뿐이다"(Christmas Humphreys, *A Popular Dictionary of Buddhism*, London: Arco Publ., 1962, p. 70).
7. Eka Darmaputera, "An Indonesian Comment," in Yap Kim Hao, ed., *Asian Theo-*

logical Reflections on Suffering and Hope (Singapore: Christian Conference of Asia, 1977), p. 65.

8. Victor Weisskopf, "Nuclear Fission-A peril and a Hope," in *Anticipation* (Geneva: World Council of Churches), No. 26, June. 1979, p. 58.
9. Ikeda, *The Living Buddha*, p. 19.
10. *The Book of Poetry*, pp. 325-26.
11. Trever Ling, *The Buddha* (London: Temple Smith, 1973), p. 112.
12. *The Threefold Lotus Sutra* (New York/Tokyo: Weatherhill/Kosei, 1975), pp. 325-26.
13. Joseph Kitagawa, *Religions of the East* (Philadelphia: Westminster, 1960), p. 210.
14. Fung Yu-lan, *A Short History of Chinese Philosophy*, Derk Bodde, ed. (New York: Macmillan, 1948), p. 241.
15. Kitagawa, *Religions of the East*, pp. 211-12.
16. Hu Shih, "Religion and Philosophy in Chinese History," Sophia H. Chen Zen, ed., *Symposium on Chinese Culture* (Shanghai: China Institute of Pacific Relations, 1931), p. 51.
17. Kenneth K.S. Ch'en, *Buddhism in China* (Princeton University Press, 1972), pp. 29-30 참조. E. Züricher, *The Buddhist Conquest of China* (Leiden; Brill, 1972), p. 30 참조. 명제의 꿈에 대한 언급은 "42장경"(四十二章經) 서문에 나오고 있다.
18. Ch'en, *Buddhism in China*, p. 30.
19. Züricher, *The Buddhist Conquest of China*, p. 23.
20. Arnold J. Toynbee, *A study of History* (London: Oxford University Press, 1954), Vol. 7, pp. 7-8.
21. A. Aelius Aristeides, *In Romam*, B. Keil ed., *Aelii Aristidis Quae Supersunt Omnia* (Berlin: Weidmann, 1898), Vol. II, p. 124, Toynbee, *A study of History*, Vol. 7, p. 10에서 재인용.
22. Arthur Waley, *A Hundred and Seventy Chinese Poems* (New York: Knopf, 1919), p. 49.
23. Toynbee, *A study of History*, abridgement of volumes I-VI by D. C. Somervell (London: Oxford University Press, 1946), p. 21.
24. C. P. Fitzgerald, *China*, pp. 194-201 참조.
25. Kenneth S. Latourette, *A History of Christianity* (London: Eyre & Spottiswoode, 1954), p. 325.
26. 위의 책 p. 941.
27. "A General Survey of the Numerical Strength and Geographical Distribution of the Christian Forces in China Made by the Special Committee on Survey and Occupation of the China Continuation Committee 1918-1921", *The Christian Occupation of China*, Milton T. Stauffer, ed. (Shanghai: China Continuation Committee, 1922).
28. Latourettee, *A History of Christianity*, p. 1447.
29. 위의 책 p. 85.
30. Floyd V. Filson, *A New Testament History* (Philadelphia: Westminster, 1964), p. 289 참조.
31. D.Howard Smith, *Chinese Religions*, p. 115.
32. Hu Shih, "Relgion and Philosophy in Chinese History," p. 47.
33. Fitzgerald, *China*, p. 280.
34. Smith, *Chinese Religions*, p. 120.
35. 위의 책 p. 123.
36. Hu Shih, "Religion and Philosophy in Chinese History," p. 50.
37. Latourette, *A History of Christianity*, p. 269.
38. 위의 책 p. 330.

39. 위의 책.
40. "Biography of Chih Ch'ien," Züricher, *The Buddhist Conquest of China* p. 46에서 인용.
41. Hu Shih, "Religion and Philosophy in Chinese History," pp. 48-49.
42. Kenneth S. Latourette, *A History of Christian Missions in China* (London: Society for Promoting Christian Knowledge, 1929), pp. 512-13.
43. 위의 책 pp. 516-17.
44. *Tao Te Ching*(道德經) (New York: Vintage, 1972), p. 1.
45. Fung Yu-lan, *A History of Chinese Philosophy* (Princeton University Press, 1952-53), Vol. II, pp. 386-87.
46. Daisetz Suzuki, *Essays in Zen Euddhism*(London: Rider, 1949), Vol. I, p. 201 참조.
47. *Kao Seng Chuan*(高僧傳)에서 인용. 이 책은 중국의 초기 불교사 연구에 중요한 자료이다. 이는 A.D. 530년경 혜교(慧皎)가 지은 것으로 A.D. 1세기로부터 A.D. 519년에 이르는 동안 활약했던 257인의 고승과 243인의 불도들의 행적을 기술한 것이다"(Züricher, *The Buddhist Conquest of China*, p. 10).
48. Hu Shih, "Religion and Philosophy in Chinese History", p. 49.
49. Holmes Welch, "Buddhism in China Today," Heinrich Dumoulin and John C. Maraldo, eds., *Buddhism in Modern World* (London: Collier MacMillan, 1976), p. 164.
50. Gabriel M. Setiloane, "I Am an African," *Giving Account of the Hope that Is in Us*, a collection of accounts of Christian hope for the Faith and Order Commission meeting in Accra, Ghana, July 22-August 5, 1974, p. 55.
51. William E. Soothhill and Lewis Hodous compiled, *A Dictionary of Chinese Buddhist Terms* (London: Kegan Paul, 1937), p. 403.
52. 카르마의 의미를 자세히 알려면 *A Dictionary of Chinese Buddhist Terms*, pp. 403-404를 참조.
53. *Song of the Pacific*, an Issue of Risk (Geneva: World Council of Churches), Vol. 12, No. 1, 1976, p. 42.
54. 마태오 5,21. 27.33 등.
55. *Majjhima Nikaya* (Pali text), I, 27f. *Middle Length Sayings*, I. pp. 27-29 참조, Trever Ling, The Buddha, p. 108에서 재인용. 첫날밤 깨달은 첫째 깨침은 부처 자신의 전생(前生)에 대한 깨달음이었다. 둘째날 밤 깨달음은 업(業)의 법칙에서 깨어나는 깨달음이었다.
56. C.K. Yang, *Religion in Chinese Society* (University of California Press, 1961), pp. 115-16.
57. 위의 책, pp. 116-17.
58. P. L. Vaiya ed., *Karandavyuha*, *Mahayanasutra-Sangraha*, Part I, Buddhist Sanskrit Texts, Vol. 17 (Darbhanga, 1961), pp. 258 ff. H. W. Schumann, Buddhism, p. 128에서 재인용.
59. *A Dictionary of Chinese Buddhist Terms*, p. 389.
60. Daisetz Suzuki, *Outline of Mahayana Buddhism* (New York: Schocken, 1963), p. 293.
61. P. L. Vaiya ed., *Siksasamuccaya* (of Santidera), *Buddhist Sanskrit Texts*, Vol. 11, Schumann, *Buddhism*, p. 110에서 재인용.

제 10 장
1. C. K. Yang, *Religions in Chinese Society* (University of California Press, 1961), pp. 218-19.
2. 국내에는 태평천국, 태평군, 태평국 등의 칭호로 불려 왔다(역주).
3. Yang, *Religion in Chinese Society*, p. 219.
4. Eugene P. Boardman, *Christian Influence upon the Ideology of the Taiping Re-*

bellion 1851-1864 (Universsity of Wisconsin Press, 1952), p. 3.
  5. Vincent Y. C. Shih, *The Taiping Ideology* (Seattle and London: University of Washington Press, 1967), p. xiii.
  6. 위의 책 p. 498.
  7. Kenneth S. Latourette, *The Chinese, their History and Culture* (New York: Macmillan, 1959), p. 292.
  8. Stuart R. Schram, *The Political Thought of Mao Tse-tung* (New York; Praeger, rev. ed., 1969), p. 273.
  9. Donald W. Treadgold, *China 1592-1949* [Vol. 2 of *The West in Russia and China*] (Cambridge University Press, 1973), p. 48.
  10. Thomas T. Meadows, *The Chinese and their Rebellions* (London: Smith Elder, 1856, Stanford University Press에서 재판, 1953), p. 446.
  11. 과거제도는 한나라 시대 무제(武帝, B.C. 140-87) 때 시작되어 1905년까지 계속 유지되었다. 이를 통해 관리를 등용하였다. 시험 문제는 주로 유교 문헌에서 출제되었다. Latourette, *The Chinese, Their History and Culture*, pp. 462-65 참조.
  12. 홍수전 및 그를 따르던 대부분의 추종자들은 객가(客家)들이었다. 즉, "손님들"로 그들은 수세기 전 중국 북부에서 집단이주해 와 중국 남부에 자리잡고 살면서도 언어 및 풍습 등 옛 전통을 그대로 고수하고 살던 자들이었다. 그들은 '토박이' 주민들과 동화되지 않았으며 때론 지역적 마찰도 일으켰다(John K. Fairbank, et al., *East Asia, The Modern Transformation* [*A History of Asian Civilizations* vol. 2], Boston: Houghton Mifflin, 1965, p. 158). 태평천국의 난은 토박이 주민들인 본지(本地)인들과의 마찰로 시작되어 후에는 청나라라는 만주 왕권에 대항하는 한나라 발흥운동으로 발전하였다.
  13. Theodore Hamberg, *The Visions of* Hung *Siu-Tshuen* (Hong Kong: China Mail Office, 1854, Yenching University Library에서 재판, 1935), pp. 10-11. 햄버그는 바젤 복음전도회(Basel Evangelical Society) 소속 선교사로 태평천국의 난 중에 홍콩에서 활약하였다. 그가 기록한 것은 주로 홍 인간이 전해 준 내용으로 홍 수전의 조카이자 추종자였던 홍 인간은 태평천국운동이 말기에 자체 권력투쟁으로 큰 위기에 닥쳤을 때 이를 바로잡으려 혼신의 힘을 기울였던 인물이다.
  14. 위의 책.
  15. Boardman, *Christian Influence upon the Ideology of the Taiping Rebellion*, p. 13.
  16. P. M. Yap, "The Mental Illness of Hung Hsiu-Ch'üan, Leader of the Taiping Rebellion," *Far Eastern Quarterly*, I, 3 (May, 1954), pp. 287-304. Franz Michael and Chung-li Chang, *The Taiping Rebellion* (Seattle and London; Washington University Press, 1966), Vol. 1, p. 23.
  17. Y. C. Shih, *The Taiping Ideology*, p. 449에서 인용.
  18. Hamberg, *The Visions of Hung Siu-Tshuen*, p. 14.
  19. Kenneth S. Latourette, *A History of Christianity* (London: Eyre & Spottiswoode, 1954), p. 825. Michael, *The Taiping Rebellion*, Vol. 2, pp. 151-52 참조.
  20. "The Life of John Bunyan" *Pilgrim's Progress* (Chicago: Belford Clarke, 1889), p. 20.
  21. C. K. Yang, *Religion in Chinese Society*, pp. 62-64 참조.
  22. Hamberg, *The Visions of Hung Siu-Tshuen*, p. 19.
  23. Boardman, *Christian Influence upon the Ideology of the Taiping Rebellion*, p. 76.
  24. 위의 책.
  25. Julia Ching, *Confusianism and Christianity* (Tokyo: Kodansha International, 1977), p. 91.
  26. 양 아발은 런던 선교회 소속 밀른(William Milne) 선교사의 전도를 받고 개종했으며 역시 같은 런던 선교회 소속으로 1807년 중국에 발을 들여놓은 첫 프로테스탄트 선교사인 모리슨(Robert Morrison)의 고용인으로 있었다. Lindesay Brine, *The Taiping Rebellion in China* (London: John Murray, 1862), p. 66 참조. 《권세양언》은 "모두 9권의 소책자로

이루어져 있으며 … 1832년 광동에 있던 성교서회(聖敎書會)에서 발행하였다 … 470면에 111,000 어(語)로 수록하고 있다(Ssu-yü Teng, *Historiography of the Taiping Rebellion*, Harvard University Press, 1962, pp. 1-2).
27. 홍 수전이 이 전도책자를 1833년 받았다고 주장하는 설도 있으나 이는 신빙성이 없는 말이며 1836년일 가능성이 크다. Michael, *The Taiping Rebellion*, Vol. 1, p. 24 참조. 주 10을 보라.
28. Hamberg, *The Visions of Hung Siu-Tshuen*, p. 8.
29. Brine, *The Taiping Rebellion in China*, p. 66.
30. Hamberg, *The Visions of Hung Siu-Tshuen*, p. 9.
31. Boardman, *Christian Influence upon the Ideology of the Taiping Rebellion*, p. 30, 주 21을 보라. John Foster, "The Christian Origins of the Taiping Rebellion," *International Review of Missions* (London: Edinburgh House, 1951), Vol. 40, p. 160을 보라.
32. Ssu-yü Teng, *Historiography of the Taiping Rebellion*, p. 10.
33. 위의 책 p. 2.
34. Boardman, *Christian Influence upon the Ideology of the Taiping Rebellion*, p. 110.
35. Ssu-yü Teng, *Historiography of the Taiping Rebellion*, p. 2.
36. 위의 책 p. 4.
37. Michael, *The Taiping Rebellion*, Vol. 2, p. 21.
38. 위의 책 Vol. 1, p. 29.
39. 위의 책, Vol. 2, pp. 163-64.
40. Walter H. Medhurst, *Parliamentary Papers*, 1853, enclosure 10 in No. 6, p. 41. Michael, *The Taiping Rebellion*, Vol. 2, p. 162 참조.
41. Ssu-yü Teng, *Historiography of the Taiping Rebellion*, p. 2 참조.
42. Boardman, *Christian Influence upon the Ideology of the Taiping Rebellion*, p. 112.
43. 위의 책.
44. John Foster, "The Christian Origins of the Taiping Rebellion," p. 166에서 인용.
45. Hamberg trans., *The Visions of Hung Siu-Tshuen*, p. 25.
46. C. T. Hu trans., Michael, *The Taiping Rebellion*, Vol. 2. p. 22에서 인용.
47. Owen Chadwick, *The Reformation* (Middlesex: Penguin, 1964) pp. 184-85.
48. 위의 책 p. 185.
49. 홍 수전이 우상을 타파하던 중에 지은 이 시는 Michael, *The Taiping Rebellion*, Vol. 2, pp. 74-75에 수록되어 있다.
50. Gordon J. Laing, "Roman Religious Survivals in Christianity," John T. McNeill, et. al., ed., *Environmental Factors in Christian History* (Port Washington, N.Y/London: Kennikat, 1939), p. 84.
51. 위의 책.
52. Michael, *The Taiping Rebellion*, Vol. 2, p. 57.
53. 소위 어휘논쟁은 17세기 가톨릭 선교부들끼리 의견이 나뉘어 서로 싸우다 선교사업에 크게 해독을 끼친 것처럼 19세기에 이르러 프로테스탄트 선교회에서도 그 전철을 밟고 있다. 이는 특히 하느님에 대한 그리스도교적 의미를 어떻게 중국어로 표현할 것이냐에 집중되었다. "그리스도교회가 지금까지 견지해 온 유신론적 의미를 충분히 살릴 수 있는 적절한 단어를 찾기란 너무도 어려웠다… 논박과 논쟁의 글을 담은 문서들이 홍수처럼 쏟아져 나왔다. 그럼에도 의견 일치는 이루어지지 않았다"(Latourette, *A History of Christian Missions in China*, London; Society for Promoting Christian Knowledge, 1929, p. 262).
54. James Legge, "Confucianism in Relation to Christianity," *Morrison Pamphlets* (Shanghai and London, 1877), Vol. 90, No. 1205, Treadgold, China 1582-1949, p. 43에서 재인용.
55. Treadgold, *China 1582-1949*, p. 43.

56. James Legge, *The Nestorian Monument of Hsi-an Fu in Shen-Hsi, China* (London, 1888), p. 58, Treadgold, *China 1582-1949*, p. 44에서 재인용.
57. Helen E. Legge, *James Legge: Missionary and Scholar* (London, 1965), Treadgold, *China* 1582-1949, p. 44에서 재인용.
58. Michael, *The Taiping Rebellion*, Vol. 1, p. 32.
59. 위의 책 Vol. 1, p. 101.
60. Shih, *The Taiping Ideology*, pp. 28-29에서 인용.
61. Michael, *The Taiping Rebellion* Vol. 1, p. 101에서 인용.
62. 위의 책.
63. 위의 책 pp. 136-137.
64. Yü Yu-jen과 Li Chi-sen의 시, Lo Yung, *Shih-wen ch'ao*, Vincent Y.C. Shih, *The Taiping Ideology*, pp. 495-96에서 재인용.

제 11 장
1. K. H. Ting, "A Call for Clarity: Fourteen Points from Christians in People's Republic of China to Christians Abroad," *Ching Feng* (Hong Kong: Tao Fong Shan), Vol. XXIV, No. 1, Mar., 1981. p. 46.
2. "Chairman Is a Rotton Egg," Chen Jo-hsi, *The Execution of Mayor Yin and other Stories from the Great Proletarian* Cultural Revolution (London: Allen & Unwin, 1979), pp. 42-43), 라오 왕-라오(老)는 친근감이나 우정을 표현하기 위해 붙이는 가칭(家稱)의 하나이다. 샤오 훙-샤오(小) 역시 친근감을 나타내는 칭호로 특히 어린이들에게 많이 붙여 부른다.
3. 위의 책 p. 47.
4. 위의 책 p. 66, 라오쉬는 "선생"을 뜻한다.
5. Robert Trumbull ed., *This is Communist China* (New York: David Mackay, 1968), p. 1.
6. Jack Chen, *Inside the Cultral Revolution* (London: Sheldon, 1975), p. 161에서 인용.
7. Ross Terrill, *800,000,000, The Real China* (Boston: Little, Brown, 1971), p. 17.
8. 위의 책 p. 227.
9. *The Cultural Revolution in China*, 키신저 조사보고서 (New York: Scribner's,1967), p. 19.
10. *Current Scene*, May 31, 1967, p. 2에서 인용. Richard C. Bush Jr., *Religion in Communist China* (Nashville: Abingdon, 1970), p. 257.
11. Bush, 위의 책 pp. 164-65.
12. *The Cultural Revolution in China*, p. 20 참조.
13. 이 책의 제2장, 제3장 참조.
14. Adrian Hsia, *The Chinese Cultural Revolution* (London: Orbach & Chambers, 1972), 뒷표지.
15. 위의 책.
16. Li I-che: *Li Cheng-*t'ien, Chen *I-*Yang, Hwang Hsi-*che*의 세 이름의 합성어이다.
17. Ross Terrill, *The Future of China after Mao* (New York: Dell, 1978), pp. 288-91에서 인용.
18. *Ming Pao Monthly*, Hong Kong vol. 14, No. 6, June 1979, p. 24.
19. Terrill, *The Future of China after Mao*, p. 289.
20. *Far Eastern Economic Review*, Hong Kong, November 2. 1979, p. 23 참조.
21. *International Herald Tribune*, Paris, October 17, 1979, p. 1.
22. *Far Eastern Ecnomic Review*, November 2, 1979, p. 23 참조.
23. 위의 책.
24. *Peking Review*, No. 52, December 29, 1978, p. 10.
25. Terrill, *The Future of China after Mao*, p. 266.

26. 위의 책.
27. 인민일보(人民日報) 사설 그 제목은 "4대 현대화 계획 추진이야말로 가장 강력한 정치이다." 이 사설은 간단히 축약되어 *Beijin Review*, No. 17, April 17, 1979, pp. 10-13에 수록되어 있다.
28. *Far Eastern Economic Review*, May 11. 1979, P. 27 참조.
29. Andrew K. H. Hsiao, "The Reawakeng of the Church in China," *Information Letter* (Geneva: Lutheran World Federation), No, 26, October 1979, p. 16.
30. 필자의 *Third Eye Theology* (Maryknoll, N.Y.: Orbis, 1979)를 참조. 특히 12장 "중공의 종교"를 보라.
31. Jonathan Power, "Economic Progress in Seoul," *International Herald Tribune*, November 1, 1979, p. 4.
32. *Washington Post* 지의 사설 "Park Chung Hee" 참조. *International Herald Tribune*, October 29, 1979, p. 6에 재수록되었다.
33. *Newsweek*, November 5, 1979, p. 21.
34. *Asia Yearbook 1979*, pp. 286-87 참조.
35. *Far Eastern Economic Review*, April 6, 1979, p. 21.
36. *Asia Yearbook 1979*, p. 303.
37. 이 글을 쓰고 있는 동안에도 대만 사태는 점점 더 악화되어 가고 있다. 정부는 1979년 12월 10일의 인권의 날 행사를 탄압하였으며, 반대파 인사 및 장로교회 지도자들을 계엄령 위반으로 체포하여 재판에 회부, 징역형을 선고하였다.
38. 필자 자신의 번역이다. 원문은 *Ming Pao Monthly*, Vol. 14, No. 6, June 1979, p. 10에 수록되어 있다.

제 12 장

1. Alex Haley, *Roots* (Garden City, N. Y.: Doubleday, 1976, p. 548: London: Pan Books, 1977, p, 644).
2. "How Many Died?", *Far Eastern Economic Review*, October 26, 1979. p. 34.
3. "The Tragedy of the KG 0729", *Far Eastern Economic Review*, December 22, 1978, p. 13.
4. *Time*(유럽판), November 12, 1979, p. 18.
5. John K. Fairbank, et al., *East Asia, The Modern Transformation* (Boston: Houghton Mifflin, 1965), Vol. 2, p. 408.
6. 위의 책 p. 413.
7. Winston Churchill, *The River War* (London, 1900), *East Asia, the Modern Transformation*, Vol. 2, p. 413에 재인용.
8. *Far Eastern Economic Review*, August 1979, p. 19.
9. *CCA News* (Christian Conference of Asia), Vol. 14, No. 5, May 15, 1979, p. 16 참조.
10. E. M. Blaiklock, *The Acts of the Apostles and Historical Commentary* (London: Tyndale, 1959), p. 57.
11. *Time* (유럽판), October, 10. 1979, p. 16.
12. James Reston, "Khomeini and the Koran" *International Herald Tribune*, Paris, December 6, 1979. p. 4.
13. 위의 글.
14. 미간행 문서에서 인용.